PONS (DE L'HÉRAULT)

SOUVENIRS ET ANECDOTES

DE

L'ILE D'ELBE

PUBLIÉS D'APRÈS LE MANUSCRIT ORIGINAL

PAR

Léon G. PÉLISSIER

Docteur de l'Université de Lyon
Professeur adjoint à l'Université de Montpellier

Portrait en héliogravure

PARIS

LIBRAIRIE PLON

E. PLON, NOURRIT et Cie, IMPRIMEURS-ÉDITEURS

RUE GARANCIÈRE, 10

1897

Tous droits réservés

SOUVENIRS ET ANECDOTES

DE L'ILE D'ELBE

L'auteur et les éditeurs déclarent réserver leurs droits de reproduction et de traduction en France et dans tous les pays étrangers, y compris la Suède et la Norvège.

Ce volume a été déposé au ministère de l'intérieur (section de la librairie) en janvier 1898.

DU MÊME AUTEUR :

Louis XII et Ludovic Sforza (8 avril 1498-20 juillet 1500). Recherches dans les archives italiennes. 2 vol. in-8°. Fasc. 75 et 76 de la Bibliothèque des Écoles françaises de Rome et d'Athènes. Paris, Fontemoing, 1896.
Le cardinal Henri de Noris et sa correspondance. Un vol. in-4°. Rome, Spithöver, 1891.
Documents annotés. Un vol. in-8°. Paris, Welter, 1892.
Jérôme Laugier. **De la guerre et de l'anarchie. Souvenirs des guerres de la Révolution et de l'Empire,** par un capitaine de la 37° demi-brigade. Un vol. in-8°. Aix en Provence, Remondet-Aubin, 1893.
Guillaume Peyrusse. **Lettres adressées à son frère André pendant les campagnes de 1812 à 1814.** Publiées par Léon G. Pélissier. Un vol. in-12. Paris, Librairie académique, 1894.
Le Registre de l'île d'Elbe. Lettres et ordres inédits de Napoléon Ier (28 mai 1814-22 février 1815). Publiés par Léon G. Pélissier. Un vol. in-12. Paris, Fontemoing, 1897.

EN PRÉPARATION :

L'Alliance milano-allemande à la fin du quinzième siècle. L'ambassade de Herasmo Brasca à la cour de Maximilien Ier. Un vol. in-4°.
Pons (de l'Hérault). **Mémoire aux puissances alliées,** publié avec une introduction et des notes.

PARIS. TYP. DE E. PLON, NOURRIT ET Cie, 8, RUE GARANCIÈRE. — 2730.

PONS DE L'HÉRAULT

PONS (DE L'HÉRAULT)

SOUVENIRS ET ANECDOTES

DE

L'ILE D'ELBE

PUBLIÉS D'APRÈS LE MANUSCRIT ORIGINAL

PAR

LÉON G. PÉLISSIER

Docteur de l'Université de Lyon
Professeur adjoint à l'Université de Montpellier

PARIS

LIBRAIRIE PLON

E. PLON, NOURRIT et Cie, IMPRIMEURS-ÉDITEURS

RUE GARANCIÈRE, 10

1897

Tous droits réservés

Al caro e gentile amico

Barone **ALBERTO LUMBROSO**

valentissimo scrittore e propugnatore

degli studi Napoleonici

nell' Italia

Omaggio del devotissimo suo

L. G. P.

INTRODUCTION

Il n'est pour ainsi dire pas un témoin du règne de Napoléon à l'île d'Elbe qui n'ait tenu à honneur d'écrire ses souvenirs sur cette mémorable époque. Presque tous, amis ou ennemis, ont écrit des mémoires, ont laissé des correspondances, ont conservé des documents utiles pour son histoire. Son trésorier Peyrusse a sauvegardé tous les registres de la comptabilité impériale (1); le fidèle Bertrand et le secrétaire Rathery ont préservé les minutes de ses lettres administratives et son registre d'ordres (2) ; les officiers de sa garde, depuis les plus intelligents, tels que Combe et Mallet, jusqu'aux moins instruits, tels que Monier ou Labadie, ont, sous une forme plus ou moins naïve, rédigé leurs impressions, leurs aventures, tous les incidents de la vie de leur héros. Nous avons les témoignages de ses surveillants, Waldburg Tuchsess, sir Neil Campbell, de ses espions, — le consul Mariotti, le « marchand d'huiles » de Livourne (3), les agents toscans, — de ses sujets elbois, Foresi, Rebuffat (4) ; les simples visi-

(1) Aujourd'hui conservés à la bibliothèque de Carcassonne, où ils forment la meilleure part du fonds Peyrusse. Voir le *Catalogue général des manuscrits des bibliothèques des départements*, tome XIII, *Carcassonne*, par Léon CADIER. Un volume in-8°, Paris, Plon.
(2) Voir *Correspondance de Napoléon Ier*, t. XXVII, et ma publication signalée plus haut.
(3) Marcellin PELLET, *Napoléon à l'île d'Elbe*, un vol. in-12. Paris, Charpentier, 1889.
(4) Les *Souvenirs de Foresi* ont été publiés par son petit-fils. J'ai

teurs de l'Empereur ont relaté le souvenir de leurs conversations, de leurs entrevues, de leurs audiences, tels le comte Litta, lord Ebrington, Fleury de Chaboulon. Tous ces documents sont aujourd'hui imprimés et connus; mais, si connue que l'on estime que soit la vie de Napoléon Ier à l'île d'Elbe, et si abondants que soient déjà nos renseignements sur cette courte période, la vaste enquête poursuivie sur l'Empereur et l'Empire par l'impartiale histoire ne nous semble point close encore, et les moindres dépositions, si elles contribuent à contrôler, à confirmer les témoignages acquis antérieurement à la plus célèbre des causes, sont dignes qu'on les enregistre et qu'on les signale. A ce bel ensemble d'informations minutieuses manque jusqu'à présent le récit qu'a laissé du règne de Napoléon à l'île d'Elbe un de ses compagnons d'exil, un de ceux que l'on nous montre « escortant la petite voiture de l'Empereur que ses chevaux menaient au pas (1) » jusqu'au port, le soir mémorable du dimanche 26 février 1815, — un de ses sujets elbois, fonctionnaire de son administration, puis conseiller de son gouvernement, aide de camp naval de son retour, Pons de l'Hérault.

Presque complètement oublié aujourd'hui, André Pons, dit Pons de l'Hérault, né à Cette en 1772, mort en 1858, mérite cependant mieux que les courtes notices où le restreignent avec avarice les dictionnaires biographiques. Je ne veux point esquisser ici de cet original et sympathique personnage une biographie que je donnerai

publié les notes de Rebuffat (adressées à Pons) sur *Porto-Longone durante il primo imperio* dans l'*Archivio storico italiano* (série IV, tome XVI, 1895).

(1) Henry HOUSSAYE, *1815*, p. 193. Pons, dans son *Mémoire aux puissances alliées*, parle du « landau impérial ».

ailleurs avec les pièces originales et tout le détail nécessaire : il suffira de rappeler que, fils d'un pauvre aubergiste espagnol, André Pons était à moins de vingt ans capitaine au cabotage, et qu'entraîné ensuite par les événements, il fut tour à tour officier de marine, commandant d'artillerie, prisonnier d'État, homme d'affaires, homme politique, directeur d'exploitation minière, chargé de missions secrètes, préfet de l'Empire et de la monarchie de Juillet, conseiller d'État de la deuxième République. S'il n'a, du reste, joué qu'un rôle accessoire dans les affaires diverses auxquelles il s'est trouvé mêlé, s'il est, somme toute, resté un comparse dans l'histoire de son temps, la destinée lui a cependant ménagé une heure où il a touché à l'histoire, et à la plus grande. Devenu, par la protection de Lacépède, directeur des mines de l'île d'Elbe (1), Pons se trouvait en résidence à Rio-Marina quand Napoléon débarqua dans son impérial asile. Quoique républicain, ci-devant robespierriste, socialiste de tendances, et ennemi de l'Empereur qu'il avait connu à Toulon simple commandant d'artillerie, Pons fut, après quelque résistance, assez vite dompté par la séduction et le génie du maître. Devenu son fidèle et dévoué serviteur, il revint en France avec Napoléon, fut chargé d'une négociation délicate et dangereuse avec Masséna à Marseille, emprisonné au château d'If sous la pression des royalistes marseillais, et ne fut remis en liberté qu'après la rentrée de l'Empereur à Paris. A la seconde Restauration, Pons, que l'Empereur avait nommé préfet du Rhône, dut abandonner ses fonctions et fuir sa patrie. Sa carrière rentre alors dans la demi-obscurité

---

(1) En 1809.

qu'avait dissipée un moment le reflet de la gloire impériale, et s'y prolonge jusqu'en 1858, tourmentée, aventureuse, victime de la probité et de la raideur de ses convictions autant que des circonstances extérieures.

Dans cette retraite forcée de quarante ans, Pons de l'Hérault, qui déjà s'était signalé sous le Directoire par un retentissant pamphlet (1), se découvrit une vocation littéraire et se donna une mission historique : il voulut préparer, en réunissant ses souvenirs, ses réflexions, les notes et les documents que lui fournissaient ses anciens amis, un grand travail d'histoire et d'apologétique sur Napoléon, et particulièrement sur le règne éphémère de Napoléon à l'île d'Elbe. De ces études n'a été publiée par lui que la moindre partie, de minces et très fragmentaires chapitres de son grand ouvrage, un *Essai sur le Congrès de Châtillon*, et une étude sur *La bataille et la capitulation de Paris* (2), qu'il ne pardonnait pas, comme on peut le penser, au maréchal Marmont. Tout le reste est demeuré à l'état de brouillons, de copies maintes fois retranscrites, de notes éparses, de fiches à demi rédigées, dans un incroyable désordre.

Tous ces manuscrits, — ce fatras, si l'on veut, — sont aujourd'hui conservés à la bibliothèque de Carcassonne. Elle les doit à l'un des hommes qui ont le plus contribué à l'enrichir, M. Cornet-Peyrusse (3). Comment celui-ci sut-il que ces manuscrits prêtés par Pons à diverses per-

---

(1) « Pons à Barras. »
(2) « De la bataille et de la capitulation de Paris, extrait d'un *Essai historique sur le règne de l'empereur Napoléon*, suivi de la 2ᵉ édition du Congrès de Châtillon », par Pons. Paris, Delaforest, 1828.
(3) Sur M. Cornet Peyrusse on trouvera des renseignements utiles dans un rapport sur la Bibliothèque municipale de Carcassonne, dû au bibliothécaire M. Izard et publié dans les *Mémoires de la Société des sciences et arts* de cette ville.

sonnes, entre autres à M. de Cormenin fils (1), se trouvaient, lors de la mort de leur auteur, entre les mains de M. le conseiller d'État Marbeau ? Je l'ignore, de même que j'ignore pourquoi ces papiers n'ont pas été restitués aux filles de l'auteur, Mlles Herminie et Cécile Pons. Toujours est-il qu'en 1870 M. Marbeau les communiqua à M. Cornet-Peyrusse, de Carcassonne (2). Celui-ci, gendre et héritier du trésorier Peyrusse, avait hérité aussi son culte pour l'Empereur et voulait écrire, d'après les documents administratifs laissés par Peyrusse, une histoire générale de Napoléon à l'île d'Elbe. Des lettres de Pons à Peyrusse, qui existent encore dans les archives personnelles de celui-ci (3), lui ayant révélé l'existence des souvenirs et des collections de documents du premier, il put, comme je viens de le dire, en retrouver la piste, en recevoir communication, et enfin se faire donner par M. Marbeau l'autorisation de déposer tous ces papiers de Pons de l'Hérault à la bibliothèque de sa propre ville (4). Il y a bien du mélange dans ce dépôt : à côté de liasses importantes de notes historiques, on y trouve des « rêves politiques et militaires », des « idées sur le gouvernement de la Toscane », des journaux de voyage en Italie (5), des comédies rimées, des poésies en français et en languedocien, le début d'une « étude comparée du Directoire avec

---

(1) On peut supposer qu'il le sut par les Cormenin, alliés à la famille de G. Peyrusse.
(2) La lettre d'envoi est conservée avec les autres papiers de Pons.
(3) Aujourd'hui dans la collection d'autographes de la même bibliothèque.
(4) C'est par une singulière erreur qu'ils ont été classés dans le fonds Mahul, où Cadier les a laissés.
(5) J'en ai publié quelques fragments, les moins dénués d'intérêt, dans diverses revues italiennes.

le régime impérial » : tout ceci n'a réellement qu'une très médiocre valeur.

Telle qu'elle est cependant, la collection des papiers de Pons de l'Hérault forme avec ceux des frères André et Guillaume Peyrusse un fonds important pour l'histoire de Napoléon, fonds longtemps méconnu, mais que l'on commence à mettre en valeur. Les plus importants de ces manuscrits de Pons sont les œuvres relatives au séjour de Napoléon à l'île d'Elbe : le *Mémoire aux puissances alliées* que je publierai ultérieurement (1), et l'*Essai sur le règne de Napoléon à l'île d'Elbe,* qui fait l'objet du présent volume.

Le manuscrit de l'*Essai sur le règne de Napoléon à l'île d'Elbe* se compose de trois grosses liasses de fiches à peine classées, et dont l'aspect suffit à déceler un brouillon déjà retouché et remanié à plusieurs reprises. On y trouve des traces de ratures et de coupures, des espaces préparés pour recevoir des notes qui manquent encore, des répétitions de pages entières, parfois des lacunes dans la suite du manuscrit. Ces défauts sont du reste bien plus sensibles dans la troisième liasse que dans les deux premières. Il était impossible de publier ces documents dans leur état original; il fallait en quelque sorte constituer ou reconstituer le texte, élaguer des réflexions oiseuses, de fâcheux effets de style, abréger certaines narrations trop complaisamment étendues, choisir entre les diverses variantes.

Il existe en effet de certains passages des souvenirs de Pons des versions différentes qui montrent avec quelle conscience cet honnête homme s'essayait au métier

---

(1) Dans la collection de la *Société d'histoire contemporaine.*

d'historien. Il s'y efforce de serrer de plus en plus près la vérité, et, d'autre part, dans son texte définitif, il retranche certaines affirmations qui, après réflexion, lui semblèrent excessives. Je ne citerai qu'un exemple de ce travail de revision, portant sur le récit des assassinats tentés ou projetés contre l'Empereur : Pons l'avait rédigé d'abord pour le placer dans un article de journal qu'il n'acheva pas, puis l'a rédigé à nouveau pour l'insérer dans son ouvrage. La première rédaction subsiste. On voit que le récit est identique dans les deux versions, mais qu'il y a de légères différences entre les deux. Ainsi, dans la première, Pons, parlant de l'émissaire de Bruslart (1), dit que « ce brigand avait assassiné trente-deux personnes ». Ce brigand est devenu dans la seconde version un « assassin redoutable qui a commis plusieurs assassinats », ce qui est moins romanesque que le chiffre précis donné d'abord, et quelque peu suspect. Dans la première version, Pons rapporte que l'Empereur lui prescrivit de ne rien négliger pour *opérer* l'arrestation du général Bruslart; dans la seconde, avec plus de sagesse, de modestie et de vraisemblance, Pons est seulement chargé de « s'entendre avec Masséna pour arrêter Bruslart ». L'affaire du magistrat est racontée en quelques lignes seulement dans la première version; l'auteur l'a amplifiée dans la seconde, mais sans en modifier aucun détail caractéristique. L'officier supérieur dénoncé par Suchet est accusé, dans la première version, de vouloir *empoisonner* l'Empereur : il y a seulement *assassiner* dans la seconde. Enfin, dans l'histoire du juif de Leipzig, la première version contenait la citation d'un mot de l'Empe-

---

(1) Voir ci-dessous, pages 160 et suivantes.

reur que Pons n'a pas conservé dans la seconde : « On ne se venge pas d'un crime par un autre crime, faisait-il dire à l'Empereur, et égorger même un assassin est toujours un crime. » La suppression de ce mot généreux indique-t-elle que Pons n'était plus assez sûr de son authenticité ? L'examen de ces variantes prouve en effet que Pons n'a pas toujours rapporté avec une fidélité textuelle les paroles de l'Empereur. La comparaison des deux versions de son dialogue avec lui sur *Télémaque* est instructive à cet égard (1) : il ne reproduit identiquement que les mots les plus essentiels de Napoléon ; pour l'ensemble de la conversation, il ne donne que le dessin général. Cette constatation n'est pas sans prix, car elle empêchera d'attribuer sans réserves à Napoléon des mots et des paroles peut-être retouchés par Pons de l'Hérault, et qui ont perdu à cette traduction un peu de leur solidité d'airain et de leur *imperatoria brevitas*. Et, puisqu'il s'agit de l'authenticité des paroles de Napoléon, signalons ici ce que rapporte Pons des dictées de l'Empereur (2). La façon abrégée dont il dit que Bertrand recueillait les propos et les ordres de son maître, est assez

---

(1) Voici la version sacrifiée par Pons : « L'Empereur avait l'air riant : — Vous commentez *Télémaque ?* — Non, Sire, mais je l'explique, et mes explications sont écrites. — Faites-vous allusion à ma personne ? — J'en fais à votre gouvernement. — En quel sens ? — Pour l'intérieur, en plus d'un sens. — Et pour l'extérieur ? — Tout à l'avantage de Votre Majesté. — Il vous faut bien étudier les causes et les effets. — C'est à quoi je m'applique. — Fénelon fabriquait des rois divins, mais les rois sont des hommes, et ne sont que des hommes, un assemblage de défauts et de qualités, de vices et de vertus. Les plus grands rois sont ceux qui sont les moins imparfaits ; ils n'échappent point à la loi commune. Ces principes doivent vous aller ? — Oui, Sire, ils m'enchantent. — Tant mieux. » Et l'Empereur, visiblement satisfait, rentra dans son appartement.

(2) Voir ci-dessous, page 199.

propre à modifier l'opinion reçue sur les talents épistolaires de l'Empereur. — Il n'y a donc pas de détails importants à regretter dans les variantes, ni dans les petits fragments de texte de Pons que j'ai dû laisser tomber. Relevons-y cependant, pour ne rien omettre, un court récit de la tempête essuyée par Napoléon à son premier voyage à la Pianosa (1), lequel a disparu, peut-être par un oubli de Pons, de la version définitive : l'anecdote a son intérêt.

En le dégageant de ces broussailles et de ces broutilles, ce n'est cependant pas le texte intégral du manuscrit de Pons que je donne ici. Ce manuscrit se divise en deux parties : les deux premières liasses beaucoup plus complètement rédigées que la troisième, — et même, hélas ! plus écrites ! — forment un récit continu. Mais Pons, qui avait du loisir et qui aimait à reprendre les choses de longueur, a cru nécessaire, pour expliquer la domination impériale dans l'île, pour replacer l'Empereur dans son milieu, de donner une description géographique et géologique du pays, de décrire en détail les mœurs des habitants, non sans rapporter quelquefois des détails très intimes et non moins pittoresques, et de raconter par le menu les vicissitudes de l'histoire de l'île d'Elbe pendant

---

(1) « Dès qu'il y eut mis pied à terre, le temps devint orageux, si orageux que le brick ne put plus s'approcher de l'embarcadère et qu'il dut rester toute la nuit à la cape entre l'île de la Pianosa et l'île d'Elbe. Heureusement que l'Empereur avait eu la précaution de faire suivre sa tente de campagne et qu'il put, avec toute sa suite, s'abriter du vent qui était violent et de la pluie qui tombait en abondance. Toutefois il était mécontent ; son mécontentement le rendait même un peu injuste : il murmurait contre la marine au lieu de murmurer contre la bourrasque. Le lendemain, l'on profita d'un moment de calme ; le brick s'approcha de la Pianosa, la chaloupe, montée par l'enseigne Sarri, aborda le rivage dans un lieu favorable, et elle ramena l'Empereur à bord de l'*Inconstant*. »

la Révolution. Cette description géographique, cette chronique minutieuse des révolutions elboises n'offrent vraiment qu'un intérêt tout local ou de pure érudition. On ne pouvait guère les infliger au grand public; les curieux sauront les retrouver dans les publications spéciales qui les ont accueillies (1). Je n'ai retenu et ne publie ici que l'introduction générale de Pons de l'Hérault (2) et la portion de son ouvrage relative spéciale-

(1) « L'île d'Elbe au début du dix-neuvième siècle », dans le *Bulletin de la Société languedocienne de géographie*, 1896 et 1897; et « L'île d'Elbe pendant la Révolution et l'Empire », dans la *Miscellanea Napoleonica*, t. III, 1897.

(2) Outre l'introduction, Pons a donné aussi dans un des fragments supprimés une sorte de plan général de son ouvrage, qui montre bien son dessein, et qu'il me paraît, à ce titre, utile de donner ici; le morceau est, du reste, fort court : « L'histoire générale de l'île d'Elbe n'entre pas et ne peut pas entrer dans le cadre spécial de mon ouvrage. Aussi je n'écrirai pas l'histoire générale de l'île d'Elbe; ce qui ne doit pas m'empêcher de faire connaître l'île d'Elbe.

« Voici donc le plan que je me suis tracé :

« Je dirai d'abord l'île d'Elbe telle qu'elle était à l'arrivée de l'empereur Napoléon. Je chercherai à expliquer avec vérité les hommes et les choses du moment. J'ai longtemps habité l'île d'Elbe; je puis en parler avec connaissance de cause. J'écrirai avec ma mémoire et avec mes notes. Ma mémoire embrassera les généralités de l'île; elle ne me fera pas défaut, parce que je la débarrasserai de toutes les incertitudes et que je ne lui demanderai que ce qu'elle pourra facilement me garantir. Mes notes sont l'enregistrement abrégé des faits que je puis certifier, elles ne sont susceptibles d'aucune variation, et je n'ai qu'à leur donner une étendue égale à leur importance. Cette partie de mon ouvrage contiendra un travail circonstancié sur les mines de fer qui sont ce que l'île d'Elbe a de plus important.

« Cela fait, je remonterai vers les siècles de l'antiquité; je me placerai au début connu de l'histoire politique de ce rocher célèbre, je franchirai rapidement les époques reculées, je sauterai presque à pieds joints le chaos du moyen âge, et, sans m'appesantir sur les temps plus modernes, j'arriverai au moment où, par suite de la Révolution française, l'île d'Elbe s'est trouvée en contact direct avec la France.

« Alors, sûr d'intéresser mon pays, de lui donner des renseignements utiles, je suivrai pas à pas tous les événements qui ont eu lieu

ment au séjour de Napoléon dans l'île d'Elbe : c'est cette suite qui compose ici les *Souvenirs sur Napoléon à l'île d'Elbe*, la première partie de ce livre. Quant à la troisième liasse du manuscrit, elle se présente au lecteur dans un état assez différent des premières. On y a réuni une série de notes, sans lien entre elles, relatives à divers épisodes du gouvernement, à diverses scènes de la vie privée de Napoléon. Écrites elles aussi sur ces larges fiches rectangulaires qu'affectionnait Pons, elles ont été placées sans classement à la suite les unes des autres, et quelques-unes seulement ont reçu des titres de la main de Pons de l'Hérault (1). On a joint et confondu avec ces notes qui s'annexaient évidemment à l'essai précédent deux moindres paquets composés de fiches analogues, et inti-

dans l'île d'Elbe, jusqu'au grand événement elbois qui résulte du débarquement de l'empereur Napoléon à Porto-Ferrajo.

« Là, avec toute la gravité de l'histoire, j'avancerai lentement, je méditerai, je discuterai, et, la main sur la conscience, je dirai tout ce qui sera venu à ma connaissance.

« J'ai le désir prononcé de bien faire, mais la bonne volonté ne suffit pas toujours pour remplir avec distinction une belle tâche, alors même qu'on se l'est volontairement imposée, et je ne promets que ce qui est *(sic)* en mon pouvoir de tenir.

« Je ne prends pas non plus l'engagement radical d'écrire positivement l'histoire de l'empereur Napoléon à l'île d'Elbe, car il peut y avoir des choses que je n'aie pas connues, et je ne veux pas m'exposer au reproche mérité d'avoir laissé des lacunes. Ce sont des faits remarquables que je raconte, que je transmets à l'histoire universelle du monde social, et dont je lui lègue la propriété. D'ailleurs, un style purement historique m'exposerait à des embarras dans le récit des événements auxquels j'ai pris part; et comme j'ai pris part à presque tous les événements, ces embarras deviendraient incessants, peut-être même insurmontables.

« Un mémoire historique écarte tous les inconvénients. C'est donc à un mémoire historique que je vais consacrer mes veilles. L'empereur Napoléon n'y perdra aucun des hommages de vérité que l'histoire aurait pu lui rendre. Je commence. »

(1) Quelques titres et l'arrangement matériel de ces petits cahiers de notes sont dus à M. Cornet-Peyrusse.

tulés, l'un : *Première époque;* l'autre : *Troisième article.* Le premier contient la division du règne elbois de l'Empereur en quatre périodes; l'autre, le récit des préparatifs de la rentrée en France; celui-ci est signé : *Un compagnon d'infortune de l'empereur Napoléon.* Ces deux fragments se distinguent des autres notes à l'emphase plus grande, à l'abondance encore plus prolixe du style, à la solennité que met Pons à se désigner à la troisième personne, et sous son titre : « M. l'administrateur général des mines »; il est probable que Pons destinait ces fragments à quelque journal; il est même possible qu'ils aient été imprimés. Il m'a semblé naturel et nécessaire de les réintégrer à leur place probable dans la suite de ces fragments, d'où Pons ne les avait peut-être détachés que provisoirement. Tous ces fragments épars (1) sont groupés ici dans la seconde partie du volume sous le titre d'*Anecdotes de l'île d'Elbe.* Il m'a semblé non moins naturel de modifier le titre quelque peu ambitieux que l'honnête Pons avait donné à son projet d'ouvrage, et puisque son Essai n'a abouti en réalité qu'à être une suite de souvenirs et d'anecdotes, de le dire dès l'abord et de le désigner sous ce nom.

L'authenticité de ces souvenirs est indiscutable. De l'aveu de Pons de l'Hérault lui-même, soit ici, soit dans ses lettres à Peyrusse ou à son frère aîné, nous savons qu'il composait des Mémoires. Le manuscrit que nous possédons est d'ailleurs l'original, où s'étale, sans qu'il soit possible de la méconnaître ou de la confondre avec aucune autre, la large, solennelle et majestueuse écriture de « M. l'administrateur général », fertile en inimi-

---

(1) J'en ai publié quelques-uns il y a plusieurs années dans la *Revue rétrospective* de M. Cottin.

tables fioritures, en majuscules grandiloquentes, aimant à s'espacer dans la longueur apprêtée des lignes.

. Mais quels sont les *Souvenirs* que nous a conservés cet authentique manuscrit? Dès les premières lignes de son ouvrage, Pons dit qu'il a été chargé d'abord, puis, sur son refus implicite, invité par Napoléon à prendre des notes historiques, à « écrire sommairement sur ce qui se passerait de remarquable à l'île d'Elbe », et il ajoute qu'après quelque résistance il se décida à tenir cette sorte de journal : « L'Empereur, dit-il, en a connu plusieurs pages, et le général Drouot en a corrigé quelques-unes (1). » Mais ce journal était encore à l'état de notes informes, sinon de projet, pendant les Cent-jours, Pons le dit expressément :

« La dernière fois que j'eus l'honneur de voir l'empereur Napoléon à l'Élysée Bourbon, le ... juin 1815, je l'assurai que je réunirais en corps d'ouvrage tous les souvenirs que j'avais conservé (*sic*) de son séjour à l'île d'Elbe, et l'Empereur m'indiqua plusieurs choses que je ne devais pas oublier. »

. Par ce mot *souvenirs*, faut-il entendre ce premier journal, ces notes déjà commandées ou demandées à Pons, ou seulement, et d'une manière générale, ses souvenirs non encore écrits? Peu importe en somme, car Pons n'a pas pu utiliser ses premiers essais, cette narration faite au jour le jour, et il en est de ses mémoires comme de ceux de Mme de Rémusat : nous n'en avons qu'une seconde rédaction, faite après coup, d'après des souvenirs déjà lointains, et non sous le choc direct des événements, le texte

(1) Il doit y avoir là un rapprochement forcé; il est probable que ce n'est qu'après 1815 que Drouot a pu corriger quelques pages des écrits de Pons.

original ayant disparu pour une raison quelconque. On sait que Mme de Rémusat brûla son manuscrit pour éviter des ennuis en cas d'une perquisition qu'elle redoutait. Comment disparut le manuscrit de Pons? Quand Pons commença à tenir sa promesse à l'Empereur, le manuscrit de son journal n'était plus en sa possession. Était-il assez « homme de lettres » pour avoir emporté ce journal de l'île d'Elbe à son départ, improvisé en une nuit? Quand, quelques mois plus tard, il dut s'enfuir de Lyon, eut-il le temps, dans le désordre d'une préfecture menacée par les ennemis, de réunir et d'emporter ses manuscrits, s'il en était alors nanti? S'il avait laissé ses notes à l'île d'Elbe, put-il se les faire restituer? Plus tard, à Venise, nous le voyons dépouillé de tous ses papiers par la police autrichienne ; il dit qu'on lui en rendit une partie, mais lesquels? Il est certain et évident que les *Souvenirs et anecdotes* actuels ne sont que des réminiscences du journal elbois, dans lesquelles Pons a glissé mainte allusion aux faits postérieurs : des accusations et des invectives contre la monarchie de Juillet (1), des détails sur la destinée ultérieure des compagnons de Napoléon à l'île d'Elbe.

(1) Les fragments ci-dessous, par exemple, donneront une idée de ces invectives dont j'ai coupé la plus grande partie : « Sans doute l'Empereur faisait unanimement planer sa prépotence sur tous ceux qui l'entouraient, mais cela ne dit pas que cette prépotence brisait les caractères qu'elle ne parvenait pas à faire plier sous sa volonté, et, à cet égard, je dois à l'honneur de me citer comme preuve du contraire. Si j'avais lutté avec un des personnages du gouvernement anglais de la Restauration, ou avec un des personnages du gouvernement prostitué qui représente la monarchie de 1830, comme j'ai lutté avec l'Empereur, j'aurais été lié et garrotté, puisque, pour avoir fait de justes représentations la loi à la main, j'ai perdu ma carrière. » Ailleurs, à propos du général Boinod qui vint retrouver Napoléon à l'île, il dit : « Boinod, que la révolution de 1830 ou ceux qui l'ont accaparée ont mis hors de service en lui rognant encore quelques écus de retraite... La révolution de 1830 a, d'ailleurs, fait plusieurs choses semblables. »

La rédaction, restée finalement inachevée, de ses souvenirs s'étend donc sur près de quarante années. C'est en exil qu'elle fut commencée. Non seulement Pons y entreprit son *Mémoire aux puissances alliées,* cette apologie de Napoléon qui est si fâcheusement restée, elle aussi, interrompue; non seulement il publia son *Essai sur le gouvernement de Buonaparte,* mais il reprit la composition de son grand ouvrage. Un des fragments que je n'ai pu replacer dans le corps de ce volume, et que je cite dans son état actuel, l'atteste :

« ..... Sur la terre étrangère. Je n'ai donc pas la ressource des matériaux qui me seraient absolument nécessaires pour me livrer à un travail complet. J'écrirai avec ma mémoire. Elle ne me fera pas défaut, parce que je ne lui demanderai que ce qu'elle pourra facilement me garantir..... »

Mais cette composition fut de nouveau interrompue, par la rentrée de Pons en France, par ses occupations, par la politique, plus tard par ses voyages en Italie. Ce ne fut que vingt ans après qu'il reprit sérieusement son travail : il touchait alors à l'extrême vieillesse. Nous le voyons en 1847, en 1850, encore occupé à demander des renseignements, des sources à consulter. Le 20 juin 1850, le petit-fils d'un de ses anciens compagnons, de l'adjudant Labadie, lui communiquait la gazette rimée de ce brave officier (1). Il était alors dans le feu de son travail : dans une lettre de nouvel an adressée à son frère aîné, il dit n'avoir mis qu'une année pour écrire trois gros volumes d'histoire (2). Dans une lettre à Pey-

---

(1) Voir *Revue rétrospective, Documents sur le séjour de Napoléon Ier à l'île d'Elbe.*

(2) Qu'entendait-il par trois gros volumes? Son manuscrit est sur

russe, il dit travailler au quatrième et toucher à la fin de son œuvre. Des malheurs de famille, les événements politiques, les difficultés toujours croissantes de la vie matérielle l'empêchèrent d'en venir à bout. Nous n'avons donc sous les yeux qu'une seconde rédaction des souvenirs de Pons de l'Hérault.

Quelle en est la valeur historique? L'information originale de Pons était excellente. Il dit lui-même avoir reçu les confidences de Napoléon sur certaines questions, notamment sur les tentatives d'assassinat dirigées contre lui. Drouot, son ami intime, son camarade Peyrusse, lui apprirent bien des détails. A Rio-Marine, où il résidait, il recevait, par ordre de Napoléon, la plupart de ses visiteurs de distinction, qui lui répétaient les conversations de leur hôte impérial. Lord Bentinck, Campbell, le général Koller, Towers, causèrent librement devant lui. Depuis longtemps fixé dans l'île, et étant « de tous les Français celui que les Elbois aimèrent le mieux », il avait la confiance de quelques-uns des hommes les plus marquants de l'île, et dont Napoléon fit ses fonctionnaires civils, Balbiani, Lapi, et surtout cette famille Vantini avec qui il conserva toute sa vie d'affectueuses relations (1). Il tenait à Rio-Marina un « cercle » où, soit absence du

---

feuilles séparées; leur masse pouvait à ses yeux représenter la valeur de trois volumes. Et il y a aussi à Carcassonne une copie en quatre gros registres de son manuscrit, mais je la crois postérieure à Pons, et elle est incomplète; il est possible cependant qu'elle ait été faite sous ses yeux, par une de ses filles peut-être, et que ce soit d'elle que Pons parle ici.

(1) Il raconte avec attendrissement, dans son *Voyage en Italie*, comment il retrouva à Sienne, en 1841, Mlle Enrichetta Vantini, devenue Mme Patriachi et mère de famille. Il est étonnant qu'il n'ait jamais eu occasion de parler de ce fils aîné du chambellan de l'Empereur, qui fut enlevé enfant par les Barbaresques et qui devint par la suite le général Yusuf.

maître, soit confiance en Pons, on causait librement, plus librement qu'à Porto-Ferrajo. Son éloignement du centre de la vie elboise eut, par contre, on ne peut le nier, un mauvais résultat : il fut parfois isolé, et ignora certaines arrivées dans l'île d'étrangers importants. Peut-être son journal quotidien était-il plus circonstancié là-dessus; il est fâcheux que sur ces menus faits ses souvenirs soient restés muets. Il serait si important de les connaître à fond, pour fixer les relations secrètes de Napoléon avec la France et la préméditation du retour de l'île! Par bonheur, cet isolement de Pons se trouva compensé par le grand nombre de visites et de confidences qu'il recevait, et par ce qu'il nous dit lui-même (1) : « Il y avait entre les personnes qui entouraient plus particulièrement l'Empereur une espèce d'engagement de se dire mutuellement tout ce qu'elles savaient. » D'ailleurs, Pons, homme d'une énergie et d'une activité infatigables, d'une incroyable puissance de travail, — il dit avoir parfois passé douze heures de suite dans son cabinet (2), — ne ménageait aucune fatigue pour suivre l'Empereur et apprendre les moindres détails : « Là où je n'étais pas avec lui, j'allais de suite après lui, ou je me faisais immédiatement rendre compte par ceux qui sans erreur pouvaient m'instruire. » Les souvenirs de Pons sont ceux d'un témoin immédiat et oculaire pour les journées de l'arrivée, du débarquement, de l'installation de Napoléon dans l'île, pour les excursions et les voyages à la Pianosa, à Palmajola, à Monte-Giove, et naturellement à Rio-Marina. Ses querelles avec l'Empereur au sujet des finances

---

(1) Voir ci-dessous, page 189.
(2) Une fois même, soixante-douze heures dans son cabinet, à la préfecture de Lyon, pendant les Cent-jours.

de la mine sont aussi racontées d'original; il a été mêlé en personne à l'aventure du vaisseau napolitain si mal reçu par Cambronne; il a servi d'interprète au commandant du vaisseau barbaresque; il a été envoyé en mission auprès du grand-duc Ferdinand. Il était présent au naufrage de l'*Inconstant* (1). Il a donc connu par lui-même une bonne partie des faits qu'il raconte.

Ses souvenirs s'étaient certainement un peu effacés et brouillés quand il les rédigea, et ne pouvaient lui suffire. Comment les raviva et les compléta-t-il? Il ne paraît pas qu'il soit resté entre ses mains, après 1815, beaucoup de ses papiers du temps de l'Empire. Dans la biographie écrite par lui ou sous sa dictée pour la collection des *Biographies des hommes du jour* (2), nous le voyons citer avec autant d'exactitude que de complaisance des documents officiels datant de la Révolution, qu'il avait sans doute retrouvés dans ses papiers de famille à Cette; il en cite aussi d'autres qui datent de la Restauration et de la monarchie de Juillet. Pour l'époque de son séjour à l'île d'Elbe, la lacune est presque complète; sauf quelques lettres à Napoléon au sujet de la mine et de l'affaire des farines, il ne cite que des actes comme la proclamation de Dalesme ou le mandement d'Arrighi, tombés dès lors dans le domaine public. Sa famille, qui conserve encore pieusement quelques rares souvenirs de lui (3), ne

---

(1) Sur les divers voyages de l'*Inconstant*, Pons avait eu des notes de l'enseigne Sarri.

(2) *Biographie des hommes du jour*, par Germain Sarrut et B. Saint-Edme, Paris, Henri Krabbe, 1836; extrait avec le titre « Pons de l'Hérault », Paris, imprimerie de Béthune et Plon, 1837; « troisième édition, continuant jusqu'à ce jour la seconde édition de 1836 », imprimerie d'Ad. Blondeau, 1848, in-4° de 106 p.

(3) La famille de Pons de l'Hérault a aujourd'hui pour chef son petit-neveu, M. Masson, employé de la Compagnie P.-L.-M., à Cette.

possède aucune lettre antérieure à sa rentrée en France en 1825. La police autrichienne à Venise a bien fait son œuvre. Il ne retrouva guère, pour s'en aider à rédiger son grand ouvrage, que le début de son *Mémoire aux puissances alliées*, où il puisa d'ailleurs largement, et quelques bien rares documents personnels qui, — chose assez étrange, — manquent aujourd'hui à la collection de ses papiers à Carcassonne.

A défaut de documents personnels, Pons contrôla et raffermit ses souvenirs par ceux de ses contemporains et de ses anciens compagnons de l'île. Il consulta, ou tout au moins connut, non seulement le *Mémorial*, mais les Mémoires du colonel Vincent publiés dans les *Mémoires de tous*, ceux de Mme Dargy, à qui il refuse toute valeur historique (1); les relations de Cadet de Gassicourt, de Fleury de Chaboulon (2); le voyage à l'île d'Elbe d'Anselme Thiébaut, qu'il corrige sur bien des points; les livres de Lambardi et de Ninci sur l'île d'Elbe, qu'il juge avec sévérité (3). Pour la dernière partie de ses Mémoi-

---

Citons, entre autres souvenirs conservés par lui, un médaillon en cire envoyé à son frère aîné par Pons pendant qu'il combattait à l'armée d'Italie. Ce curieux portrait n'a jamais été reproduit.

(1) Voir ce qu'il en dit ci-dessous, page 224.

(2) Il critique assez vivement celle-ci dans son *Mémoire aux puissances alliées*.

(3) Voici ce qu'il dit, dans un fragment inédit, de ses trois devanciers :

« Il y a cependant un *Voyage à l'île d'Elbe*, par Arsenne Thiébaut, publié à Paris en 1808, et ce voyage peut être bon à consulter. Mais M. Arsenne Thiébaut a écrit vite, bien vite, et quoiqu'il n'ait passé que trois jours dans l'île, il tranche sur tout, et son langage n'est pas toujours vrai.

« Lambardi, de Porto-Ferrajo, publia, en 1791, un mémoire sur l'île d'Elbe, et les Elbois ont considéré cet ouvrage comme une sornette. Il y a eu quelques autres sornettes.

« Ninci, qui, comme Lambardi, est de Porto-Ferrajo, a écrit, en 1815, une *Histoire de l'île d'Elbe*, et il l'a dédiée « à Sa Majesté sacrée

res, qui sans doute eût raconté le « vol de l'Aigle », il recueillit, et il n'eut pas le temps de les mettre à profit, des relations imprimées ou inédites sur le retour de Napoléon : les souvenirs du policier Morin, un rapport du colonel de gendarmerie de Grenoble, Ch. Jubé (1); la relation d'un officier en demi-solde qui rejoignit les *fidèles* à Grenoble (2). Il interrogea Drouot; il demanda maintes fois à Peyrusse communication de son mémento (3); il renoua des relations avec tous ceux des officiers de la Garde qu'il put retrouver; s'il ne connut pas les Mémoires de Combe et de Mallet (4), il eut en mains ceux du capitaine Larabit, de Labadie, du sellier Vincent; il put interroger avec fruit les valets de chambre Saint-Denis et Marchand. De là vient pour une part la

l'empereur Napoléon le Grand ». Ninci a peut-être été plus hardi dans sa dédicace que savant dans son travail. Cette histoire est d'ailleurs d'une diffusion telle qu'on a souvent peine à comprendre ce que l'auteur a voulu dire. Ninci a autant puisé dans la fable que dans la vérité, dans l'inconnu que dans le connu, et ses opinions ne font pas toujours preuve d'un génie transcendant. Lui-même en convient. Il me l'a dit avec une bonhomie charmante. Toutefois, l'ensemble de son travail est un véritable service rendu à l'île d'Elbe. Un jour l'empereur Napoléon me demanda « si je croyais que Ninci était capable d'écrire une histoire », et je dus lui répondre, ce qui était vrai, que je ne savais même pas qu'il fût écrivain. J'appris à l'Empereur que Ninci avait été moine. Alors, l'Empereur ajouta à la demande qu'il m'avait adressée : « Moine! cela nous vaudra une chronique. » J'ignorais complètement que Ninci fût auteur. Il peut se faire que j'aie recours à lui, c'est-à-dire que j'aie besoin de son ouvrage, et j'y puiserai sans scrupule, si j'y trouve des choses essentielles qui aient échappé à mes recherches. »

(1) Publié dans la *Revue rétrospective*.
(2) Inédite.
(3) Il semble d'ailleurs, à son insistance même, qu'il n'a pas obtenu satisfaction sur ce point. Peyrusse n'avait pas d'ailleurs, à proprement parler, de journal. Pons demandait probablement les livres de comptabilité du trésorier. Mais Peyrusse lui donna d'autres renseignements.
(4) Les uns et les autres n'ont été publiés que tout récemment dans la *Revue hebdomadaire* et dans la *Revue bleue*.

sécurité avec laquelle on doit consulter les *Souvenirs* de Pons de l'Hérault.

En devenant historien de l'Empereur, Pons se formait la plus haute idée de son devoir; il croyait réellement remplir une mission providentielle, un mandat impérial. Voici comment il s'exprime à ce propos :

« Je n'ai pas la vaniteuse prétention de croire que mon travail mérite par lui-même de traverser les siècles, mais, je le dis avec un sentiment de fierté qui n'a rien de semblable à la petitesse de l'orgueil, c'est dans ce travail que les grands écrivains iront puiser, chaque fois qu'ils voudront avec vérité parler de l'Empereur à l'île d'Elbe, et alors, sous leurs auspices, ou, pour mieux m'exprimer, sous leur nom, il m'est permis d'espérer que ce que je dis ira retentir jusque dans la postérité la plus reculée. Je dois donc dire, le mieux qu'il m'est possible de dire, le plus qu'il m'est possible de dire. Je ne dois surtout rien négliger pour mettre mes lecteurs à même de connaître la pensée de l'Empereur. »

Mais ce mandat impérial ne l'aveugla pas. Pons offre ce rare et singulier exemple d'un historien à la fois sincèrement républicain et sincèrement napoléoniste, — comme il dit, — capable de préférer encore à la gloire de l'Empereur, malgré son dévouement, la vérité nationale et libérale. Il s'estimait tenu seulement, en vertu même des ordres de l'Empereur, à dire la vérité; il croyait à bon droit son indépendance absolue vis-à-vis de Napoléon; il ne se pensait lié à lui par aucun lien personnel de reconnaissance. Aussi son impartialité est-elle réelle. Sa véracité, autant qu'on peut le constater, ne l'est pas moins. A dire vrai, il serait assez difficile, actuellement, de faire ce contrôle par pièces d'archives : l'île d'Elbe n'en a conservé aucune (1). Les archives de Florence, pour les séries qu'il faudrait consulter, ne sont pas ouvertes (2). Mais j'ai pu m'assurer que tout ce que Pons raconte de sa jeunesse, dans la biographie que je citais plus haut, est parfaitement exact; les registres de la Société populaire de Cette en font foi (3). On peut conclure de sa sincérité dans des récits qui le concernaient personnellement et qui étaient relatifs à la plus trouble des époques, à sa véracité dans le récit d'événements où il n'était en somme que témoin. Et, en effet, tous les épisodes de ses *Souvenirs* actuels dont on trouve des récits parallèles dans le *Mémorial*, dans les rapports des agents de Mariotti, dans Foresi et dans les autres sources, se trouvent confirmés dans leur ensemble, sauf quelques détails (4) et quelques divergences d'appréciation. Du reste, Pons, n'étant pas un écrivain de métier, n'a aucun pli professionnel, ne sacrifie à aucune recherche littéraire, et raconte les choses comme il les a vues.

Il les a vues à coup sûr d'un œil favorable ou indulgent. Mais, même dans l'apologie, il reste impartial et modéré, il est un témoin à décharge plutôt qu'un avocat.

(1) M. Marcellin Pellet l'a déjà dit. M. Capelletti a bien voulu s'en assurer de nouveau pour moi.

(2) Mon ami M. Casanova, archiviste à l'*Archivio di Stato*, de Florence, y a cependant fait pour moi quelques recherches dont le résultat, quant à ce contrôle, a été négatif. A Trieste, mon confrère et ami M. Madelin s'est également assuré que les archives de la police ne conservent aucune trace de Pons.

(3) Cette, Archives municipales. Il ne reste que quelques volumes épars et fragmentaires de ces registres. M. Mouret, archiviste à Cette, a bien voulu m'en extraire de précieux renseignements.

(4) Il y a des différences dans les noms propres. Pons appelle Rohan Mignac la même dame que Mariotti appelle Renard de Polignac; il écrit Borri ou Bourri le nom que Mariotti écrit Baury, et Roule celui de l'officier casseur et tapageur Ruhl. La liste des officiers de la garde ne paraît pas exempte d'erreurs et de répétitions. Les noms des gens du service intérieur sont aussi défigurés.

Cet axiome admis que « Napoléon est incomparable et supérieur à tout sauf à la liberté », il raisonne fort librement de tout, de l'Empire et de l'Empereur lui-même. — Bien informé, véridique, impartial, Pons de l'Hérault est donc un témoin qu'il faut qu'on écoute, et son témoignage est toujours intéressant et curieux.

Il y a beaucoup à prendre dans sa déposition. Connaissant mieux que personne, mieux qu'aucun des Français de la suite de l'Empereur, l'île d'Elbe jusque dans ses recoins et les Elbois jusque dans le secret de leurs mœurs encore si primitives, Pons de l'Hérault est riche en descriptions du dernier domaine impérial, en portraits des sujets insulaires de l'Empereur, en anecdotes sur leurs relations avec le maître. Dans ses pages revivent certains types pittoresques de l'île, la religieuse trop libérée de Rio, l'ermite un peu trop voltairien de Monte-Giove, le brave commandant Tavella, et sa bête noire, le méprisable maire-chambellan Gualandi, les plus humbles comparses de cette impériale figuration, le décor rustique et sauvage de cet avant-dernier acte du drame. — Directeur des mines, administrateur de Rio-Marina, paternel à ses ouvriers et par eux chéri, tout un coin peu connu de l'île nous est révélé par lui : le vivant tableau de cette mine aux procédés primitifs, de l'existence grossière et rude de ses ouvriers, tant terriens que maritimes, de ses relations commerciales, de ses conditions financières. On s'intéresse à cette administration patriarcale, à ce directeur, soldat et marin autant qu'ingénieur, qui lève en masse ses ouvriers pour repousser une descente anglaise (1), qui préside au sauvetage des barques en

(1) On ne trouvera ici qu'une allusion à ce fait, qui est raconté tout au long dans l'*Ile d'Elbe pendant la Révolution et l'Empire*.

danger et paye toujours de sa personne ; on voit un aspect peu connu de Napoléon, — Napoléon dans ses rapports avec les ouvriers, — et l'Empereur n'apparaît pas ici à son avantage. — Marin, Pons suit et raconte avec un intérêt visible les progrès et l'organisation de la flottille impériale ; il apprécie avec une juste sévérité les deux incapables marins à qui, par la même fatalité qui l'avait poursuivi pendant tout son règne, Napoléon s'était vu obligé de confier sa naissante marine ; il le fait en connaissance de cause, puisque Taillade, fixé et marié dans l'île, était de ses relations dès avant l'arrivée de Napoléon, et puisqu'il avait connu Chautard, personnage assez mystérieux, lors du siège de Toulon. — Officier d'artillerie, ami du brave et grincheux colonel Vincent (1), il décrit en technicien les travaux du génie exécutés dans l'île sous les ordres de celui-ci, et les modifications qu'y apporte le génie de l'Empereur.

Mieux encore revit dans ses Mémoires le groupe intéressant des Fidèles. Pons a consacré tout un chapitre, fertile en jugements et en anecdotes, à ses appréciations sur les officiers de la garde. Avec une teinte générale d'in-

(1) Quoique ami du colonel Vincent, Pons s'exprime sur lui avec la plus âpre sévérité : « L'Empereur eut le malheur de trouver à Porto-Ferrajo un homme que la nature avait fait l'ennemi des hommes, et dont chaque parole était une sorte d'anathème contre l'espèce humaine. C'était le colonel qui, depuis plusieurs années, commandait le génie militaire en Toscane et que les événements de la guerre avait forcé de se réfugier sur l'île où son commandement s'étendait. L'Empereur le connaissait bien. Sa Majesté avait plusieurs fois refusé de lui donner de l'avancement. D'ailleurs, la police ne lui avait pas laissé ignorer que cet officier était son antagoniste décidé. Tout devait donc le lui rendre suspect. »
A propos du départ du colonel, il dit encore : « Le colonel du génie partit également. Ses adieux furent marqués par une foule de traits satiriques contre l'Empereur ; il blâmait la trop grande dépense de Sa Majesté ; ensuite, il feignait de craindre la circulation d'une monnaie de mauvais aloi. »

dulgence, il les juge en somme avec tact. Peut-être lui reprocherait-on à bon droit un léger préjugé contre l'aristocratie et les titres nobiliaires ; mais Pons était un enfant du peuple, et il est toujours resté fidèle, même à son détriment (1), à ce préjugé. Des hommes comme Mallet, Combes, Raoul, sont bien décrits ici; Cambronne y complète, malgré toutes ses prétentions aux qualités d'homme du monde et à la bonne éducation, sa physionomie légendaire, — plus vraie en ce cas que l'histoire, — de dur et fougueux soudard : l'incroyable accès de fureur de ce brave guerrier à l'aspect du vaisseau napolitain, son attitude excessive à l'égard d'un officier débarqué dans l'île, sont des traits de caractère dignes d'être notés (2). Bertrand apparaît aussi sous un jour moins glorieux que l'auréole de la tradition : c'est surtout le mari d'une Anglaise, s'entourant d'un cercle anglais, vivant à l'écart, n'accordant aucune audience, plus invisible encore que son souverain, ne demandant qu'à « avoir la paix », laissant s'accréditer le bruit de son prochain retour en France, dur au surplus pour les ouvriers, peu serviable en somme pour Pons, servant Napoléon plus par correction que par dévouement, avec plus de discipline routinière que d'initiative intelligente, et de qui l'on peut se demander ce qu'il était venu faire dans l'île. De tous les compagnons de l'Empereur, celui qui grandit le plus ici, c'est l'honnête et bon Drouot, ce sage à qui suffisait « un coin pour tra-

---

(1) Il refusa toujours de porter le titre de comte de Rio que Napoléon lui avait donné à Paris en 1815 avant de l'envoyer administrer ses chers Lyonnais.

(2) Le dernier historien de Cambronne, M. Brunschwig, ne les a pas tous connus.

vailler », ce conseiller toujours prêt et toujours prudent, le confident dévoué de Pons, arbitre-né des différends de Napoléon avec lui, conscience vivante, pour ainsi dire, de l'Empereur. Il n'est pas jusqu'à la touchante histoire de sa mésaventure sentimentale avec Enrichetta Vantini, qui n'ajoute, — avec sa candeur de fiancé presque malgré lui et sa tendresse naïve et contenue pour sa vieille maman, — un peu d'humanité attendrie à cette figure austère, grave et jusqu'ici un peu fermée.

Au-dessus de tous, celui qui, à quarante ans de distance, remplit encore la mémoire, presque le cœur de Pons, c'est l'Empereur. Événements, actions, paroles, caractère, Pons s'est efforcé de tout pénétrer, de tout savoir, de tout raconter. Il raconte beaucoup d'anecdotes, dont plusieurs d'original. S'il copie ou abrège ses devanciers dans son récit du voyage de l'Empereur de Fontainebleau à Fréjus, de la pendaison en effigie à Orgon, du déguisement en courrier, — toutes choses qu'il n'a pu connaître que par des récits ou des lectures, — il devient original dès que l'*Undaunted* arrive en vue de Porto-Ferrajo. Sur la première descente de Napoléon à terre, la présentation des délégués elbois, la réception à l'hôtel de ville et les autres incidents analogues, ses renseignements sont personnels et neufs. Sans souci, malheureusement, de la chronologie, toute l'existence de Napoléon apparaît ici, avec un peu de la précipitation et de l'incohérence qu'eurent à l'île d'Elbe ses faits et gestes : ses installations successives à l'hôtel de ville, aux Mulini, ses constructions de villas dans tous les cantons de l'île, l'inspection détaillée de sa « petite bicoque » et de ses forts, la prise de possession des îlots voisins, — ses dernières conquêtes ! — puis toute la machine administrative à monter (1), audiences aux fonctionnaires, blâmes, encouragements, enquête sur le commerce et l'industrie, sur l'état de la religion et des beaux-arts, projets de travaux agricoles et de plantations, utopies militaires et pédagogiques, idées plus ou moins pratiques sur la réfection du port de Rio, sur l'établissement des madragues et des compagnies d'exploitation et de commerce : sur tout cela, les lettres de Napoléon et le registre d'ordres trouvent dans ces souvenirs un indispensable commentaire, une glose perpétuelle.

Non moins précieux, non moins nécessaires sont-ils pour la connaissance de la vie privée de l'Empereur. C'est avec des prétentions philosophiques, en effet, que Pons a voulu l'étudier, et pour fonder ses inductions d'apprenti moraliste, immense est le nombre des petits détails minutieux qu'il a recueillis. Il en a de bien amusants sur les petites faiblesses de l'Empereur, ses gourmandises, sa colère contre le bon garçon qui, pour montrer ses talents d'hercule, le met de force à cheval, sur sa toilette et sa physionomie à la première entrevue avec ses sujets elbois; que dire de ce petit chapeau de marin que Napoléon avait gardé à la main, et qu'il remplace

(1) Pons en trace dans le fragment suivant un assez long tableau :
« L'organisation générale, civile et militaire était accomplie, et tous les Impériaux Elbois devaient s'y soumettre. Mais l'Empereur se moquait des règles qu'il avait établies, des hiérarchies qu'il avait fixées, et il ne prêchait pas d'exemple. Tous les moyens de donner des ordres lui étaient également bons. Il dictait à la première personne de ses alentours qui lui tombait sous la main. N'importe que cette personne fût ou ne fût pas au courant de ce dont il était question, qu'elle eût ou qu'elle n'eût pas autorité sur ceux à qui elle écrivait. Néanmoins tout allait. D'ailleurs, lorsque la chose en valait la peine, les ordres se succédaient, les instructions les suivaient, et il n'y avait jamais sujet de désobéir pour cause d'ignorance. Ce n'étaient que les susceptibilités qui, parfois, se trouvaient blessées. »

presque aussitôt par le petit chapeau historique, joignant ainsi l'esprit pratique et l'art de la mise en scène? Que de récits sur ses amusements, ses promenades, les fêtes qu'il préside, — récits d'autant plus précieux que, malgré les efforts de Pons pour démontrer le contraire, on peut voir, comme Campbell, comme Moncabrié et tant d'autres, dans la grande part faite à ces distractions parfois puériles, la preuve d'une réelle décadence dans la faculté de vouloir et d'agir de ce fier génie! Et comment « *lou miéjou* » ne saurait-il pas gré à Pons de nous révéler que Napoléon n'a pas ignoré la bouillabaisse, et que c'est à Pons lui-même qu'il a dû, — les deux seules fois peut-être dans sa vie, — de goûter à ce savoureux régal?

Les relations de Napoléon avec sa famille se sont aigries à l'île d'Elbe. Sauf sa mère, pour qui il a toujours un profond et tendre respect, sauf sa sœur Pauline (1), il est brouillé presque complètement avec ses parents; il s'épanche en propos amers sur le compte de ses frères, s'exprime avec une bonhomie mélancolique sur Joseph, avec un dédaigneux mépris sur les intrigues de Lucien et de Louis. Toute la sensibilité de Napoléon semble s'être accumulée sur son fils, sur « son pauvre petit chou »; les anecdotes rapportées par Pons sont caractéristiques. Les propos de l'Empereur, même exprimés par à peu près, sont toujours intéressants à recueillir. Pons en a retenu plusieurs, dont quelques-uns étaient inconnus. Il est édifiant d'entendre Napoléon dire de la *Marseillaise* qu'elle valait une armée, apprécier Fénelon et la monar-

(1) Pons a fait deux fois le tableau des relations de Napoléon avec ces princesses. On n'a pas à attendre de lui de confidences sur la vie privée de Pauline Borghèse; il ne croyait pas, du reste, au mauvais état de santé de la princesse.

chie de droit divin décrite dans *Télémaque,* évoquer ses débuts en rappelant le temps où il était directeur de parcs d'artillerie, regretter les armes d'honneur qu'il avait pourtant supprimées. Certains de ses jugements sur des personnages célèbres sont importants. Pons a noté le tranquille mépris de Napoléon pour Marmont et pour Augereau, son indignation à propos de la demande en naturalisation de Masséna, son amitié pour Dalesme, ses impatiences contre Bertrand et contre le furieux Cambronne.

Était-il assez fin psychologue pour bien saisir toute la complexité du caractère de Napoléon? Assurément je ne le crois pas, et qui, — fût-il Taine, — peut être tout à fait sûr d'avoir pénétré jusqu'au fond cet homme incomparable? L'honnête Pons a noté quelques-uns des traits les plus apparents de ce caractère : sa force de concentration, sa mémoire immense, son savoir quasi universel, sa tendance à constamment ordonner (1), sa conviction que « rien n'est impossible ». D'autres observations sont plus délicates : toujours maître de lui, ce n'est qu'au tout premier mouvement que Napoléon peut se laisser surprendre; le majestueux héros des fêtes impériales, le metteur en scène du sacre et du royal parterre d'Erfurth, ne veut plus se donner en spectacle; l'homme au tempérament vif et brutal corrige sa vivacité et en console

---

(1) Mais il fait ici une restriction notable : « Napoléon ne demandait jamais deux fois la même chose, lorsque, après une première demande, on s'était mis à même d'obéir sans pourtant pouvoir exécuter. Mais alors qu'on lui répondait de suite que ce qu'il voulait n'était pas faisable, il s'irritait comme si on l'avait accusé de manquer de raison ou de jugement, et cette irritation s'exhalait quelquefois par un mot d'impatience et de mécontentement. » (*Fragment inédit.*)

les victimes par son empressement à leur pardonner ses torts, à oublier les choses dures et amères qu'il leur a dites, par sa totale absence de rancune; l'ancien despote se révèle à sa défiance générale et systématique à l'égard de ses employés, à son scepticisme quant à la probité et aux scrupules des autres, à l'opinion que la religion est à encourager pour le peuple, à son insouciance des vieilles traditions populaires. L'affaissement de son génie n'apparaît-il pas aussi à ce goût des commérages dont Pons donne encore les preuves, à l'avarice qu'il constate aussi? Et n'est-ce pas le fond le plus intime de l'humanité qu'il touche en Napoléon en notant chez lui la crédulité aux miracles, la vague religiosité, l'horreur impulsive et irraisonnée du noir, et cette préférence si inattendue pour le rose, toutes survivances de son enfance et de la sauvagerie primitive de notre race?

Napoléon n'est d'ailleurs pas toujours embelli par les révélations de ce nouveau témoin, tant a été grande la bonne foi de son naïf apologiste. Sans parler de ses relations si brutales d'abord avec Pons lui-même, on peut trouver que son attitude envers Campbell manque un peu de dignité. Les choix d'hommes que cite Pons — d'hommes incapables comme Taillade, Chautard, Gualandi, ou butors comme Roule et Gottmann, — sont assez fréquemment malheureux pour qu'on puisse douter de son impeccable perspicacité (1). Son omniscience apparaît trop

(1) Pons fait retomber sur le colonel Vincent une partie de ces choix malheureux : « Sa Majesté, dit-il, le prit pour son principal conseil ; ce qui le conduisit à quelques choix qui auraient pu être plus dignes... Toutefois, ces quelques choix peu convenables n'appartenaient qu'aux fonctions d'apparat, au servage plus ou moins brodé des affaires privées du palais, et ce n'était que par l'intrigue qu'ils pouvaient influer sur les actes du gouvernement. L'Empereur savait que l'étoffe de la domesticité couvre mal un fonctionnaire public. »

souvent informée de fraîche date pour ne pas sembler un artifice un peu puéril. Et Pons a noté, — avec une franchise à laquelle ses opinions républicaines n'ont sans doute pas été étrangères, — les faiblesses et les affectations nobiliaires, les vanités théâtrales de l'Empereur.

Napoléon politique a été beaucoup moins facile à saisir et à étudier à l'île d'Elbe. Il s'est soigneusement gardé, et son secret n'est pas encore entièrement découvert. Pons n'a pu noter (et cette ignorance tient en partie à son éloignement de Porto-Ferrajo) que des faits de notoriété publique, la courtoisie des relations du nouvel État avec le Saint-Siège, la haine persistante contre l'Angleterre, malgré les bonnes relations personnelles avec Campbell. De tous les problèmes qui se posent à propos de la vie politique de Napoléon à l'île d'Elbe, le plus important, — le seul important, — est d'ailleurs celui de son retour en France. Si Pons n'a pas su, plus que les autres compagnons de Napoléon ou que ses historiens, le résoudre, il nous fournit tout au moins de nouveaux éléments de discussion. Malgré l'affirmation du maître lui-même que dès Fontainebleau il songeait à quitter le domaine qu'il se faisait assurer par traité, rien ne paraît moins sûr ni moins vraisemblable :

> Vulcain impunément ne tomba pas des cieux,

a dit Sainte-Beuve, et même à un Napoléon il faut quelque temps pour se remettre d'une chute si lourde. « C'est ici l'île du repos », dit-il en débarquant à Porto-Ferrajo, et M. Houssaye a cité bien d'autres traits qui semblent prouver qu'à ce moment son intention était de rester tranquille dans son petit État (1); c'est l'impression que procure sa correspondance de ce temps, celle qui se dégage de son registre d'ordres; c'est celle aussi que Pons s'est rappelé avoir eue, quand il a divisé le séjour de l'Empereur en plusieurs périodes d'après ses intentions soupçonnées ou entrevues : la première, — l'époque de la *stabilité*, — est de beaucoup la plus longue; celles des *incertitudes* et des *projets* sont bien plus courtes. Pons a cru aux intentions impériales de stabilité pour plusieurs motifs, et, avec une subtilité parfois excessive, il en a cherché la preuve jusque dans l'organisation des écuries impériales (2) à l'île d'Elbe et dans la commande de selles « riches » pour dame ! D'après lui, ce serait quand le Congrès de Vienne songea à le déporter à Sainte-Hélène (3) que Napoléon se considéra comme dégagé des obligations du traité de Fontainebleau. Une lettre de Cambon reçue par Pons, importante lettre politique, tableau réfléchi du mécontentement général, concluant que « cela ne pouvait pas durer », fut aussi d'un grand poids dans la détermination de l'Empereur : cette

(1) Henri Houssaye, *1815*, p. 144 et suivantes.
(2) « L'idée d'avoir l'Impératrice avec lui à l'île d'Elbe n'était sans doute pas pour l'Empereur une idée de stabilité indéfinie, et il serait ridicule de le penser aveuglément. Mais cette idée de stabilité, sinon indéfinie, du moins prolongée, dans les combinaisons de l'Empereur, aura encore une plus grande probabilité, si l'Empereur traîne à sa suite une quantité d'équipages somptueux qui ne pourraient être qu'un embarrras fastidieux et une dépense exagérée pour un établissement précaire. » Ces lignes se trouvent dans un chapitre sur les écuries impériales à l'île d'Elbe que j'ai jugé inutile de reproduire, Pons s'étant borné à y transcrire les mémoires du sellier Vincent que j'ai publiés dans la *Revue rétrospective*.
(3) « Je m'empare de tout ce qui peut tendre à prouver moralement que les méfaits de la Sainte-Alliance ont fait partir l'Empereur de l'île d'Elbe bien plus tôt qu'il ne voulait en partir, si tant est qu'il voulût d'abord en partir. » (*Même chapitre*.)

lettre est malheureusement perdue, et Pons n'en a pas donné la date. La correspondance de l'auteur avec son ancien général et ami, Masséna, moins fréquente et surtout moins grotesquement mélodramatique qu'on ne l'a parfois représentée (1), eut aussi sans doute son influence sur l'Empereur. A quel moment forma-t-il le projet ferme de quitter l'île? Pons ne le dit pas; il paraît mal renseigné sur les derniers temps du séjour à l'île d'Elbe; il ne les raconte pas dans ses *Souvenirs* proprement dits, mais seulement dans l'un de ces articles de journaux que j'ai signalés; il n'en parle ici peut-être que d'après des informations étrangères; il ignore la présence de ce mystérieux Marseillais Charles Albert et la mission de Fleury de Chaboulon. Il n'est intéressant et renseigné que sur son rôle personnel dans ces tragiques conjonctures : mais comme ce rôle a été vraiment important, il fournit à l'histoire générale des renseignements intéressants. Napoléon lui demanda une première fois, longtemps avant le départ, un mémoire sur les meilleurs moyens de préparer une flottille expéditionnaire; il lui donna même l'ordre de la préparer, ordre qui ne reçut aucun commencement d'exécution. Pons crut cette flottille destinée à une descente en Italie, « sur un rivage ami », probablement Gênes ou la Toscane. Cet ordre fut porté à Pons par un messager de cabinet; il n'a pas été inséré au registre de Rathery; aucun des compagnons de Napoléon ne paraît l'avoir connu : toutes preuves que l'Empereur a voulu le

(1) Rien ne confirme la fameuse invention des fromages évidés dans l'intérieur desquels auraient circulé, de Marseille à Porto-Ferrajo, des lettres de Masséna à Pons ou autres. Je n'ai trouvé la preuve de cette imagination saugrenue nulle part, pas même dans l'enquête de police dirigée contre Masséna en 1816 par Decazes et le commissaire Caire, lesquels pourtant ont accueilli nombre d'inepties passionnées.

tenir aussi secret que possible. Mais à quelle date le placer? Pons n'en dit rien ni ici ni dans son *Mémoire aux puissances alliées*. Plus tard, Napoléon lui ordonna d'avoir toujours à sa disposition quatre bâtiments de transport de la flotte des mines. Pons place cette demande, prodrome évident du retour, avant la visite de Mme Walewska à Napoléon, c'est-à-dire avant le 1ᵉʳ septembre. Cela semble prématuré : Napoléon aurait-il attendu six mois avant de réaliser ce dangereux projet? C'est d'ailleurs contradictoire avec la division que Pons établit dans les époques du règne elbois et avec la durée de ses démêlés avec l'Empereur. Pons affirme que l'ordre de préparer la flottille lui fut donné le 6 février (1), et que l'expédition était prête à embarquer quand Fleury de Chaboulon arriva : il conteste toute importance au rôle de ce jeune auditeur qui, dit-il, non sans raison, ne pouvait apporter à l'Empereur, après un si long voyage, que de vieilles nouvelles, peu propres à lui faire prendre une si grave détermination. Le témoignage de Pons de l'Hérault sur ce point est donc capital et de nature à modifier les opinions reçues. S'il ne dit rien ici de la traversée, du débarquement et de sa mission auprès de Masséna, son *Mémoire aux puissances alliées* complète ses récits et n'est pas moins précieux à consulter.

Le portrait de Napoléon que nous donne Pons a été écrit avec une entière bonne foi, remis dans son cadre avec tout le soin possible. L'Empereur, qu'il a connu,

---

(1) Il faut cependant observer qu'il dit le dimanche 6 février, et que le 6 février de l'année 1815 n'était pas un dimanche, mais un lundi. Y a-t-il erreur sur le jour ou sur le quantième? Cette date, dimanche 6 février, ne peut-elle pas être fausse tout entière? N'a-t-elle pas été suggérée à Pons par la date vraie du *dimanche 26 février*? Et alors comment conclure, et que croire?

tantôt majestueux, tantôt emporté et hors de lui, tour à tour bonhomme et rusé, optimiste ou désenchanté, est très vivant, et a vécu. Ce portrait présente une telle variété d'aspects, une telle richesse de traits précis et sûrs, les dessous en sont si fouillés, qu'on est tenté de croire avec Pons que « ce n'est qu'à l'île d'Elbe qu'on a pu réellement étudier et connaître Napoléon » : encore fallait-il l'étudier d'aussi près que lui. Dans la mesure de son talent et de sa pénétration, Pons a bien décrit Napoléon, et s'il n'a pas donné du souverain de l'île d'Elbe le portrait définitif, il a du moins esquissé de lui un portrait sincère.

Mas de Châteaufort, août 1897.

Léon G. Pélissier.

SOUVENIRS ET ANECDOTES

DE

L'ILE D'ELBE

PREMIÈRE PARTIE

SOUVENIRS DE LA VIE DE NAPOLÉON A L'ILE D'ELBE

INTRODUCTION

Pons écrit sur le conseil de Napoléon. — L'Empereur est plus facile à étudier à l'Ile d'Elbe qu'à Paris. — L'indépendance de Pons garantit son impartialité d'historien. — Démêlés de Pons avec Napoléon au sujet des mines de Rio. — Première rencontre de Pons et du général Bonaparte à Toulon. — La première bouillabaisse de Napoléon.

L'empereur Napoléon débarqua à l'île d'Elbe. Je m'associai aux débris nationaux qui l'accompagnaient. Nos premiers rapports furent orageux. Mais ces orages mirent l'Empereur à même de me connaître, de m'apprécier, et plus tard il m'entoura de sa confiance.

Je me liai avec le général Drouot : nos liens se resserrèrent facilement.

Ce fut d'abord par le général Drouot que l'Empereur me communiqua sa pensée, en dehors du service public. Mais dès que les orages eurent cessé, l'Empereur dispensa le général Drouot d'être son organe. Il m'expliqua lui-même ce qu'il croyait que je devais savoir.

L'Empereur avait d'abord chargé le général Drouot de m'engager à prendre des notes historiques. Le général Drouot m'en avait parlé avec un grand intérêt; je ne répondis pas positivement à son attente, par conséquent à celle de l'Empereur. L'Empereur dut immédiatement être instruit de mon indécision.

Quelque temps après, l'Empereur me témoigna, sans aucune parole d'autorité, le plaisir qu'il aurait à me voir écrire sommairement ce qui se passerait de remarquable à l'île d'Elbe, et alors je lui promis de faire scrupuleusement ce qu'il désirait.

La dernière fois que je vis l'Empereur, il était à l'Élysée-Bourbon, et il me parla de mes notes comme on parle de quelque chose d'important : je l'assurai que je les réunirais en corps d'ouvrage. Il m'indiqua plusieurs choses que je ne devais pas oublier : « Ne vous pressez pas, me dit-il, pour leur « donner de la publicité; nous serons longtemps encore dans « une atmosphère d'erreur pour les uns, de passion pour les « autres, et l'heure de la vérité est nécessaire à l'histoire de « ma vie. » Tel est mon mandat pour retracer l'époque d'ostracisme que l'empereur Napoléon passa à l'île d'Elbe.

L'Empereur a connu plusieurs de mes pages. Le général Drouot les a presque toutes lues : il en a corrigé quelques-unes.

Aux jours de sa toute-puissance, alors qu'il était le roi des rois, nul n'était assez haut placé pour pouvoir regarder l'empereur Napoléon en face; il échappait à toutes les observations. Les louanges avaient cessé d'avoir un caractère de vérité.

Il n'en était pas ainsi à l'île d'Elbe. Le prince qui était venu régner sur ce rocher ne portait point l'auréole d'invulnérabilité qui naguère couronnait l'empereur des Français... Cependant Napoléon n'était pas moins grand à Porto-Ferrajo qu'à Paris. Mais le prestige avait cessé : on doutait de l'immensité de son génie, ou du moins on faisait semblant d'en douter. Ce doute flattait les nains de droit divin, qui, dans les illusions de leur orgueil, s'imaginaient pouvoir ainsi se rapprocher du géant populaire, à la taille duquel ils n'avaient jamais eu jusqu'alors la pensée de mesurer leur taille.

A l'île d'Elbe, l'Empereur n'était invisible pour personne dans sa vie publique, et bien des personnes le voyaient quotidiennement dans sa vie privée. L'Empereur se plaisait parfois au laisser aller des jouissances domestiques. Sans doute aussi la vie publique de l'empereur Napoléon n'avait plus le grandiose du règne impérial de la France, mais elle en avait toute la noblesse, et l'on peut dire que Napoléon ne montra jamais un moment de dégénération personnelle. Il était empereur au fort de l'Étoile comme il avait été empereur aux Tuileries. Dans ses habitudes de travail, de table, de repos, de promenade, d'amusement, de réception, de splendeur, il y avait presque toujours quelqu'un de nous auprès de lui, et, sans peut-être nous en douter, par l'entraînement de l'affection, chacun de nous avait pris à tâche de l'observer. De telle sorte que nous savions à peu près ce qu'il disait, ce qu'il faisait et quelquefois même ce qu'il pensait.

Il n'y a donc rien d'extraordinaire dans la croyance que l'empereur Napoléon n'a jamais été plus complètement et plus parfaitement examiné qu'à l'île d'Elbe. Ce n'est qu'à l'île d'Elbe en effet que l'on a pu étudier et connaître Napoléon. Soldat, il devait prendre et il prenait toutes les formes que son ambition lui imposait; empereur, il était placé si haut qu'on ne pouvait pas le voir; à Sainte-Hélène, il posait pour la postérité. Mais à l'île d'Elbe il n'en était pas de même : ce n'était plus Napoléon l'invincible, Napoléon le roi des rois, Napoléon inabordable; c'était Napoléon vaincu, Napoléon dépossédé, Napoléon populaire. Ce n'était pas Napoléon prisonnier et torturé comme il le fut ensuite à Sainte-Hélène. Il n'avait pas cessé de régner.

Nous n'avons jamais vu un portrait de Napoléon parfaitement ressemblant. Eh bien, on n'a pas été mieux inspiré dans la peinture de son caractère moral que dans celle de ses traits physiques.

Le vif intérêt que l'Empereur avait témoigné, dès sa première visite, à Rio, était allé toujours croissant. Sa Majesté était décidée à ne rien négliger pour la prospérité de ce bel établissement.

Mais des discussions importantes s'élevèrent entre Sa Majesté Impériale et l'administrateur général des mines. On avait dit à l'Empereur qu'il était possesseur légal de tout ce qu'il trouvait à l'île d'Elbe. L'administrateur ne voulait lui reconnaître des droits que sur les produits qui avaient eu lieu depuis le traité de Paris; il pensait que les produits antérieurs appartenaient au gouvernement français, quel qu'il fût, et il refusait de s'en dessaisir autrement qu'au nom et pour compte de ce gouvernement.

L'Empereur était un grand homme, mais c'était un homme, et, homme, il était sujet aux faiblesses humaines. Des intéressés lui faisaient croire que l'administrateur général des mines ne lui obéissait point parce qu'il le considérait comme déchu de la toute-puissance : cela blessait et irritait l'Empereur. L'administrateur général des mines fut menacé de l'emploi de la force; il brava les menaces, peut-être les brava-t-il avec trop de rudesse : c'était du moins l'opinion de ses amis. Alors l'Empereur voulut discuter personnellement sa propre affaire. L'administrateur général des mines persista. Le moment fut terrible. Cependant Sa Majesté se rendit aux raisons d'honneur et de conscience que l'administrateur général des mines lui donna.

Ces discussions avaient un grand retentissement dans l'île. On croyait que l'administrateur général des mines serait destitué. Madame Mère avait déjà demandé la place pour un Corse, ancien ami de Bonaparte. L'Empereur repoussa brusquement toutes les sollicitations. Non seulement l'administrateur général des mines ne fut pas destitué, mais Sa Majesté lui sut gré de son énergie, et la fin de cette lutte marqua, pour le fonctionnaire courageux, une ère de confiance impériale. Cette confiance se manifesta dans le plus grand événement de la vie de l'Empereur, celui de son départ de l'île d'Elbe.

Mais cette confiance, dont je me suis toujours fait et dont je me ferai toujours gloire, je l'ai justifiée, et mon dévouement a payé ma dette, sans que pour cela j'aie cessé de me considérer comme débiteur.

Dans les premières circonstances de ma carrière militaire, il y en a une dont j'aurais pu tirer parti sous l'Empire. Officier de marine, indigné de la trahison qui avait livré Toulon aux Anglais, je me prononçai avec exaltation contre les traîtres, et cette manifestation me valut d'être nommé commissaire de la République à l'armée républicaine qui assiégeait la ville rebelle. Bientôt après, je fus nommé capitaine d'artillerie.

Bonaparte aussi était capitaine dans la même arme. Le Comité de salut public le nomma adjudant général chef de bataillon. Les représentants du peuple l'élevèrent au grade de général de brigade. L'arrêté des représentants du peuple qui le nommait général de brigade nommait en même temps Masséna général de division. Je commandais une partie des côtes maritimes. Le général Bonaparte commandait titulairement en second l'artillerie de l'armée, et en fait il la commandait en premier. Le général Dugommier demanda au général Bonaparte de lui indiquer celui des commandants de côte qui était le plus capable de commander en même temps et la côte et la place de Bandol, et le général Bonaparte me désigna. Je fus nommé commandant de Bandol : j'avais à peine vingt ans. J'allai remercier le général Bonaparte. Je l'engageai à venir à Bandol manger la *bouille-baysse,* mets en grande renommée dans toute la Provence. Le général Bonaparte accepta ma proposition; seulement il renvoya cette course à sa première inspection des côtes. Je lui donnai l'hospitalité; je le traitai de mon mieux, et il dut se trouver bien, puisque venu chez moi seulement pour dîner, il y resta deux jours. Il m'avait dit en arrivant : « C'est mon premier repas de « général. » Le général avait avec lui son frère Louis et le commissaire des guerres Boinod, qu'il aimait beaucoup. Le respectable Boinod, devenu inspecteur général en chef aux revues, m'a souvent parlé de la *bouille-baysse* de Bandol, et dans son extrême vieillesse, à Florence, le prince Louis ne l'avait pas oubliée. Bandol aussi en a gardé la mémoire : les Bandolais font voir aux étrangers l'appartement que le général Bonaparte occupait, et ils l'appellent l'*appartement de l'Empereur.*

Ainsi je suis dans une position d'indépendance absolue. Mon caractère est plus indépendant encore, et, d'ailleurs, je n'ai qu'à raconter. Pourvu que mon récit soit vrai, j'aurai rempli mon devoir, et il sera vrai.

CHAPITRE PREMIER

Le 3 mai 1814. — Arrivée de Napoléon à l'île d'Elbe. — Débarquement des commissaires. — Leur entrevue avec le général baron Dalesme. — Préoccupations religieuses du général Drouot. — Députation envoyée à l'Empereur. — Pons en fait partie. — Manque d'enthousiasme des fonctionnaires français. — Situation morale de Pons, républicain, vis-à-vis de l'Empereur. — La députation à bord de l'*Undaunted*. — Faiblesse du général Bertrand. — Première entrevue avec Napoléon. — Le petit chapeau de marin.

Nous atteignîmes au 3 mai.

Le soleil s'était levé radieux. Il faisait présager une heureuse journée. L'horizon s'étendait dans l'immensité. Le regard semblait atteindre les limites du monde.

A huit heures du matin, un bâtiment apparut, et, à dix heures, l'on put distinguer parfaitement une frégate. Le vent était à l'ouest, presque entièrement calme, et la frégate, toutes voiles dehors, avait la proue sur Porto-Ferrajo, mais elle n'avançait que bien lentement. Elle fut tout le jour en spectacle. La population portoferrajaise s'était portée en masse sur les hauteurs pour la voir. La frégate portait le pavillon carré au grand mât. Les *Mille et une Nuits* sont des sornettes d'enfant comparativement à tout ce que disaient les curieux. La frégate était anglaise. La journée marchait à son déclin, et le vent toujours faible, alors variable, empêchait la frégate d'avancer, quoiqu'elle fût couverte de voiles. On désespérait qu'elle pût mouiller à temps pour prendre l'entrée, lorsqu'une embarcation, désemparant du bord, rama droit sur le port et aborda bientôt à l'administration sanitaire. On l'admit de suite à la libre pratique. La frégate arriva plus tard au mouillage.

L'embarcation portait le général Drouot, aide de camp de l'Empereur ; le colonel Germanovski, commandant les Polonais de la garde impériale ; le colonel Campbell et le major Klam, Autrichien. Ces messieurs, envoyés par l'empereur Napoléon, se rendirent aussitôt auprès du général Dalesme, et ils en furent accueillis avec un abandon qui les toucha profondément. A leur arrivée, j'étais seul avec le général Dalesme, et, touché comme lui, je pus prodiguer mes sentiments de sympathie au général Drouot ainsi qu'au colonel Germanovski.

Les dangers que l'empereur Napoléon avait courus en traversant la Provence, ce qu'il devait avoir su des révoltes de l'île d'Elbe, donnaient des craintes à ses compagnons, et il était facile de s'apercevoir qu'ils n'avaient pas été tranquilles sur la réception qui leur serait faite à Porto-Ferrajo.

Les premières paroles des quatre envoyés de l'empereur Napoléon peignent parfaitement les sentiments qui les maîtrisaient en débarquant. Leur ensemble me paraît esquisser parfaitement le fond des pensées. Le général Drouot : « J'espère que Sa Majesté impériale sera ici en toute sûreté. » Le colonel Germanovski : « Je compte bien que nous n'aurons pas besoin de nous battre. » Le colonel Campbell : « Il ne doit pas maintenant y avoir de pavillon anglais sur l'île. » Le major autrichien : « Il faut bien qu'on se soumette à ce que les puissances de la coalition ont décidé. » Toutes les craintes furent de suite dissipées.

Le général Drouot était porteur d'une lettre de l'empereur Napoléon pour le général Dalesme. Cette lettre était datée « de Fréjus, le 27 avril ». Je la copie :

« Monsieur le général Dalesme,

« Les circonstances m'ayant porté à renoncer au trône de France, sacrifiant ainsi mes droits au bien et aux intérêts de la patrie, je me suis réservé la souveraineté de l'île d'Elbe et des forts de Porto-Ferrajo et Portolongone, ce qui a été consenti par toutes les puissances. Je vous envoie donc le général Drouot pour que vous lui fassiez sans délai la remise de ladite île, des magasins de guerre et de bouche, et des propriétés qui appartiennent à mon domaine impérial.

« Veuillez faire connaître ce nouvel état de choses aux habitants et le choix que j'ai fait de leur île pour mon séjour, en considération de la douceur de leurs mœurs et de la bonté de leur climat. Ils seront l'objet constant de mon plus vif intérêt.

« Sur ce, je prie Dieu qu'il vous ait en sa sainte garde. »

Quoique à l'île d'Elbe on n'eût encore aucune communication officielle du gouvernement définitif de la France, ni, par une suite nécessaire, du traité qui reconnaissait l'empereur Napoléon comme souverain de l'île d'Elbe, l'empereur Napoléon n'exhiba point ce titre, et le général Dalesme s'abstint de le lui demander. Cela devait être : il y aurait eu quelque chose de trop insultant dans une demande qui aurait pu faire supposer qu'on soupçonnait la parole de l'Empereur.

Après la lecture de la lettre de l'empereur Napoléon, le général Dalesme reçut toutes les autorités de Porto-Ferrajo et leur présenta les envoyés du nouveau souverain.

Un homme de bien qui craint d'avoir mal fait n'a plus de tranquillité : telle était la situation morale de l'honorable général Dalesme. Le drapeau blanc lui apparaissait toujours comme un drapeau accusateur. Dès qu'il se vit au moment de recevoir l'empereur Napoléon, il me pria de faire amener le drapeau blanc, et un moment après le drapeau blanc n'existait plus. Alors mon excellent ami se trouva beaucoup plus à son aise.

Le général Drouot cherchait particulièrement à connaître les sentiments religieux des Elbois. Cela étonna beaucoup. L'étonnement aurait été moins grand si l'on avait su quels étaient les principes fondamentaux de sa première éducation. Le général Drouot m'apparut avec l'une de ces physionomies patriarcales de l'antiquité.

Le colonel Campbell affectait d'avoir une grande considération pour le général Drouot, mais il y avait une dissemblance dans leur figure. Le colonel Campbell était blessé à la tête : sa tête était artistement enveloppée, l'œil sec et perçant, l'oreille tendue, le sourire factice, les traits mobiles, ne parlant que pour faire parler, tel était le colonel Campbell. Son ensemble était la perfection du type britannique.

La population tout entière salua d'un cri de bienveillance les envoyés de l'empereur Napoléon. Chacun voulait les avoir à son foyer. Ma demeure officielle était à Rio-Marino. Je n'avais qu'un appartement à Porto-Ferrajo ; je ne pouvais disposer que d'une chambre. Je l'avais offerte au général Drouot, il l'avait acceptée. Mais l'on trouva qu'une chambre ne suffisait pas pour un aide de camp de l'Empereur. On m'enleva mon hôte. Le général Drouot alla trouver ma femme pour s'excuser. C'était aussi une visite de politesse. Nous nous étions convenus réciproquement dès la première entrevue. Trente années n'ont rien changé à cette première impression. Je me trompe : le temps en a fait un sentiment d'amitié profonde.

On illumina. Ce n'était pas une illumination préparée, générale, régulière : c'étaient des lumières grandes ou petites, mises aux croisées pour exprimer la joie commune, et cela suffisait.

Il fut décidé qu'une députation se rendrait auprès de l'empereur Napoléon pour lui présenter les hommages de tous les habitants de Porto-Ferrajo. La députation fut composée du général Dalesme, du sous-préfet, du commandant de la garde nationale et de moi. Le colonel Vincent aurait pu et aurait dû être de cette députation ; il s'abstint. Les Français, employés civils ou employés militaires, furent en général les moins joyeux et les moins empressés. De ce qui avait lieu en petit à Porto-Ferrajo parmi le peuple officiel qui appartenait presque tout à la France, on pouvait se faire une idée de ce qui devait avoir lieu à Paris. On ne pensait qu'à saluer l'astre naissant. Cet empereur Napoléon, on l'aimait bien encore, mais on craignait de le témoigner, parce qu'il y avait peut-être des gens qui observaient et qu'il ne fallait pas se compromettre. La vérité est qu'on voulait pouvoir se vanter de n'avoir témoigné aucun regret au banni impérial.

Nous allâmes, les quatre députés, à l'embarcadère de l'administration sanitaire. Le colonel Campbell était avec nous, et le grand canot de la frégate nous attendait. A l'administration sanitaire, nous apprîmes une chose qui nous étonna beaucoup, et qui valut une réprimande à l'administrateur. Dans la matinée de ce jour, le 3 mai, le patron d'un bateau corse, venant de Bastia, en relâche à Porto-Ferrajo, avait déclaré, en prenant l'entrée, « qu'on disait vaguement au moment « de son départ que Napoléon devait être conduit à l'île « d'Elbe ». L'administrateur sanitaire, regardant cette déclaration comme une extravagance, s'était abstenu d'en rendre compte.

Il faut bien que je me décide à parler de la situation particulière dans laquelle je me trouvais. J'étais républicain avant la République, je fus l'un des patriotes qui coopérèrent le plus à sa naissance, je lui jurai amour et fidélité, je ne l'ai jamais trompée. J'en suis toujours à mon premier amour et à ma première fidélité. La République ne m'a jamais appelé en vain, et lorsque son heure fatale a eu sonné, j'ai donné des larmes à sa mémoire. Je n'ai conservé que le souvenir des choses glorieuses qu'elle a faites. En vivant avec elle, par elle, pour elle, mes mains sont restées pures de sang et d'or. Ma conscience est tranquille; je ne crains pas qu'aucune voix accusatrice s'élève contre moi. Ma devise a été : *Honneur et patrie*. Mon républicanisme n'est pas exclusif, car je veux tout ce que la puissance suprême du peuple veut.

Je méprisai solennellement le Directoire. Simple citoyen, je l'attaquai, je le dépopularisai, et, les armes légales à la main, je coopérai d'une manière sensible à son renversement. Il y a déjà longtemps que j'ai écrit :

« La journée du Dix-huit Brumaire ne fut pas une journée constitutionnelle, mais elle renversa le Directoire, et, par cela seul, elle devient une journée nationale. »

Le Consulat, quoique l'œuvre d'un soldat ambitieux, me sembla, d'abord, devoir enfin consolider la révolution régénératrice de 1789, mais j'étais déjà désabusé lorsque l'Empire vint détruire toutes les espérances des amis de la patrie. L'empereur Napoléon oublia qu'il avait été le général Bonaparte ; il brisa le pavois que le peuple et la liberté lui avaient fait, et des débris de ce pavois il fabriqua un trône. C'était de l'ingratitude : alors le peuple et la liberté l'abandonnèrent. Peuple, apôtre de la liberté, je restai avec le peuple et avec la liberté. On m'attribua un écrit contre l'empereur Napoléon. J'éprouvai des disgrâces, des disgrâces injustes, mais, je le jure devant Dieu, jamais une rancune d'intérêt personnel ne souilla la sincérité de mes opinions politiques.

Ainsi j'étais décidément opposé au système impérial. Je n'ai pas à me désavouer. L'Empire n'a eu que de grands capitaines, que de grands hommes d'État, mais il n'a point eu de grands citoyens, et les dévouements, presque tous étrangers à la patrie, étaient des dévouements pour l'Empereur. Le renversement de l'Empire aurait peut-être été un bien pour le peuple français, si la Sainte-Alliance n'avait pas fait peser les Bourbons sur la France.

Entendons-nous. Je n'aimais pas l'Empire dans ses créations aristocratiques, dans son absolutisme, dans son peu de respect pour les lois, dans son éloignement du peuple, dans sa fourmilière de trônes, dans la bassesse de son Sénat, dans le mutisme de ses députés, dans l'inquisition de sa censure, dans ses actes contre la liberté individuelle, mais j'aimais l'Empire au-dessus de tous les empires et quelquefois j'élevais l'empereur Napoléon, à Vienne, à Berlin, au niveau du général

Bonaparte de Rivoli ou des Pyramides. Je n'aimais pas à l'entendre dire « *Mon peuple* », mais je jouissais lorsque je le voyais faire hommage du succès d'Austerlitz à la grande nation, et l'arc de l'Étoile me faisait tressaillir de fierté.

Et j'allais me présenter devant le héros qui avait volontairement déposé son auréole de gloire ! J'allais me présenter devant l'homme extraordinaire que j'avais tant de fois blâmé même en l'admirant, et pour lequel j'avais aussi tant de fois prié dans sa lutte sainte sur le sol sacré ! J'allais me présenter à l'empereur Napoléon, à l'empereur Napoléon monté sur une frégate anglaise ! Tout cela me paraissait un rêve, un rêve pénible, un rêve affreux. Mon cœur était navré, mon âme était abattue, mon esprit était bouleversé, un frémissement universel ne me laissait pas le libre exercice de mes facultés intellectuelles, et je me sentais défaillir. Rien ne me rappelait plus les déceptions de l'Empire, j'étais presque impérial. Le malheur m'imposait la vénération pour la plus illustre de ses victimes.

Nous abordâmes la frégate anglaise; nous montâmes sur le tillac, et l'officier qui nous avait reçus à l'échelle nous conduisit à la grande chambre, où nous trouvâmes le général Bertrand. Le général Bertrand était seul, assis, et il paraissait rêveur. Il se leva pour répondre à notre salut, mais, comme s'il ne pouvait pas se tenir debout, il retomba immédiatement sur son siège et il ne chercha pas à lier conversation. Son teint était pâle : l'ensemble de sa figure avait quelque chose de bon. Le colonel Campbell était entré avec nous, le général Koller était entré aussi. Le général Koller était Autrichien, commissaire de la coalition, et, malgré cela, il fut infiniment poli.

On annonça l'empereur Napoléon. L'Empereur se montra aussitôt sur le seuil de la porte de son logement. Notre émotion était déjà profonde. Par instinct, nous nous serrâmes les uns contre les autres et nous restâmes dans une espèce d'enchantement. Notre attitude était vraiment contemplative.

L'Empereur s'arrêta un moment, il semblait vouloir nous considérer; nous fîmes un mouvement pour aller à lui, il vint à nous. Le général Koller et le colonel Campbell étaient extrêmement respectueux.

Ce n'était pas Thémistocle banni d'Athènes. Ce n'était pas Marius à Minturnes. L'Empereur ne ressemblait à personne. Sa physionomie ne pouvait appartenir qu'à lui.

L'Empereur portait l'habit vert des chasseurs de la garde impériale. Il avait les épaulettes de colonel. L'étoile de la Légion d'honneur attachée à la boutonnière était celle de simple chevalier, et il ne portait pas la Couronne de fer. Sa mise était soignée : on pouvait la considérer comme une toilette militaire de salon. Son air était calme, ses yeux avaient de l'éclat, son regard semblait empreint de bienveillance, et un sourire de dignité effleurait ses lèvres. Il avait les bras croisés derrière le dos. Nous pensions qu'il était venu sans chapeau, mais, lorsqu'il se dirigea de notre côté, nous nous aperçûmes qu'il tenait à sa main droite un petit chapeau rond de marin, et cela nous étonna.

Le général Dalesme balbutia à l'Empereur quelques paroles de respect et d'affection. Nous aussi, nous essayâmes de bégayer quelques mots, nous avions l'éloquence persuasive de l'émotion. L'Empereur comprit cela : il nous répondit avec une bonté toute paternelle, comme s'il avait entendu tout ce que nous n'avions pas pu lui dire. Il semblait avoir étudié ses réponses; il semblait aussi que sa conversation était préparée, tant elle avait de clarté et de précision.

L'Empereur narra rapidement les derniers malheurs de la France. Il racontait comme s'il n'avait pas été le pivot principal de tous ces grands événements. Sa parole ne prenait une animation marquée que lorsqu'il parlait des circonstances qui lui avaient arraché la victoire. Ses sentiments étaient d'un patriotisme brûlant. Il manifesta l'intention de se consacrer désormais au bonheur des Elbois. Puis il nou dit qu'il n'entrerait à Porto-Ferrajo que lorsque le nouveau drapeau qu'il voulait adopter y serait arboré. Il désira que la municipalité vînt lui donner des idées à cet égard. Avant de nous congédier il s'entretint un moment en particulier avec le général Dalesme, puis il adressa quelques mots à chacun de nous, et je fus le moins bien partagé, car il se borna à me demander quelles étaient mes fonctions. Nous nous retirâmes. L'officier de service nous reconduisit à l'embarcation.

CHAPITRE II

Napoléon, de Fontainebleau à Porto-Ferrajo. — Adieux à la vieille garde. — Les maréchaux fidèles. — Passage à Lyon. — « Adieu, la gloire de la France ! » — Entrevue de Napoléon et d'Augereau. — Mot de l'Empereur sur la « Proclamation » d'Augereau. — Dangers que court l'Empereur à Avignon. — Sa pendaison en effigie à Orgon. — L'auberge de La Calade. — Dignité de sa réception à Aix. — Séjour au château du Bouillidou. — Napoléon à Fréjus. — Sieyès et Tacite. — Embarquement sur l'*Undaunted*.

Le Sénat dégénéré s'était hâté de consacrer la trahison à laquelle les ennemis de la France devaient leur salut et leurs triomphes. Il avait prononcé la déchéance de l'empereur des Français et constitué un gouverneur provisoire.

L'empereur Napoléon n'avait jeté qu'un regard de mépris sur les actes de cette assemblée dont personne ne connaissait mieux que lui la basse servilité. Sa pensée tout entière était à la patrie. C'est dans l'intérêt de la patrie qu'il fit abdication.

Le gouvernement provisoire était composé des agents de l'étranger : par cela seul, Talleyrand devait en être et en fut le président.

La réputation de Talleyrand était une vieille réputation.

En 1787, Mirabeau écrivait au comte d'Antraigues : « Ma position, assombrie par l'infâme conduite de l'abbé de Périgord, est devenue intolérable. Je vous envoie sous cachet volant la lettre que je lui écris; jugez-la et envoyez-la-lui; car j'aime à penser que cet homme vous est inconnu, et je suis bien sûr au moins qu'il devrait l'être à tout homme de votre trempe. Mais l'histoire de mes malheurs m'a jeté entre ses mains, et il me faut encore user de ménagement avec cet homme vil, avide, bas et intrigant. C'est de la boue et de l'argent qu'il lui faut. Pour de l'argent il a vendu son honneur et son ami. Pour de l'argent il vendrait son âme, et il aurait raison : car il troquerait son fumier contre de l'or... »

Que l'on ne pense pas que Talleyrand ait jamais changé : c'est-à-dire qu'il ait cherché parfois à avoir des sentiments de probité politique. Il est mort comme il avait vécu, dans la dévotion fervente de ceux qui pouvaient et qui voulaient le gorger d'or. Chose étonnante! Talleyrand eut un point d'invariabilité : il fut invariable dans sa constante variabilité de principes pour les choses et de dévouement pour les hommes. Sa vie eut la mobilité perpétuelle d'une banderole.

L'empereur Napoléon s'éloignait du sol sacré; il partait de Fontainebleau. Les adieux à la vieille garde retentissaient dans tous les cœurs nobles et généreux.

Attendri, troublé, associant ses larmes à celles de *ses enfants, de ses braves*, l'Empereur, après les avoir embrassés dans la personne du général Petit, après avoir baisé l'aigle, monta dans sa voiture.

L'éclipse de gloire commençait. Le général Lefebre-Desnouettes, à la tête des chasseurs à cheval de la garde, accompagna l'Empereur jusqu'à Briare. A l'heure suprême du départ, quelques beaux noms brillèrent autour de l'Empereur : on distinguait le maréchal Moncey qui pleurait à chaudes larmes, le duc de Vicence profondément ému et le duc de Bassano brisé de douleur. On distinguait aussi le maréchal Berthier, mais on lisait sur sa figure son adhésion prématurée au nouvel ordre de choses, et aussi il se tenait à l'écart.

Quatre commissaires de la Sainte-Alliance accompagnaient l'Empereur : le général Koller, au nom de l'Autriche; le général Schouvaloff, pour la Russie; le colonel Campbell, pour l'Angleterre; le comte de Waldbourg-Truchess, pour la Prusse.

L'Empereur alla d'un seul trait à Montargis. Là il trouva des Français dignes de la France : la garnison avait pris les

CHAPITRE II.

armes. Il continua sa route pour aller coucher au château de Briare.

A Nevers, il y avait un encombrement considérable de troupes et d'artillerie. C'est à Nevers qu'on eut la certitude de la mauvaise conduite d'Augereau. L'Empereur répondit seulement à ceux qui lui donnaient ces nouvelles : « Il m'a « trompé. » Le préfet s'était absenté; le maire avait demandé aux commissaires de la coalition *comment il devait se conduire à l'égard de Napoléon*... L'Empereur faisait des questions comme s'il régnait encore.

Le cortège impérial traversa Moulins, y changea de chevaux et se rendit à Roanne, où il passa la nuit. Des voix amies avaient crié : « Vive l'Empereur ! » L'autorité avait laissé crier. A Roanne, l'Empereur apprit que sa mère et le cardinal Fesch étaient au couvent de Pradines, et il en reçut des lettres. Il parla des mouvements militaires faits en sens inverse de ses ordres, s'entretint d'industrie, et voulut savoir ce que c'était que le monument romain dont les voyageurs vont souvent examiner les restes.

De Roanne, l'Empereur ne s'arrêta que pour souper à la poste de Latour, d'où il partit immédiatement après le repas, et il traversa Lyon aux premières heures de la nuit. A Latour, il ne s'entretint qu'avec le curé, et il fit de la théologie. Les Autrichiens occupaient Lyon : ils rendirent les honneurs souverains à l'Empereur. Les commissaires de la coalition l'avaient prié de ne pas traverser cette ville en plein jour; il en avait lui-même eu la pensée. Néanmoins, il y eut des groupes nombreux sur son passage. De l'un de ces groupes, une voix cria : « Adieu, la gloire de la France ! » Le colonel Campbell quitta l'Empereur pour aller en avant faire préparer les moyens maritimes de transporter le cortège impérial à l'île d'Elbe.

L'Empereur marcha la nuit. Le matin, il arriva au Péage de Roussillon où il s'arrêta pour déjeuner. Les habitants de ce bourg se montrèrent profondément pénétrés de douleur. L'Empereur dut haranguer la foule. Là il eut d'autres nouvelles du maréchal Augereau, du général Marchand : il ne pouvait rien comprendre à leur stratégie.

Avant d'arriver à Valence, l'on annonça à l'Empereur que le maréchal Augereau était là. L'Empereur descendit de voiture, il alla au-devant d'Augereau : Augereau ne témoigna aucune espèce d'émotion. Il était en casquette, il se contenta de porter la main à sa coiffure. L'Empereur ôta son chapeau et il salua comme s'il saluait quelqu'un de haute considération. Le contraste était remarquable. Le maréchal commença par se donner un ton d'aisance, l'Empereur prit une attitude de grandeur; alors Augereau parut moins oublieux des convenances. La conversation dura plus d'une demi-heure. Augereau, qui paraissait très délibéré en abordant l'Empereur, ne pouvait pas cacher un grand embarras lorsque l'Empereur le quitta pour remonter en voiture, et ce grand embarras s'accrut encore au moment où l'Empereur, le regardant avec une noble fierté, lui dit : « Adieu, monsieur le maréchal ! » L'Empereur ne savait pas, alors, qu'Augereau avait fait contre lui une proclamation de brétailleur, et il ne l'apprit qu'à Montélimar. Plusieurs personnes de sa suite en avaient des exemplaires; on s'était abstenu de la lui communiquer dans la crainte de l'affliger. On comprendrait que le maréchal Augereau se fût empressé de faire une adresse d'adhésion au gouvernement imposé à la France, mais il est difficile de comprendre ce qui avait pu le décider à s'avilir, et en lançant de grossières injures à l'Empereur, et surtout en disant à des vieux soldats : « Arbo« rons la couleur vraiment française, la cocarde blanche, qui « fait disparaître tout emblème d'une révolution qui est fixée. » L'armée que commandait le maréchal Augereau était entièrement dévouée, et dans la crainte de manifestations embarrassantes, même dangereuses, le maréchal Augereau avait dû la faire transporter sur la rive droite du Rhône. Lorsque l'on

présenta à l'Empereur la proclamation du maréchal Augereau, il dit : « C'est de la dégradation pleine et entière, et
« avec des hommes tels qu'Augereau et Marmont, il fallait
« bien finir par succomber ! »

L'Empereur arriva à Montélimar au soleil couchant. La foule populaire l'attendait : elle se découvrit dès que l'Empereur parut. L'Empereur eut beaucoup de peine pour se rendre à son appartement. Les commissaires de la coalition en firent la remarque. L'Empereur s'occupa d'administration départementale, de la même manière qu'il s'en serait occupé sur le trône. Il partit après son repas.

Montélimar fut pour l'Empereur la ville frontière de la vieille France, de la France honorable, et, en quittant cette ville, il put croire qu'il entrait dans les Abruzzes ou dans les Calabres, au milieu des brigands. Tous ses moments furent dès lors des moments de danger.

Donzère fêtait la Restauration : on avait illuminé. C'est alors que l'Empereur traversa cette petite cité. Des obstacles l'arrêtèrent à chaque pas. On lui cria : « A bas le tyran ! » Il va sans dire que l'on cria aussi : « Vivent les Bourbons ! » C'étaient les premières insultes qui vibraient à l'oreille de l'Empereur. Il voulut répondre aux invectives par des raisonnements : le général Bertrand le pria de n'en rien faire.

Il fallait traverser Avignon, la ville familière aux crimes. Le commissaire anglais devança l'Empereur pour tâcher d'amoindrir le péril : il croyait que la vue de l'uniforme britannique pourrait tempérer la férocité de quelques infâmes. Il parla au nom des puissances alliées ; il fit tout préparer pour que l'Empereur n'eût pas à attendre. Mais ce n'est pas cette précaution qui sauva l'Empereur d'une mort à peu près certaine. Ce qui sauva l'Empereur, c'est qu'on l'avait attendu la veille, même l'avant-veille, et que, n'étant pas venu, l'on fit croire aux assassins qu'il avait pris une autre route. La force armée n'en fut pas moins nécessaire pour protéger le passage de l'Empereur, et, une demi-heure après, elle aurait été impuissante, car tous les échos sanguinaires s'étaient empressés de répéter les cris sauvages de quelques sicaires, qui avaient été présents au relais des chevaux. Les compagnons de l'Empereur m'ont assuré que les autres dangers n'avaient rien eu d'une apparence aussi sinistre, et pour moi le souvenir frémissant qu'ils en ont conservé a toujours été un sujet de méditation.

A l'époque des dissensions politiques qui amenèrent la journée du 31 mai, Orgon devint le point de réunion des mécontentements aristocratiques de la contrée, et il fallut que la force armée y allât faire respecter les lois. C'est le capitaine Bonnaparte (*sic*) qui commanda l'expédition; il y avait eu du sang répandu. Après le Neuf Thermidor, durant cette réaction infernale qui fut bien plus cruelle que la Terreur n'avait été terrible, les environs d'Orgon, Orgon même, étaient le repaire d'une bande d'égorgeurs qui tuaient sans pitié les défenseurs de la patrie, surtout les soldats qui allaient à l'armée d'Italie ou qui en revenaient.

Et c'était à Orgon qu'en partant d'Avignon l'Empereur devait se rendre !

Aux approches d'Orgon, une nuée de forcenés, dirigés par un chenapan nommé Durel, vint au-devant de l'Empereur et le força à voir accrocher à un arbre un mannequin sur lequel était écrit le nom de Bonaparte. L'Empereur voulait déjeuner à Orgon. Cela fut impossible : il dut passer outre. Mais les auteurs de ces criminels excès le retinrent tout le temps qu'il fallait pour le faire assister à l'auto-dafé de son effigie. On l'abreuva de toutes les amertumes possibles. Orgon ne se lavera de sa flétrissure que par une amende honorable.

Tout ce qu'on peut imaginer de périls menaçait l'empereur Napoléon. Ses compagnons étaient dans l'effroi de ce qui venait de se passer à Orgon. Les commissaires des puissances alliées ne cachaient point leur trouble, qu'on aurait tort de prendre pour un manque de courage. Mais à quoi pouvait servir le courage de quelques hommes contre des bandes ivres de sang, de carnage, et qui ne demandaient qu'un prétexte pour se livrer sans réserve à leurs instincts féroces !... On délibéra. Il fut décidé que l'Empereur se travestirait en officier autrichien; qu'ainsi déguisé il prendrait les devants comme courrier, et l'Empereur consentit à faire usage de cette ressource désespérée, parce qu'en reportant tout le danger sur lui, elle pouvait épargner des malheurs à sa suite. J'ai entendu dire à l'Empereur : « Cet acte passera peut-être « inaperçu; ou, si l'on en parle, on le jugera mal, et c'est « pourtant l'acte le plus hardi de ma vie. »

Ainsi l'Empereur allait en avant comme courrier. On devait s'arrêter à l'auberge de La Calade pour dîner. C'est là que l'Empereur descendit, qu'il commanda le repas. Il s'adressa à la maîtresse du logis. L'épidémie de l'exaltation anti-impériale avait aussi atteint la tête de cette femme. Elle se livra à des propos infâmes contre l'Empereur. L'Empereur, sans faire paraître aucune altération, demanda à cette mégère « si l'Empereur lui avait fait du mal », et la méchante femme, qui en ce moment aiguisait un couteau de cuisine, lui répondit : « Il ne m'a rien fait, mais n'importe, je prépare l'outil... si « quelqu'un veut s'en servir. » Son mari survint; il blâma sa femme, il avait reconnu l'Empereur. La suite de l'Empereur arriva : à Lambesc, à Saint-Cannat, on l'avait assaillie; les glaces de la voiture de l'Empereur étaient brisées. Un courrier appelé Vernet tenait la place de l'Empereur.

Les commissaires de la coalition avaient porté plainte aux autorités supérieures d'Aix contre les excès affreux dont l'Empereur avait maintes fois manqué d'être la victime. Ils les sommèrent de le prendre sous leur sauvegarde pendant son passage à Aix. L'autorité municipale fut digne : elle prit toutes les mesures de sûreté qu'il lui était possible de prendre.

Le sous-préfet se comporta en homme d'honneur, il alla avec la gendarmerie au-devant de l'Empereur.

Le cortège impérial quitta La Calade à minuit. Le temps était extrêmement obscur; le *mistral* soufflait avec impétuosité; les rues étaient presque désertes; les portes de la ville étaient fermées. Aussi l'on traversa les faubourgs sans aucune espèce d'encombre.

On s'arrêta à une auberge appelée la *Grande Pugère*. Le sous-préfet y avait suivi l'Empereur. L'Empereur lui parla avec bonté; la conversation fut longue. L'Empereur était aigri contre les Provençaux. Il prétendit : « que les Proven« çaux n'étaient bon qu'à faire du tapage; qu'il n'avait jamais « eu un bataillon provençal. » Il vanta la bravoure des Gascons : ce dont son trésorier le remercia au nom de ses compatriotes.

Il était temps de partir. Il fallait traverser Saint-Maximin. L'Empereur désira que le sous-préfet lui laissât la gendarmerie : le sous-préfet y consentit avec empressement; il y ajouta même une escouade qui était venue le joindre.

La route fut tranquille jusqu'aux approches de Brignoles. Aux approches de Brignoles, des rassemblements populaires parurent hostiles, mais un détachement de deux cents hommes avait été envoyé pour veiller à la sûreté de l'Empereur, et ce détachement contint les curieux qui pouvaient avoir de mauvaises intentions. Ce détachement se montra parfait pour l'Empereur.

Le commissaire autrichien s'était rendu à Brignoles pour faire prendre des mesures d'ordre public; il ne fut pas bien rassuré par le pouvoir local. C'était là qu'on devait dîner, mais le rapport du commissaire autrichien avait inquiété, et l'Empereur, précédé d'une force de gendarmerie imposante, renonçant à son repas, fit traverser la ville au galop. La ville de Brignoles était inspirée par M. Raynouard, qui avait éminemment contribué au retour des Bourbons. M. Raynouard était cependant incapable de conseiller aucune espèce de provocation.

Enfin l'Empereur touchait au terme des dangers que les populations provençales lui avaient fait courir. Il passa au Luc. De là il fut droit au château du Bouillidou, que la princesse Pauline habitait. La princesse Pauline attendait son frère. Les charmes de la fraternité effacèrent un moment des souvenirs bien amers.

Les Autrichiens occupaient la contrée : le général qui commandait pour la Sainte-Alliance avait mis une forte garnison de sûreté au château du Bouillidou, et il avait échelonné des troupes jusqu'à Fréjus, où l'Empereur devait s'embarquer.

Plusieurs personnages allèrent visiter l'Empereur. Le préfet du Var se distingua dans ce pèlerinage de douleur.

La princesse Pauline saisissait avec ardeur tout ce que sa tendresse fraternelle lui indiquait de plus touchant pour perfectionner les honneurs de son manoir. Aucun des secrétaires particuliers de l'Empereur ne l'avait suivi. La princesse Pauline lui céda celui qu'elle avait.

L'Empereur quitta le Bouillidou. Il se rendit à Fréjus, où il fut accueilli comme il aurait dû l'être partout, avec une affliction respectueuse. Il voulut visiter la maison paternelle de Sieyès : il rappela que Fréjus était la patrie de Tacite. Enfin il alla à Saint-Raphaël, petit port de pêcheurs où il avait abordé en 1798 en revenant de l'Égypte, et d'où il partit monté sur la frégate anglaise l'*Undaunted*.

A Fréjus, le général russe Schouvaloff, ainsi que le comte prussien Waldbourg-Truchess, prirent congé de l'Empereur, et néanmoins ne s'en séparèrent qu'au moment du départ.

La frégate l'*Undaunted* vogua vers l'île d'Elbe, eut une heureuse traversée et mouilla sur la rade de Porto-Ferrajo, le 3 mai, précisément le même jour que Louis XVIII faisait son entrée à Paris. L'Empereur tenait beaucoup aux souvenirs des aniversaires : il avait remarqué que le 3 mai était l'anniversaire du jour de la grande procession des États généraux en 1789.

CHAPITRE III

Préparatifs de la réception de l'Empereur à Porto-Ferrajo. — Le pavillon elbois proposé par Pons. — Prise de possession de l'île. — Reconnaissance du pavillon. — Actes officiels. — Audience donnée au colonel Vincent. — Promenade de l'Empereur à Magazzini. — Mésaventure du commandant Usher. — « Vive le roi d'Angleterre! » — Débarquement solennel de l'Empereur. — Procession et *Te Deum*. — Napoléon à l'Hôtel de ville. — Réception des autorités. — Plaisanteries de l'Empereur à l'archiprêtre de Campo. — Sévérité de ses paroles au maire de Marciana. — Audience secrète à deux personnages mystérieux. — Fête de nuit.

Les populations subitement entraînées par un sentiment de félicité imprévue laissent aller l'âme à la joie; hors d'elles-mêmes, elles semblent ne plus éprouver le besoin de repos : telle était la population portoferrajaise. L'exaltation de la soirée, grandissant à chaque instant par les merveilles infinies d'une imagination en délire, ne lui avait pas permis de compter les heures de la nuit.

Le sommeil n'avait donc pas calmé les émotions des masses. Cette nuit n'avait été une nuit de repos pour personne; directement ou indirectement, chacun avait une tâche à remplir, et chacun avait tenu à honneur de bien la remplir.

Il fallait absolument tout préparer pour recevoir le plus dignement possible l'hôte auguste qui venait présider aux nouvelles destinées de l'île d'Elbe.

La municipalité était dans l'embarras le plus extrême. Tout le monde officiel était debout, et chacun disait ce qu'il fallait faire, sans songer que le plus expéditif était d'abord de mettre la main à la pâte.

Le besoin principal était un logement. Le général Dalesme

avait de suite offert le sien. La municipalité n'était pas d'avis d'accepter : elle donnait pour raison que l'Empereur devait se loger au milieu du peuple. Moi, je disais que l'Empereur pourrait être affecté de se voir tout à coup renfermé dans une forteresse qui avait passablement l'air d'un lieu de détention. Le général Dalesme n'insista pas. On parla de deux belles maisons bourgeoises. Enfin l'on se décida pour l'Hôtel de ville; c'est ce qu'il y avait de plus convenable.

Mais il fallait démeubler et meubler l'Hôtel de ville. Il fallait se faire prêter tous les meubles meublants, sans exception aucune. Il fallait savoir ce qu'on devait demander, à qui l'on devait demander. Il fallait des commissaires pour aller demander, des hommes pour transporter. Tout cela n'était pas chose facile, d'autant plus que le temps pressait.

La réunion des autorités civiles et militaires, les cérémonies religieuses, la prise d'armes par la garnison, le rassemblement de la garde nationale, tout ce qui avait un caractère public devait nécessairement se préparer, et les heures marchaient à pas de géant. Il y avait deux ou trois grands pavillons à confectionner, ce qui nécessitait l'emploi de beaucoup de bras pour pouvoir aller assez vite. Plusieurs notabilités demandaient à être présentées officiellement : c'était l'ambition qui déjà commençait à poindre. Ajoutons que toutes les presses étaient en activité, que les proclamations devaient paraître.

Puis le général Bertrand avait écrit au général Drouot « qu'il serait essentiel qu'il y eût beaucoup de population réunie « pour recevoir l'Empereur », et le général Drouot s'était empressé de communiquer cette lettre. On avait envoyé des exprès dans toutes les communes de l'île, pour communiquer la nouvelle de l'arrivée de l'Empereur, et pour ordonner aux municipalités et au clergé de se rendre immédiatement à Porto-Ferrajo. Les maires étaient engagés à se faire accompagner par leurs administrés d'importance.

Dès le grand matin, le général Dalesme et le sous-préfet

avaient fait afficher les deux proclamations que l'on va lire.

Le général Dalesme :

« Habitants de l'île d'Elbe !

« Les vicissitudes humaines ont conduit l'empereur Napoléon au milieu de vous, et c'est à son propre choix que vous devez de l'avoir pour votre souverain.

« Avant d'entrer dans vos murs, votre auguste souverain et nouveau monarque m'a adressé les paroles suivantes que je me hâte de vous faire connaître, parce qu'elles sont le gage de votre félicité future : « Général, j'ai sacrifié mes droits aux intérêts de la patrie et je me suis réservé la souveraineté et propriété de l'île d'Elbe, ce à quoi toutes les puissances ont consenti. Veuillez faire connaître ce nouvel état de choses aux habitants, et le choix que j'ai fait de leur île pour mon séjour en considération de la douceur de leurs habitudes et de la bonté de leur climat. Dites-leur qu'ils seront l'objet de mon plus vif intérêt. »

« Elbois ! ces paroles n'ont pas besoin d'être commentées : elles formeront votre destinée.

« Habitants de l'île d'Elbe, bientôt je m'éloignerai de vous. Cet éloignement me sera pénible parce que je vous aime sincèrement. Mais l'idée de votre félicité adoucira l'amertume de mon départ, et, en quelque lieu que je puisse être, je me rapprocherai de cette île par le souvenir des vertus de ses habitants et par les vœux que je formerai pour leur bonheur. »

Le sous-préfet :

« Le plus heureux événement qui pût jamais illustrer l'histoire de l'île d'Elbe s'est réalisé en ce jour.

« Notre auguste souverain, l'empereur Napoléon, est arrivé parmi nous. Donnez un libre cours à la joie qui doit inonder vos âmes. Nos vœux sont accomplis : la félicité de l'île d'Elbe est assurée.

« Écoutez les premières paroles qu'il a daigné vous adresser en parlant aux fonctionnaires qui vous représentent : « Je vous serai un bon père ; soyez pour moi de bons fils. » Elles resteront éternellement imprimées dans vos cœurs reconnaissants.

« Unissons-nous tous autour de sa personne sacrée ; rivalisons de zèle et de fidélité pour le servir. Ce sera la plus douce satisfaction pour son cœur paternel, et ainsi nous nous rendrons dignes de la faveur signalée que la Providence a bien voulu nous accorder. »

Une foule de réflexions viennent ici se présenter à mon esprit. Le général Dalesme, l'un des plus dignes hommes du monde, fait un éloge pompeux des habitants de l'île d'Elbe, et, avec raison, trois jours auparavant, il accusait les trois quarts des Elbois d'être des brigands armés pour se livrer au pillage, et il ne voulait pas écouter leurs paroles de soumission, et il exigeait leur désarmement, et il ignorait quel parti ils prendraient! Les murs de Porto-Ferrajo étaient encore tapissés des plaintes amères que le sous-préfet adressait à ces trois quarts de la population elboise, il y avait à peine une semaine! Les mœurs d'une population ne changent pas du jour au lendemain. Les Capoliverais et les habitants de la marine de Marciana sont Elbois, cependant leurs mœurs ont toujours eu quelque chose de sauvage. Ce sera la même chose tant qu'on ne les aura pas forcés à s'instruire.

J'aurais conçu la proclamation du général Dalesme adressée aux Portoferrajais. Les Portoferrajais méritaient tout le bien que l'on pouvait en dire, mais ce n'était pas le moment d'étendre les éloges hors de l'enceinte de Porto-Ferrajo.

Il y a une autre chose que ma raison ne peut pas comprendre, ou du moins qu'elle ne peut pas bien s'expliquer.

On veut qu'une grande population se trouve en présence de

l'Empereur lorsqu'il fera son entrée à Porto-Ferrajo : c'est qu'on cherche à lui persuader que sa nouvelle capitale est une cité extrêmement peuplée, ce qui signifie un pays d'une grande importance. Mais ce leurre est d'un ridicule extrême. Est-il possible que l'Empereur n'ait pas au moins lu un dictionnaire géographique pour savoir avec précision ce que c'est que la ville de Porto-Ferrajo? Ensuite la population compacte par laquelle on cherche à l'éblouir ne fera que paraître et disparaître, et puis, lorsqu'il voudra la retrouver, qu'il la demandera, on devra forcément l'humilier en lui avouant qu'on n'avait pas assez compté sur son caractère pour lui faire supporter un isolement presque absolu. Sans doute l'intention est bonne; mais elle donnerait une faible idée du stoïcisme de l'empereur Napoléon, si elle était fondée.

Pendant cette nuit, je n'étais pas resté sans rien faire. Il m'avait semblé que le pavillon elbois pouvait être plus convenable. Je proposai à l'Empereur de le faire « fond blanc traversé d'une bande tricolore ». Je ne parlai point d'abeilles. Le colonel Campbell se chargea de mon pli.

Dès le commencement de la matinée, plusieurs personnes notables se rendirent à bord de la frégate anglaise. La plus notable de ces personnes était sans aucun doute le colonel Vincent. Le colonel Vincent m'avait demandé comment mon républicanisme s'arrangerait avec les idées de l'Empereur. J'ai su beaucoup plus tard qu'il avait dit au général Drouot que je brûlais de républicanisme, et que je ne me taisais point à cet égard. Cette confidence n'avait d'ailleurs eu aucun caractère d'hostilité : mes rapports avec le colonel Vincent avaient toujours été fort bons.

Le général Drouot prit possession légale de l'île d'Elbe au nom de l'empereur Napoléon. Ce procès-verbal est daté du 3 : cependant il ne fut signé que le 4. On voulut qu'il portât le jour de l'arrivée. En voici la copie parfaitement exacte :

« Ce jourd'hui 3 mai 1814, en présence de M. Klam, chambellan de S. M. l'empereur d'Autriche, major et aide de camp du maréchal de Schwartzemberg, chevalier de l'ordre impérial russe de Sainte-Anne de deuxième classe et de l'ordre bavarois de Maximilien-Joseph, et de M. Hasting, lieutenant au service de Sa Majesté sur la frégate *l'Indomptée*, désignés par MM. les commissaires des puissances alliées pour être présents à la prise de possession de l'île d'Elbe par S. M. l'empereur Napoléon;

« Nous, baron Dalesme, en vertu des ordres qui nous ont été adressés par S. E. le comte Dupont, ministre de la guerre, avons fait remise de l'île d'Elbe, de ses places fortes, batteries, établissements et magasins militaires, munitions et de toutes les propriétés dépendant du domaine impérial, à M. le général de division Drouot, chargé des pleins pouvoirs de S. M. l'empereur Napoléon reconnu souverain de l'île d'Elbe par les puissances alliées et le gouvernement provisoire de la France; avons de suite dressé et signé, avec les témoins ci-dessus désignés, le présent procès-verbal de possession de l'île d'Elbe, fait par M. le général Drouot au nom de l'empereur Napoléon. »

Voici maintenant le procès-verbal de la reconnaissance du pavillon elbois :

« Cejourd'hui 4 mai 1814, S. M. l'empereur Napoléon ayant pris possession de l'île d'Elbe, le général Drouot, gouverneur de l'île au nom de l'Empereur, a fait arborer sur les forts le pavillon de l'île, fond blanc traversé diagonalement d'une bande rouge semée de trois abeilles d'or. Ce pavillon a été salué par les batteries du fort, de la côte, de la frégate anglaise *l'Indomptée* et des bâtiments français qui se trouvaient dans le port. En foi de quoi, nous, commissaires des puissances alliées, avons signé le présent procès-verbal avec le général Drouot, gouverneur de l'île d'Elbe. »

Le procès-verbal de la prise de possession de l'île d'Elbe avait été signé par les délégués des commissaires des puissances alliées, et l'acte de reconnaissance du pavillon elbois était signé par les commissaires eux-mêmes. On m'assura que ce changement avait eu lieu sur une observation de l'Empereur.

L'Empereur décréta en même temps que la cocarde elboise serait, comme le pavillon elbois (1), fond blanc bordé d'une bande rouge, semée de trois abeilles d'or, et une heure après tout le monde la portait, même la plus grande partie des Français qui devaient rentrer en France.

Il y eut aussi cela de particulier que les quelques individus qui avaient d'abord mis la cocarde blanche, honteux de se trouver en si petit nombre, renoncèrent à leur initiative et mirent leur morceau de linge blanc à la poche. Je crois que, sans cela, il y aurait eu des querelles dans la journée. Le général Dalesme fut obligé de défendre à tous les Français sous ses ordres de porter toute autre cocarde que la cocarde française, et c'est à peine s'il fut obéi.

Donc le colonel Vincent était allé saluer l'empereur Napoléon, et l'empereur Napoléon avait paru fort aise de le voir. Cependant le colonel Vincent était en disgrâce depuis les affaires de Saint-Domingue, et le gouvernement impérial lui avait constamment refusé l'avancement dû à ses bons services, car il était arrivé au terme de sa longue carrière, peut-être même était-il le doyen du service actif du génie militaire, sans pourtant avoir atteint au grade de général. Quoi qu'il en soit, il n'eut qu'à se louer de la manière dont il fut accueilli, et, pour me servir de sa propre expression, « l'Empereur l'accapara ».

Tandis que la ville de Porto-Ferrajo mettait la dernière main

---

(1) Comme nous l'avons déjà dit, Sa Majesté avait déjà décidé que le drapeau serait blanc, traversé diagonalement d'une bande rouge qui le diviserait en deux triangles égaux, et que cette bande rouge serait parsemée de trois abeilles en or. Napoléon hésita pour adopter les trois abeilles jaunes : il les voulait bleues. Mais après avoir réfléchi, il dit : « Avec les abeilles bleues, nous aurions le drapeau tricolore, ce qui pourrait bien nous occasionner des désagréments. » Et les abeilles jaunes l'emportèrent.

à ses préparatifs, que ses murs se remplissaient de toutes les municipalités et de toutes les notabilités de l'île, que toutes les embarcations voltigeaient autour de la frégate, l'empereur Napoléon prenait des informations sur les hommes et sur les choses. Il avait beaucoup questionné le colonel Vincent, il questionna beaucoup le président du tribunal. Le colonel Vincent n'aimait pas Porto-Ferrajo, parce qu'on y avait beaucoup crié contre lui. Le président du tribunal était un homme de coterie et de commérage : ce n'était pas un méchant homme, mais il ne savait pas être l'ami de celui-ci sans être l'ennemi de celui-là, et par conséquent il était toujours en guerre avec quelqu'un. Ce n'était pas tout à fait de bonnes sources pour puiser des renseignements exacts. Le vicaire général s'était aussi présenté à l'Empereur : il se disait son parent, il était frère d'un parent par alliance du côté maternel. Cet homme, malgré son élévation ecclésiastique, menait une vie très relâchée et ne méritait aucune confiance : l'Empereur ne le garda qu'un moment. Je dirai du vicaire général ce que j'ai dit du président : ce n'était pas un méchant homme ; mais lorsqu'il était passionné, sa raison, souvent troublée par ses habitudes de table, était dans un égarement complet.

Porto-Ferrajo n'était pas un pays facile. Il y avait trop d'intérêts en présence. Ces intérêts ne pouvaient pas se remuer sans se heurter. Il n'y avait qu'un moyen de ne pas troubler sa tranquillité, c'était de ne se mêler à aucun tripotage et d'obliger indistinctement les braves gens. Je me suis parfaitement trouvé de cette méthode. J'ai vécu plusieurs années dans des relations d'intimité avec les Porto-Ferrajais, au plus fort des tempêtes de guerre et de politique, et jamais je n'ai eu à me plaindre sérieusement d'aucun d'eux.

Le moment actuel ne pouvait pas être pour l'Empereur le moment propre aux petites audiences de bavardage. L'Empereur mit fin à celles de la matinée, il se fit transporter de l'autre côté de la rade, à une campagne dont l'apparence avait

CHAPITRE III.

frappé ses regards. C'était la campagne de Pellegrino Senno, le fermier de la Madrague.

L'Empereur avait engagé le colonel Vincent à l'accompagner. Le commandant de la frégate et plusieurs officiers étaient de cette excursion. L'Empereur se promenait fort tranquillement avec le colonel Vincent. Tout à coup un paysan court sur lui et, jetant en l'air le bonnet qu'il avait sur la tête, il se mit à crier en italien d'une voix de stentor : « Vive le roi d'Angleterre, « toujours le roi d'Angleterre ! » Le colonel Vincent l'empêcha d'approcher davantage de l'Empereur ; l'Empereur porta machinalement la main à la garde de son épée ; le paysan s'arrêta dès que le colonel Vincent lui eut ordonné de s'arrêter. L'Empereur était stupéfait de cette aventure ; il demanda au colonel si ce cri était le cri familier de la population ou si c'était le premier jour qu'il se faisait entendre, et il chargea le colonel d'aller étudier la véritable cause de cet événement. Le colonel s'acquitta de la mission dont il était chargé. Je copie le journal du colonel Vincent :

« Ce cri ne signifiait rien. Il avait été acheté une guinée par le commandant de la frégate. Celui-ci, qui probablement n'avait jamais monté à cheval, avait témoigné le plus grand désir de monter sur une des petites bêtes du pays, qui alors passait devant lui, et l'enfant qui la conduisait la lui avait confiée. Le commandant anglais était monté sur ce cheval poupée, mais le cheval n'avait ni bride ni licou, et le pauvre marin était obligé de se tenir à la crinière. Toutefois, il ne se tenait pas si bien que sur le tillac de sa frégate au milieu des plus grandes tourmentes. L'enfant marchait en avant, l'animal suivait en paissant. Malgré cette marche paisible, le commandant anglais fut démonté et, ne voulant plus s'exposer, il donna une guinée à son conducteur : c'était plus que de la générosité. L'enfant courut porter le trésor à son père et à sa mère. Le père était venu de suite témoigner sa reconnaissance par ses cris de joie. L'Empereur alla à la cabane, il questionna

la fermière. Le fermier avait eu peur : il s'était caché. On savait déjà à qui l'on avait affaire. La fermière fit comprendre que ses petites filles pourraient crier aussi : « Vive l'Empereur! » L'Empereur ne se le fit pas répéter : il donna aux petites filles. Alors la mère prenant un ton patelin dit dans son langage à l'Empereur :
« Les monnaies d'or de notre souverain plaisent beaucoup à
« nos enfants. » Pendant cette promenade qui fut assez longue, l'Empereur fut parfaitement tranquille et il me questionna sans cesse. Il voulait tout connaître à fond. Dès son retour à bord, il déjeuna de fort bon appétit. Pendant le déjeuner, il me rendit une justice éclatante quant aux affaires de Saint-Domingue. Il reconnut qu'on lui avait fait faire de grosses sottises. Il avoua que je lui avais dit des vérités dont l'utilité lui avait plus tard été démontrée. Il persista dans cette opinion, qui n'était pas celle du général Bertrand... »

Midi sonne : un coup de canon se fait entendre. Le pavillon elbois vient d'être arboré au fort de l'Étoile. L'artillerie des remparts et le son de toutes les cloches résonnent dans les airs : la frégate anglaise a hissé la nouvelle bannière elboise au grand mât. Tous les bâtiments qui sont en rade font feu. Cependant le retentissement de l'airain est moins puissant que le cri des populations réunies. C'est le premier appel au cœur des Elbois. Les cœurs elbois semblent pleins d'amour, tant ils sont pleins d'espérance.

Néanmoins, au milieu de cette joie d'apparence universelle, l'œil observateur pouvait distinguer des craintes.

Le général Dalesme ne pouvait pas avoir oublié les mauvais quarts d'heure que les révoltés lui avaient fait passer. Il ne pensait pas que ce qu'il avait publié en faveur des Elbois fût une amnistie pour ceux qui avaient ensanglanté ou voulu ensanglanter l'île d'Elbe. Il avait dit au maire de Rio Montagne qui cherchait à s'excuser : « Maintenant que vous ne pouvez
« plus faire le brigand, vous faites le chien couchant, et ce
« n'est pas la première fois que cela vous arrive. Mais les faits

« sont là. C'est à la justice à prononcer. » Cette réponse échappée à la conscience d'un homme d'honneur, de suite répandue dans le public, avait effrayé tous ceux qui se sentaient coupables. On craignait que l'opinion du général Dalesme ne devînt l'opinion de l'empereur Napoléon. Les révoltés cherchaient partout des points d'appui pour se faire pardonner. Je crois bien que je fus le fonctionnaire public qu'on sollicita le plus : on savait que j'étais l'ami intime du général Dalesme. Mais l'Empereur ne songea pas à punir; il ne voulait pas même savoir s'il y avait à punir.

Il y avait une autre ombre au tableau de joie enivrante qui frappait les regards. Les Anglais s'associaient officiellement à l'explosion de la félicité commune, mais il n'en était pas ainsi dans leurs conversations privées, et plusieurs Portoferrajais avaient dû sévèrement réprimer des insinuations captieuses sur l'existence future des Elbois. Il n'y a rien là qui doive étonner. L'Anglais, homme de gouvernement, n'a rien de commun avec les hommes de l'état social, et il fait bande à part. Lui : c'est l'univers.

La réception solennelle faite à l'empereur Napoléon à Porto-Ferrajo fut une réception digne, et, aux jours de sa toute-puissance, l'Empereur n'aurait pas été mieux reçu même à Lyon où il était tant et tant aimé.

L'empereur Napoléon devait débarquer à la porte de mer qui donne dans le port qu'on a l'habitude d'appeler la Darse. Le port est presque tout entouré par les remparts de la place. Le général Dalesme avait permis la communication du chemin de ronde, ce qui mettait le faîte des remparts à la disposition du public. Les quais du port étaient encombrés de population. La population était aussi compacte sur les remparts. Ce premier coup d'œil avait vraiment quelque chose de beau. Suivons maintenant la disposition de la partie de Porto-Ferrajo que le cortège impérial devait parcourir. La porte de mer du côté de la ville donne sur une place formant un carré long, et cette place communique par deux rues marchandes à la place d'armes, vaste carré, sur deux côtés duquel il y a, en face l'un de l'autre, la maison commune et la paroisse. Les deux places sont entourées de jolies maisons. Toutes les populations elboises étaient sur ces deux places. Toutes les croisées étaient ornées des plus belles tentures que l'on avait pu trouver; elles étaient plus ornées encore par les dames de Porto-Ferrajo qui y avaient pris place dans tout le luxe de leur grande toilette. Il était impossible d'ajouter à ce faste du pays.

L'empereur Napoléon quitta la frégate anglaise pour faire son entrée à Porto-Ferrajo. On lui avait préparé le grand canot dont les bancs étaient couverts de beaux tapis. Dès que le canot poussa au large, la frégate salua l'Empereur de vingt et un coups de canon et de trois acclamations de hourras répétés par les matelots anglais rangés symétriquement sur les vergues. Les canotiers répondirent aux trois hourras par trois autres hourras. Pendant la durée des hourras, l'Empereur resta la tête découverte. Tous les bâtiments en rade saluèrent de leur artillerie et de leurs hourras. La place de Porto-Ferrajo associa toutes ses batteries et ses cloches à toutes ces salutations. Ce second retentissement m'affligeait. Il semblait me dire que les destinées étaient accomplies, que l'empereur Napoléon était entièrement perdu pour la France. Mon cœur était serré. Je ne voyais plus l'homme du pouvoir absolu. C'était le héros qui m'apparaissait dans toute sa nationalité, car l'empereur Napoléon était vraiment national.

Toutes les embarcations de la frégate, des bâtiments en rade, toutes les embarcations du pays suivaient le canot de l'Empereur, et cet ensemble ne pouvait être que très pittoresque (1).

En arrivant au port, l'Empereur fut visiblement étonné de

---

(1) Plusieurs de ces embarcations étaient remplies de musiciens qui jouaient des airs analogues à la circonstance. On remarquait aussi quelques improvisateurs qui chantaient *Apollon exilé du ciel et réfugié en Thessalie.*

ce qu'il voyait, et il ne chercha pas à cacher son étonnement. Il se découvrit de nouveau aux premiers cris populaires. C'est ainsi qu'il aborda au petit môle de débarquement. Il mit pied à terre.

Toutes les autorités civiles et militaires attendaient. Le clergé attendait aussi ; il était venu recevoir processionnellement l'Oint du Seigneur.

Le maire s'approcha de l'Empereur, le salua profondément, et il lui présenta les clefs de la ville déposées dans un bassin d'argent. L'Empereur prit ces clefs, il les garda un moment, et il les rendit au maire en lui adressant ces paroles honorables : « Reprenez-les, monsieur le maire, c'est moi qui vous les confie ; et je ne puis pas mieux les confier. » Ce qui était vrai, car c'était un digne magistrat. M. le maire n'avait pas pu articuler une seule parole. Il n'avait pas même pu lire quelques mots qu'il avait écrits. Alors M. le vicaire général s'avança pour recevoir l'Empereur sous le dais : l'Empereur y prit place. Le cortège se mit en marche.

L'Empereur était comme la veille, en habit de chasseur de la garde impériale, mais alors il portait l'étoile de la Légion d'honneur, la Couronne de fer, la Croix de la réunion, et il avait repris son petit chapeau historique.

Le général Bertrand et le général Drouot suivaient immédiatement l'Empereur. Le général Bertrand était décoré du grand cordon ; le général Drouot ne portait que la croix de commandant. L'Empereur avait témoigné le désir que le général Dalesme ne quittât pas le général Bertrand et le général Drouot.

Puis venaient les commissaires de la coalition : le général autrichien Koller et le colonel anglais Campbell, le comte Klam et le lieutenant Hasting, adjoints aux commissaires.

Le trésorier de la couronne, Peyruss, et le colonel des Polonais, Germanovski, marchaient ensemble.

Les deux fourriers du palais, faisant fonction de préfets du palais, Deschamps et Baillon, le médecin Foureau de Beauregard, le chirurgien Emery, le pharmacien Gatti, faisaient groupe et complétaient les officiers de la maison de l'Empereur.

L'état-major de la frégate anglaise formait un corps particulier. Les autorités civiles et militaires lui avaient cédé le pas, ce qui était une politesse déplacée.

La garde nationale et la troupe de ligne bordaient la haie. La garde nationale s'était vraiment surpassée; sa tenue ne laissait rien à désirer. La troupe ne se composait que de débris, ce qui ne la rendait pas moins intéressante.

Le cortège marchait lentement; la foule le pressait et l'arrêtait sans cesse. On voulait voir l'Empereur de près. C'était la volonté générale, mais chaque volonté particulière se substituait à la volonté générale : de là, des luttes, des ondulations populaires, des haltes forcées. L'Empereur semblait résigné. Il n'en était pas de même du vicaire général : impatient de sa nature, il trépignait visiblement; si cela avait dépendu de lui, il aurait eu recours au pugilat pour se faire ouvrir le passage.

L'église était parée comme aux jours de grande fête. Au milieu de la nef, il y avait un prie-Dieu préparé pour l'Empereur, couvert d'un tapis de velours cramoisi. Deux chambellans avaient été improvisés pour assister l'Empereur durant la cérémonie; ils le conduisirent à sa place, et ils se tinrent à ses côtés. La population avait envahi l'église.

Le vicaire général entonna l'hymne de saint Ambroise : *Te Deum laudamus*, et ensuite il donna la bénédiction du Saint Sacrement.

Il était naturel que tous les yeux se portassent sur l'Empereur. On lui avait remis un livre d'église : il lisait. Peut-être serais-je plus vrai si je disais qu'il faisait semblant de lire. Pourtant deux fois je crus au remuement de ses lèvres qu'il priait, et même qu'il priait avec ferveur. Il ne tourna pas une seule fois la tête pour regarder ce qui se passait autour de lui. Les chambellans improvisés avaient une rude tâche à remplir pour leur noviciat. Ils ne savaient d'abord comment s'y prendre pour dire à l'Empereur de s'asseoir, de se lever, de s'agenouiller, et leur gêne par défaut d'habitude se manifestait de toutes les manières. L'Empereur cherchait à les soulager en les prévenant; les rôles étaient presque intervertis. On remarquait que l'Empereur répondait à leur attention avec une affabilité extrême.

Cette cérémonie avait un caractère particulier. Celle-ci ne pouvait pas être purement religieuse à l'égard de l'empereur Napoléon... Pour rendre sincèrement grâce à Dieu de l'avoir fait passer du plus grand Empire du monde au plus petit trône de la terre, il aurait fallu que le malheur l'eût déjà sanctifié, et certainement il n'en était pas encore à cet état de béatitude. Sans doute l'empereur Napoléon était religieux : vingt circonstances de sa vie l'ont prouvé. Mais de là à l'abnégation absolue, il y a l'immensité à traverser. L'Empereur, sans avoir rien de trop mondain ni de trop dévot, se dessinait avec majesté, et il plaisait à tous les fidèles qui l'avaient accompagné dans le temple de Dieu. L'Empereur, toujours maître de lui, avait l'air calme, mais il ne l'avait pas impassible, et sa physionomie trahissait son émotion.

Certainement l'ensemble du clergé n'était pas dans son assiette ordinaire, et, presque troublé, il tâtonnait pour savoir ce qu'il avait à faire. Le vicaire général se trompa deux fois. On aurait dit que l'Empereur éblouissait les prêtres.

Personne ne faisait preuve d'insensibilité : tout le monde était recueilli.

Mais c'est surtout la population porto-ferrajaise qui se montrait touchée; elle semblait assister à des prières de famille. L'église était encombrée; les voix chantantes étaient nombreuses. Aux deux versets suivants de l'hymne ambroisienne (*sic*) : « Nous vous supplions donc de secourir vos serviteurs que vous avez rachetés de votre sang précieux... C'est en vous, Seigneur, que j'ai mis mon espérance ; je ne serai point confondu à jamais », le peuple, selon l'usage d'Italie, se mit à genoux, la tête baissée, et l'intonation de ses paroles chantées eut une ferveur vraiment extrême. Le peuple croyait que ces deux versets étaient des prières plus particulières pour l'Empereur. Le moment de la bénédiction fut un moment dont la solennité sainte maîtrisa le peuple porto-ferrajais.

C'était la population de Porto-Ferrajo qui, tout naturellement, avait envahi la première l'église, et par conséquent ce n'est que d'elle que je puis parler, quant à ce qui s'est passé à l'église.

Le cortège, dans le même cérémonial, sortit de l'église, et il accompagna l'Empereur à l'Hôtel de ville, où il devait loger. La municipalité avait pris les devants pour aller le recevoir.

En quittant le dais, l'Empereur se trouva entouré de toutes les autorités, de toutes les notabilités, et au moment où il entra dans l'Hôtel de ville, il fut salué à plusieurs reprises par des acclamations brûlantes de tendresse populaire.

On croyait que la journée était terminée pour l'Empereur : l'on ne connaissait pas l'homme. La journée ne faisait alors que commencer pour lui. Il donna de suite audience.

Le général Dalesme présenta tous les Français qui voulurent être présentés ; tous ne le voulurent pas. Les adorateurs du soleil levant détournaient la tête pour ne pas voir le soleil couchant. Les paroles que l'Empereur adressa aux Français furent toutes remarquablement empreintes de patriotisme. Il dit au commandant du génie Flandrin, qui lui adressait quelques mots de regret : « La patrie avant tout, mon cher commandant, et alors on ne se trompe jamais ! »

Le sous-préfet présenta les municipalités, les municipalités présentèrent leurs notabilités. L'Empereur trouva des paroles pour tous en général, pour chacun en particulier. Certainement il avait lu le *Voyage d'Arsenne Thiébault*, car il parlait pertinemment des diverses communes de l'île d'Elbe, et il est facile de comprendre combien cela surprenait les Elbois. Il affecta même de passer toutes les localités en revue : il disait beaucoup de choses en peu de mots. Outre le *Voyage d'Arsenne Thiébault*, l'Empereur avait eu des notes officielles pour tout ce qu'il pouvait lui être utile de savoir sur l'île d'Elbe. Ensuite il faisait ses premières questions de manière à connaître de suite les personnages auxquels il avait affaire ; alors il prenait le langage qui convenait le mieux à ses interlocuteurs. Aussi les Elbois n'en revenaient pas des connaissances positives que l'Empereur avait de leurs besoins généraux et de leurs besoins particuliers. Il écarta plusieurs fois des explications qu'on voulait lui donner relativement aux révoltes : c'était un grand point de quiétude pour les révoltés. Mais le maire de Marciana le fit pourtant écarter un moment de son système d'oubli du passé. Ce maire, plus par embarras que par calcul, essaya de justifier les crimes commis, et l'Empereur l'interrompant lui dit : « Vous me feriez croire que vous êtes « au nombre des criminels, si vous aviez le courage de chan- « ter leurs louanges. La loi a voulu tirer un voile sur le passé ; « laissez-moi imiter la loi, et soyez heureux de mon respect « pour elle. » L'Empereur voulait séduire ; il séduisit. Tout le monde était enchanté.

Le président du tribunal présenta la magistrature ; l'Empereur questionna plus particulièrement le procureur impérial, M. Fontaine, homme intègre, éclairé et franc.

Vint la présentation des prêtres. Le vicaire général salua. L'archiprêtre de Capoliveri porta la parole ; on le disait le prêtre le plus instruit de l'île. Il ne fut pas le plus adroit. Il glissa presque sur l'arrivée providentielle de l'Empereur. Sa harangue porta de suite sur le malaise du clergé, sur les besoins des églises et sur l'urgence de venir promptement à leur secours. L'auditoire ne fut pas favorable à l'orateur. Lorsque l'orateur sacré eut terminé son discours profane, l'Empereur, qui l'avait écouté avec beaucoup de patience, passa au creuset épuratoire les exagérations de misère dont on venait de lui faire l'énumération. Il détruisit ces exagérations une à une, et lorsqu'il eut fini, s'adressant plus particulièrement à l'archiprêtre, il lui répéta en riant ce proverbe italien : « *Dominus vobiscum* n'est jamais mort de faim. » Puis, reprenant le ton sérieux, l'Empereur dit au clergé : « Soyez tranquilles, messieurs, je pourvoirai aux besoins du culte », et il le congédia.

On croyait l'Empereur éreinté : il parla de suite de monter à cheval. Mais il fut arrêté par une circonstance qui m'intrigua alors, qui m'intrigue toujours, par la raison que je ne puis pas l'expliquer.

Il y avait encore des visiteurs dans la maison commune devenue palais impérial. L'Empereur allait sortir lorsque le fourrier du palais Baillon lui présenta deux personnages qui demandaient à lui parler, et que l'Empereur conduisit dans une pièce voisine du salon où il les garda pendant environ un quart d'heure. Ces deux personnages, arrivés dans l'après-midi, repartirent dès qu'ils eurent quitté l'Empereur, et je n'ai jamais su qui ils étaient. Je n'assure pas que c'était un mystère, mais cela avait l'air mystérieux, et avec d'autant plus de raison, qu'il fut démontré pour tout le monde que l'Empereur n'avait pas voulu, avec intention, parler en présence de témoins.

L'Empereur visita minutieusement la place, rentra, et reçut peu de monde dans la soirée. Ce fut avec le colonel Vincent qu'il s'entretint le plus.

La ville fut brillamment illuminée, le pauvre fut au moins aussi généreux que le riche pour participer à l'illumination.

CHAPITRE IV

Visite de Napoléon aux mines de Rio. — Premiers froissements entre l'Empereur et Pons. — Les fleurs de lis du parterre. — L'enseigne Taillade. — Le pavillon elbois et celui des Appiani. — Opérations maritimes. — Promenade de l'Empereur avec Pons. — Le madère, friandise impériale. — Conversation de l'Empereur. — Le Monte Volterrajo et ses légendes. — Platitude du maire de Rio-Montagne. — Retour à Porto-Ferrajo. — Faute d'étiquette de Pons. — Il reste à la tête des mines. — Début de ses relations amicales avec Drouot.

Vers minuit l'Empereur me fit appeler, et je me rendis avec empressement auprès de lui.

En approchant du salon impérial, assez intrigué de ce que l'Empereur pouvait vouloir de moi à une heure aussi avancée de la nuit, j'entendis une discussion assez vive à laquelle mon nom était mêlé, et j'hésitai pour entrer sans être annoncé. La porte s'ouvrit : je me trouvai en présence de l'Empereur. Le général Bertrand et le général Dalesme étaient avec lui. Le général Dalesme me fit un signe d'intelligence qui semblait m'engager à dire *oui*, le général Bertrand me fit un autre signe qui m'engageait à dire *non* : il était naturel que j'eusse une propension pour le signe que mon ami me faisait. Le général Bertrand allait m'adresser la parole; l'Empereur lui dit : « Laissez-le me répondre », et de suite il m'interrogea : « Pouvez-vous me donner à déjeuner à Rio-Marine ? — Oui, Sire. — A neuf heures du matin ? — Oui, Sire. — Dites-moi franchement si cela ne vous sera pas un trop grand dérangement. — Cela ne me dérangera pas du tout : seulement j'aurai besoin de l'indulgence de Votre Majesté pour la manière dont je la recevrai, car il y a longtemps que ma maison est abandonnée... — Le grand maréchal prétend qu'il vous est impossible de me recevoir ? — C'est, au contraire, très facile. — Mais Mme Pons : ne sera-ce pas abuser de sa complaisance ? — Ma femme sera heureuse de ce que Votre Majesté veut bien accepter notre hospitalité. — Refléchissez bien. Pouvez-vous me recevoir sans trop vous déranger, surtout sans trop déranger Mme Pons ? — Que Votre Majesté soit tranquille à cet égard ! A neuf heures Votre Majesté trouvera sa table servie. » Alors l'Empereur, se tournant vers le général Bertrand, lui dit : « Vous le voyez bien, je ne le pousse pas pour vous répondre affirmativement », et le général Bertrand sortit sans répliquer. Dès qu'il fut sorti, l'Empereur, s'adressant au général Dalesme, lui dit, en haussant les épaules : « Rien n'est possible pour lui », et il ajouta une parole d'humeur qui me parut déplacée. Je pris congé. Le général Dalesme vint avec moi ; le général Bertrand nous attendait ; il me pria de faire trouver une grande population à l'arrivée de l'Empereur.

J'envoyai de suite à Rio-Marine ; une heure après, j'étais moi-même en route. La population était debout pour me recevoir. Ma femme était restée à Porto-Ferrajo pour faire confectionner deux drapeaux elbois, aussi pour me procurer de quoi bien traiter l'Empereur. Je fis jeter les filets à la mer : la pêche fut vraiment miraculeuse. On prit un dentiche qui pesait plus de vingt-cinq livres. Les marins riais criaient au sortilège. A sept heures du matin, j'étais prêt à recevoir l'Empereur.

Je n'avais pas oublié la prière du général Bertrand qui savait que, depuis quatre mois, les travaux des mines étaient suspendus (le blocus de l'île d'Elbe avait forcé l'administrateur général des mines à se réfugier dans Porto-Ferrajo). C'est sans doute ce qui lui avait fait penser que quelques heures de nuit ne suffiraient pas pour donner une hospitalité agréable à l'Empereur.

L'Empereur se prêtait beaucoup à tout ce qui pouvait empêcher que sa présence ne devînt inquiétante pour les personnes qui le recevaient. Sa suite était moins discrète, surtout la basse domesticité. Cette valetaille n'avait aucun ménagement quand elle était ailleurs que dans la demeure impériale.

La suite de l'Empereur n'était pas composée d'amis dévoués à la vie et à la mort. Les sommités croyaient remplir un devoir, et le remplissaient honorablement. Ce qui venait ensuite avait couru après la fortune. Chacun avait augmenté d'un grade. La plupart des individus qui en faisaient partie se croyaient de petits Napoléons. Les nobles dévouements étaient dans cette poignée de braves de la garde impériale qui avaient suivi l'Empereur pour le seul plaisir de le suivre. Il y avait aussi des officiers dont il était impossible de ne pas reconnaître le caractère généreux et désintéressé; les Cornuel, les Raoul, les Combe, les Larabit, braves à l'âme forte, au cœur droit, à l'esprit cultivé.

J'avais fait des préparatifs pour recevoir de mon mieux l'hôte couronné qui allait honorer mon foyer. Les mineurs étaient [avec] armes et bagages sur la crête des montagnes qui bordent la route que l'Empereur devait suivre. Ils déployaient fièrement la bannière elboise. La population de Rio-Marine, précédée du cortège de toutes les jeunes demoiselles du pays, devait aller à la rencontre de l'Empereur. L'artillerie de la marine marchande n'attendait que la mèche pour retentir dans les airs. Le pavillon elbois flottait sur l'hôtel de l'administration des mines. Le curé se tenait en habits sacerdotaux sur la porte de l'église : c'était une réception de bon cœur, et elle en valait bien d'autres.

L'Empereur s'était arrêté un moment chez le maire de Rio-Montagne. Dès qu'il eut quitté Rio-Montagne, je montai à cheval pour aller au-devant du cortège impérial. L'Empereur m'accueillit avec une bienveillance marquée; il me plaça à sa droite pour faire son entrée dans le pays. La population joignit bientôt. Des vivats furent répétés; les jeunes demoiselles baisèrent la main de l'Empereur.

Cette journée fut féconde en anecdotes. Les Riais me considéraient comme leur providence. Ils crièrent bien : « Vive l'Empereur! » mais bientôt ils ajoutèrent à ce cri celui de : « *Viva il nostro babbo!* » L'Empereur comprit de suite que ce *notre père* ne s'adressait pas à lui. Il me dit : « Vous êtes le prince ici. — Non, Sire, lui répondis-je vivement, avec une émotion profonde, mais je suis le père. — Ce qui vaut beaucoup mieux », ajouta l'Empereur.

Nous descendîmes à l'hôtel de l'administration. On montait par un perron à un parterre sur lequel donnait l'entrée de l'hôtel. Le parterre était très fleuri, mais la fleur de lis y dominait les autres fleurs, et il était presque impossible que la fleur de lis ne sautât pas aux yeux de l'Empereur. Seulement elle y sauta un peu trop. L'Empereur s'arrêta, il se tourna vers moi, et, en me montrant les lis, il me dit en souriant : « Me voici logé à une bonne enseigne. » J'avoue que le sourire de l'Empereur ne me parut pas de bon aloi. Le jardinier n'y avait pas entendu malice en plantant des lis. Je les aurais certainement fait arracher s'ils avaient fixé mon attention. Tant est-il que les lis me valurent une disgrâce : les yeux de l'Empereur ne se portèrent plus sur moi. L'Empereur avait souri en voyant son pavillon sur la crête des montagnes. Il ne fit pas attention à celui qui était déployé sur le balcon de l'hôtel.

Le général Dalesme m'apprit avec anxiété que l'Empereur lui avait demandé tout à coup « si j'étais toujours républicain », et qu'il lui avait répondu que « j'étais toujours patriote ». L'anxiété du général Dalesme ne m'effraya point, je calmai ses alarmes affectueuses. J'étais bien décidé à ne pas renier mon républicanisme. Mon ami ne pouvait pas concevoir ma tranquillité. C'était tout simple : il avait vécu près de la verge impériale, il la craignait. Moi, je ne l'avais pas même approchée; je n'en avais pas peur.

L'Empereur prit possession de l'hôtel. En y entrant, il me demanda où était Mme Pons, et je lui répondis qu'elle était restée à Porto-Ferrajo pour les bannières elboises, ainsi que pour me mettre à même de le recevoir le moins mal possible. L'Empereur me chargea de la remercier de son aimable attention : il ajouta que le genéral Drouot lui en avait parlé avantageusement.

Les bâtiments de la marine marchande étaient tirés à terre. Ils avaient déployé tous leurs pavillons; ils épuisaient leur provision de poudre, les marins criaient à tue-tête. L'Empereur voulut voir de plus près; il fut faire une petite promenade sur le bord de la mer. Il parla à tout le monde; il adressa la parole à ceux qui n'osaient pas la lui adresser.

On rentra pour déjeuner. L'Empereur parla administration des mines, mais il n'en parla qu'au maire de Rio-Montagne, et il sembla prendre à tâche de ne pas se tourner une seule fois de mon côté. Il était impossible de se faire illusion : il y avait là une intention marquée. Cette manière de s'adresser en ma présence à tout autre qu'à moi pour demander des renseignements sur les mines me blessa extrêmement, et je voulus quitter la table. Le général Dalesme connaissait mon caractère, il me surveillait et il me retint. Mais l'Empereur avait très certainement entendu mes murmures : sa conscience lui disait que j'étais offensé, il changea de conversation. Personne au monde n'aurait pu m'empêcher de me plaindre, si les lois de l'hospitalité et surtout le respect dû au malheur ne m'avaient contraint au silence.

La nouvelle conversation de l'Empereur prit un autre caractère. Elle eut lieu avec un enseigne de vaisseau appelé Taillade, marié sur l'île, que l'on ne pouvait généralement pas souffrir par rapport à son amour-propre excessif, et qui avait eu l'impertinence de dire à l'Empereur dans une question mathématique que l'Empereur trouvait embarrassante : « Il n'y a cependant rien de plus facile, c'est l'affaire d'un enfant. »

Tout le monde fronça les sourcils. L'Empereur resta calme. Un moment après, il prit l'enseigne Taillade corps à corps et, en se jouant, sans aucune altération de paroles, il mit à nu toute l'ignorance de cet officier. L'Empereur se leva de table avant d'avoir pris le café. Le déjeuner ne s'était pas distingué par la gaieté; le général Bertrand n'avait pas ouvert la bouche. J'allais me retirer. L'Empereur m'appela, il me conduisit à une croisée. Alors il me parla des mines, je lui offris de lui donner par écrit tous les renseignements qu'il pourrait désirer. Il ne me dit plus rien. Je ne l'avais pas contenté.

On prit le café. Après une conversation générale de jaserie, l'Empereur m'appela de nouveau et je le suivis dans une pièce contiguë au salon. Il commença à me parler ainsi : « La bande tricolore aurait fait crier, d'ailleurs je ne pouvais guère m'éloigner du pavillon des Appiani. » J'étais aux antipodes de ce début. Toutefois, je lui répondis avec émotion qu'il ne devait y avoir rien de commun entre lui et la race infâme des Appiani, et que le crime du premier des Appiani était un crime pour la punition duquel le droit public ne pouvait pas admettre une péremption. L'Empereur s'arrêta, me regarda fixement, et il resta plusieurs minutes sans ouvrir la bouche. Son œil brûlant semblait chercher à voir ce qui se passait dans mon âme. Il reprit la parole en me demandant si je voulais rester avec lui : je lui répondis que je ne demandais pas mieux que de pouvoir lui être utile. L'Empereur comprit mal le sens de mes paroles : il crut que je voulais lui faire entendre qu'il avait besoin de moi; il reprit avec un ton d'humeur : « Je ne vous demande pas si vous pouvez m'être utile, je vous demande si vous voulez continuer votre administration. » Il ajouta : « Je suis un vieux troupier, je vais droit au but. Restez-vous ou ne restez-vous pas? » Je me sentais prédisposé à un langage en rapport avec le verbe haut de l'Empereur, mais l'Empereur était exilé. Je lui dis comme décision « que je ferais ce qu'il voudrait ». Il sortit : je le laissai sortir. Je crois que nous n'étions pas très contents l'un de l'autre. L'Empereur était resté son maître, mais j'étais également resté le mien.

L'Empereur voulut se promener : j'allai me promener avec lui. Il marcha du côté de la place où l'on dépose le minerai de fer. A peine avait-il débouché sur cette place, que tous les employés, suivis de la population, se jetèrent à ses pieds, et, à genoux, lui présentèrent une pétition pour le supplier de me conserver dans mes fonctions d'administrateur général. Je fus humilié que l'Empereur pût penser que j'avais pris un détour pour lui forcer la main, et dans un paroxysme de mauvaise humeur, sans cependant avoir l'intention de l'offenser, je lui dis : « *Monsieur,* je vous prie de croire que je suis étranger à cette démarche déplacée. » L'Empereur me dit avec confiance que je n'avais pas besoin de pâlir pour lui en donner l'assurance. En effet, j'étais pâle. Le général Dalesme me fit remarquer que j'avais dit *Monsieur* au lieu de dire *Sire;* je n'en savais rien. Du reste, durant cette journée, je m'étais distingué en gaucheries de cette espèce, et j'avais plusieurs fois appelé l'Empereur « Monsieur le duc » ou « Monsieur le comte ». Je ne crois pas que cela eût offensé l'Empereur. Car tout prouvait que ce n'était qu'une maladresse. L'Empereur ne donna aucune parole positive aux employés.

L'Empereur était monté à cheval à cinq heures du matin : mais il semblait ne se délasser qu'en ajoutant à ses fatigues. C'était, dans toute l'étendue du mot, un homme infatigable. Il voulait savoir comment on lançait les bâtiments à la mer, comment on les tirait à terre, et quelles mesures l'on prenait contre le mauvais temps. Je fis lancer un bâtiment à la mer ; je le fis immédiatement tirer à terre. Cette double opération intéressa l'Empereur ; il donna des avis pour la faciliter, ses avis manquaient d'expérience ; il en convint. Lorsque je me rapprochai de l'Empereur, il me dit : « L'on vient de me raconter que vous aviez souvent couru des dangers imminents (*sic*) pour détourner les malheurs qui menaçaient les marins. » Et cette fois, il me parla avec beaucoup d'aménité. Cette aménité continua pendant toute la promenade.

Mais la promenade ne se borna pas à une marche stérile. L'Empereur m'accabla de questions sur le service militaire des côtes, sur l'utilité de l'armement de Palmajola, sur les communications avec cet îlot, et comme, en lui répondant, je regardais assez souvent le général Dalesme, il me dit en plaisanterie : « Ce n'est pas pour instruire le général Dalesme que je vous fais toutes ces demandes. » Pendant la guerre, afin d'éviter des surprises nocturnes, j'avais beaucoup surveillé la défense de mes rivages, quoique ce ne fût pas là mon affaire, et, certainement, d'après son langage, on en avait rendu compte à l'Empereur. Le général Dalesme lui raconta ma levée en masse contre le général anglais. Cela le fit bien rire.

Nous étions rentrés. J'engageai l'Empereur à se rafraîchir; il hésitait, je le pressai, il se laissa aller. Il trempa un biscuit dans du vin de Malaga. Il nous apprit « qu'il était assez friand de ces sortes de rafraîchissements ».

J'étais plus à mon aise ; le général Dalesme était plus content. Tout à coup, il y eut apparence qu'un autre orage allait surgir : du même ton que l'on parle de quelque chose de peu d'importance, l'Empereur me dit : « Mais vous avez écrit contre « moi ! » et comme il faisait toujours en pareille circonstance, il me regarda avec des yeux d'aigle. Cette question pouvait m'interloquer, car elle reportait les souvenirs de l'Empereur sur un événement politique qui s'était passé il y avait une quinzaine d'années, et l'Empereur n'avait pas du tout paru me connaître, même de nom. Toutefois, je lui répondis qu'on l'avait trompé, et que j'étais en mesure de le lui prouver. Ma réponse décidée parut lui faire plaisir.

Le retour fut agréable. L'Empereur causa facilement. Sa causerie était empreinte de ces choses dont on garde la mémoire. Il s'arrêta en face de la forteresse de Volterrajo : il voulait y monter. Le général Dalesme et le maire de Rio-Montagne lui représentèrent vivement que le sentier qui y conduisait était trop scabreux. Je me taisais; il me questionna, et je lui dis que c'était une visite qu'il devait faire dans l'une de ses courses matinales. « Soit pour la course matinale », ajouta-t-il. Alors il profita de sa halte en dévorant de plaisir l'admirable horizon qui se déployait à ses regards. Il m'interrogea sur toutes les points qui le frappaient le plus. Il me demanda quelle était la position précise des escadres qui avaient bombardé Porto-Ferrajo. Le maire de Rio-Montagne chercha à lui faire connaître les choses extraordinaires que les traditions populaires racontaient sur Volterrajo. Mais l'Empereur l'interrompit en lui répétant ce vers italien :

A tempi antichi quando i buoi parlavano.

L'Empereur descendit de cheval pour traverser le golfe en bateau. Au moment où il allait s'embarquer, le maire de Rio-Montagne lui demanda la permission de prendre congé, et, mettant un genou à terre, il lui baisa la main en lui adressant ce verset de l'hymne ambroisienne : *In te, Domine, speravi*. Le général Dalesme, indigné de cette cérémonie d'esclavage qu'il considérait comme une tromperie de révolté, se tourna vers le maire, et, en appuyant sur chaque syllabe, il lui dit : « Vous êtes une canaille d'une fameuse espèce ! » L'Empereur, qui avait fait un mouvement pour éviter le baisemain, parut ne pas avoir entendu le général Dalesme, et il détourna la tête.

Je saluai l'Empereur. Je rentrai au sein de ma famille, mais en commettant une faute d'étiquette à laquelle j'étais loin de penser que l'Empereur avait fait attention. Rien n'échappait à l'Empereur dans les grandes comme dans les petites choses, et lorsque je l'eus quitté, il dit au général Dalesme « que je ne « m'était pas gêné pour m'en aller »; ce qui signifiait que j'aurais dû l'accompagner jusqu'à sa demeure. L'Empereur avait raison : toutefois, il faut avoir un peu d'indulgence pour le noviciat d'un vieux républicain qui se trouvait tout à coup transplanté dans un monde nouveau.

C'était le 5 mai !... Jour qui devait devenir plus tard un jour de deuil pour notre gloire nationale.

Sous le prétexte de s'entendre avec moi pour la prise de possession des mines, le général Drouot vint me trouver dans la soirée, et, en présence de mon épouse, il me pressa vivement de ne pas quitter ma place : je lui donnai ma parole. Il n'y eut pas d'autre nomination ni d'autre engagement. Le général Drouot dit à mon épouse : « Madame, vous vivez patriarcalement, et, si vous me le permettez, je viendrai souvent être le témoin de vos vertus de famille. » Dès lors, notre intimité fut établie.

CHAPITRE V

Premiers jours du règne de Napoléon. — Mandement d'Arrighi. — Choix d'une résidence impériale. — Réserve de Napoléon à l'égard du général Dalesme. — Conversation sur le roi Joseph. — Réceptions des autorités et des administrations. — Inspection du clergé. — Le colonel Vincent. — Visite des fortifications. — Prise de possession des mines. — Respect de l'Empereur pour le travail. — L'*œuf à la mouillette* du colonel Vincent. — Opinions de l'Empereur sur sa mère, sur la princesse Pauline. — Espoir de la prochaine arrivée de Marie-Louise. — Le portrait du « pauvre petit chou ».

La proclamation du général Dalesme n'était pas une pièce de haute éloquence, encore moins celle du sous-préfet; mais toutes deux avaient été faites d'emblée au moment opportun, et l'on semblait croire que c'était assez. Mais deux jours après, il prit envie à M. le vicaire général de lancer un mandement, et force fut de le subir. Mes lecteurs le subiront aussi. Les matériaux historiques ne sont pas toujours des preuves de génie : il faut les admettre tels qu'ils sont.

MANDEMENT.

« Joseph-Philippe Arrighi, chanoine honoraire de la cathédrale de Pise et de l'église métropolitaine de Florence, etc., sous l'évêque d'Ajaccio vicaire général de l'île d'Elbe et de la principauté de Piombino.

« A nos bien-aimés dans le Seigneur, nos frères composant le clergé, et à tous les fidèles de l'île, salut et bénédiction.

« La divine Providence qui, dans sa bienveillance, dispose irrésistiblement de toutes choses et assigne aux nations leurs destinées, a voulu qu'au milieu des changements de l'Europe nous fussions à l'avenir les sujets de Napoléon le Grand.

« L'île d'Elbe, déjà célèbre par ses productions naturelles, va devenir désormais illustre dans l'histoire des nations par l'hommage qu'elle rend à son nouveau prince, dont la gloire est immortelle.|L'île d'Elbe prend en effet un rang parmi les nations,[et son étroit territoire est ennobli par le nom de son souverain.

« Élevée à un bonheur aussi sublime, elle reçoit dans son sein l'oint du Seigneur et les autres personnages distingués qui l'accompagnent.

« Lorsque Sa Majesté impériale et royale fit choix de cette île pour sa retraite, elle annonça à l'univers quelle était pour elle sa prédilection.

« Quelles richesses vont inonder notre pays ! quelles multitudes accourront de tous côtés pour contempler un héros !

« Le premier jour qu'il mit le pied sur ce rivage, il proclama notre destinée et notre bonheur : « *Je serai un bon père*, dit-il, *soyez mes enfants chéris.* »

« Chers catholiques, quelles paroles de tendresse ! quelle expression de bienveillance ! Quel gage de notre félicité future ! Que ces paroles charment donc délicieusement vos pensées, et qu'imprimées fortement dans vos âmes, elles y soient une source inépuisable de consolations !

« Que les pères les répètent à leurs enfants ! que le souvenir de ces paroles, qui assurent la gloire et la prospérité de l'île d'Elbe, se perpétue de génération en génération.

« Heureux habitants de Porto-Ferrajo, c'est dans vos murs qu'habitera la personne sacrée de Sa Majesté impériale et royale. Renommés en tout temps par la douceur de votre caractère et votre affection pour vos princes, Napoléon le Grand réside parmi vous. N'oubliez jamais l'idée favorable qu'il s'est formée de ses fidèles sujets.

« Et vous tous, fidèles en Jésus-Christ, conformez-vous à la destinée : *Non sint scismata inter vos, pacem habete, et Deus pacis et dilectionis erit vobiscum.*

« Que la fidélité, la gratitude, la soumission règnent dans vos cœurs ! Unissez-vous tous dans des sentiments respectueux d'amour pour votre prince, qui est plutôt votre bon père que votre souverain. Célébrez, avec une joie sainte, la bonté du Seigneur qui de toute éternité vous a réservés à cet heureux événement.

« En conséquence, nous ordonnons que dimanche prochain, dans toutes les églises, il soit chanté un *Te Deum* solennel en action de grâces au Tout-Puissant, pour la faveur qu'il nous a accordée dans l'abondance de sa miséricorde.

« Donné au palais épiscopal de l'île d'Elbe le 6 mai 1814. Le vicaire général : ARRIGHI. Francesco ANGIOLETTI, secrétaire. »

L'original de ce mandement est écrit en italien, la traduction que j'en donne n'est pas de moi, je l'ai copiée littéralement de celle que l'on a publiée dans le temps. Peut-être y a-t-il des mots français qui rendent inexactement ce que les mots italiens ont voulu exprimer. Mais au fond la chose est la même, et rien n'aurait pu suppléer au manque de dignité qui malheureusement caractérise l'avorton apostolique que l'on vient de lire. J'ai peine à me persuader que M. le vicaire général ait publié son mandement sans l'avoir soumis à l'Empereur, je ne puis pas pourtant imaginer que l'Empereur l'ait sanctionné. Le mandement porta préjudice à la prière qu'il prescrivait : elle n'eut guère d'autres assistants que les assistants officiels. Cependant les habitants de Porto-Ferrajo étaient encore sous l'influence des sentiments que l'arrivée inattendue de l'Empereur leur avait fait éprouver.

L'Empereur paraissait infatigable parce qu'il ne faisait que ce qu'il voulait, comme il le voulait, et lorsqu'il le voulait. Cet homme extraordinaire avait des facultés extraordinaires.

En arrivant à l'île d'Elbe, il occupa immédiatement tous les bras qui voulurent être occupés. On croyait qu'il manquerait de tout; il ne manqua de rien. Son génie était une mine inépuisable de ressources.

Le colonel Vincent était le cicerone que l'Empereur préférait pour chercher un réduit convenable. On avait minutieusement visité la ville. L'Empereur était presque décidé à prendre la caserne de Saint-François, dans laquelle il y aurait eu aussi un logement pour le général Bertrand; mais le général Bertrand voulut avoir une maison particulière, « *où*, disait-il, *il serait tranquille avec sa famille* », et l'Empereur, en faisant un signe marqué d'adhésion, j'allais presque dire de soumission, renonça à métamorphoser la caserne en palais impérial. Le colonel Vincent fit des observations au général Bertrand. Le colonel Vincent, vieillard résolu, tint hautement son opinion, et aussi je lis dans le journal qu'il m'a confié que « l'Empereur se montrait plus facile que le grand maréchal ». Il avait demandé à l'Empereur s'il ne fallait pas penser au général Drouot, et l'Empereur lui avait répondu : « Soyez
« tranquille à son égard, il sera toujours content pourvu qu'il
« ait un cabinet de travail. » L'Empereur alla visiter le général Dalesme : il l'entoura de témoignages d'affection. Cependant le général Dalesme pouvait s'apercevoir d'un changement. L'Empereur lui avait dit, à bord de la frégate anglaise :
« Vous me donnerez vos conseils pour les choix que je dois
« faire. » Mais il ne le consultait pas, il paraissait même s'abstenir de lui parler des choses sur lesquelles son opinion devait faire loi. Ce n'était pas manque de confiance, mais il craignait que le général Dalesme ne le gênât dans le choix des individus qu'il voulait employer. Le général Dalesme lui avait donné un échantillon de sa rude franchise en apostrophant en sa présence le maire de Rio-Montagne. Il voulait éviter qu'il n'arrivât encore quelque chose de semblable. L'Empereur prolongea sa visite au général Dalesme; il

accepta un rafraîchissement que le vieux brave lui offrit, et il caressa beaucoup le jeune enfant de ce débris mutilé des phalanges républicaines. En parlant guerre, à l'occasion de la reddition de Paris, que l'Empereur considérait comme le malheur des malheurs, le général Dalesme lui dit : « Cependant « le roi Joseph est un brave homme », et l'Empereur, l'interrompant avec un mouvement presque convulsif (je répète le mot du général Dalesme), dit rapidement : « Oui, sans doute, « un brave homme, un très brave homme, mais il n'était pas « assez fortement organisé pour les circonstances extrême- « ment difficiles au milieu desquelles il se trouvait », puis, après un moment de silence, il ajouta : « Du reste, ce qui « lui est arrivé est arrivé à tout le monde. C'est la fatalité. »

Pendant les moments que l'Empereur passa chez le général Dalesme, le premier chef de bataillon du 35° lui présenta l'hommage dû par les soldats de ce corps qui étaient restés fidèles au drapeau, et l'Empereur leur dit : « Je mérite l'ami- « tié que le soldat a pour moi par l'amitié que j'ai pour « lui. »

L'Empereur désirait un logement commode, mais il voulait surtout un logement qui fût assez isolé pour que le bruit de la rue ne pût pas sans cesse y pénétrer et aller le tourmenter dans ses méditations. L'Empereur décida qu'on ferait un seul corps de logis des deux pavillons du génie et de l'artillerie qui étaient dans la forteresse. Aussitôt les ouvriers mirent la main à l'œuvre. L'Empereur fut lui-même son ingénieur, son architecte.

L'ère nouvelle de l'île d'Elbe s'annonçait avec éclat. Porto-Ferrajo ressembla à la Salente de Fénelon. L'illusion était complète. Chacun grandissait. L'industrie levait sa tête radieuse, l'enclume retentissait constamment sous le marteau ; la hache frappait sans cesse, et la truelle était en permanence.

Les navires naviguaient sans relâche pour que les bras

occupés ne manquassent jamais des matériaux qui leur étaient nécessaires. De là, l'accroissement de la richesse du commerce elbois.

Ce n'est pas dans les audiences publiques que les princes peuvent apprendre ce qu'ils ont besoin de savoir. L'audience que l'Empereur avait donnée aux députations communales ne pouvait avoir servi qu'à le faire reconnaître comme souverain de l'île d'Elbe, et à lui expliquer sommairement les avantages de sa nouvelle souveraineté. C'était pour les Elbois la cérémonie du couronnement : tout est relatif. Il fallait à l'Empereur quelque chose de plus substantiel.

Toutes les autorités furent mandées tour à tour. Les notabilités les plus instruites furent appelées; les hommes éclairés des classes populaires durent également fournir leur contingent de lumières. Il n'y eut point d'exclusion parmi les personnes qui pouvaient donner des renseignements : amis et ennemis eurent la faculté de se faire entendre.

L'Empereur se mit à la portée de tout le monde; il parla italien à ceux qui ne savaient pas parler français, et il expliqua ce qu'on ne pouvait pas lui expliquer.

Les différents systèmes d'administration auxquels l'île avait été soumise lui fournirent une foule de raisonnements admirables sur les principes de justice et d'équité qui devaient essentiellement former la base de toutes les opérations du pouvoir. Il dit au sous-préfet : « Les gouvernants qui se trompent ou qu'on trompe à leur détriment, ne sont pas longtemps trompés, mais les gouvernants qui se trompent ou qu'on trompe au détriment des gouvernés, ont peine à revenir de leur erreur, soit qu'ils rougissent d'avoir erré, soit qu'on leur persuade qu'ils n'ont pas erré, et lorsque enfin la vérité les frappe, il faut qu'ils s'y soumettent, car la vérité finit par soumettre la puissance : l'erreur a été la cause de maux souvent irréparables. »

L'Empereur cherchait à savoir avec vérité si l'île d'Elbe

n'avait pas été plus heureuse sous l'empire français que sous le pouvoir des rois de Naples, des grands-ducs de Toscane et des princes de Piombino. Mais il n'y avait point de comparaison à établir entre la France qui possédait toute l'île, sans exception aucune, et les trois gouvernements qui se la partageaient. Porto-Ferrajo et Porto-Longone étaient des villes de guerre et des prisons d'État : la position de leurs habitants ne pouvait donc pas être une position de félicité. L'Empereur put se convaincre que, malgré le fléau de la guerre, l'empire français avait fait tout ce qui lui était possible de faire pour l'île d'Elbe, et aucune plainte fondée ne le força à gémir. En m'entretenant de ce qu'il avait appris dans sa recherche de renseignements, il me dit : « L'on aura beau faire, nous serons « regrettés partout où nous aurons séjourné, parce que, mal« gré tous les défauts que l'on nous prête, nous sommes le « peuple qui a le plus de qualités, et nos ennemis eux-mêmes « en conviennent. » Une autre fois il me disait aussi : « L'armée « française a laissé à l'étranger des milliers de souvenirs d'af« fection qui seront ineffaçables. » Il me disait encore : « Le « cœur français est la perfection humaine. »

Quel était le principe qui avait plusieurs fois poussé à la révolte les Elbois de l'ouest de l'île ? C'est ce que l'Empereur rechercha. Il trouva partout le doigt de l'Angleterre empreint dans les mares du sang qui avait été versé. Il laissa échapper ce cri d'amertume : « C'est ainsi que les Anglais ont fait en « Corse. » Plus tard, l'Empereur comparait le caractère des Marcianais au caractère des Corses. Je crois cependant que les Corses ont plus d'orgueil.

L'Empereur se rappelait parfaitement tous les travaux qu'il avait ordonnés et toutes les mesures qu'il avait prises pour l'île d'Elbe : les dates étaient présentes à ses souvenirs comme s'il n'avait jamais eu à s'occuper d'autre chose. La mémoire était un des avantages immenses de l'Empereur. Tout le passé de l'Empire était classé dans cette tête incommensurable. Il y trouvait en même temps ses codes, ses monuments, ses batailles, et la nomination d'un maire ou d'un curé. Il était particulièrement miraculeux lorsqu'il parlait des armées ; il faisait assister à leurs évolutions, à leurs marches, à leurs attaques, à leurs défenses, à leurs peines, à leurs plaisirs, et cela avec une clarté précise qui forçait à tout retenir.

Les prêtres eurent aussi leur investigation. L'Empereur évita tout ce qui aurait pu humilier le vicaire général, son prétendu parent, mais ce n'est pas à lui qu'il s'adressa pour prendre des informations, et il fit bien. Le vicaire général ne l'aurait entretenu que des commérages de sacristie. Ce n'était plus en audience publique que l'Empereur parlait au clergé : c'était dans le cabinet, et la vérité y avait moins de peine à se faire jour. Des prêtres sages dirent à l'Empereur ce qu'en général la conduite des prêtres avait de peu édifiant, et l'Empereur en sut peut-être plus qu'il n'aurait voulu en savoir. Il s'occupa minutieusement des prêtres suspects qui avaient été envoyés en surveillance à Porto-Ferrajo. Il déplora les persécutions religieuses. Il prétendit que la conscience n'était soumise à aucune puissance humaine, qu'elle n'avait de compte à rendre qu'à Dieu. Sur l'observation qui lui fut faite qu'on se servait souvent d'une apparence consciencieuse pour cacher de mauvaises intentions, il répondit : « Qu'importent les mau-
« vaises intentions, quand elles sont renfermées dans le sein
« du malintentionné ! C'est à l'autorité compétente à les sur-
« veiller, et à les faire punir si, sortant de leur réduit inté-
« rieur, elles se traduisent en actes nuisibles à la société. La
« loi n'est désarmée pour personne. »

Arriva le moment du commerce et de l'industrie. Je fus consulté. L'Empereur trouvait étonnant que Porto-Ferrajo n'eût pas une marine marchande. Il n'y avait pourtant rien d'extraordinaire à cela. Porto-Ferrajo n'a qu'un commerce de consommation locale, tout d'importation, par conséquent restreint, et dont le transport des marchandises n'est pas suffisant pour entretenir toute l'année un petit bâtiment de cabotage. La madrague a ses barques. Les salines emploient des moyens spéciaux.

L'île d'Elbe n'ayant absolument ni agriculture, ni commerce, ni rivières, ni forêts, ni mines de charbon, ne peut prétendre, ce me semble, à l'industrie en général, et il faut qu'elle se contente de celle de ses fers, de ses granits et de ses marbres. L'Empereur me remercia de cette explication, mais il me dit : « Nous verrons », et dans ce « nous verrons » je crus m'apercevoir qu'il y avait une arrière-pensée.

L'agriculture ne prêta pas même à un raisonnement : l'Empereur comprit de suite que tout était à créer.

Il approfondissait tout. Lorsqu'il y avait un doute, il le tournait, et, dans cette lutte, il finissait toujours par vaincre. Une qualité bien plus remarquable, c'est que l'Empereur ne faisait jamais peser son savoir sur ceux qui ne savaient pas. Il ne fallait pas avec lui monter sur des échasses, faire l'olibrius et vouloir être ce qu'on n'était pas. Il était inexorable pour les faux savants.

On pense bien que toutes ces audiences avaient des intervalles ; on pense bien aussi que ces intervalles étaient mis à profit. Personne n'a mieux connu l'emploi du temps que l'Empereur : sa nature était une nature de travail.

Le colonel Vincent désirait beaucoup que l'Empereur allât visiter les forts de Saint-Hilaire et de Monte-Albano, ouvrages militaires très remarquables et qui font honneur aux ingénieurs français.

L'Empereur satisfit aux désirs du colonel Vincent : il visita les deux forts avec une minutieuse attention, il indiqua quelques travaux de perfectionnement, et il loua beaucoup son guide, sous la direction supérieure duquel ils avaient été construits. C'était un personnage fort singulier que ce colonel Vincent : homme de mérite autant que les ingénieurs, dans leur ensemble, pouvaient l'être avant l'École polytechnique, il ne s'accoutumait pas à l'idée d'avoir vieilli sans être général, et il se plaignait sans cesse. Il faisait tout ce qu'il pouvait, pour se persuader qu'il n'aimait pas l'Empereur; mais il était dans une grande joie lorsque l'Empereur lui demandait des conseils, et quelque trait malin se mêlait toujours à l'expansion de sa joie. Il répétait, avec fierté plutôt qu'avec orgueil, les paroles de bienveillance que l'Empereur lui adressait, et il disait souvent : « Ce diable d'homme finira « par me subjuguer. » Il aimait aussi à dire « que l'Empereur « était bien fâché d'avoir été injuste à son égard ». Il se plaisait également à faire remarquer « qu'il était déjà colonel « lorsque le général Bertrand n'avait encore que le grade de « capitaine ». Certainement il n'aurait pas aimé que le général Bertrand lui donnât des ordres, par la seule raison que le général Bertrand appartenait à l'arme du génie. Le colonel Vincent était constamment auprès de l'Empereur. Tout le monde en faisait la remarque.

C'était surtout le général Dalesme qui devait faire attention à ce qui se passait entre l'Empereur et le colonel Vincent. L'Empereur, à bord de la frégate, avait assuré le général Dalesme qu'il prendrait ses conseils pour l'organisation gouvernementale, et néanmoins il ne le consultait point. Toutefois il le traitait avec une considération affectueuse, il ne manquait pas de confiance en lui; mais lorsqu'il l'avait interrogé sur tels et tels individus notables, le général Dalesme, pour lequel « un chat était un chat », lui avait répondu crûment ce qu'il pensait, et cette franchise toute nue l'embarrassait. Je crus un moment que l'Empereur allait en appeler à mon opinion.

Il me demanda « ce que je pensais du maire de Rio-Mon- « tagne »; il le savait aussi bien que moi. Je lui répondis « que je ne le connaissais pas ». C'était ce que j'avais pu trouver de moins défavorable à l'égard d'un individu à la mise en jugement duquel j'avais contribué. L'Empereur me demanda encore quelle était mon opinion sur l'une des notabilités les plus influentes du pays : je dis que mon opinion particulière était contraire à l'opinion générale. « Vous n'êtes donc pas son partisan ? » — « Je ne suis jamais partisan de l'immoralité. » L'Empereur n'alla pas plus loin. Plus tard, il me fit une autre question, encore plus importante parce qu'elle touchait à de grands intérêts : on avait répandu parmi les initiés que l'Empereur allait prendre un Elbois dans son cabinet; l'on désignait cet Elbois; l'épouse de l'élu présumé m'assura que la nomination allait paraître. J'étais affligé que l'Empereur, en débutant, se laissât aller à des influences vraiment pernicieuses, et je confiai ma peine au général Drouot. L'Empereur me fit appeler : « Vous êtes donc convaincu que je ne dois pas prendre cet homme ? — Je sais que ce serait un fléau pour Votre Majesté. — C'est fort. — C'est vrai. — Cependant il se prévaut de votre amitié. — Non pas de mon amitié, mais de ma bienfaisance, et il a raison. — Je comprends : vous avez à vous en plaindre ? — Sire, si j'avais à m'en plaindre, l'avis que je donne à Votre Majesté aurait l'air d'une délation, et ce n'est sans doute pas ainsi que Votre Majesté l'entend. — Votre susceptibilité est juste; c'est bien, très bien ! » Cela dit, l'Empereur me congédia, et ni de loin, ni de près, d'aucune espèce de manière, je n'ai plus entendu parler de rien. L'homme en question était un homme profondément corrompu, et il aurait vendu les secrets du cabinet au plus offrant et dernier enchérisseur. Je ne crois pas pourtant que l'Empereur voulût en faire son secrétaire; il me paraît qu'il avait l'intention de le donner pour adjoint au secrétaire qu'il avait; ce qui n'était guère moins dangereux.

C'était surtout dès l'aube matinale que l'Empereur aimait à faire ses revues d'observation; il prétendait que c'était le moment des remarques précises, et il assurait qu'il en avait eu des millions de preuves. Il ne tarda pas à visiter les édifices de l'intérieur : c'était une inspection sérieuse. Il fut extrêmement satisfait du magasin des vivres militaires, qui est voûté à l'épreuve de la bombe. Il en examina minutieusement toutes les distributions, et, après une assez grande fatigue, il en sortit pour aller déjeuner. Mais avant de se mettre à table, l'esprit plein de ce qu'il venait de voir, il dicta un ordre fort long sur le perfectionnement dont ce magasin était susceptible, et l'ordre était si bien entendu que le colonel Vincent ne trouvait que des paroles d'admiration pour en parler. C'était beaucoup de sa part.

L'Empereur ne permettait aucun instant de repos à personne. Le général Drouot était plus particulièrement le porte-fardeau de cette activité dévorante que rien ne pouvait maîtriser : lui-même me l'avait dit. Il fallait donc le retenir le moins de temps possible; nous mîmes de suite la main à l'œuvre. Le général Drouot, avec sa conscience ordinaire, voulut tout reconnaître pour pouvoir dire qu'il avait tout reconnu, et lorsqu'il eut terminé son opération, nous dressâmes le procès-verbal suivant :

« L'an mil huit cent quatorze et le six mai, nous, soussignés, Drouot, général de division, gouverneur de l'île d'Elbe, chargé de prendre possession des mines, au nom de Sa Majesté l'empereur Napoléon, et A. Pons, administrateur des mines pour le compte de la Légion d'honneur, faisant la remise de l'établissement, avons reconnu,

« 1° Que l'approvisionnement en grains est tel qu'il est porté dans l'état n° 1, signé par nous, et réuni au présent verbal.

« 2° Que les outils, ustensiles et objets divers servant à l'exploitation sont tels qu'ils sont portés dans l'état n° 2, dressé cejourd'hui, signé par nous, et réuni au présent verbal.

« 3° Que l'approvisionnement en bois, seaux, barils et paniers est tel qu'il est porté dans l'état n° 3, dressé cejourd'hui, signé par nous, et réuni au présent verbal.

« 4° Que l'approvisionnement en fers et clous est tel qu'il est porté dans l'état n° 4, dressé cejourd'hui, signé par nous, et réuni au présent verbal.

« 5° Que la situation des plongeurs gardes-côtes est telle qu'elle est portée dans l'état n° 5, dressé cejourd'hui, signé par nous, et réuni au présent verbal.

« 6° Que les maisons sont telles qu'elles ont été portées dans l'état général n° 6, dressé cejourd'hui, signé par nous, et réuni au présent verbal.

« 7° Que la caisse de l'administration n'a aucun fonds, et qu'elle est, au contraire, débitrice des avances faites par l'administrateur.

« 8° Un état nominatif des dettes contractées par les employés et les ouvriers des mines, lesquelles dettes, arrêtées au 31 mars dernier, s'élèvent à la somme de dix-huit mille trois cent vingt-deux francs dix-neuf centimes.

« En foi de quoi nous avons signé le présent procès-verbal de remise et de prise de possession, pour servir et valoir partout où besoin sera.

« *Signé :* Général comte Drouot, et Pons. »

Quoiqu'il y ait peu de jours que l'Empereur est sur l'île d'Elbe, tout le monde est déjà éreinté, et lui seul semble encore frais et dispos. Il donne sans cesse des ordres, ses ordres sont toujours pressés, chacun sue sang et eau pour lui obéir à souhait. Son logement l'occupe beaucoup, on fait tout ce qu'on peut, il voudrait qu'on fît davantage. Il n'est pas de mauvaise humeur, mais il est impatient, et son impatience inquiète les personnes qui l'entourent. Toutefois, son impatience n'agit que sur lui, surtout elle n'agit jamais sur l'ouvrier : l'Empereur a quelque chose de respectueux pour le travail. Pour ne pas quitter les travaux dans un moment où il croyait pouvoir être utile, pressé par l'appétit, il pria le colonel Vincent de lui faire manger un œuf à la mouillette, et il déjeuna ainsi. On ne pouvait pas être plus frugal que l'Empereur. Le colonel Vincent se trouvait transporté au troisième ciel de ce que l'Empereur s'était invité lui-même « pour ainsi dire de camarade à camarade », car ce sont là les mots que le vieillard répétait à satiété.

Il est facile de concevoir le désir ardent que l'Empereur éprouvait d'avoir un logement selon ses goûts et ses besoins. Il devait forcément rester inoccupé dans la demeure provisoire de la mairie. Il était à la fois son ingénieur et son architecte; il avait fait ses plans, il avait présidé à leur exécution, mais c'était par des démolitions qu'il était entré dans sa carrière d'emprunt. Il faisait jeter bas tout ce qui pouvait le plus gêner sa vue ou l'empêcher de respirer le grand air. D'abord l'on s'étonna, puis l'on critiqua, puis l'on finit par trouver que c'était bien.

L'Empereur n'avait pas encore parlé de l'Impératrice son épouse; mais en dirigeant les travaux qui devaient aboutir à le loger convenablement, du moins à sa guise, il avait dit : « Ceci sera l'appartement de ma femme, ceci sera l'appartement de mon fils », et ces paroles eurent de suite un joyeux retentissement dans l'île. Les Elbois considéraient la venue de Marie-Louise comme un second événement de grande félicité pour eux.

L'Empereur fut touché de cette manifestation publique. A dater de ce jour, il parla assez souvent de sa compagne; il annonçait la prochaine arrivée de sa mère et de sa sœur, « qui se faisaient, disait-il, un devoir et un bonheur de venir partager sa destinée ». L'expression de son respect filial avait quelque chose de fervent qui allait droit au cœur. Il assurait que le caractère de sa mère était un type de véritable grandeur. Il aimait beaucoup sa sœur Pauline; il disait d'elle : « C'est la personne de la famille qui m'a été le moins à charge; « jamais elle ne se plaignait. »

L'Empereur parlait avec beaucoup de ménagement de ses

proches, il pesait toutes les paroles qui leur étaient relatives, et, sans exception, lorsqu'il s'était exprimé entièrement sur leur compte, il restait longtemps pensif.

Au milieu des décombres, il heurta une pièce de bois, et la tabatière lui échappa des mains. C'était la tabatière sur laquelle il y avait le portrait du roi de Rome. L'Empereur n'était plus svelte, son embonpoint était déjà marqué, et l'action de ses mouvements n'était pas rapide. Cependant il se plia comme un tout jeune homme pour ramasser ce bijou, et lorsqu'il se fut assuré que la peinture n'avait pas souffert, il en témoigna un plaisir indicible. Il répéta plusieurs fois « qu'il aurait éprouvé beaucoup de chagrin si les traits de « son pauvre petit chou avaient été victimes de sa maladresse ». Après avoir fait l'éloge de son fils, il ajouta : « J'ai un peu de « la tendresse des mères, j'en ai même beaucoup, et je n'en « rougis pas. Il me serait impossible de compter sur l'affec- « tion d'un père qui n'aimerait pas ses enfants. »

CHAPITRE VI

Organisation générale de l'île d'Elbe. — L'armée. — Le bataillon franc. — Le corps de cadets. — Les services privés. — Bertrand et Drouot. — Le trésorier Peyrusse. — Le docteur Foureau de Beauregard. — Le service intérieur. — Les chambellans. — Les officiers d'ordonnance. — Le premier officier Roul. — Le lieutenant de gendarmerie Paoli : son incapacité, son ingratitude. — Le vicaire général Arrighi. — Le juge Poggi, policier secret. — Visite de Napoléon à Longone. — La curiosité des Anglais ; mot de Napoléon. — Visite contremandée. — M. Rebuffat, bouffon moraliste.

L'autorité gouvernementale de l'empire français avait dû impérativement cesser à l'île d'Elbe, dès le moment qu'un autre gouvernement que celui de la France avait été mis en possession légale de l'île. Mais l'action de la nouvelle autorité n'avait pas été immédiatement substituée à l'action de l'ancienne, de telle sorte qu'il n'y avait plus de direction dans la marche du pouvoir. Ce n'était pas de l'anarchie, ce n'était pas de l'interrègne. C'était l'effet indéfinissable d'un changement social auquel personne n'avait été préparé, pas même l'Empereur. L'ordre était partout, mais ce n'était pas l'ordre dicté, c'était l'ordre inspiré, celui que toutes les âmes généreuses comprennent et sur lequel se fonde la véritable tranquillité publique. On ne pouvait pas dire aussi que la loi était absente, mais ce n'était pas la loi écrite, c'était la loi parlée.

Une organisation générale était d'urgence. Personne ne pouvait comprendre cela mieux que l'Empereur. Ce travail important, élaboré pendant les heures qui auraient dû être consacrées au repos, apparut alors qu'on s'y attendait le moins, et toutes ses prévisions eurent une approbation unanime : les affaires civiles eurent leur ministère ; il en fut de même des affaires militaires. L'île eut un nouveau gouverneur. La recette générale fut adjointe à la trésorerie de la couronne. La sous-préfecture devint une intendance. Le tribunal eut une organisation concordante avec l'ordre de choses qui venait de surgir du cahos (*sic*) européen. Une section jugeait en première instance. Les sections réunies prononçaient en appel; elles remplissaient aussi les fonctions de cour criminelle. On essaya de créer une espèce de Conseil d'État. Le tribunal de commerce fut reconstitué. Les municipalités subirent des changements notables.

L'Empereur porta une attention toute particulière sur les hôpitaux. Il se fit rendre des comptes circonstanciés. Il améliora beaucoup ce service si intéressant. Il régularisa le service sanitaire et le service des ports.

La police fut la chose la moins bien entendue. L'Empereur se laissa étourdir par une foule de rapports officieux qui lui firent croire que cette manière d'être instruit lui suffirait.

Les deux compagnies de canonniers gardes-côtes furent dissoutes pour être ensuite réunies au bataillon franc.

Le bataillon franc eut une nouvelle base, un nouveau commandement. Ce nouveau commandement fut l'occasion d'une injustice de la part de l'Empereur. Lorsque le général Durutte partit de l'île d'Elbe pour aller à l'armée, il prit un officier elbois en qualité d'aide de camp; en présence de l'ennemi, cet aide de camp le quitta pour retourner dans ses foyers. Ses concitoyens le considérèrent comme ayant déserté. Cependant l'Empereur le préféra à un excellent officier, le capitaine Vantini, dont les services étaient noblement signalés. On attribua ce choix inconvenant à l'influence du colonel Vincent : c'était une erreur. L'Empereur se trompa parce qu'il voulait se tromper. C'est une concession que l'Empereur fit au parti aristocratique. Les deux partis se trouvèrent en présence dans cette circonstance; ce n'étaient plus les mêmes passions, mais c'était le même esprit. Les patriotes avaient peut-être trop hautement chanté : « La victoire est à nous. » La garde nationale grandit d'une coudée : l'Empereur la considéra comme sa garde de famille.

Enfin, la création d'un corps de cadets couronna l'œuvre des organisations et des réorganisations; dans toutes ces belles choses, l'Empereur ne pensa peut-être pas assez que les fortunes elboises étaient petites, que les mauvaises années qu'on venait de traverser les avaient presque rendues insuffisantes pour les besoins de la vie ordinaire, et que les grever de dépenses extraordinaires, c'était presque les détruire. Il est vrai que tout le monde courait au-devant des hochets impériaux, ce qui pouvait faire penser à l'Empereur qu'il n'allait pas trop loin. La création du corps de cadets avait eu en vue de donner une éducation polytechnicienne aux jeunes gens qui voudraient suivre la carrière militaire. Mais la carrière militaire, à l'île d'Elbe, même avec l'Empereur, était sans avenir, et elle détournait de prendre un état plus utile et plus profitable. D'ailleurs, aucun élément n'existait pour reproduire, même en miniature, cet établissement inappréciable que la République mère a légué à la France, et dont les élèves les plus ordinaires deviennent cependant, en général, des hommes distingués.

Puis l'Empereur songea à organiser le service public et le service privé de sa maison. Les fourriers du palais devinrent préfets du palais. Le médecin fit régulièrement son service quotidien; le pharmacien n'était pas en première ligne de compte.

Vint ensuite ce qu'on pourrait appeler la haute servitude, quoique à vrai dire, au service de l'Empereur, tout fût d'une servitude à peu près égale. L'Empereur nomma quatre chambellans, cinq officiers d'ordonnance, plusieurs jeunes gens de famille pour remplir les fonctions d'huissiers de chambre, et quelques employés d'intérieur. M. le vicaire général reçut le titre d'aumônier de l'Empereur : ce choix était forcé.

Tous les élus prêtèrent serment d'obéissance aux lois et de fidélité à l'Empereur. La prestation du serment fut solennelle.

Excepté le général Bertrand et le général Drouot, l'Empereur n'avait personnellement fait aucun appel aux dévouements pour se faire suivre dans son exil, et il n'y aurait rien d'étonnant qu'il ne se fût pas même mêlé des choix. Quant aux soldats de la garde impériale, c'était une exception particulière à la règle commune : « L'Empereur comptait également sur tous, et l'on pouvait prendre à l'avenant. » Ainsi les compagnons de l'Empereur n'étaient pas tous également des amis dévoués à la vie et à la mort. Cependant tous l'aimaient, et l'Empereur ne leur demandait pas davantage. Dans cet ensemble dû au hasard, où rien, pour ainsi dire, n'était homogène, chacun avait eu de l'avancement. Quelques individus, par la raison qu'ils avaient suivi l'empereur Napoléon, se croyaient au moins de petits Napoléons, et leur croyance, qui se manifestait par des jactances ridicules, prêtait souvent à rire.

Le général Bertrand, grand maréchal, était chargé des affaires civiles, ce qui équivalait au ministère de l'intérieur. Le général Bertrand était un homme de bien, dans toute l'étendue du mot. Il se serait dévoué pour l'Empereur au moment où son dévouement aurait pu sauver l'Empereur, mais ce moment ne s'était pas présenté, et il ne l'avait suivi que par un sentiment d'honneur. Les événements qui avaient brisé le trône impérial avaient aussi brisé l'âme du général Bertrand. Sans cesse en proie aux souvenirs déchirants de cette immense catastrophe, ce n'était plus un homme de travail, c'était un homme de repos. Son cœur était tout entier à sa famille ; sa femme et ses enfants absorbaient toutes ses pensées. Que si l'on exigeait rigoureusement mon opinion sur l'essence des liens qui avaient attaché Napoléon au général Bertrand, je dirais, d'après tout ce que j'ai vu : Les deux natures, celle de l'empereur Napoléon et celle du général Bertrand, n'étaient pas sympathiques, et le resserrement de leur union, plus apparent que réel, était plutôt une affaire d'habitude qu'une affaire de sentiment. Jamais leurs premières opinions n'étaient les mêmes ; elles commençaient toujours par se heurter, et le général Bertrand ne cédait pas facilement. J'ai vu, plus d'une fois, l'empereur Napoléon renoncer aux débats. Cela n'empêchait pas que le général Bertrand n'aurait jamais eu une pensée contraire aux intérêts de l'empereur Napoléon.

Le général Drouot, aide de camp de l'Empereur, avait été nommé gouverneur de l'île et chargé des affaires militaires, ce qui équivalait au ministère de la guerre. Lisez Plutarque, voyez le plus beau caractère de ses grands hommes : c'est le caractère du général Drouot. Le général Drouot était la perfection de l'homme moral. Il avait suivi l'Empereur à condition qu'il ne lui serait payé aucun appointement. C'était le seul compagnon de Napoléon qui eût fait cette réserve. Il y avait deux hommes dans le général Drouot : l'homme public et l'homme privé. L'homme privé était trop bon, l'homme public était trop sévère.

M. Peyrusse, payeur de la couronne, était devenu trésorier de la couronne et receveur général de l'île d'Elbe. Cadet de Gassicourt, dans un *Voyage fait en Autriche à la suite de l'empereur Napoléon*, dit au chapitre intitulé *Club des francs blagueurs* : « M. Peyrusse, payeur de la couronne, jeune Méridional plein d'esprit, de vivacité, de franchise, toujours gai, toujours obligeant, fort attaché à ses devoirs », et à l'île d'Elbe ce portrait n'avait presque subi aucune altération. Seulement les années avaient amené un peu plus d'aplomb. M. Peyrusse ne faisait pas parade de son dévouement pour l'Empereur, car il disait à qui voulait l'entendre, toutefois en riant : « Je n'ai pas suivi l'empereur Napoléon, j'ai suivi ma caisse », et c'était vrai. Les militaires n'étaient pas toujours bons à son égard ; ce qui ne l'empêchait pas de leur rendre tous les services qui dépendaient de ses fonctions. L'Empereur, sur les bords de la tombe, a, dans son testament, été injuste à l'égard de M. Peyrusse, et cette injustice a tenu à sa malheureuse incrédulité des hommes probes.

Le docteur Foureau de Beauregard, dont la science médicale n'avait pas révélé le mérite, était, à Paris, médecin des écuries impériales, et, à l'île d'Elbe, médecin en chef de l'Empereur. Il était ce qu'on appelle vulgairement « une commère » et, pour plaire à l'Empereur, il lui colportait exactement tous les caquetages bons ou mauvais, ce qui avait fini par le rendre suspect. Il était, d'ailleurs, trop obséquieux auprès de l'Empereur. Cette obséquiosité faisait contraste avec sa vanité envers les personnes qui lui étaient subordonnées. Disons un mot pris dans le domaine de la plaisanterie, ce sera une petite escapade d'historien. L'Empereur était au bain : M. Foureau de Beauregard lui avait présenté un consommé, ce consommé était trop chaud, et, pour ne pas se brûler, l'Empereur le humait. Le médecin en chef voulut empêcher l'Empereur de humer son potage « parce qu'en le humant, il avalait des colonnes d'air, et que ces colonnes d'air pouvaient lui donner la colique ». L'Empereur, peut-être un peu impatienté, s'écria : « Docteur, quoi qu'en dise Aristote et sa docte cabale, « à mon âge, l'on sait comment il faut boire, et vous pouvez « m'épargner votre leçon. » M. Foureau de Beauregard dut cesser sa harangue. C'était, au fond, un fort brave homme, mais il ne savait pas se faire aimer, et généralement on l'avait pris à tic, à ce que disait l'Empereur, défenseur-né de toutes les personnes impopulaires.

L'Empereur allait partir de Fontainebleau, que l'on n'avait pas encore trouvé un pharmacien. M. Gatti tomba sous la main de M. Foureau de Beauregard : on le prit. M. Gatti n'était pas instruit, il ne chercha pas à apprendre, et il fut loin de briller dans son emploi. Cependant on le critiquait beaucoup moins que le médecin en chef : c'est qu'il ne faisait pas flamboyer sa broderie, c'est que, dans l'exercice de ses fonctions, sa parole n'était pas insultante et qu'on le considérait comme un bon camarade.

Tout le monde avait reçu de l'avancement en venant à l'île d'Elbe. MM. les fourriers avaient grandi dans les rangs de l'armée et de la maison de l'Empereur. Du grade de capitaine, ils étaient passés au grade de chef d'escadron ; de fourriers du palais, ils étaient devenus préfets du palais. Il y avait deux fourriers préfets.

M. Deschamps était le premier. Il n'était pas même fait pour être le dernier. C'était un vieux gendarme en habit d'officier : il en avait la tournure et la grossièreté ; toutefois, ce n'était pas un homme sans instruction. Il aurait pu être intéressant, s'il avait su ce que c'était que d'être intéressant. Aussi il fit toujours bande à part. Je dois dire qu'en déplaisant à tout le monde il ne faisait pourtant du mal à personne. Mais il ne faisait pas des amis à l'Empereur.

M. Baillon avait beaucoup moins de talent que M. Deschamps, mais il comprenait mieux la société, et il ne cherchait pas à lui déplaire. Ce n'était pas un homme de salon : toutefois, les gens de salon ne l'effaçaient pas, même dans les salons. Il y avait en lui quelque chose de bon et de martial qui attirait. Sa parole de soldat, sans être gracieuse, inspirait de la confiance, et l'on aimait à l'écouter.

Je passe aux chambellans. Le docteur Lapi était parvenu à la première réputation de l'île d'Elbe : il y était parvenu par le savoir-faire plus que par le savoir. Plusieurs Elbois lui étaient supérieurs par les lumières, mais aucun Elbois n'avait, en apparence, une conduite aussi régulière. Il était l'âme des coteries ; c'est par les coteries qu'il se rendait nécessaire. Ses opinions avaient toujours été patriotiques. L'Empereur aurait commis une grande faute en ne l'attachant pas à sa personne.

M. Vantini avait de l'esprit à pleines mains. Mais son esprit n'était pas un esprit de conduite, il n'était pas entouré de la considération publique. On craignait surtout sa langue acérée. C'était la plus haute naissance de l'île. Cependant il était alors dans un état de gêne visible : il avait dévoré son patrimoine par des folies sans excuse. C'était la notabilité de l'île d'Elbe la plus prononcée en faveur de la révolution française. L'Empereur ne pouvait pas se dispenser de le nommer. M. Vantini avait constamment été en guerre ouverte avec le commissaire général Galéazzini. J'ignore de quel côté était le tort.

M. Traditi appartenait au parti aristocratique, mais c'était un honnête homme, d'une conduite parfaite, et le choix que l'Empereur en avait fait était un choix honorable. M. Gualandi : ce n'était rien, moins que rien ; jamais la porte de l'Empereur n'aurait dû lui être ouverte. La nomination de M. Gualandi n'aurait été qu'une erreur ou un ridicule si l'Empereur avait nommé cinq chambellans. Comme il n'en nomma que quatre, elle fut regardée comme une insulte faite au bon sens, et elle eut un triste retentissement dans la population porto-ferrajaise. M. Aliéti était l'une des premières notabilités de l'île d'Elbe : il jouissait de beaucoup de considération. L'opinion publique l'indiquait hautement au choix de l'Empereur. L'Empereur lui préféra M. Gualandi, que personne n'estimait. M. Aliéti, humilié avec une extrême raison, quitta l'Elbe.

Le jeune Zénon Vantini, de Porto-Ferrajo, officier d'ordonnance, valait plus à lui seul que tous les autres officiers d'ordonnance. Mais il était jeune, il avait toutes les mauvaises tendances de son père, et les conseils ne lui allaient pas. C'était d'ailleurs un excellent enfant. Il avait été page de la grande duchesse Élisa. L'Empereur l'affectionnait.

Après Zénon Vantini, venait pour la capacité le second fils Seno, dont le père était un des trois plus grands capitalistes de l'île, et ce jeune Seno, en ayant du plaisir à porter un bel uniforme, aurait tout autant aimé de n'être pas soumis à la gêne inséparable d'un emploi. C'était un enfant gâté.

Perez, de Longone, je crois, Napolitain de naissance, était

un malotru de la plus sotte espèce, et il touchait à l'imbécillité : l'Empereur était descendu à ce choix, parce qu'il voulait avoir sous la main quelqu'un à qui il pourrait donner des ordres dont l'exécution nécessiterait un manque presque absolu d'intelligence.

Binelli, de Rio, était, sans instruction, et pour le moment une place de sous-lieutenant dans le bataillon franc lui aurait mieux convenu que d'être officier d'ordonnance de l'Empereur.

Bernotti de Marciana était aussi un jeune homme fort ordinaire, quoique plus capable que Perez et Binelli.

Puisque j'en suis aux officiers d'ordonnance, il faut, quoique prématurément, que je m'occupe d'un officier que l'Empereur plaça à leur tête et dont la présence à l'île d'Elbe ne fit, je crois, plaisir à aucun militaire. Un officier, se disant chef d'escadron du train d'artillerie, arriva à Porto-Ferrajo et alla de suite offrir des services à l'Empereur, pour lequel son exaltation paraissait délirante. Les braves de la garde fêtèrent sa bienvenue. L'Empereur partagea ce mouvement de plaisir. Il nomma de suite l'arrivant premier officier d'ordonnance, c'est-à-dire qu'il lui donna le commandement des officiers d'ordonnance. Mais bientôt l'on crut savoir que ce prétendu chef d'escadron n'était réellement que capitaine. Cette usurpation de grade indigna ; il y eut des explications violentes ; on se battit. Bientôt le premier officier d'ordonnance fut vraiment un brandon de discorde ; il troubla la tranquillité de la garde, il dut vivre isolé. Cependant l'Empereur trouva que l'on s'acharnait trop contre lui ; il le défendit, et cette défense excita des murmures. Cet officier s'appelait Roule. Jamais je n'ai rien su de lui qui pût le faire considérer comme un homme distingué.

L'Empereur avait trouvé à l'île d'Elbe un lieutenant de gendarmerie nommé Paoli, pendant de l'officier d'ordonnance Perez, et que bientôt il traînait partout à sa suite, comme en d'autres temps il y traînait le mameluk Roustan. Cet officier était Corse. Toutefois, il n'avait ni la finesse, ni la fierté, ni le courage corse : il n'était bon qu'à servir. Je l'ai entendu répondre à l'Empereur qui lui demandait l'heure qu'il était : « L'heure qui plaît le plus à Votre Majesté », et il se pavanait de sa réponse que l'Empereur avait pourtant payée d'un geste de dédain. Ce n'étaient pas les seules paroles d'une semblable platitude que l'on pourrait citer de lui. Néanmoins l'Empereur le nomma capitaine : il lui donna même l'étoile de la Légion d'honneur; du moins, il l'autorisa à porter celle destinée à l'un de ses frères, comme lui officier de la gendarmerie. Ce frère était mort. L'Empereur fut toujours excellent pour ce mameluk gendarme, jusqu'à l'injuste, puisqu'il l'éleva au grade de chef d'escadron. Après la déplorable journée de Waterloo, ce Paoli éhonté fut un des premiers à prendre la cocarde blanche. J'ai été témoin de sa basse ingratitude.

Le vicaire général ne valut pas mieux que l'officier de gendarmerie. Il s'appelait Arrighi, il était l'oncle de l'un des généraux les plus purs et les plus braves de la grande armée, qui était, lui, vraiment le parent de l'Empereur, et pour lequel l'Empereur n'avait peut-être pas fait tout ce qu'il aurait dû faire. Dès qu'on sut que l'Empereur venait régner à l'île d'Elbe, le vicaire général Arrighi voulut s'interposer entre tout le monde et son *cousin germain* l'Empereur (*cugino carnaro*, comme disaient alors presque tous les Corses); et, en plein vent, il dispensait sa protection, comme à l'église il dispensait son *benedicamus*, mais il dut bien en rabattre en approchant de l'Empereur. Ce cousin germain n'écouta M. le vicaire général que lorsqu'il lui disait la messe; M. le vicaire général n'eut aucune espèce d'influence sur l'Empereur. Il semblait même que l'Empereur affectât de le tenir éloigné, grand attentat à l'amour-propre d'un Corse et d'un moine, car M. Arrighi était un ancien moine. Aussi il se vengea : lorsque l'Empereur fut tombé une seconde fois, M. le vicaire général Arrighi désavoua la parenté dont il avait longtemps fait son auréole, il pria pour le nouveau gouvernement: ce qui n'empêcha pas le nouveau gouvernement de le renvoyer au lieu d'où il était venu.

Il y avait un autre Corse que l'Empereur avait également trouvé à l'île d'Elbe. Ce Corse s'appelait Poggi, il était juge et il avait été nommé par l'influence de Lucien Bonaparte. Cette protection l'avait rendu d'abord presque suspect à l'Empereur, qui commença par le traiter froidement. Mais en fait de finesse, le juge Poggi aurait joué cent empereurs comme l'empereur Napoléon, et il ne s'effraya pas des symptômes de cette froideur. Il répondit à la froideur par de l'admiration, ce qui empêcha la froideur d'être âpre. Ensuite il pleura les infortunes de la France; c'était le chemin le plus droit pour arriver facilement au cœur de l'Empereur. Poggi s'insinua, se glissa, et il arriva à la confiance de l'Empereur, qui le chargea de la police d'intimité. L'Empereur était content lorsque Poggi lui répétait ce que quelqu'un avait entendu dire. Personne n'était plus propre que Poggi pour explorer les familles : il avait un instinct remarquable pour faire parler les autres sans parler lui-même. Toutefois, ses rapports ne faisaient du mal à personne; il était essentiellement bon. Jamais il ne fut ingrat envers l'Empereur.

M. Baccini, président du tribunal, était Génois, et l'Empereur avait eu plaisir à le conserver. Il laissait à désirer pour la connaissance approfondie des lois françaises, mais le droit romain lui était familier. M. Baccini était moralement relâché dans ses habitudes de vie privée. Néanmoins il était magistrat intègre. M. Baccini n'était pas toujours juste dans ses sympathies ou dans ses antipathies; il prenait facilement fait et cause dans des affaires qui par principe lui étaient étrangères, et alors la passion l'emportait au delà des bornes de la sagesse. C'est dans cette croyance que l'on disait qu'il avait donné de mauvais conseils à l'Empereur. Cependant il ne s'appliquait pas beaucoup aux exigences de la cour. Ce n'était pas un des assidus.

Le bon sous-préfet M. Balbiani qui, au lieu de rentrer chez lui à Pontedera, avait passé aux fonctions d'intendant, ne se possédait pas d'aise et faisait marcher sa machine administrative, lorsque d'autres ne la faisaient pas marcher pour lui. C'est que l'on empiétait fréquemment sur son droit. M. Balbiani avait ce qu'on appelle l'habitude des affaires. C'était d'ailleurs un honnête homme, c'était surtout un bon homme, peut-être même un trop bon homme. Il était fort préoccupé de l'éclat qu'aurait son uniforme. Il aimait plaisamment à demander s'il était ou Français ou Toscan ou Elbois, et il finissait toujours par dire qu'il appartenait à la nation qui le conservait dans son emploi. Il disait la vérité en riant. Cela ne l'empêchait pas d'être bon Toscan : il aimait sa patrie, mais il aimait encore plus sa place. Balbiani avait une très nombreuse famille, un emploi lui était d'une absolue nécessité, et c'est pour cela que l'Empereur ne voulut pas lui ôter celui dans l'exercice duquel il l'avait trouvé.

L'organisation qui établissait une marche régulière pour les affaires n'était pas auprès de l'Empereur un allégement des affaires, car l'Empereur en créait sans cesse de nouvelles, et quand l'une était finie, dix autres commençaient. L'Empereur n'épargnait personne, mais il ne s'épargnait pas lui-même, et il était toujours le premier à la besogne. L'Empereur ne prélassait (*sic*) jamais. Il avait le secret de convaincre qu'il n'était que là où il devait être, de manière que, là où il était, on redoublait de zèle, parce que l'on craignait de l'avoir obligé à y venir.

L'Empereur avait à visiter la seconde ville de son empire en miniature. Longone avait fait des préparatifs pour le recevoir : ces préparatifs consistaient particulièrement dans un amoncellement de populaire. On tenait toujours à ce que l'Empereur se crût au milieu d'une grande population. Je le répète : je n'ai jamais approuvé cette manie trompeuse. Si, à l'île d'Elbe infiniment petite parcelle du globe, où l'on pouvait tout embrasser d'un regard, l'on entourait l'Empereur de fausses apparences, que ne devait-on pas faire en France, alors que la France embrassait une grande partie de l'Europe, et que l'état de guerre permettait de multiplier les moyens de tromper? Cette triste idée me poursuivait sans cesse, lorsque je voyais déranger le peuple pour le faire parader inutilement au passage d'un infortuné que sa croyance aux dehors trompeurs avait conduit sur la terre d'exil. La course de Longone fut contremandée; cela étonna tout le monde, car l'Empereur n'avait pas l'habitude de renoncer sans cause à un plan arrêté. La cause du non-départ fut connue. On avait entendu beaucoup de coups de fusil dans la campagne, ce qui arrive presque toujours quand les paysans doivent célébrer une fête. Ces coups de fusil avaient inquiété. Le zèle outré s'était empressé d'aller s'enquérir de ce que tout le monde savait. L'Empereur avait difficilement consenti à cette précaution, qu'il ne croyait pas nécessaire. Les habitants de Capoliveri, de Campo, de Rio, s'étaient en masse transportés à Longone, et l'inutilité de leur empressement ne les amusa pas. Le lendemain ils furent plus heureux. L'Empereur fit le voyage.

Il y avait à Longone beaucoup plus d'Anglais qu'on n'avait cru en trouver, et l'on en fit faire la remarque à l'Empereur. On lui fit remarquer aussi que les Anglais le suivaient partout où il allait. L'Empereur dit : « Je suis pour eux un objet de « grande curiosité. Laissez-les se satisfaire, puis ils iront « dans leur pays amuser les gentelmans (sic) en dénaturant « mes faits et mes gestes. » Ensuite il ajouta assez tristement : « Ils ont gagné la partie, à eux le dé. » C'était surtout le colonel Campbell qui était acharné aux pas de l'Empereur. A quelque heure que l'Empereur voulût sortir, qu'il y eût ou qu'il n'y eût pas des préparatifs, le colonel Campbell était là, toujours là, et l'on aurait pu croire qu'il avait des connivences dans l'intérieur du palais. Il est vrai que plus tard il y eut des murmures accusateurs contre une femme qui était à portée de savoir ce qui se passait : c'était une Française.

A Longone comme partout, le séjour de l'Empereur fut marqué par les ordres qu'il donna pour des travaux importants et dont on dut immédiatement s'occuper.

Personne ne prêtait plus d'attention que moi aux paroles de l'Empereur. L'Empereur raisonna beaucoup de la place de Longone comme place de guerre. Il parla avec admiration du siège que les Français, sous les ordres du général de Noailles, y avaient soutenu en 1649, et il finit en disant : « Masséna « n'aurait pas fait plus. » Éloge également honorable pour les deux guerriers auxquels il s'adressait.

Le fort de Foccardo n'échappa pas aux investigations de l'Empereur. Il répéta pour ce fort toutes les observations que le génie militaire lui avait faites et qui étaient restées empreintes dans sa mémoire comme si elles dataient de la veille. Il n'attacha pas une grande importance à la place de Longone pour la défense de l'île d'Elbe.

Un des meilleurs citoyens de Longone était M. Rébuffat, aide-garde-magasin des vivres militaires, que tout le monde aimait, et c'est chez lui que l'Empereur mit pied à terre. M. Rébuffat, ancien boulanger, avait dans les entreprises acquis une fortune importante, et il en faisait un bon usage. Le pauvre ne frappait jamais en vain à sa porte. M. Rébuffat, comme instruction, ne savait rien de rien, et pourtant on se plaisait généralement à l'écouter : c'est qu'il était vraiment ce qu'on appelle communément un bon enfant. On le prenait quelquefois pour un bouffon, mais ses bouffonneries étaient empreintes de vérité et souvent elles donnaient des leçons. La preuve qu'il y avait en lui des qualités qui devaient être appréciées, c'est que l'Empereur lui accorda sa confiance et qu'il lui en donna beaucoup de preuves.

L'Empereur rentra tard : il était content de sa journée.

CHAPITRE VII

Administration des mines de Rio par Pons de l'Hérault. — Il sauve les revenus de la mine en 1814. — M. de Scitivaux. — La discussion au sujet des revenus des mines de Rio. — La question des farines : essai de distribution de mauvais pain aux mineurs. — Napoléon et les ouvriers. — Pons socialiste. — Entêtement honorable de Pons. — Intervention de Drouot et de Peyrusse. — Remplacement de Pons demandé par Madame mère. — Les amis de Pons à la cour elboise.

J'ai dit que je tenais, directement ou indirectement, plus ou moins, à presque tous les anneaux de la chaîne sociale que l'Empereur avait parcourue à l'île d'Elbe, et que forcé à parler de moi lorsque je ne voudrais parler que de lui, je m'étais abstenu de donner à mon ouvrage le titre d'histoire de l'Empereur. L'épisode dont il va être question prouvera que je n'avais pas tort. Le règne elbois n'a rien eu de plus important.

Les mines de fer de l'île d'Elbe appartenaient à la Légion d'honneur; c'est au nom de la Légion d'honneur que j'en avais l'administration générale.

Pendant plusieurs années l'administration fut chargée de la recette, et cette recette se faisait sans frais. La protection fit changer cet état de choses. La recette fut donnée à M. Scitivaux, payeur de la 25° division militaire. Ce changement coûtait environ quinze mille francs par an à la Légion d'honneur. Je fis tout ce qui dépendait de moi pour que le changement n'eût pas lieu. Investi de la confiance du grand chancelier, sûr de son approbation particulière, je luttai contre le grand trésorier et je fus sourd aux conseils de la grande duchesse Élisa qui m'engageait à laisser aller. M. Scitivaux était un fonctionnaire extrêmement honorable. Mais son choix n'était qu'une faveur onéreuse pour la Légion d'honneur. La princesse Élisa ne s'en était pas cachée; elle m'avait dit : « Ne m'empêchez pas de lui faire avoir cette jolie bague. »

Le grand chancelier n'était pas seulement mon chef public : il était aussi mon ami privé. Je lui confiais toutes mes pensées : je n'avais aucun secret pour lui. Le grand trésorier m'avait pendant de longues années donné des marques d'affection; j'avais vécu dans son intimité.

La lutte fut vive, mais c'était la lutte du pot de terre contre le pot de fer, et je sucombai.

Arriva le renversement moral et politique de l'Europe. La grande-duchesse Élisa déserta son poste; le prince Félix la suivit. M. Scitivaux dut alors quitter Florence. Les agents de M. Scitivaux ne pouvaient le remplacer officiellement qu'en sa qualité de payeur.

Je pris la recette. Je me hâtai de faire rentrer ce qui était dû à la Légion d'honneur. J'acceptai des effets lorsqu'il ne me fut pas possible d'avoir de l'argent. J'avais ainsi sauvé plus de deux cent mille francs.

Mais il ne suffisait pas d'avoir sauvé le bien de la Légion d'honneur : il fallait encore le lui conserver. Je pris une décision hardie, celle qui me parut la moins compromettante. Je me donnai l'apparence de n'avoir rien conservé pour pouvoir tout conserver : je soldai tous les comptes, de manière qu'il n'y eût plus ni créanciers, ni débiteurs; la caisse était vide, je la montrai même obérée; l'administration n'avait rien, absolument rien, que du minerai à exploiter. L'ennemi pouvait venir : j'avais cessé de craindre.

J'avais exactement instruit le grand chancelier de ce que j'avais fait et de ce que je voulais faire pour pouvoir retourner en France sans m'exposer à compromettre les fonds que je possédais. Alors je ne me doutais même pas de la rentrée des Bourbons.

L'île d'Elbe était complètement bloquée : aucune voie de

communication n'était ouverte. L'île était menacée de tomber au pouvoir des Anglais ou des Autrichiens, peut-être même au pouvoir des Napolitains. La conduite de la princesse Élisa rendait cela possible, et les Longonais y croyaient, car de Naples ou leur donnait cette certitude.

C'est alors que l'Empereur arriva à Porto-Ferrajo, et qu'il chargea le général Drouot de prendre possession des mines.

Je ne fus pas trop rassuré par l'arrivée inattendue de l'empereur Napoléon : mon esprit était imbu de son omnipotence despotique. Je mis les registres à l'abri. Mais lorsque le général Drouot prit possession des mines, je lui trouvai un caractère si noble, des intentions si louables, que rien ne m'autorisait à lui taire ma conduite. Je racontai donc au général Drouot tout ce que j'avais fait. Je ne lui cachai rien, absolument rien.

Le général Drouot me loua beaucoup. Il me parla du ton le plus amical, le plus persuadé de ce que la Légion d'honneur ferait d'avantageux pour moi. Il me sembla que j'avais acquis dans ses sentiments d'affection.

En effet, le général Drouot, croyant m'être utile auprès de l'Empereur, lui répéta ce que je lui avais raconté : l'Empereur se crut en droit de s'emparer de la somme que j'avais entre mes mains. Il consulta son trésorier. Le général Bertrand approuva l'Empereur. Le général Drouot ne l'approuva pas.

Le général Bertrand m'écrivit par ordre de l'Empereur, sous la dictée de l'Empereur, pour me faire ou pour me répéter des demandes auxquelles j'avais déjà répondu, et cette lettre n'avait visiblement pour but que d'arriver aux quelques mots suivants : « Je vous prie également de m'indiquer la situation actuelle des mines, ce qu'elle a versé cette année, et ce qui reste aujourd'hui... »

Le général Drouot suivit immédiatement cette lettre. Il me fit part des intentions de l'Empereur, je lui répondis : « que « je ferais ce qu'il ferait lui-même en pareille circonstance,

« que j'agirais selon ma conscience. » Le général Drouot continua ma phrase en ajoutant : « que la conscience était le « meilleur de tous les guides. » Je n'avais pas besoin des paroles du général Drouot pour prendre le parti que je croirais le plus honorable; cependant elles me fortifièrent dans la résolution de ne pas céder aux exigences de l'Empereur. Le général Drouot prévoyait un orage; il était fâché d'avoir parlé. Mais s'il n'avait pas parlé, moi j'aurais parlé, et un peu plus tôt, un peu plus tard, ce qui allait arriver serait arrivé. Je me gardai de lui faire des reproches.

Je me rendis chez le général Bertrand. Nous parlâmes assez longuement de l'administration, mais il n'était guère à la conversation : une pensée l'occupait, le gênait. Il m'annonça que « l'Empereur me réclamerait les fonds que j'avais en « caisse ». Je répondis de suite : « que je ne pouvais pas « consciencieusement satisfaire aux désirs de l'Empereur, et « que je m'abstiendrais. » Le général Bertrand ne discuta pas; il me dit : « Allons à l'Empereur. » L'Empereur allait sortir, il était sur le seuil de la porte. Le général Bertrand lui adressa quelques mots à voix basse. L'Empereur se tourna vers moi, il me dit d'un ton sévère : « Pourquoi ne voulez-vous pas me « remettre cet argent ? » Cette brusque sévérité ne m'intimida pas. La nature de mon caractère me rend propre aux circonstances difficiles. J'ajoutai à la réponse que j'avais faite au général Bertrand : « que cet argent appartenait au gouver- « nement français, quel que fût ce gouvernement. » L'Empereur me regarda, leva les épaules et me tourna le dos. Le général Bertrand m'assura « que je venais de blesser Sa Ma- « jesté ». La parole du général Bertrand n'était pas altérée comme celle de l'Empereur venait de l'être. Il me parlait avec calme. Il ne me pressa pas même beaucoup d'obéir. Cela lui paraissait indifférent.

A dater de ce jour, tout fut pour moi ou contre moi, hargneux, exigeant, inquisiteur, et il me fallait réunir toutes les forces de mon âme pour résister à l'amas des tracasseries que je trouvais sans cesse sur mon passage.

Ma vie de cour était scabreuse. Aussi j'étais constamment prêt à y renoncer. Le général Drouot me retenait. Ces misères durèrent près de quatre mois.

L'Empereur ne voulait pas que l'on pût croire qu'il donnait des ordres dont l'exécution était impossible. C'était plus positivement sous ce rapport qu'un refus d'obéissance passive l'offensait. La susceptibilité de l'amour-propre était en jeu. Une longue habitude du commandement absolu, sous lequel tout le monde pliait, avait donné un grand empire à cette susceptibilité. Il aimait à répéter que le grand maréchal Duroc « ne lui avait jamais dit non ». Cela était rigoureusement vrai, mais voici comment. Lorsque l'Empereur disait au général Duroc : « Faites telle chose », le général Duroc lui répondait : « Oui, Sire », et si la chose n'était pas faisable, il allait se promener, puis il revenait à l'Empereur lui expliquer par des sornettes pourquoi il n'avait pas pu satisfaire à son désir. L'Empereur ne se fâchait jamais de l'explication, alors même qu'il s'apercevait qu'elle n'était pas explicite. Mais tout le monde ne pouvait pas se permettre de faire ce que le général Duroc faisait : il n'y avait pas deux Durocs pour l'Empereur.

Quant à moi, ici, pour l'ordre que me donnait l'Empereur, il n'y avait pas à calculer; un *oui*, c'était obéir; un *non*, c'était désobéir. Je disais *non*. Ma désobéissance était pleine et entière. L'Empereur ne pouvait pas le voir autrement.

L'emploi d'administrateur général des mines de l'île d'Elbe était, sans comparaison, le plus rétribué de tous les emplois de l'île. L'Empereur était accablé de solliciteurs. Les proches de la famille impériale s'agitaient beaucoup en faveur d'un gentilhomme corse pour lequel Madame mère avait une extrême bienveillance.

Mon refus de verser les fonds dont je me croyais le dépositaire responsable n'était plus un mystère pour personne. On disait à l'Empereur que je ne lui obéissais pas parce que je ne le considérais plus comme le grand Napoléon. C'était sa fibre la plus irritable. L'Empereur se révoltait à l'idée qu'on voulait l'amoindrir. Il veillait à sa grandeur impériale comme à sa gloire militaire, même plus encore. Il avait peut-être raison. Sa gloire militaire était un fait immortel bien accompli, que rien ne pouvait détruire, ni même altérer, et dont la célébrité, indépendante des vicissitudes humaines, était devenue l'apanage des siècles. Il n'était pas de même de sa grandeur impériale. Quelle qu'eût été l'immensité de cette grandeur, les destins l'avaient brisée, et lui seul, comme homme, comme grand homme, était resté au-dessus des événements. C'était surtout l'homme que l'on respectait dans l'Empereur. Ce respect, je le professais de toutes les facultés de mon âme. J'aurais considéré comme une profanation sacrilège toutes les paroles qui auraient exprimé un sentiment contraire. Je l'aurais bravé s'il avait été tout puissant. J'avais dit à l'Empereur : « Jamais « un homme puissant ne m'a intimidé. Ce qui n'empêche pas « d'être humble devant le malheur. » L'Empereur n'avait pas été blessé par ces paroles, puisqu'il en avait parlé avec éloge au général Dalesme.

Il était convenu entre le général Drouot et moi que je travaillerais avec l'Empereur. Cependant, depuis mon refus d'obéissance, l'Empereur avait observé au général Drouot « que, s'il était à Paris, je n'aurais pas la prétention de tra- « vailler avec lui », et le général Drouot, peut-être par ordre, m'avait répété cette observation. C'était une erreur de la part de l'Empereur : s'il avait été à Paris dans les conditions où il était à Porto-Ferrajo, où j'étais moi-même, ce que je lui demandais à Porto-Ferrajo, je le lui aurais demandé à Paris, et peut-être avec plus de force. Ici les paroles de l'Empereur n'étaient pas d'accord avec ses actions. Blessé par mon refus de lui obéir, dans l'idée malencontreuse que je voulais le faire descendre du haut de sa grandeur impériale, il avait, après coup, paru se plaindre de ce que je voulais travailler directement avec lui, et, lorsque je restais un peu de temps sans aller personnellement prendre ses ordres, négligence à laquelle j'étais assez enclin, il me faisait appeler pour me les donner. Aussi son opinion n'était pas arrêtée à mon égard. Moi, mon parti officiel était pris. C'était toujours à lui que j'accusais réception des ordres qui ne venaient pas de lui; c'était à lui que je rendais compte de leur exécution ou de leur non-exécution; c'était à lui que je faisais mes rapports administratifs.

On offrit à l'Empereur d'administrer les mines pour la moitié des appointements dont je jouissais. Un chambellan me fit connaître ce que l'on écrivait à cet égard. Je mis de suite l'Empereur à son aise. Je déclarai au général Drouot que si l'on touchait à mes émoluments, je quitterais immédiatement. Parler au général Drouot, c'était parler à l'Empereur, du moins en ce qui me concernait. Le général Drouot m'en avait prévenu, en me demandant si cela me convenait. Je ne voulais pas que l'on me marchandât, particulièrement au milieu des circonstances difficiles dans lesquelles l'on m'avait placé. Il me semblait qu'il y aurait eu quelque chose d'avilissant pour moi si j'avais débonnairement consenti à cesser d'être ce que j'avais été jusque-là. Mon bagage était prêt, mais personne ne me dit rien. L'Empereur ne me fit pas même soupçonner ce qui avait eu lieu. Cependant je sus plus tard qu'il avait deux fois refusé les services à bon marché, et je fus touché de son silence de délicatesse. La première fois qu'on avait demandé ma place à l'Empereur, celui qui la lui demandait, une heure avant de la lui demander, était sous le coup d'une prise de corps, par suite d'un jugement commercial, et, prosterné à mes pieds, il me suppliait d'être son sauveur, comme je l'avais été plusieurs autres fois. Je payai pour lui... Le chambellan Vantini l'avait raconté à l'Empereur, et, quelques jours après, l'Empereur me loua de « ce que j'avais fait pour « un vilain homme ». Mais ce vilain homme était auprès de lui, il y resta, et lorsque nous quittâmes l'île d'Elbe, il me remplaça... L'Empereur avait des aveuglements volontaires vraiment incompréhensibles. Je viens de parler du maire de Rio-Montagne.

L'Empereur donnait carrière aux intrigants, car il leur prêtait l'oreille. Il écoutait facilement ce qu'on lui disait. Il était toujours en garde. Triste condition que celle qui fait penser que le mauvais côté du genre humain est précisément le genre humain (*sic*) !

On fit croire à l'Empereur que les deux gardes-côtes de surveillance pour empêcher qu'on ne volât le minerai étaient une dépense inutile, et, l'Empereur, ne voyant que l'économie, supprima ces deux embarcations. Il s'en rapporta aux instigations qui lui créaient des prétextes pour me tourmenter. Mais les marins de ces deux embarcations allaient se trouver sans emploi : je réclamai dans leur intérêt. L'Empereur s'impatienta : je donnai ma démission ; je la motivai sur ce que des affaires de famille réclamaient ma présence dans ma patrie. J'adressai ma démission au général Drouot pour qu'il la remît à l'Empereur. Il me la rapporta, et il me pria instamment de ne pas lui donner cours. Il dit à mon épouse : « qu'il ne serait « jamais pour rien dans ce qui me ferait séparer de l'Empe- « reur. » Je fis ce qu'il désirait. Le même jour, l'Empereur m'envoya chercher. Je n'allais plus auprès de lui qu'à mon corps défendant : c'était pour moi une corvée. Je trouvai l'Empereur doux comme un agneau : il ne me dit pas un seul mot de mon service ; il m'accabla de questions d'État, des plus hautes questions d'État. Sans s'informer si j'étais à même de lui répondre, lorsqu'il se fut bien contenté, il me dit : « A revoir. »

Que signifiait ce qui venait de se passer ? Je n'ai jamais pu m'en rendre bien compte. L'avant-veille, l'Empereur avait été mal pour moi. Il m'avait demandé avec un froid glacial « si « je persistais toujours dans mon entêtement », et, sans me donner le temps de lui répondre, il s'était brusquement retiré, ce qui, dans de semblables circonstances, annonçait le plus haut degré de sa mauvaise humeur. Je cherchai à deviner, et, ne pouvant trouver, j'attribuai cette mansuétude à quelque récit bienveillant de mon vieil ami le général Dalesme ou de mon nouvel ami le général Drouot.

L'Empereur avait expressément chargé M. le trésorier Peyrusse de me voir pour vaincre ce qu'à tort il appelait mon entêtement. M. Peyrusse, par son âge, par sa jovialité de tous les moments, de toutes les circonstances, n'était pas un homme imposant; mais, franc et loyal, plein d'esprit, ne disant jamais de mal de personne, il méritait d'inspirer une grande confiance. Je le reçus avec plaisir. Mais quels sont les moyens pour combattre victorieusement un homme qui est dans la ligne du devoir et qui ne veut pas la quitter? Il n'y a que des moyens pernicieux, immoraux, et M. Peyrusse était incapable de les employer. D'ailleurs, l'Empereur voulait me vaincre par le raisonnement. M. Peyrusse trouva que le raisonnement n'était pas possible, car, en son âme et conscience, il était convaincu que le droit était de mon côté. Il épuisa donc l'éloquence des banalités; je restai inflexible; alors M. Peyrusse s'écria, mais sur le ton de la plaisanterie : « L'Empereur vous enverra des grenadiers. » Et je lui dis sur le même ton : « Que « ces grenadiers soient plus forts que moi, car je me défen- « drai, et, s'ils sont plus faibles que moi, je les jetterai par « la croisée. » Certainement aucune personne de bon sens n'imaginera que je prononçai sérieusement ces paroles. M. Peyrusse avait ri, moi, j'avais ri. La chose n'était susceptible d'aucune importance, mais M. Peyrusse la raconta à l'Empereur. L'Empereur la prit au sérieux; néanmoins il ne s'en fâcha pas. M. Peyrusse était loin d'avoir eu une mauvaise intention en faisant ce rapport. Il voulait tout simplement faire rire l'Empereur comme nous avions ri. Son intention était si inoffensive, qu'il disait en même temps à l'Empereur « que

« j'avais l'héroïsme de la délicatesse ». M. Peyrusse et moi, nous nous séparâmes comme si nous étions réunis, pleins d'estime l'un pour l'autre. M. Peyrusse avait commencé par me dire « qu'il ne venait pas me trouver de son plein gré ». J'entre dans tous ces détails, à l'égard de M. Peyrusse, parce que plusieurs notabilités l'avaient injustement soupçonné de « jeter l'huile sur le feu ». Durant tous ces débats accablants, M. Peyrusse fut parfait pour moi, et, plus d'une fois, il ne craignit pas de déplaire à l'Empereur. Sans doute en sa qualité de trésorier, il ne comprenait que le tintement des écus.

Je fis un appel à l'affection du général Drouot pour qu'il intervînt sérieusement entre l'Empereur et moi, et mon appel tourmenta ce digne homme. Il me demanda en grâce de ne pas le mêler à cette déplorable affaire. Dès lors, je m'abstins de tout ce qui aurait pu lui faire croire que j'étais dans la nécessité de recourir à lui.

Et comme si l'affaire de l'argent n'était pas suffisante pour m'occasionner de cruels soucis, il en survint une autre qui, pendant une semaine, augmenta mon tourment. La farine pour les approvisionnements de siège avait été consignée dans un mauvais état. La troupe refusait le pain que cette farine produisait. Il y avait eu des murmures militaires caractérisés. Alors on mit dans la tête de l'Empereur de faire manger cette farine aux ouvriers des mines. L'Empereur décida que je ferais faire une distribution aux mineurs, comme si pour un pauvre morceau de pain, la bouche de l'ouvrier ne valait pas la bouche du soldat. Le général Bertrand me transmit les ordres de l'Empereur. Ces ordres me pétrifièrent. J'étais indigné. Mon premier mouvement fut de jeter le manche après la cognée, de m'en aller. Plus calme, je montai à cheval pour aller déclarer à l'Empereur que je n'exécuterais pas ses ordres, et, avant de me présenter à l'Empereur, j'entrai, selon mon usage, chez le général Drouot. Celui-ci me trouva trop agité pour parler à l'Empereur; il me conseilla de faire un essai, et je rentrai de suite à Rio pour essayer. Je me hâtai de réunir tous les employés et tous les chefs de poste. Nous essayâmes immédiatement. La mauvaise farine donna du mauvais pain. Le général Drouot put se convaincre que le refus des ouvriers n'avait rien de blâmable. En sa présence, j'écrivis à l'Empereur, et lui communiquai ma lettre. Le général Drouot y trouva quelques expressions qui pourraient être prises en mauvaise part. Je refis ma lettre presque sous sa dictée. La voici :

« Sire,

« Je me plais à croire que Votre Majesté est convaincue de l'empressement que j'ai mis à satisfaire à l'ordre qu'elle m'avait donné, de faire distribuer de la farine aux ouvriers des mines.

« Mais cette farine a fait du mal à beaucoup de travailleurs; tous les travailleurs refusent de la prendre. Je suis sûr que ce refus n'est pas l'effet d'une cabale.

« Sire, mon devoir est d'obéir à Votre Majesté en ce qu'elle m'ordonne de juste, et de me faire obéir par ceux qui me sont légalement subordonnés. Mais, Sire, mon devoir est aussi de représenter à Votre Majesté qu'il ne serait pas juste que des malheureux qui ne mangent que du pain, dont les trois quarts ne boivent que de l'eau, fussent forcés à manger du mauvais pain, et, dans tous les cas, ce ne sera pas moi qui aurai le triste courage de les y forcer.

« J'ai l'honneur de prier Votre Majesté de vouloir bien me dicter une règle de conduite.

« Je suis avec respect, etc. »

J'avais fait un peu de contrebande avec le général Drouot. J'avais ajouté quelques mots à sa dictée. Ce fut précisément les mots que l'Empereur remarqua de suite. Le général Drouot m'en fit un reproche tout amical.

L'Empereur m'appela. Le général Bertrand était avec lui. L'Empereur me dit « qu'il était loin de vouloir faire du

« mal aux ouvriers ». Il m'engagea de tenter un autre essai en mêlant de la mauvaise farine avec de la bonne farine. Mais il ne me prescrivit pas cette mesure. L'inflexion de sa voix donnait à sa parole quelque chose de paternel qui me subjuguait. J'allais consentir, quand le général Bertrand me dit en parlant des ouvriers des mines : « Il faut que ces gens-là vous obéis-« sent, et voilà tout. » Ce langage de dureté était si extraordinaire qu'il m'étonna tout à fait, et, maîtrisé par l'étonnement, peut-être aigri par ce qui le causait, je lui répondis avec un ton au moins égal : « Il faut que ces gens-là me désobéissent, « si je leur commande de s'empoisonner, et voilà tout. » Le premier mouvement de l'Empereur fut de sourire, mais ce ne fut qu'un mouvement, et, reprenant son air grave, il allait me parler, quand le général Bertrand m'adressa encore ces mots : « Cependant le maire de Rio-Montagne, qui doit aussi s'intéresser aux ouvriers puisqu'ils sont ses administrés, vient de m'assurer que, sans murmure, ils feraient tout ce que vous voudriez, et il m'a également assuré que plusieurs ouvriers n'avaient pas du tout trouvé mauvais le pain de la farine qu'on appelle gâtée. » Cela m'expliquait pourquoi la bonne nature du général Bertrand était un moment sortie de son caractère. Il croyait qu'il n'y avait que de la mauvaise volonté en jeu. L'Empereur vit facilement que j'allais répondre avec sévérité : « Ce serait par trop odieux, dit-il, que le maire de Rio-Montagne voulût, sans nécessité, faire du mal à ses concitoyens, et la raison repousse cette pensée. » Je répondis vivement à l'Empereur : « Mais il y a une nécessité pour le maire de Rio-Montagne. — Laquelle? » répliqua l'Empereur avec autorité. Et j'ajoutai avec rudesse : « Celle de flatter Votre Majesté. » L'Empereur ne s'attendait pas à cette nécessité. Il regarda le général Bertrand avec expression. Je me décidai à me taire; je sentais que j'étais entraîné, que j'irais trop loin. Ce n'était pas le compte de l'Empereur; mon silence ne lui plaisait pas; il me força de le rompre. « Parlez, répéta-t-il plusieurs fois, parlez! Nous sommes seuls, vous n'avez rien à craindre. » Et je lui parlai ainsi : « Sire, j'avais prié Votre Majesté de me permettre de ne jamais l'entretenir du maire de Rio-Montagne, et je suis fâché que Votre Majesté n'attache aucune importance à ma prière. Je cède donc à la contrainte qu'elle m'impose. Ce maire est aujourd'hui de service auprès de Votre Majesté; il écoute peut-être. Il vient de me saluer profondément : je ne l'ai même pas regardé. Que Votre Majesté le fasse appeler; alors Votre Majesté verra comment je sais être vrai. Je n'ai pas besoin de secret; le secret n'est bon que pour ceux qui sont à craindre, et je ne crains rien. J'évite d'attaquer lorsque je puis l'éviter, mais lorsque j'y suis obligé, j'attaque en face, surtout les gens sans délicatesse, et en ce moment, Votre Majesté peut facilement s'en convaincre. »

L'Empereur ne me pressa plus. Il se borna à me témoigner le désir qu'il avait de me voir tenter un autre essai. Je fis ce second essai; je le fis avec toutes les précautions possibles, en exigeant que le médecin et le chirurgien fussent sans cesse sur pied, et bien m'en valut, car vingt-quatre heures après la seconde distribution, il y avait cent mineurs indisposés. Mon parti était pris.

Cette distribution ne s'était pas faite sans peine; j'avais été presque forcé de l'imposer; ce qui me faisait saigner le cœur, mais j'avais mangé moi-même de la qualité du pain que les ouvriers mangeaient. J'avais prêché d'exemple. Le général Drouot savait de quelle manière je m'étais comporté, et il en avait rendu compte à l'Empereur; il lui parut que l'Empereur en était touché; néanmoins l'Empereur ne m'en parla pas.

L'Empereur attendait mon rapport définitif : je le lui fis par écrit et verbalement. Je concluais à l'impossibilité absolue de persister à la distribution de la mauvaise farine : « Soit, me dit-il, à l'impossible nul n'est tenu, et je ne demande pas des choses impossibles. » Ce n'était pas là un langage de fâcherie, mais ce n'était pas aussi un langage de satisfaction, et je méritais certainement qu'il me louât, car j'avais fait pour lui ce que très certainement je n'aurais pas fait pour moi.

Ainsi finit cette affaire qui dans son principe avait prêté à me donner l'apparence d'être décidé à une résistance systématique, et j'avoue que je fus aux anges de n'avoir plus à m'en occuper. Ce n'est pas vivre que de passer sa vie à discuter, surtout à discuter avec un homme tel que l'Empereur. L'Empereur s'était fait une nature du commandement absolu, et, comme s'il était encore dans la toute-puissance de cette nature, il se croyait le maître d'imposer l'obéissance, et il se soulevait contre les sentiments généreux pour la conviction desquels sa volonté n'était pas une loi infaillible. Heureusement que sa haute raison l'empêchait de se laisser aller longuement à l'influence de ses erreurs. Sa mauvaise humeur passait vite. L'Empereur était très oublieux des querelles peu importantes, il n'en chargeait pas sa mémoire.

L'affaire des farines avait eu autant de retentissement que l'affaire de l'argent, même plus, car elle était plus patente. On croyait généralement que ma résistance amènerait mon renversement. Les Elbois étaient inquiets pour moi, car je puis dire avec fierté que je suis le Français qu'ils ont le plus aimé.

C'était surtout un Corse, valet de chambre de l'Empereur, pour lequel l'Empereur semblait avoir une bienveillance particulière, qui répandit le bruit de ma destitution, en désignant un de ses compatriotes pour mon successeur, et je dus me plaindre de cette inconvenance, dont l'opinion s'emparait parce qu'elle sortait de l'intérieur du palais impérial. Ma plainte était d'autant plus opportune que l'opinion, dans son extrême bienveillance pour moi, blâmait l'Empereur. L'Empereur écouta ma plainte; il gronda son valet de chambre. Toutefois le valet de chambre n'avait pas inventé ce qu'il disait, il ne faisait que répéter. J'en fis faire l'observation au général Drouot. L'Empereur avait refusé d'accepter ma démission, j'étais toujours prêt à la lui donner : il le savait, il n'avait donc pas besoin d'avoir recours à une mesure de rigueur. Ce fut le sentiment du général Drouot, il devint le mien.

Cependant la distribution presque forcée de la mauvaise farine avait nui à l'Empereur dans l'esprit des ouvriers des mines, et moi-même je n'y avais pas gagné. On avait dit à l'Empereur que j'avais une puissance absolue sur les mineurs, qu'ils feraient tout ce que je voudrais leur faire faire; on avait dit aux mineurs que l'Empereur ne me refusait rien. Il résultait de cette double assurance que l'Empereur doutait de ma bonne volonté, tandis que les ouvriers des mines croyaient moins à mes sentiments paternels.

La bataille de la farine avait donné du répit à la bataille de l'argent. Mais les hostilités recommencèrent. La reprise des hostilités est presque toujours marquée par un choc violent : ce que j'avais prévu arriva. L'Empereur me fit encore demander et redemander les fonds que j'avais sauvés du naufrage. M. le trésorier Peyrusse fut de nouveau son organe. Nous échangeâmes des paroles : cela n'arrangeait pas l'Empereur. Il revint lui-même à la charge : cela me convenait mieux. Toujours dans une intention pacifique, M. Peyrusse, en rendant compte de mes opinions, en modifiait la franchise quelquefois mêlée d'un peu de brusquerie, et de cette modification bienveillante il pouvait se faire que l'Empereur ne fût pas bien convaincu de ma résolution. Avec l'Empereur c'était autre chose; chaque coup portait; il fallait se battre; mais l'Empereur ne voulait pas discuter, il voulait commander. Il avait le droit d'interrompre, il ne consentait pas à être interrompu, de telle sorte qu'on ne pouvait pas opposer des raisons à ses raisons : d'où il résultait qu'il avait sans cesse raison. Ce système n'était pourtant pas son système général. Ordinairement il discutait, il se plaisait à ce qu'on discutât, il ne faisait pas de la prépotence, et lorsque son opinion n'était pas la meilleure, il avouait sa défaite. Ici la discussion n'était guère possible. Les positions étaient tranchées : d'un côté le droit, de l'autre la force. L'Empereur répugnait à faire usage de la force; il ne pouvait pas invoquer le droit. De là son état perplexe. Il voulait l'argent. Tout ce qu'il disait et tout ce qu'il faisait se résumait dans ce mot : « Versez. » Tout ce que je lui répondais aboutissait à ces paroles : « Je ne verserai pas. » Nous ne pouvions donc pas nous entendre. L'Empereur, qui eut plusieurs moments de vivacité, n'employa jamais aucune parole blessante. Lorsque l'Empereur me parlait d'autre chose que de l'argent, ce n'était plus le même homme, et personne n'aurait pu croire qu'il venait d'être mécontent de mes refus. Ensuite c'était à recommencer.

Cette tourmente, qui prenait un caractère chronique, n'était pas la seule chose qui me fatiguât depuis que j'étais fonctionnaire de l'Empereur de l'île d'Elbe.

L'Empereur me faisait transmettre la presque totalité de ses ordres par le général Bertrand, mais le général Bertrand, plongé dans les méditations de famille, déjà ennuyé de l'île d'Elbe, n'était pas porté à travailler d'un travail assidu. Il lui arrivait souvent de perdre de vue les demandes qu'il avait faites, ainsi que les réponses qui lui étaient adressées. Il m'arrivait qu'on me demandait une seconde fois des renseignements desquels l'on m'avait accusé réception. Le général Bertrand aurait sans doute été plus à son aise dans une sphère de grandes opérations, mais il était contraint à entrer dans des détails minutieux, et cela ne l'accommodait pas. Il avait beaucoup de vivacité dans les choses importantes, lorsqu'il devait procéder sur-le-champ à leur exécution, mais cette vivacité l'abandonnait dès qu'il était obligé à se clôturer dans le cabinet.

L'Empereur n'avait pas voulu se mettre à la portée de sa position. Son génie étouffait dans Porto-Ferrajo, il fallait toujours que quelque étincelle en franchît les remparts. Cela l'inquiétait. Dans son inquiétude il s'en prenait aux hommes et aux choses. Tant qu'il eut l'idée de prolonger son séjour à l'île d'Elbe, il s'occupa avec une sorte d'avarice de tout ce qui pouvait tant soit peu grossir ses revenus, et c'était triste de voir un si grand homme devenir presque un homme du fisc.

L'Empereur avait supprimé les deux gardes-côtes spécialement destinés à empêcher qu'on ne volât le minerai de fer. Les voleurs reparurent dès que les gardes-côtes eurent disparu. Le maire de Longone était un des voleurs. Il prétendait que les mines de Terra-Nera avaient appartenu à ses ancêtres. Jamais sous l'empire français il ne s'était fait un droit personnel de sa prétention. L'Empereur sut tout cela, il se fâcha, sans se rappeler que je n'avais plus le moyen de faire surveiller les bords de la mer. Il fallut encore des explications écrites.

J'avais élevé l'établissement des mines à une grande prospérité. Des financiers, d'une profondeur extraordinaire de science économique, proposèrent à l'Empereur un moyen tout simple d'accroître encore les revenus de cet établissement : c'était de supprimer une partie des ouvriers des mines. L'Empereur, qui alors ne songeait qu'à grossir son trésor, admit le principe de cette idée ingénieuse, et il m'ordonna de le mettre en pratique. Nouvelle source de discussion, nouveau besoin de résistance. Des plaintes sérieuses avaient suivi la réforme des gardes-côtes : une insurrection aurait marqué le renvoi d'un nombre quelconque de mineurs. Tous les ouvriers des mines avaient rancuneusement sur le cœur la farine gâtée dont leur santé s'était ressentie : je ne pouvais plus me trouver parmi eux sans que quelqu'un des orateurs titulaires ne me rappelât le temps heureux où je commandais seul. Je prévins respectueusement l'Empereur : « qu'il m'était consciencieusement « impossible de me charger d'une semblable suppression. » L'Empereur, sans être courroucé, dit au général Drouot « que « les susceptibilités de ma conscience me poussaient trop « facilement à l'opposition », et il voulut m'entretenir. En me rendant auprès de lui, je m'étais demandé si les paroles de l'Empereur étaient des paroles de vérité, et cet examen m'avait porté encore plus à rester dans ma ligne d'équité. L'Empereur chercha à me prouver que j'avais tort : il me cita les princes de Piombino qui avaient un nombre de mineurs bien moins considérable que le nombre que j'employais. Je lui observai que le revenu actuel des mines triplait le revenu qu'elles donnaient avant les Français, que l'accroissement de l'exploitation avait nécessairement rendu indispensable d'augmenter les bras pour exploiter. Ensuite je lui représentai que le gouvernement des princes de Piombino n'avait rien de paternel, que ces princes prenaient tout, et j'ajoutai avec le verbe de la conviction que « lorsque les gouvernants prenaient tout, il ne « restait rien pour les gouvernés ». Cela me parut lui faire impression. J'ajoutai que, du temps des princes de Piombino, la population elboise qui dépendait d'eux était une population de misère, qui naissait et mourait dans un état de pauvreté extrême, et qu'il ne pouvait pas convenir à l'empereur Napoléon que sous lui les Elbois redevinssent ce qu'ils avaient été sous leurs petits tyrans. L'Empereur laissa machinalement échapper ces mots : « Moi aussi je suis pauvre. » Alors, entraîné malgré moi, je l'interrompis et je lui dis avec émotion : « Sire, votre pauvreté sur la terre d'exil est un des plus beaux « rayons de votre auréole de gloire, car elle témoigne qu'aux « jours de la grandeur vous avez plus pensé au bien-être du « peuple qu'à votre propre bien-être. Aussi le peuple, qui « n'est jamais ingrat, à côté du souvenir de votre génie con- « servera toujours la mémoire de votre générosité, et cette « mémoire est capable d'agir sur les destinées. » J'avais été entraîné. L'Empereur m'avait laissé parler, il resta morne et silencieux. Quelques moments s'écoulèrent. Puis il me dit : « Faites ce que vous jugerez convenable; l'on m'avait pré- « senté la chose sous un autre aspect. » Et il me congédia. Il avait été content de moi, puisque le général Drouot vint expressément à Rio pour m'en donner l'assurance, et qu'il la tenait de la bouche de l'Empereur.

Mais l'Empereur était en réalité trop grand pour qu'il lui fût possible de se rapetisser à volonté au niveau des petites choses. Aussi il n'était pas étonnant de le voir donner à faux lorsqu'il s'occupait des choses mesquines. Il avait renoncé au licenciement d'une partie des ouvriers des mines : ce qui ne l'empêcha pas de trouver un moyen d'en diminuer le nombre. Il me fit demander des mineurs pour d'autres travaux que ceux des mines. Ces mineurs durent se porter sur tous les points de l'île. Les travaux des mines perdaient à cela : les autres travaux n'y gagnaient pas. Rien ne s'en trouvait mieux. J'avais dit à l'Empereur tout ce que je devais lui dire : l'Empereur avait écouté d'autres conseils. Aucun reproche ne pouvait m'atteindre.

L'Empereur se mêlait des moindres approvisionnements.

C'était surtout l'achat du blé qui était de la plus haute importance pour moi. L'Empereur en avait chargé le général Bertrand. Le général Bertrand aurait plutôt fait un autre pont sur le Danube que les démarches nécessaires pour la réussite de cette opération. La saison avançait, l'opération n'était pas même entamée, la disette pouvait être la suite de ce retard, et cela, parce que l'on avait porté atteinte à mes attributions.

Je donnai une seconde fois ma démission. Mais cette fois je craignis l'influence que le général Drouot exerçait sur moi. C'est qu'en effet il me tenait sous le charme de ses nobles vertus. Ainsi, je m'abstins de lui communiquer le parti auquel je m'étais décidé. J'adressai ma démission directement à l'Empereur : je la lui fis remettre par le chambellan de service. Cette fois, il n'y avait (sic) pas à prétexter qu'elle lui était inconnue.

Cependant, en me séparant de l'Empereur, je lui offrais en même temps de continuer le service jusqu'à ce que mon successeur pût se passer de l'expérience que j'avais acquise, et j'ajoutais que je resterais sans compter au nombre des employés. Ma démission était d'ailleurs pleine de respect pour l'Empereur.

L'Empereur avait reçu ma démission à deux heures après midi. J'attendais sa réponse à Porto-Ferrajo, et, ne la voyant pas venir, j'allais retourner à Rio. Je rencontrai le général Bertrand : il me dit avec une espèce de volubilité : « Vous « êtes heureux de vous en aller, si vous pouvez vous en « aller. » Et il me quitta. Ces paroles isolées me firent penser que l'Empereur consentait à la cessation de mes services. J'avais cru devoir m'abstenir d'aller chez le général Drouot.

Le lendemain, à huit heures du matin, le général Drouot était à Rio, et à la manière dont il m'aborda, je devinai qu'il n'approuvait pas ce que j'avais fait. Il se plaignit que, lorsque je semblais avoir pris l'habitude de le consulter en toutes choses, je ne lui eusse rien dit de la chose la plus importante, et il me blâma. Puis, avec sa logique serrée, il chercha à justifier l'Empereur de tous les griefs qui m'avaient plus particulièrement froissé; il ajouta avec une petite apparence d'humeur : « Je ne vois pas de quel droit vous voudriez que « l'Empereur vous traitât différemment que comme il nous « traite ! » Puis il mit les grandes qualités de l'Empereur en regard de ses petits défauts. Ensuite, avec sa douceur angélique, il s'adressa à mon cœur : « Je crois que l'Empereur vous a affligé, il n'en a pas eu l'intention ; il ne s'en est pas même douté. Mais vous, par votre départ, si vous partiez, vous augmenteriez volontairement, bien volontairement, malgré toute la délicatesse de vos sentiments, le mal que ses ennemis lui ont fait, parce que, aimé comme vous êtes aimé, connu comme vous êtes connu, ce départ aurait du retentissement, et les méchants s'en empareraient pour ajouter à leurs calomnies. D'ailleurs, il n'est pas généreux de vouloir quitter des fonctions dans lesquelles vous savez bien que l'Empereur ne peut pas maintenant vous faire remplacer. » Je ne m'attendais pas le moins du monde à ces deux raisonnements que j'ai réduits à leur plus simple expression. Tant est-il que je fis ce que le général Drouot voulut; je retirai ma démission. Je crois que l'Empereur ne m'aurait pas dominé comme le général Drouot me domina. Les paroles du général Bertrand m'avaient frappé; je les répétai au général Drouot. Le général Drouot me dit : « Cela ne m'étonnne pas », et, avec une intention marquée, il me parla d'autre chose.

C'est avec quelque anxiété que je me présentai de nouveau à l'Empereur. L'Empereur s'en aperçut peut-être. Il me mit tout de suite à mon aise; ses premières paroles furent pour me demander des nouvelles de ma famille; il me dit des choses honorables pour ma femme. Il ne fut pas question d'affaires.

Je suivais la marche publique et privée dont je ne me suis jamais écarté : celle de la ligne droite. J'obligeais toutes les personnes que je pouvais obliger : j'avais beaucoup obligé; je ne marchais sur aucunes brisées; ainsi je ne faisais point de jaloux. Je pouvais croire que j'étais cher aux Elbois, particulièrement à ceux qui entouraient l'Empereur. Ainsi les affections ne me faisaient pas défaut. Il n'y avait sur l'île d'Elbe que le maire de Rio-Montagne qui pût chercher à me nuire. Ce n'est pas qu'il se déclarât mon ennemi, mais c'était une mauvaise nature que la reconnaissance humiliait, et que j'avais maintes fois sauvé de la prison, même depuis qu'il était chambellan de l'Empereur, j'entends de la prison pour cause de dettes commerciales. Puis il ambitionnait d'arriver à l'administration des mines.

Je ne pouvais pas douter de l'amitié du général Drouot.

M. Peyrusse me tenait en garde contre mes fredaines de vivacité et de susceptibilité; il continuait à être excellent (1).

---

(1) Comme le prouve entre autres choses la lettre que je transcris

La princesse Pauline était toute bonne pour moi.

Le général Bertrand ne pouvait plus aimer que sa femme et ses enfants. Mais son essence était celle d'un homme de bien, et homme de bien il était pour tout et pour tous, toujours disposé à éviter le mal.

Je savais positivement que l'Empereur avait répondu sévèrement à des demandes et des offres qui lui étaient adressées pour mon remplacement. Je savais surtout que son cœur si noblement filial avait résisté aux instances de sa mère en faveur de l'un de ses compatriotes. Je n'étais pas ingrat : j'aurais donné mon sang pour reconnaître ce que l'Empereur faisait pour moi, mais je ne pouvais pas lui donner ce que je considérais comme mon honneur.

Plusieurs mois s'étaient écoulés. Il ne pouvait pas convenir à la dignité de l'Empereur que ce débat d'argent se prolongeât indéfiniment : il prit la résolution d'y mettre un terme. Mais il voulut tenter un autre essai, et il chargea le général Bertrand de remplir auprès de moi la mission que M. le trésorier Peyrusse avait déjà remplie. Il faut remarquer que le général Bertrand ne m'avait jamais écrit un mot à l'égard de cette affaire, il s'était même abstenu de m'en parler : ce qui pouvait me faire penser qu'il ne m'était pas contraire. Lorsque le général Bertrand m'en parla pour la première fois, je venais d'être instruit que l'Empereur lui avait prescrit de « finir par « me donner en son nom un ordre de versement », et j'étais prêt à guerroyer. M. Peyrusse avait discuté les droits de l'Empereur. Le général Bertrand ne discuta rien. Je répète religieusement ses paroles. Il me dit : « Eh bien, êtes-vous

---

ici. J'avais dû faire deux rapports financiers à l'Empereur. J'avais prié M. Peyrusse de les remettre. Il m'écrivit immédiatement :

« Mon cher Pons, vous avez toujours l'air en colère; votre premier rapport est trop sec, et le second est d'un style acerbe. On a déjà observé qu'il y avait trop de raideur dans votre caractère. Votre diction s'en ressent. Voilà, mon ami, ma manière de voir, et je vous la témoigne, parce que je voudrais que vous plussiez en tout point, etc. »

« décidé à refuser le versement que l'Empereur vous de-
« mande ? » Et sur ma réponse affirmative, il se crut dispensé
de passer outre. Ce fut là tout ce qui eut lieu entre le général
Bertrand et moi. Cependant, j'appris que l'Empereur était en
colère. D'un autre côté, le trésorier Peyrusse, dans un élan
de loyauté, m'engageait à me tenir sur mes gardes, et il me
prévenait qu'il croyait être certain qu'un orage se formait.
J'attendais. Je n'attendis pas longuement : l'orage éclata.

CHAPITRE VIII

Deuxième visite de Napoléon aux mines de Rio. — Scène violente entre Napoléon et Pons. — Promenade en montagne. — Le champagne de l'Empereur. — Armistice. — L'avis de Lacépède. — L'abbé de Pradt, grand chancelier de la Légion d'honneur. — Pons en Toscane. — M. de Scitivaux. — Son opinion sur le retour prochain de l'Empereur en France. — Lettre de Pons à l'Empereur. — Nouvelle conversation. — Pons conquis par l'Empereur.

Le général Bertrand me donna l'avis officiel que l'Empereur voulait aller déjeuner aux mines, qu'il y ferait porter son repas, et il me pria de fournir ce qui pourrait manquer aux gens de la maison impériale. Par une seconde note, le général Bertrand me prévint qu'avant son déjeuner, l'Empereur voulait travailler chez moi, et il m'engageait à tout préparer.

L'Empereur arriva. Il répondit à peine à mes salutations respectueuses. Il prit place au bout d'une longue table; il me fit mettre au bout opposé. Le général Bertrand était à sa droite, M. le trésorier Peyrusse était à sa gauche. Le général Drouot s'était absenté.

Ici commence une scène dont le souvenir me trouble encore. Jusque-là, l'Empereur n'était pas entré sérieusement dans tous les détails de la possession des fonds qu'il me demandait. On lui avait dit, ou il s'était dit que ces fonds lui appartenaient; cela faisait sa loi, et il prétendait que cela devait faire aussi la mienne. Mais il ne m'avait expliqué sa prétention que par des paroles péremptoires.

La séance avait quelque chose de solennel. L'Empereur l'ouvrit en m'adressant ces paroles : « Le général Bertrand vous a transmis, il y a quelques jours, l'ordre que je vous donnais de verser les fonds que vous avez entre les mains, et vous avez refusé d'obéir. » Je lui répondis : « Je n'ai pas reçu cet ordre, mais si je l'avais reçu, je ne l'aurais pas exécuté, et je dois le dire à Votre Majesté. — Pourquoi cela ? » ajouta l'Empereur. Je lui répondis encore : « Parce que je ne fais jamais rien contre ma conscience. — Vous n'avez pas besoin ici d'en appeler à votre conscience, car il n'y a pas de question douteuse. Les propriétés gouvernementales, directement ou indirectement, que je trouve sur l'île d'Elbe, sont nécessairement à moi, et je vous demande de faire ce que tous les détenteurs des deniers publics ont fait, de me verser les fonds que vous avez en vos mains. — Je n'ai pas à m'occuper de ce que les autres font. Je parle pour moi. Jusqu'au 11 avril passé, le revenu des mines appartient à la Légion d'honneur, et je ferai tout ce que je pourrai pour qu'elle les reçoive. Je ne dois pas obéir à des ordres qui entraîneraient le sacrifice de mon honneur. — Vous ne pouvez pas penser que je veux sacrifier votre honneur. J'ai été directeur de parcs d'artillerie : lorsque je quittais, je rendais compte à ceux qui me succédaient, et je n'ai pas été déshonoré pour cela. — Vous rendiez compte à qui de droit. Mais que Votre Majesté veuille bien observer qu'elle n'est pas ici « qui de droit » pour moi. — Toute cette discussion me rappelle celles que vous avez eues avec la grande trésorerie de la Légion d'honneur. — Ce souvenir est heureux pour moi. J'en remercie Votre Majesté. Alors, je voulais économiser les fonds de la Légion d'honneur : aujourd'hui, je veux les sauver. — Vous ferez ce que je vous dis de faire. — Je ne le ferai pas. — Monsieur, je suis toujours Empereur ! — Et moi, Sire, je suis toujours Français ! »

L'Empereur s'était levé en me disant qu'il était toujours Empereur. J'avais imité son exemple en lui répondant que j'étais toujours Français, et alors il demanda ses chevaux. Ma réponse l'avait visiblement étonné et frappé.

J'ai réduit à quelques lignes un colloque qui dura une heure et demie. Cette discussion n'avait pas pu suivre son cours de nature bourrasqueuse sans des moments de vivacité, presque d'emportement, et je m'afflige quand je pense que l'Empereur fut peut-être plus modéré que moi. Toutefois, son raisonnement n'eut pas la profondeur ordinaire. Il était obligé à se tirer d'embarras en prenant la grosse voix de maître ; il avait pourtant fini par s'apercevoir que cette voix ne servait qu'à faire élever la mienne.

Le général Bertrand et le trésorier Peyrusse n'avaient pas ouvert la bouche. Le général Bertrand avait maintes fois haussé les épaules : ce haussement d'épaules semblait annoncer une désapprobation des paroles de l'Empereur. M. Peyrusse était triste et pensif.

L'Empereur était redevenu calme comme s'il n'avait éprouvé que de douces émotions. Il n'en était pas de même de moi. Je pouvais manquer de raison. J'en manquai deux fois coup sur coup.

On annonça que les chevaux étaient prêts. L'Empereur sortit tout de suite. Je ne le suivis pas. C'était un tort. Lorsqu'il fut monté à cheval, ne me voyant pas à sa suite, il me fit appeler par un officier d'ordonnance, et je ne prêtai pas beaucoup d'attention aux paroles de ce messager. Le général Drouot vint, il me dit gravement : « L'Empereur vous attend dans la rue. » Il n'en fallait pas davantage pour me rappeler à mon devoir. Je volai sur-le-champ au-devant de l'Empereur. Le général Drouot savait bien comment me prendre. Je fus soulagé de me retrouver avec lui.

Quel homme était-ce donc que l'Empereur ! J'étais convaincu qu'il devait être irrité. Cependant il me parlait sans aucune espèce d'amertume, il avait le sourire sur les lèvres. Je fis cette observation au général Drouot. Le général Drouot me dit : « Il est toujours sans fiel. Sa colère ne passe pas l'épi-
« derme. » Et il ajouta malicieusement : « Il n'est pas, comme
« vous, ému jusqu'au fond des entrailles. »

L'Empereur voulut grimper à pied une partie de la montagne. Il me fit marcher à côté de lui; il se mit deux fois à mon bras, et il s'appuya aussi sur un bâton. Cependant il se fatigua vite : il reprit son cheval. Nous l'imitâmes. Nos chevaux allaient lentement. L'Empereur m'accablait de toutes sortes de questions. Je répondais comme je pouvais, à tort et à travers. J'étais encore dans un état de fièvre ardente : je crois qu'il avait pitié de moi.

Nous arrivâmes sur le plateau de la montagne. Je m'aperçus que je n'étais pas désigné pour la table de l'Empereur : j'en eus une joie d'enfant.

On se mit à table. L'Empereur me fit asseoir auprès de lui. Cette bonté ne passa pas inaperçue : il y eut un mouvement de plaisir manifeste; tous les yeux de la suite impériale se portèrent affectueusement sur moi. L'Empereur ne cessa pas un seul moment de m'entourer de la plus douce bienveillance; il me pressa plusieurs fois de manger, et il me faisait servir avec exactitude. Il y avait à table une chose réservée pour lui seul; personne ne touchait à cette réserve. C'était du vin de champagne rosé, dont à la fin du repas il buvait la moitié d'un petit verre, et cette réserve venait de ce qu'il n'avait aucune provision de ce vin. L'Empereur m'en servit en me disant : « Prenez de ma gourmandise. » Néanmoins, tant et tant de condescendance ne parvenait pas à éteindre le brasier ardent qui me dévorait. L'amitié me blâmait, je me blâmais moi-même, et je continuais à ne pas répondre aux prévenances généreuses du grand homme. L'honneur m'aveuglait.

L'Empereur se leva. On lui servit le café; alors, avec une grâce qui fait encore tressaillir mon cœur, il m'offrit sa tasse : « Prenez, calmez-vous, car il n'y a pas de raison pour que « vous vous tourmentiez ainsi outre mesure. » Puis, se tournant vers le général Drouot, il lui dit en riant : « S'il connais- « sait nos grandes querelles, ou plutôt mes querelles, il ne « serait pas bouleversé comme il l'est. » Et le général Drouot ajouta en me regardant : « Vous pouvez croire ce que Sa Ma-

« jesté vient de dire. » L'Empereur donna la seconde tasse qu'on lui avait apportée au directeur des travaux des mines, vieillard extrêmement respectable qui, interdit, ne sachant de quelle manière remercier, lui dit, en parlant avec peine : « Vous faites comme notre père qui me le sert toujours. » Et, en effet, lorsqu'il mangeait chez moi, je me réservais le plaisir de lui verser moi-même sa tasse et son petit verre.

L'Empereur triomphait sans réserve. Il ne m'avait pas vaincu : je m'étais vaincu. Que l'on me dise quel est l'homme qui, à la place de l'Empereur, ne m'aurait pas brisé comme le verre. Sans doute il avait tort de vouloir prendre ce qui n'était pas à lui, mais il aurait pu s'en emparer par la force, et, même alors que mes refus pouvaient lui paraître un outrage, il ne voulut jamais écraser ma faiblesse.

En partant, l'Empereur me dit adieu, et il me tendit la main : c'était la première fois que cela lui arrivait.

Néanmoins, rien n'avait été décidé. L'Empereur n'avait pas dit qu'il renonçait à sa demande; je n'avais pas dit que je renonçais à mes refus; nous persistions. On pouvait comparer cela à un armistice.

Je n'avais rien perdu de mon énergie, mais ma colère était désarmée. J'aurais désiré que l'Empereur m'évitât de lutter encore. Dans ce tourment d'esprit, quoique le général Drouot m'eût prié de ne pas le mêler à ces tracasseries d'argent, j'invoquai la sagesse de ses conseils. Le général Drouot me répéta que, dans une affaire de conscience, il ne devait n'influencer ni pour ni contre, et il me fut impossible d'en tirer davantage. La Providence vint à mon secours.

M. de Lacépède était pour moi à Paris ce que le général Drouot était à Porto-Ferrajo : je lui confiais mes affaires, je le consultais. Je lui avais écrit en sa qualité de grand chancelier de la Légion d'honneur. J'avais aussi écrit au général Dejean, le grand trésorier. Mes dépêches officielles avaient sans doute péri dans le naufrage universel.

Lorsque la tempête fut un peu apaisée, je reçus une lettre de M. le comte de Lacépède, mais c'était une lettre particulière, et il m'apprenait qu'il n'était plus grand chancelier; en effet, l'abbé de Pradt lui avait succédé. J'avais tout dit à M. de Lacépède; il avait tout approuvé.

L'abbé de Pradt, grand chancelier de la Légion d'honneur! Rien ne pouvait mieux constater le renversement absolu du monde moral. C'était la honte des hontes. Il n'y avait qu'un gouvernement issu de la coalition des ennemis de la France qui fût capable d'un pareil choix. Ce fut le premier coup frappé pour démolir l'institution nationale de la Légion d'honneur, c'est de là que date sa décadence. L'abbé de Pradt se glorifiait hautement d'avoir livré son pays... Il m'aurait été impossible d'établir une correspondance suivie avec un homme de cette basse espèce. Il m'aurait été plus impossible encore de le reconnaître pour mon chef. Ma tâche d'administrateur des mines était remplie en ce qui concernait directement mes rapports officiels avec le grand chancelier. Et ce n'était plus qu'au grand trésorier à qui je devais m'adresser pour la disposition de la somme que j'avais eu le bonheur de recouvrer.

Le représentant légal de M. le grand trésorier était, pour moi, M. Scitivaux, receveur de l'administration des mines. M. Scitivaux me fit répondre que l'Empereur, suivant l'apparence, serait bientôt de retour à Paris, et que, s'il en était autrement, on lui retiendrait, sur les subsides qu'on devait lui payer, la somme qu'il aurait prise à la Légion d'honneur. C'était à Florence que je recevais cette réponse. J'avais demandé à l'Empereur de m'y rendre. L'Empereur m'avait confié une mission d'importance qui trouvera ailleurs sa place.

M. Scitivaux avait peur de se compromettre en m'écrivant : la poste n'était pas sûre. Son ami me disait : « Il ne peut pas aller à l'île d'Elbe braver l'Empereur, et s'il y allait sans le braver, c'est-à-dire sans emporter l'argent que vous lui remettriez, il deviendrait suspect aux gens qui maintenant gouvernent la France. » M. Scitivaux était sincèrement attaché à l'Empereur, il en avait donné des preuves dans les moments de détresse; mais il ne voulait pas perdre son emploi.

De retour à l'île d'Elbe, je confiai tout au général Drouot, et, comme moi, le général Drouot fut persuadé que rien ne s'opposait plus à l'exécution des ordres de l'Empereur. M. Scitivaux avait annoncé sa prochaine arrivée à Florence. J'attendis plus que le temps indiqué. J'avais épuisé tous les moyens honorables pour qu'aucun blâme ne pût m'atteindre. J'en appelais sans crainte à ma conscience. Après tant de tourments, je touchais au rivage.

Le général Drouot et moi, nous décidâmes de ne parler à l'Empereur que lorsque je n'attendrais absolument plus rien de M. Scitivaux.

Il s'était écoulé quelques semaines depuis l'orageuse discussion de Rio. L'Empereur était intrigué du silence que je gardais depuis mon retour.

La méfiance de l'Empereur s'arrêtait bien quelquefois devant la probité, mais on la retrouvait partout. Je devais subir la loi commune.

Le maire de Rio-Montagne avait ordonné à un de mes employés de surveiller secrètement si je ne faisais pas des préparatifs de départ. On sait que ce maire était chambellan : il avait prescrit au nom de l'Empereur. Je ne crois pas que l'Empereur lui eût donné expressément une si sotte mission.

Le général Drouot m'avait dit : « L'Empereur ne me parle que très rarement de votre affaire; moi, je ne lui en parle pas du tout! » Le général Bertrand s'abstenait autant qu'il lui était possible de s'abstenir. L'Empereur chargea M. Peyrusse de m'écrire une lettre, dans laquelle il me faisait demander l'état bien circonstancié des sommes qu'il voulait s'approprier.

M. Peyrusse n'avait pas su, du moins par moi, ma course à Florence, et il ignorait aussi la décision que j'avais prise d'effectuer le versement que l'Empereur me demandait.

J'écrivais à l'Empereur, lorsque je reçus la lettre de M. Peyrusse. Cette lettre était d'une longueur extrême; elle finissait ainsi : « Votre délicatesse, votre loyauté, votre attachement à Sa Majesté lui sont trop connus, pour qu'elle puisse douter que vous ne vous empresserez pas de ne rien lui laisser désirer sur tous les points dont j'ai reçu ordre de vous entretenir. » L'Empereur fit effacer le mot *attachement*, il voulut que M. Peyrusse le remplaçât par le mot *dévouement*.

Je répondis sur-le-champ à l'Empereur. Il put se convaincre que je n'avais pas besoin de réfléchir « pour ne rien lui laisser « désirer ». Il confia ma lettre à M. Peyrusse. M. Peyrusse m'écrivit confidentiellement : « Mon cher ami, me disait-il, j'ai fait briller dans tout leur éclat, l'extrême délicatesse et la probité scrupuleuse que vous avez mises dans vos derniers comptes. Sa Majesté a été satisfaite. Elle m'a écrit la lettre ci-jointe que je m'empresse de vous envoyer par une ordonnance que me fournit le général Drouot, qui a autant de plaisir que moi à voir la justice qui vous est rendue... Que Sa Majesté, dans vos entretiens, ne s'aperçoive pas de nos communications... Parlez-lui de votre disette de blé. Il faut enfin qu'il sache qu'on prend pour s'en procurer les moyens les plus lents, les moins accréditants et les plus dispendieux. »

La lettre que M. le trésorier Peyrusse me faisait passer avait rapport à une combinaison administrative, à l'occasion de laquelle l'Empereur voulait me consulter.

L'Empereur s'était grandement trompé en prenant à cet égard [d'autres mesures] que celles qui, jusqu'alors, avaient habituellement [été] prises. Le général Bertrand n'avait rien de ce qu'il fallait pour ces sortes d'opérations. Il nous aurait innocemment conduits à la famine.

Cette fois, pressé que j'étais, je ne communiquai pas au général Drouot la réponse que je faisais à l'Empereur, et il comprit que je n'avais pas pu faire autrement :

« Sire ! J'ai obéi aux ordres que Votre Majesté m'a adressés par son trésorier. Mon obéissance n'a été commandée ni par la crainte de perdre mon emploi, ni par l'espérance de le conserver : Votre Majesté sait que j'y avais renoncé volontairement. En obéissant, je n'ai pas même consulté mon dévouement pour Votre Majesté, et rien n'a agi sur moi en dehors de l'honneur. Le gouvernement royal de la France me blâmera sans doute, mais je suis en règle, et ma conscience ne me reproche rien, ce qui est l'essentiel pour moi.

« L'île était en insurrection. Je dus me retirer à Porto-Ferrajo. Je quittai Rio-Marine le 15 mars. Mais avant de partir j'expédiai tout le minerai qui était sur la plage, et cette opération doit prouver à Votre Majesté que je sais veiller aux intérêts qui me sont confiés. Les insurgés n'attendaient que mon départ pour se partager la propriété de la Légion d'honneur.

« Prêt à retourner en France, je dus ne pas faire connaître officiellement, même à Votre Majesté, quelle était ma véritable situation, parce que j'avais à craindre que Votre Majesté ne fît alors ce qu'elle fait aujourd'hui, c'est-à-dire ne me demandât des fonds dont j'étais au moins moralement responsable envers la Légion d'honneur, et que la Légion d'honneur avait le droit de réclamer. Cependant je faisais en même temps tout ce qu'il m'était possible de faire pour être autorisé à verser légalement dans les caisses de Votre Majesté. Je crois pouvoir maintenant agir de la manière que [je] juge la plus convenable, en restant toujours dans la ligne du droit et du devoir. Voilà tout le mystère de ma conduite.

« Oui, Sire, — et je prie Votre Majesté de me pardonner cette continuité de franchise qui n'a jamais été et ne sera jamais de la ténacité, — je crois encore toujours bien fermement que je ne dois des comptes qu'à la Légion d'honneur, que Votre Majesté ne peut pas remplacer. Et si, par la force des circonstances, j'agis contrairement à cette opinion, c'est que je suis moralement convaincu que, par ses reçus, Votre Majesté se met en mon lieu et place, et que, si quelqu'un s'avisait de m'attaquer, Votre Majesté se hâterait de me défendre, car elle ne voudrait pas que je fusse la victime d'une obéissance tant et tant disputée. »

Tout n'était pas fini. L'Empereur était moins tenace dans les grandes affaires d'État que dans les petites affaires de susceptibilité.

M. Peyrusse me transmettait une lettre que l'Empereur lui écrivait pour m'en donner connaissance. L'Empereur me blessait ainsi dans ma délicatesse, car ce qu'il demandait par cette lettre, il pouvait et devait me le demander directement. Ce qu'il faisait ici avait tout l'air d'une réminiscence, quant à ma prétention de travailler directement avec lui. Je voulus tout de suite m'en expliquer avec le général Drouot, puis avec l'Empereur. L'Empereur me renvoya à un autre moment. Cet autre moment venu, il me reçut. L'Empereur avait dit dans sa lettre *qu'il voulait me consulter*. Cette consultation de prétexte se borna à quelques paroles sur les moyens les plus faciles pour assurer le recouvrement des créances. Sa manière était calme, même douce, sans pourtant être expansive, et visiblement quelque chose préoccupait son esprit. Lorsqu'il m'eut entretenu de ses affaires, je voulus lui parler des miennes, et je lui en demandai la permission. Il me dit en souriant, mais d'un sourire qui avait plutôt quelque chose de sérieux que quelque chose de gai : « Je ne suis pas disposé aujourd'hui à « m'occuper de tracasseries, et nous renverrons la chose à un « autre jour. » Certainement le général Drouot avait parlé. L'Empereur se retira.

J'avais fait à l'Empereur un sacrifice que je considérais comme immense, et, pour me récompenser, il semblait ne se rappeler que des (*sic*) discussions qu'il appelait des *tracasseries*. Il y avait là vraiment de quoi me désorienter. Toutefois, l'Empereur s'était exprimé sans aucune apparence de mauvaise humeur. J'eus un autre étonnement : lorsque l'Empe-

CHAPITRE VIII.

reur fut le sur seuil de la porte, il se tourna vers moi pour me dire d'une voix interrogative : « Vous étiez au siège de Toulon? » et sans attendre ma réponse, il passa dans le salon.

Cette séance ne me fit pas faire un pas dans la voie du mieux, et j'étais fort contrit lorsque j'eus quitté le palais impérial.

J'allai droit à ma ressource universelle : le général Drouot avait, dans sa parole d'honnête homme, un baume qui cicatrisait les plaies de l'âme lorsqu'il ne les guérissait pas. Mais ici il se borna à me dire : « Dans la situation de l'Empe-
« reur, je respecte tout ce qu'il fait, quelque chose qu'il
« fasse. » Je compris la leçon.

J'éprouvais un regret amer : ce n'était pas d'avoir versé les fonds de la Légion d'honneur, mais de n'avoir pas insisté pour ma démission. Le mot de *tracasseries*, alors que je m'attendais à des paroles de gratitude, m'avait frappé au cœur.

Trois ou quatre semaines s'étaient écoulées sans que j'eusse mis le pied au palais de l'Empereur. Tout le monde s'apercevait que l'orage n'était pas complètement dissipé. Le général Drouot n'avait rien fait ni rien dit pour que je misse un terme à cette désertion apparente. Cette abstention n'était pas naturelle. J'y voyais la preuve qu'il approuvait ma réserve. Il venait régulièrement me voir; ma maison était son lieu de repos. Un matin, il me dit : « L'Empereur m'a demandé si vous étiez malade; cela signifie qu'il fait attention à votre absence, qu'il n'en est pas content. Je suis bien sûr que si vous n'y allez pas, il vous fera appeler. » Je répondis au général Drouot que j'attendrais que l'Empereur m'appelât. Le général Drouot se tut. C'était continuer l'approbation qu'il donnait à ma conduite. La chose était désormais ainsi établie : l'Empereur disait au général Drouot ce qu'il ne voulait pas me dire lui-même. De mon côté, je confiais au général Drouot tout ce qu'il m'importait de communiquer à l'Empereur.

Ma maison, à Porto-Ferrajo, était adossée aux remparts qui

entourent le port, et, pour l'agrément de ma famille, le général Drouot, en sa qualité de gouverneur de l'île d'Elbe, avait eu la complaisance de me faire ouvrir une porte qui donnait sur le chemin de ronde. Je planais donc sur le port : je pouvais voir tout ce qui s'y passait.

L'Empereur aimait à faire une promenade matinale sur les quais. Un jour que du haut des remparts je le contemplais dans sa noble simplicité, il m'aperçut et il me fit signe d'aller le trouver. La promenade fut plus longue que de coutume; il m'engagea à déjeuner avec lui, et je continuai à le suivre.

Lorsque le déjeuner fut terminé, l'Empereur me dit : « Je voulais vous entretenir aujourd'hui, mais le courrier m'ayant apporté d'autres occupations, je vous renvoie à demain, et il ne sera plus question de tracasseries. » L'Empereur prononça ces derniers mots en riant. Il n'y avait pas de doute que le général Drouot avait répété ma plainte.

Je fus exact à l'heure indiquée. L'Empereur était dans son cabinet : il avait pris son air de séduction; il me reçut parfaitement. Il commença ainsi :

« Tout est fini maintenant. Toutefois, je veux vous dire ou vous répéter ma pensée; elle vous sera d'ailleurs un motif de sécurité. Vous avez méconnu mon droit, vous avez exagéré vos devoirs, et, dans l'exagération de vos devoirs, vous êtes allé jusqu'à me menacer. »

Ce mot de *menace* me fit frémir. L'Empereur s'en aperçut. Il continua :

« Ne vous effrayez pas de ce mot : mais dire à M. Peyrusse, même en plaisantant, que « vous jetteriez les grenadiers par la croisée », c'était me faire comprendre que je devais me tenir sur mes gardes, et que, si cela vous était possible, vous opposeriez la force à la force. Heureusement que j'ai été plus sage et plus modéré que vous. Mon droit me mettait d'abord en possession de tout ce qui dans l'île d'Elbe était gouvernemental, sauf à écouter ensuite les réclamations. La Légion d'hon-

neur est une émanation gouvernementale. Vos devoirs étaient subordonnés à mon droit. C'était à moi à juger la question de ce que vous deviez faire. Je crois que vous vous êtes laissé séduire par les attraits d'une intégrité républicaine. Néanmoins, malgré l'entêtement de votre résistance, quelquefois dure, votre conduite vous a acquis ma confiance, et lorsque l'occasion s'en présentera, je vous en donnerai des preuves. »
L'Empereur m'adressa l'extension de toutes ces belles choses (*sic*) sans respirer une seule fois. Il y avait vraiment de l'éloquence dans son abandon. Je croyais qu'il y avait aussi des paradoxes. Je lui demandai la permission de lui faire quelques observations. L'Empereur me dit : « Ne discutons pas. Ce serait sans utilité. J'ai voulu vous faire connaître mon opinion et je veux vous laisser libre de la vôtre. Il ne faut discuter que lorsque les discussions sont indispensables. »

Alors l'Empereur passa à d'autres raisonnements. La diversité des choses qu'il embrassait le conduisit à me parler de dangers possibles, et, me permettant de l'interrompre, je lui dis : « Au moment du danger, Sire, il n'y aura personne entre Votre Majesté et moi. » L'Empereur eut alors un de ces regards suprêmes qui surprennent ou intimident toutes les énergies. Mes paroles ne furent pas perdues pour lui. L'Empereur continuait ; je l'écoutais avec avidité. Il m'entretenait des caractères qu'il voyait autour de lui ; il faisait des comparaisons ; j'étais mêlé à ces comparaisons. Je l'étonnai encore en l'interrompant par ces paroles : « Je prie Votre Majesté de ne me comparer qu'au général Drouot. » L'Empereur eut de suite un autre de ces regards indicibles dont je viens de parler. Mais il avait mal saisi ma pensée, car en la rendant au général Drouot, il lui avait dit : « Pons se croit au-dessus de tout le monde, excepté au-dessus de vous », et je ne m'étais certainement pas exprimé de cette manière. Je n'ai jamais pu comprendre pourquoi l'Empereur avait ainsi tourné mes paroles. Je n'entendais parler que du caractère. Je croyais que le caractère du général Drouot était le caractère dont le mien se rapprochait le plus. Le général Drouot me prévint que ma franchise pourrait heurter des susceptibilités. Il avait raison : une susceptibilité apparut aussitôt, je la trouvai souvent sur mon passage ; quelquefois même elle chercha à me le barrer. Mais elle avait un grand fonds de justice et de bonté. C'était plus qu'il n'en fallait pour paralyser des impressions déraisonnables.

L'Empereur avait été ce qu'il était toujours dans les tête-à-tête sans discussion, plein de profondeur et de grâce, car personne au monde n'avait plus de savoir et plus d'amabilité que lui, lorsqu'il ne voulait être qu'aimable et savant. Un Anglais qui l'avait écouté avec admiration me disait : « Le général Kléber avait raison de lui adresser en Égypte ce bel éloge : « Vous êtes grand comme le monde », et ce n'est qu'ici à l'île d'Elbe, que j'ai pu justement me pénétrer d'une vérité aussi bien appliquée. » On apprenait toujours à ses raisonnements, surtout alors qu'il s'animait en traitant des questions d'État. Je ne l'ai jamais quitté, après une conversation sérieuse, sans avoir à me dire : « Je sais telle chose que je ne savais pas. »

Les dernières choses d'extrême bonté que l'Empereur m'avait dites remplissaient trop mon cœur pour que je cherchasse à revenir sur la question de mon travail direct avec lui. L'Empereur comprit le motif de mon silence ; il me fit appeler pour travailler. Il me fut permis de penser qu'il avait confiance en moi.

L'affaire de l'argent était enfin consommée. Je n'avais qu'à m'entendre avec le trésorier de la couronne pour les versements que je devais effectuer. Le trésorier m'en fit des reçus circonstanciés : nous voulions mutuellement être en règle.

Je rentrai en France avec l'empereur Napoléon.

Le grand chancelier de la Légion d'honneur, le vénérable comte de Lacépède m'avait conservé toute la plénitude de son amitié, et il y mêlait peut-être même un peu plus de tendresse. Il ne mit aucune réserve aux éloges qu'il donna à ma conduite, il en parla avec enthousiasme à l'Empereur. L'Empereur eut la bonté de me le dire. Tous les employés de la grande chancellerie m'accueillirent avec une extrême affection, et je me retrouvai dans ma famille officielle.

Après la funeste bataille de Waterloo, je dus forcément abandonner mon pays. Après un long exil, je revins habiter la capitale. Alors je voulus rendre compte de ma conduite administrative. M. de Lacépède m'accompagna chez M. le maréchal Magdonnald (*sic*). Le maréchal me reçut comme une vieille connaissance. Il ne voulut pas que je rendis (*sic*) un compte public; il prétendait que ce serait attaquer la mémoire de l'Empereur. M. de Lacépède était à peu près de cet avis. Ils m'engagèrent à me taire. Il fut convenu que M. de Lacépède m'écrirait une lettre de satisfaction bien motivée. En effet, il m'écrivit, et je copie sa lettre.

« Je saisirai toujours avec bien de l'empressement les occasions de remplir un devoir cher à mon cœur en rendant justice à votre habileté dans l'administration, à votre intégrité et aux grands services que vous avez rendus à la Légion d'honneur, pendant que j'étais chancelier de cette institution. Vous avez particulièrement administré d'une manière bien remarquable les fameuses mines de l'île d'Elbe qui appartenaient à notre ordre; vous y avez créé un grand et bel établissement, construit un grenier d'abondance, de grands magasins, des maisons d'habitation destinées aux employés, fait le bonheur des ouvriers et de leurs familles qui vous regardaient comme leur père, donné à la Légion d'honneur un revenu extrêmement supérieur à celui qu'on avait retiré auparavant de ces mines, et répandu dans Rio une telle activité que les habitants y ont élevé plus de soixante maisons et fait construire trente navires marchands.

« Je me félicite de pouvoir vous assurer de nouveau de la

reconnaissance que vous avez inspirée à tous les amis de notre ordre..... »

Lorsqu'il avait été question de diminuer mes appointements, j'avais dit que, si l'on y touchait, je me retirerais, et si l'on y avait touché, j'aurais tenu parole. Mais lorsque je n'eus plus rien à craindre des tempêtes, malgré l'opinion contraire du général Drouot, je demandai à l'Empereur, je lui demandai avec prière de diminuer mes émoluments comme il avait diminué ceux des autres employés, et l'Empereur s'y refusa péremptoirement! Je voulus insister : il m'ordonna *de ne plus lui parler de cette niaiserie.*

CHAPITRE IX

Promenades de Napoléon dans l'île d'Elbe. — Pétitions singulières. — Un *confrère* de l'Empereur. — Opinion sur le colonel Campbell et le général Koller. — Conversation de Napoléon sur la campagne de France. — Révélation du maréchal Bubna sur la paix de Dresde. — Rôle ambigu du capitaine de Moncabrié. — Retour en France des Français de l'île, du général Dalesme et du colonel Vincent. — Arrivée de la garde. — Arrivée de la princesse Pauline. — Organisation des résidences impériales. — San-Martino. — Saisie des meubles du palais de Piombino et du prince Borghèse. — Expédition de vaisseaux chargés de minerais en Toscane. — Reconnaissance du pavillon elbois par le Saint-Siège. — Hostilité du prince de Canino. — Visite détaillée de l'île d'Elbe par Napoléon. — Exploitation des madragues et salines. — Carrières de marbre. — Établissement d'ateliers de sculpture. — Les sculpteurs Bartolini et Bargigli.

Il restait à l'Empereur à visiter le front de terre de la place de Porto-Ferrajo; il fit cette visite avec le colonel Vincent. Ce front est très difficile à parcourir. L'Empereur était visiblement fatigué. C'était une journée de tristesse bien apparente. On le pria de rentrer; il répondit : « qu'il ne fallait jamais « reculer devant le premier embarras ». Du haut du balcon, il demanda des renseignements sur les montagnes qui l'entouraient, et, lorsqu'on l'eut satisfait, il dit d'un ton pénétré : « Notre île d'Elbe est une bien petite bicoque. »

Au milieu d'un travail qui paraissait absorber tout son esprit, l'Empereur fut prévenu qu'une frégate anglaise approchait de la rade, et, dans la persuasion que cette frégate amenait sa sœur bien-aimée la princesse Pauline, avec une hâte de jeune homme, il se rendit au port où il prit une embarcation pour aller à la rencontre de la princesse. L'attente de l'Empereur fut trompée, ce qui l'affligea visiblement. Je ne puis pas me rendre compte que les ennemis de l'Empereur aient pu parvenir à faire croire qu'il était absolument dénué de sensibilité.

Ce qui pourrait prouver que le baron Galéazzini n'avait pas tout à fait tort d'ouvrir une route carrossable de Porto-Ferrajo à Marciana, c'est que maintenant l'Empereur met un grand intérêt à ce que cette route soit perfectionnée le plus tôt possible, et que chaque jour il se fait rendre compte de l'état des travaux. Il est vrai de dire que les circonstances ne sont pas les mêmes. La route de Longone est unie comme une glace; il en est de même de celle qui contourne le golfe. L'Empereur fait faire des études pour continuer jusqu'à Rio le chemin qui va jusqu'à Longone. Ensuite, il voudra aussi aller en voiture jusqu'à Campo. Maintenant, bien des choses le gênent. Il est obligé de monter en voiture au milieu de la place; il ne peut pas sortir de la ville par la porte de terre, les pétitionnaires le poursuivent, et les malheureux lui présentent des bouquets pour avoir de l'argent. Il disait : « Je suis forcé « de ne rien donner à ces pauvres gens, car raisonnablement « si je leur donne, je ne pourrai plus sortir sans les avoir sur « les épaules, ce qui serait lourd. » En parlant de pétitions, il faut que j'en cite une qui a son cachet d'originalité, et qui était l'œuvre d'un pharmacien français. Ce pharmacien était marié à Longone; il avait été destitué, il demandait à être réintégré; sa famille inspirait beaucoup d'intérêt. J'en avais parlé à l'Empereur. Le pharmacien présenta sa pétition; elle commençait ainsi : « Sire, il m'est arrivé comme à vous. J'ai « été destitué sans le savoir et sans le vouloir, vous pouvez « m'en croire. » L'Empereur ne voulut pas en entendre davantage : « Puisqu'il en est à deux de jeu avec moi, il ne faut pas « qu'il meure de faim. » Et le pétitionnaire excentrique fut placé d'une façon plus appropriée à la faiblesse de son talent. A l'occasion de ce pharmacien, l'Empereur dit : « Il ne con- « vient pas à l'honneur de la France qu'un Français marié

« dans l'île jette sa femme et ses enfants dans la misère. Ce
« serait un exemple nuisible. »

La promenade à pied sur la grande route qui entourait le
golfe de Porto-Ferrajo était, pour l'ordinaire, le rendez-vous des
étrangers qui n'étaient pas présentés à l'Empereur, des Elbois
qui voulaient le voir, et de toutes les personnes qui avaient
besoin de l'entretenir. L'Empereur s'arrêtait facilement, causait volontiers, et ce n'était que dans ses moments d'inquiétude
qu'il ne se prêtait pas aux désirs des gens qui l'attendaient.
L'Empereur n'aimait pas les individus qui, suivant son expression, « viennent de suite vous manger dans la main », et avec
ces individus, il prenait un air de supériorité qui avait la
puissance de tout intimider. Il se plaisait avec les personnes
qui parlaient librement des choses qu'elles savaient, et il ne
cherchait pas à les interrompre. Il avait des attentions marquées pour ne pas augmenter l'état pénible de ceux qui étaient
troublés en lui adressant la parole. Il était extrêmement
satisfait lorsqu'il était sûr d'avoir une supériorité marquée
dans une conversation.

Le colonel Campbell, commissaire de la coalition, comme
représentant de l'Angleterre, resta à l'île d'Elbe pour surveiller l'Empereur. Le général Koller, représentant de l'Autriche,
va nous quitter.

Depuis le départ de Fontainebleau, le général Koller a entouré
l'Empereur de respect. Lors des périls sans nombre qui marquèrent le passage de l'Empereur dans la Provence, le général
Koller fut toujours prêt à lui faire un rempart de son corps, et
rien ne manqua aux sentiments d'indignation que lui inspirèrent
les sauvages sanguinaires de cette contrée. Le général Koller
est à côté de l'Empereur toutes les fois que l'Empereur désire qu'il y soit, et l'Empereur le désire souvent. On a fait parler le général contre l'Empereur : c'est une infamie. Le général Koller ne peut pas avoir été à Vienne en sens inverse de
ce qu'il a été à Porto-Ferrajo. On lui prête des invectives

contre l'Empereur, un langage d'opposition à l'Empereur dans une conversation de soirée. Ce qu'on lui fait dire est précisément le contraire de ce qu'il a dit. J'ai été témoin oculaire et auriculaire de cette conversation. Voici ce que j'ai écrit à cet égard, il y a plus de trente ans. Je me copie fidèlement :

« Jusqu'à cette soirée, l'Empereur avait paru ne pas aimer qu'on l'entretînt de guerre ou de politique, et aussi l'on se gardait bien de lui en parler. Le général Koller et le colonel Campbell étaient invités à dîner. Le dîner fut triste parce que l'Empereur était triste. Les journaux firent cesser l'espèce de monotonie silencieuse qui régnait dans le cercle. Ils parlaient d'un mouvement des troupes alliées. Cela amena une discussion militaire. D'abord l'Empereur laissa dire, puis il jeta quelques paroles, ensuite il se mêla à la conversation dont il devint immédiatement le centre; il s'anima, et animé, entraîné, il raconta l'immortelle campagne de France. L'Empereur précisait toutes les positions, tous les mouvements, toutes les affaires, tous les combats, toutes les batailles. Il indiquait les jours et les heures. Chaque fois qu'il faisait le récit de ces actions, où, avec une poignée d'hommes, il avait vaincu des divisions entières, il s'adressait plus particulièrement au général Koller: « Parlez, Koller, reprenez-moi, si je ne suis pas vrai. » Enfin l'Empereur en vint au moment où l'ennemi était sous les murs de la capitale. « Votre armée, dit-il, toujours en s'adressant au général Koller, votre armée était perdue, si le maréchal Marmont n'avait pas trahi. » Et de suite, entrant dans les détails stratégiques, il continua : « Par telle manœuvre, je vous avais séparés de vos parcs, de vos magasins; par telle autre manœuvre, si Marmont était resté fidèle, je paralysais vos opérations, j'avais le temps de me rendre à Paris, d'en faire barricader les rues, d'y retremper l'esprit public, d'opérer une levée en masse, de me faire joindre par tel et tel corps, et alors, tout combiné, maître des hauteurs, libre de vous attaquer à volonté, je vous livrais bataille dans tel endroit, dans telle situation, je vous écrasais et je vous rejetais au delà de la Vistule... » L'Empereur prononça ces dernières paroles avec tant d'énergie, d'animation, de feu; sa gesticulation était si expressive, que le général Koller et le colonel Campbell semblèrent un moment se croire transportés sur les bords du fleuve lointain.

« Tout le monde était ému. Le général Koller ne cachait pas sa sensibilité.

« Après un assez long intervalle de méditation, l'Empereur reprit avec plus de calme, mais non pas sans agitation : « Si je n'avais été qu'un misérable aventurier plus occupé du soin de conserver ma couronne que du besoin de donner des preuves de mon amour pour la patrie, malgré les trahisons qui m'avaient fait tant et tant de mal, malgré la lassitude des maréchaux qui, depuis nos malheurs, rêvaient les délices de Capoue, — ce qui a aussi influé sur nos destinées, — il me restait assez de moyens pour faire encore pendant deux ans la guerre intérieure, et les ennemis eux-mêmes ne peuvent point en disconvenir. Mais j'ai mieux aimé me sacrifier que d'ajouter aux infortunes de la France. La France est tout pour moi. La postérité, qui seule pourra me juger, me bien juger, dira que tout ce que j'ai fait, je l'ai fait pour la gloire du nom français. Que le peuple français soit heureux, voilà désormais mon vœu le plus cher! » Le général Koller convint que l'Empereur aurait pu longuement faire la guerre.

« De la guerre on passa à la politique. Le colonel Campbell dit que ce qui l'avait le plus étonné dans le changement qui s'était opéré, c'était le choix des Bourbons pour régner sur la France, et l'Empereur lui répondit : « C'est pourtant votre « gouvernement qui l'a voulu ainsi. » L'Empereur continua à raisonner sur les Bourbons; alors il était entièrement calme.

« Les Bourbons, dit-il, ne convenaient plus à la France où ils n'ont pour eux que quelques vieilles perruques sans influence, et qui bientôt, par le ridicule de leurs vieilles prétentions, leur feront plus de mal que de bien. Mais puisque les intérêts de l'Angleterre exigeaient cette résurrection, Louis XVIII aurait dû prendre la France comme on la lui donnait, avec les institutions et les habitudes nationales, et ne pas chercher à l'affubler de vieux vêtements qui ne vont plus à aucune taille. Il a fait autrement. Eh bien, je le lui prédis, dans vingt-cinq ans, il ne sera pas plus assis sur le trône que ce qu'il l'est maintenant, et si, dans cet intervalle, quelque ouragan révolutionnaire tourbillonne autour de lui, il ira retrouver *ses amis les ennemis.* »

Le lendemain de cette soirée mémorable, le général Koller me fit visite, et il me trouva racontant à l'intendant Balbiani tout ce que je viens de narrer. Nous lui demandâmes son opinion. Le général Koller nous assura que l'Empereur avait été vrai ; il ajouta en riant : « Il m'a fait peur lorsqu'il a parlé de jeter les armées au delà de la Vistule, et j'en ai rêvé toute la nuit. »

En 1820, lorsque les proscripteurs me permirent de quitter l'Illyrie pour aller m'établir en Suisse, je traversai Milan et j'appris au feld-maréchal Bubna tout ce qui était relatif au général Koller. Le feld-maréchal Bubna me pria de le lui donner par écrit, parce qu'il voulait le faire passer au brave général Koller. Cet entretien, qui dura deux heures, eut une chose qui appartient à l'histoire générale de l'empereur Napoléon. Le feld-maréchal me dit avec abandon en m'autorisant à le répéter : « A Dresde, l'empereur Napoléon avait positivement adhéré à l'*ultimatum* des puissances coalisées, et je puis le crier sur les toits, car je fus chargé de porter cette adhésion à l'empereur d'Autriche. C'est donc nous qui, alors, n'avons pas voulu la paix. » Une dame anglaise était présente, je crois que c'était lady Kinair (*sic*).

Le général Koller savait les fâcheuses discussions qui me brouillaient avec l'Empereur, mais il ne faisait pas comme son collègue, il ne me donnait pas toujours aveuglément raison. Cet honnête homme nous quitta. L'Empereur lui dit les choses les plus honorables; les amis de l'Empereur l'accompagnèrent de leurs vœux. Cependant il n'avait resté que très peu de temps avec nous; il était Autrichien et représentait la coalition. Mais sa probité l'avait vieilli dans nos rangs, elle effaçait à nos yeux ce qu'il était et à qui il était.

L'article 16 du traité de Paris portait : « Il sera fourni une corvette et les bâtiments nécessaires pour transporter Sa Majesté l'empereur Napoléon et sa maison, et la corvette appartiendra en toute propriété à Sa Majesté l'Empereur. »

Le président du gouvernement provisoire de la France, duquel il est permis de tout penser et de tout croire, n'avait pris aucune mesure de prévoyance pour la sûreté de l'Empereur depuis son départ de Fontainebleau jusqu'au moment où il s'embarquerait, et peut-être espérait-il que, dans le déchaînement des passions méridionales, l'Empereur trouverait d'autres assassins auxquels il ne pourrait pas échapper, comme il avait échappé à ceux de la forêt de Fontainebleau. Mais il n'avait pas oublié de prendre les précautions nécessaires pour que l'éloignement de l'Empereur n'éprouvât aucune espèce de retard. En conséquence, la frégate *la Dryade*, commandée par M. de Montcabrié, capitaine de vaisseau, et le brick *l'Inconstant*, commandé par M. de Charrier-Moissard, capitaine de frégate, reçurent l'ordre de se rendre à Saint-Tropez, pour y embarquer l'Empereur et sa suite.

Le colonel anglais Campbell s'était séparé de l'Empereur à Lyon et avait pris les devants pour aller faire préparer les moyens de transport nécessaires au cortège impérial. Le colonel Campbell avait envoyé une frégate anglaise à Fréjus. Les deux bâtiments de guerre français exécutant leur mandat s'étaient rendus à Saint-Tropez, et leur but fut manqué. Ce n'était pas là où l'Empereur devait s'embarquer. Néanmoins, MM. de Montcabrié et de Charrier-Moissard appareillèrent pour Fréjus dans l'espérance de pouvoir accomplir leur mission ; mais à leur arrivée à Fréjus, ils trouvèrent que la frégate anglaise embarquait les équipages impériaux.

M. de Montcabrié se rendit auprès de l'Empereur. Rien ne fut changé aux dispositions qui avaient déjà reçu un commencement d'exécution. La *Dryade* et l'*Inconstant* retournèrent à Toulon.

Il y a eu bien des versions sur cet événement. Voici ce qu'il y a de plus vrai : l'Empereur ne s'était pas occupé des moyens maritimes de transport ; lorsqu'il sut que ces transports étaient français, il parut affligé de quitter la patrie sur des bâtiments portant la bannière blanche ; cependant il ne les refusa pas. Mais les commissaires des puissances alliées, dans un sentiment de convenance, prévinrent la peine de l'Empereur.

On a publié aussi que l'Empereur avait proposé à M. de Montcabrié et à M. de Charrier-Moissard de continuer leur voyage à la suite de la frégate anglaise : c'est une assertion de toute fausseté. M. de Montcabrié, qui commandait, était fort embarrassé. Il craignait des reproches, et il consulta le général Bertrand, qui lui-même consulta l'Empereur. L'Empereur répondit « qu'il ne pouvait jamais convenir au pavillon français de marcher à la traîne du pavillon anglais », ce qui décida la question. Je tiens ce fait de M. de Montcabrié lui-même : il me l'a raconté à l'île d'Elbe ; il me l'a répété à Paris.

Environ un mois après, la frégate *la Dryade* et le brick *l'Inconstant* mouillèrent à Porto-Ferrajo. La *Dryade* devait ramener en France les anciens états-majors, ainsi que les anciens employés supérieurs de l'île, et l'*Inconstant* y restait comme propriété de l'Empereur.

Un bâtiment marchand de Rio-Marine avait déjà transporté à Toulon les différents débris des anciennes garnisons et tous les bagages officiels dont le gouvernement français avait le droit de réclamer la propriété.

Il y avait sur la rade de Porto-Ferrajo la goélette *la Bacchante*, commandée par l'enseigne de vaisseau Salvi, parent du maréchal Masséna, et que l'Empereur avait accueilli avec bonté. Il y avait aussi l'aviso *la Bacchante* (sic), commandé par l'enseigne de vaisseau Taillade.

Le général Drouot représenta l'Empereur pour la prise de possession du brick.

L'île d'Elbe n'avait aucun marin capable de commander le bâtiment amiral du nouveau souverain elbois. L'Empereur en donna le commandement à l'enseigne Taillade. Ce choix pour ainsi dire forcé (M. Taillade avait épousé une Elboise et habitait l'île) ne fut pas heureux. L'enseigne Salvi aurait été nommé, — l'Empereur même le lui offrit en raison de ce qu'il le croyait parent du maréchal Masséna, — mais il craignit de déplaire à son parent : Masséna était le prétexte, le culte du soleil levant était le motif réel. Le maréchal Masséna me le disait dans les Cent-jours : il était fâché que son parent se fût servi de son nom pour faire ce qu'il appelait une maladresse.

Pendant leur séjour à l'île d'Elbe, M. de Montcabrié et M. de Charrier-Moissard ne laissèrent échapper aucune occasion de faire leur cour à l'Empereur, et, en jugeant ces messieurs sur l'apparence, l'Empereur aurait pu les ranger au nombre de ses amis. Toutefois, M. de Montcabrié était plus empressé que M. de Charrier : il imitait les courtisans à s'y méprendre. L'Empereur était son héros. Néanmoins, à son retour en France, il fut un des détracteurs de celui qu'il venait d'appeler le grand homme, et l'on cita de lui des propos empreints de mensonge. A l'époque des Cent-jours, il chercha à se justifier et il ne put pas y parvenir.

Le général Dalesme était prêt à rentrer dans sa patrie. Il était sûr d'emporter l'estime de l'Empereur et l'affection des Elbois. Il n'avait fait de mal à personne, il avait fait du bien à beaucoup de monde. Lorsqu'il fut prendre congé de l'Empereur, l'Empereur lui dit avec émotion : « Je m'intéresserai toujours à vous, et si en France l'on ne vous place pas, je vous placerai auprès de l'impératrice Marie-Louise. » En me répétant ces paroles, le général Dalesme éprouvait un sentiment de respect si douloureux que l'on aurait pu penser que c'était lui qui avait été exilé. Il prononça ces mots qui partirent comme un boulet : « Je me ferais cent fois tuer pour cet homme. » L'Empereur me fit l'éloge de mon ami, et m'assura qu'il aurait eu du plaisir à le garder, s'il n'avait pas eu le général Cambronne.

Le colonel Vincent partit aussi. Il ne paraissait pas content de son audience de séparation avec l'Empereur. Je lui demandai s'il avait pris congé de l'Empereur ; il me répondit avec humeur : « Il m'a dit adieu comme s'il me disait bon- « jour. » Et il ajouta : « Il vous prépare du fil à retordre. » C'était me dire trop ou pas assez. Il fut beaucoup plus explicite en me parlant du général Bertrand ; il l'aimait encore moins qu'il n'aimait l'Empereur. Il le regardait comme un embarras pour l'Empereur. Il ne pardonnait pas au général Bertrand de n'avoir pas voulu se loger avec l'Empereur. Ce reproche, le colonel Vincent ne le manifestait que pour le faire servir de point de départ à ses fréquentes explosions de mauvaise humeur. L'inoffensif trésorier de la couronne ne trouvait pas non plus grâce devant sa verve satirique : ce fonctionnaire le fatiguait par son rire continuel. Le colonel Vincent ne riait jamais, ou presque jamais. Le colonel Vincent n'était pas un méchant homme, c'était un homme aigri. Il se croyait victime du despotisme impérial ; il criait ; il se plaignait ; de là de nouveaux motifs pour rejeter ses justes réclamations.

Au retour de mon exil, en 1823, je retrouvai à Paris le colonel Vincent, alors plus qu'octogénaire : la tombe de l'Empereur venait à peine de se fermer. Le colonel Vincent n'était plus le même ; il pleurait le grand homme, et il maudissait les Anglais qui l'avaient assassiné. Je le félicitai de ce qu'il était enfin général. Il me répondit d'un ton pénétré : « Ne me félicitez pas : les généraux d'aujourd'hui ne valent pas les colonels de notre temps : tout a dégénéré. »

Le commandant du génie Flandin et le commandant d'artillerie Benveulot furent sincèrement regrettés.

On croyait, avec raison, que l'Empereur renverrait le commandant de Longone dont tout le monde avait à se plaindre. L'Empereur l'envoya commander à la Pianosa, où il trouva encore moyen de troubler le peu de personnes avec lesquelles il devait y vivre.

La *Dryade* et la *Bacchante* appareillèrent. Mais avant de s'embarquer, toutes les autorités civiles et militaires se réunirent, et, réunies, elles demandèrent à faire ensemble leurs derniers adieux à l'Empereur. L'Empereur les reçut immédiatement. C'était au général Dalesme à les présenter : il les présenta, quoiqu'il eût bien voulu pouvoir se dispenser de cette nouvelle épreuve. Il m'engagea à le suivre ; je le suivis avec empressement. L'Empereur avait composé sa figure ; il voulut paraître calme ; il le voulut en vain. Vingt témoins oculaires peuvent le dire comme moi : l'Empereur, oppressé par l'émotion, balbutia sa réponse comme le général Dalesme avait balbutié son discours, et c'est peut-être l'unique fois de sa vie qu'il se trouva dans un pareil embarras, car il parlait avec facilité.

Dès que la frégate et la goélette eurent appareillé, l'Empereur les suivit longtemps des yeux, et lorsqu'il se retira de l'endroit où il était allé pour les voir, il les salua de la main. C'est le fourrier du palais, Baillon, qui me raconta cela et qui, après me l'avoir raconté, me disait avec une bonhomie parfaite : « Ce pauvre Empereur s'imagine qu'en souriant il nous empêche de voir ses souffrances. »

L'Empereur demanda sa voiture, puis ses chevaux, puis son embarcation. Il ne savait pas trop ce qu'il voulait. Cette versatilité de décision et de commandement expliquait le trouble de son âme. Enfin, il alla courir dans l'intérieur de l'île. Il rentra pour dîner; son dîner fut triste et silencieux; il n'y eut pas de soirée. Le lendemain, le général Drouot me dit : « L'Empereur a été touché des sentiments que le départ d'hier vous a fait éprouver. » On lui rendait compte de tout.

L'Empereur devait être encore sous l'influence de deux grands événements : l'arrivée de sa garde et l'arrivée de sa sœur. L'emménagement de sa garde l'occupait beaucoup. Il veillait lui-même à ce qu'elle ne manquât de rien. L'arrivée de sa sœur l'avait comblé de joie. Je n'ai pas besoin de dire que cette sœur était la princesse Pauline. L'Empereur n'avait vraiment que cette sœur, du moins que cette sœur sur laquelle il pouvait compter. Les princesses Élisa et Caroline ne possédaient que des cœurs d'ingratitude et de trahison, la princesse Caroline surtout. L'Empereur ne pouvait plus rien pour elles, elles n'éprouvaient plus rien pour l'Empereur.

L'Empereur était allé à la rencontre de la princesse Pauline : il avait présidé à son débarquement. Ses soins portaient un caractère touchant de tendresse fraternelle.

Les Porto-Ferrajais, qui se réjouissaient de tout ce qui faisait prendre au séjour de l'Empereur un caractère de stabilité, accueillirent la princesse Pauline avec amour. La population entière accourut sur son passage : la présence de l'Empereur n'intimida personne; tout le monde voulut voir la sœur bien-aimée du souverain bien-aimé. La princesse fut plusieurs fois arrêtée par les ondulations des masses. L'Empereur semblait se plaire à cette curiosité; il dit gaiement à la princesse, et de manière à être bien entendu : « Ah ! madame, vous pensiez que j'étais dans un pays presque désert et avec des gens à demi sauvages. Eh bien ! regardez, regardez encore ! et jugez si l'on peut être mieux entouré que je ne le suis ! »

Sans doute, l'Empereur était d'abord pour beaucoup dans la réception improvisée que l'on faisait à sa sœur; mais lorsque l'on eut vu la princesse, toutes les manifestations furent inspirées par elle. Tête, regard, sourire, corps, démarche, tout dans la princesse Pauline était perfection, et son caractère était plus parfait encore.

Mais la joie populaire de Porto-Ferrajo fut de courte durée. Le lendemain, la princesse Pauline se remit en route pour Naples. Son départ occasionna mille et mille contes plus fantastiques les uns que les autres.

Mais toutes ces distractions ne faisaient pas que l'Empereur perdît de vue son logement. C'était là son point capital. Il était du matin au soir au milieu des ouvriers. Le pavillon des Moulins n'était plus reconnaissable. Les vieux moulins, les maisons d'embarras, tout ce qui pouvait gêner était démoli, et du sein de tant de décombres, il sortait, avec toute l'élégance possible, les deux maisons du génie et de l'artillerie, qui, réunies ou plutôt métamorphosées, formaient le palais impérial. Au fur et à mesure que l'on déblayait le terrain, la pioche et la bêche, d'un sol que tout le monde croyait improductif, faisaient un parterre magnifique. Le colonel Vincent me disait, un jour que nous visitions ensemble les travaux : « Si cela continue, il nous fera de l'Étoile une lune ou un soleil », et cette idée me fit bien rire. Le fort de l'Étoile domine le pavillon des Moulins.

Tandis que le palais impérial avançait, l'arrivée de l'impératrice Marie-Louise reculait, et peu à peu il n'en fut plus question. L'appartement qu'on lui avait préparé reçut une autre destination, et il devint titulairement l'appartement de la princesse Pauline. Cette destination ne varia plus.

L'Empereur ne se contenta pas d'un palais principal à Porto-Ferrajo. Il touchait encore au jour de son arrivée : il n'avait pas eu le temps de penser au moment de son départ; sa pensée était une pensée de stabilité. Il ne songeait qu'à se faire un bon lit de repos, à avoir ses aises, ses jouissances, ses va-et-vient, tout ce qui constitue les douceurs de la vie princière. Pour cela, il lui fallait un pied-à-terre sur les points capitaux de l'île, une campagne ou des campagnes qui pussent le mettre à l'abri des ennuis de la monotonie. Il commença par Longone; il donna le nom de palais impérial à la maison du commandant de la place.

Jusqu'alors l'on avait dû grimper d'une manière très fatigante pour aller de Longone-Marine à la place de Longone. L'Empereur voulait faire en voiture ce trajet escarpé. La route carrossable, grâce à des zig-zac (*sic*), permit à l'Empereur de faire une entrée triomphale dans cette forteresse. C'était la première fois que l'on y voyait une voiture. L'Empereur descendit dans son propre palais. Les maçons, les menuisiers, les serruriers y étaient encore. L'idée d'être chez lui séduisit l'Empereur, et il en eut un contentement tant soit peu juvénile; il aimait beaucoup de pouvoir faire ce qu'on n'avait pas fait avant lui : j'ai eu maintes fois occasion de constater cela.

C'était particulièrement une campagne convenable que l'Empereur désirait trouver. Tous les propriétaires offraient les leurs. L'Empereur fixa son choix sur la campagne de M. Manganaro, située dans la jolie vallée de Saint-Martin, et qui pouvait facilement être agrandie. M. Manganaro était certainement l'une des plus belles notabilités de l'île d'Elbe. Son fils aîné comptait déjà parmi les plus braves officiers de l'armée française; le plus jeune de ses enfants était cadet dans la marine impériale de l'île d'Elbe. Un troisième étudiait pour suivre la carrière du barreau dans laquelle il s'est fait un nom distingué. L'Empereur pouvait traiter aveuglément avec le père d'une famille si honorable : le marché ne traîna pas en longueur; on fit estimer, l'Empereur paya le prix de l'estimation, et tout fut fini. Néanmoins, cette propriété devint chère par le développement que l'Empereur lui donna, par la manière dont il la fit orner, et par le chemin qu'il dut faire faire pour pouvoir y aller avec la somptuosité d'un souverain. Saint-Martin coûta 180,000 francs à l'Empereur, tout compris : c'était trop. Saint-Martin reçut un nouveau baptême de nationalité française : les Français lui donnèrent le nom de Saint-Cloud. Saint-Cloud devint le joujou rural de l'Empereur : c'était son lieu de retraite et de méditation.

Saint-Cloud était au centre de l'île d'Elbe. L'Empereur ambitionnait deux autres demeures de retraite et de méditation dans les deux extrémités de l'île, à l'est et à l'ouest. A plusieurs reprises il envoya diverses personnes explorer la partie occidentale pour y trouver un endroit agréable de belle vue et où il y aurait de l'eau. La recherche fut longue et minutieuse. Enfin l'on crut avoir trouvé. L'Empereur se rendit au lieu désigné. Le site lui plut. De suite il y fit élever une toute petite maisonnette. C'était sur les hauteurs de Marciana.

Par-dessus tout, c'était au faîte d'une haute montagne, sur les débris d'un ancien temple de Jupiter que l'Empereur désirait avoir une habitation. C'était d'une beauté à la fois sauvage et admirable. De là l'œil embrassait un horizon immense, la côte depuis le mont Argental jusqu'au golfe de la Spezzia et les îles qui peuplent la mer Tyrrhénienne. Napoléon était en extase devant ce grand spectacle de la nature : son regard de feu le dévorait. Il ne cessait point de dire : « C'est merveilleux. »

Toutefois Napoléon était effrayé de la dépense. Il répétait souvent : « Je ne suis pas assez riche pour me permettre l'accomplissement d'une telle fantaisie. » Il aimait même qu'on lui en montrât les inconvénients. Ce projet ne fut pas exécuté.

Dans la partie orientale de l'île, l'Empereur devait forcément construire ou prendre une demeure. La plus belle maison du pays, de la contrée, un beau jardin, des écuries, des dépendances, vue en plein sur la mer, mouvement perpétuel sur le rivage, rien ne manquait à l'agrément de cette habitation, et cette habitation lui appartenait. Mais je l'avais créée, et l'Empereur prenait prétexte de cela pour ne pas m'en priver. Cependant, il y avait une autre raison de délicatesse qui l'arrêtait plus particulièrement encore. L'Empereur avait dit au général Drouot : « L'hôtel de l'administration des mines me conviendrait beaucoup, on me conseille de le prendre, mais cela aurait l'air d'une persécution contre M. Pons, et j'aime mieux me priver. » C'était le maire de Rio qui lui avait donné ce conseil. Le général Drouot m'engagea beaucoup à ne pas aller au-devant des désirs de l'Empereur en lui offrant de quitter ma demeure, ce que j'aurais fait sans ces conseils. D'ailleurs, l'Empereur pouvait disposer à volonté de mon chez-moi. Je l'avais mis à ses ordres.

Pour des palais, pour des campagnes, il fallait des meubles ; l'Empereur n'en avait pas du tout. Il se tira vite d'embarras. Le palais impérial de Piombino était très bien meublé. L'Empereur y envoya prendre des meubles ; on n'osa pas lui en refuser ; un fourrier du palais alla et revint sans coup férir. Le colonel Campbell riait de cette manière un peu anglaise de se pourvoir, disait-il, « pour compte de qui il appartiendrait » ; le commissaire autrichien crut devoir faire quelques observations, ce qui ne changea rien aux dispositions prises. Le fourrier du palais signa un état circonstancié des meubles dont il avait fait choix : c'était déjà beaucoup. Le prince Borghese, forcé de quitter Turin, n'ayant pas l'espérance d'y retourner, fit expédier à Rome une quantité considérable de meubles qui lui appartenaient, et ces meubles, on les embarqua à Gênes sur un bâtiment ligurien. Le mauvais temps fit relâcher le bâtiment à Longone ; l'on en prévint tout de suite l'Empereur ; il ne se donna pas la peine de choisir ce qu'il y avait de bon et de meilleur : il prit tout. « Cela ne sort pas « de la famille », disait-il en riant. Néanmoins il fit estimer tout ce qu'il prenait.

C'est ainsi que l'Empereur eut un garde-meuble richement monté. Aussi, il nomma un employé pour la surveillance de cette fastueuse réserve.

J'avais expédié des bâtiments de transport pour les côtes

romaines. C'était la première fois que le drapeau elbois allait flotter sur ces parages. Les administrations sanitaires ne voulurent pas le reconnaître. Il fallut que ces bâtiments se rendissent à Civita-Vecchia. A Civita-Vecchia, on les mit en quarantaine. Cependant ils étaient chargés de minerai de fer pour le prince Lucien Bonaparte. L'Empereur se mit en colère; il prétendit qu'on voulait l'humilier; il se plaignit au Saint-Père. Il me donna ordre de réclamer et de protester. Je chargeai M. Franchetti, de Civita-Vecchia, de mes réclamations et de mes protestations, et M. Franchetti réclama et protesta. La chose n'eut pas de suites. Le Saint-Père reconnut le pavillon de l'île d'Elbe : il voulut même faire indemniser les bâtiments de transport dont on avait retardé le voyage.

Le prince Lucien Bonaparte était propriétaire de la principauté de Canino; les hauts fourneaux de fonte lui appartenaient; les bâtiments de transport étaient chargés pour lui. Les capitaines de ces bâtiments avaient cru d'abord pouvoir recourir à la protection de ce prince. Ce prince n'avait pas paru vouloir prendre parti entre l'Empereur et le Saint-Père. Toutefois, il avait accueilli les capitaines avec une extrême bienveillance. On les questionna beaucoup sur l'Empereur, mais ces questions portaient l'empreinte haineuse de mauvais sentiments. La princesse Lucien surtout n'avait que des paroles blessantes pour l'Empereur. Les pauvres capitaines étaient profondément blessés des vilaines choses qu'ils entendaient.

Ma position était toute particulière à l'égard du prince Lucien. Je le croyais sincèrement républicain : ce qui m'avait attaché à lui de telle manière que j'avais exposé ma responsabilité pour favoriser son établissement, car j'avais étendu le crédit officiel que je devais lui faire. J'étais allé plus loin : son établissement était dans la gêne, et de mes propres deniers j'avais converti en prêt les frais de transport qu'il ne pouvait pas payer. En ce moment-là, le prince Lucien Bonaparte était débiteur de l'administration des mines et mon débiteur. Je lui envoyais cependant du minerai. La suspension de mes envois lui aurait porté un grand préjudice, et l'Empereur, instruit de ce qui se passait, pouvait m'ordonner de les cesser. Mon embarras était grand; j'eus recours au général Drouot : il fut d'avis qu'il ne fallait encore rien dire à l'Empereur, afin de lui éviter une inquiétude; mais en même temps il me conseilla d'envoyer d'autres capitaines pour bien m'assurer de la vérité. Ces capitaines furent plus indignés encore que ceux qui les avaient précédés, mais il y eut pour eux une compensation : le prince Louis voulut les voir, et autour de ce prince tout leur parla avec éloge de l'Empereur.

Nous décidâmes, le général Drouot et moi, que je devais tout dire à l'Empereur.

L'Empereur m'écouta avec sa figure d'impassibilité factice. Après un gros moment de silence, il me dit : « Je savais ce « qui se passait chez Louis, et je me doutais de ce qui se « passait chez Lucien, parce que personne ne m'en parlait. « Cela s'épuisera pour en venir à autre chose. Ainsi va le « monde. Et Lucien finira par comprendre qu'il a tort de trop « laisser jaser sa femme. »

Les capitaines marins de Rio étaient très connus à Civita-Vecchia et à Rome, et depuis que l'Empereur régnait à l'île d'Elbe, tout le monde dans ces deux villes les abordait pour leur demander des renseignements sur le grand homme, et il arrivait souvent que de hauts personnages les faisaient appeler. Les curieux payaient les matelots pour leur faire déployer le pavillon elbois. L'Empereur aimait à savoir ces petites choses.

L'Empereur visita l'île d'Elbe de manière à pouvoir parfaitement la connaître dans tous ses détails. A son retour à Porto-Ferrajo, l'Empereur disait : « Je sais mon île d'Elbe par cœur »; et c'était vrai. A Marciana, à Campo, à Poggio, à Saint-Hilaire, à Saint-Pierre, à Capoliveri, il avait tout examiné et tout apprécié.

Cette course fut vraiment triomphale. Partout on voulut que l'Empereur fît une entrée solennelle, partout on chanta le *Te Deum,* partout les autorités représentèrent et présentèrent. Partout le clergé harangua, partout l'on illumina, et partout, enfin, l'on essaya de surpasser Porto-Ferrajo.

L'Empereur mit de suite à profit les lumières qu'il avait acquises dans son voyage. Il autorisa une troisième madrague que M. Seno fit valoir comme il faisait valoir les deux autres. Tout le monde gagnait à cet accroissement. M. Seno méritait la bienveillance de l'Empereur. Seul artisan de sa fortune, devenu riche à la sueur de son front, n'oubliant jamais les premiers jours de sa vie laborieuse, il occupait sans cesse les pauvres qui voulaient être utilement occupés, et il secourait ceux qui après avoir beaucoup travaillé ne pouvaient plus travailler. Sa philanthropie était permanente. C'était d'ailleurs un bon père et un bon citoyen. L'Empereur désira que j'entretinse (*sic*) M. Seno sur la pêche des anchois et sur la pêche du corail, qui autrefois étaient familières aux Elbois. Je ne pouvais que m'en rapporter à la sagesse de M. Seno. L'Empereur approuva M. Seno, il lui promit toute sa protection, ainsi qu'à ceux qui suivraient son exemple. On fit de suite des essais. Des mesures bien combinées de prudence et de faveur furent prises afin que les négociants et les pêcheurs, encouragés par des avantages qu'ils n'avaient jamais eus, se livrassent activement à ces opérations.

J'avais demandé que les carrières de marbre de l'île d'Elbe fissent, comme les mines de fer, partie de la dotation de la Légion d'honneur : le grand chancelier avait en vain donné cours à ma demande. L'Empereur vit les carrières; il dit : « Il faut qu'elles soient exploitées », et elles furent exploitées.

Mais l'Empereur ne borna pas sa pensée à la vente du marbre brut. Il demanda au célèbre statuaire de Florence, Bartolini, de lui donner un bon professeur de sculpture, et Bartolini lui donna le professeur Bargigli de Carrare. L'Empereur m'avait chargé d'engager Bartolini à faire le voyage de l'île d'Elbe. Bartolini avait bien envie de répondre à cette honorable invitation, mais cela ne dépendit pas de lui. Le professeur Bargigli arriva à Porto-Ferrajo avec des sculpteurs et avec des marbriers. L'Empereur mit les carrières de marbre à leur disposition. Des ateliers de sculpture furent de suite ouverts; le principal de ces ateliers était à Rio-Marine; bientôt une foule d'objets d'utilité ou d'embellissement sortit de ces laboratoires. Tous les voyageurs étrangers cherchaient à s'en procurer, surtout les Anglais. Le professeur Bargigli suivit l'Empereur en France; la bataille de Waterloo le foudroya; il se trouva à Paris entièrement isolé; sa bonne étoile le conduisit à Lyon où j'étais préfet; je fus assez heureux pour l'aider à rentrer dans sa patrie.

L'Angleterre a acquis presque tout ce qui est sorti de ce laboratoire des beaux-arts. Sa Majesté ne voulait pas qu'on eût recours aux artisans du continent : « Faisons d'abord comme nous pouvons, disait-elle, puis nous ferons moins mal, ensuite nous ferons mieux, et enfin nous ferons bien. » Ce peu de paroles avaient une grande puissance d'encouragement. Il aurait fallu peu de temps pour rivaliser avec les arts manuels de Livourne et de Florence.

J'ai parlé des salines. Le regard de l'Empereur avait passé par là, les salines étaient vivifiées. Le gouvernement français les avait mal confiées, il y avait eu de l'incurie, l'opinion publique disait de la déprédation. Le fermier de ces salines, M. Rossetti (de Milan), était un très honnête homme; il aurait bien dirigé s'il avait dirigé lui-même, mais M. Rossetti ne quittait pas son pays; et son agent y voyait à sa manière. Les salines bien régies pouvaient doubler, peut-être même tripler le prix auquel on les avait affermées, et les Porto-Ferrajais faisaient des calculs positifs à cet égard. L'Empereur voulut les mettre en régie. Il me consulta pour réunir cette régie à mon administration. Je me hâtai de le détourner de ce projet.

Il me dit : « Ce ne serait pour vous qu'une surintendance. »
Alors j'observai à l'Empereur que cette surintendance ferait
peser sur moi la responsabilité de l'intendance, et que cette
idée pourrait me rendre investigateur, peut-être même tra-
cassier. L'Empereur ne me pressa pas davantage. M. Rossetti,
partisan des Français, vint à l'île d'Elbe pour voir l'Empereur,
aussi pour veiller à ses intérêts des salines. L'Empereur traita
avec lui. Les salines augmentèrent de valeur. J'étais toujours
dans la tempête des discussions lorsque l'Empereur eut la
bonté de vouloir m'investir de cette régie. Il n'avait pas plus
de fiel qu'un poulet. Son cœur était toujours désarmé.

CHAPITRE X

L'étiquette impériale. — Visiteurs de l'île d'Elbe. — Une cavalcade d'Anglais insolents. — Une dame anglaise. — Intrigues du colonel Campbell. — Tentative de corruption sur Pons. — Arrivée d'officiers français, corses et polonais. — Bertolosi, Colombani, Lebel, Bellina, Tavelle. — Le *colonel* Tavelle, gouverneur de Rio. — Le général Boinod. — Aventure amusante du général Boinod avec M. Rebuffat de Longone.

L'Empereur éprouvait le besoin d'être chez lui, dans un appartement arrangé selon ses habitudes, ses goûts, ses convenances, où il pût à volonté faire le souverain et le bourgeois, et en arrivant à Porto-Ferrajo on l'avait casé comme il avait été possible de le caser. Mais le temps s'écoulait : l'Empereur ne travaillait pas comme il aurait voulu travailler, et pour lui le temps qui n'était pas complètement rempli par le travail était un temps perdu.

La translation de la maison commune au palais qui devait désormais être le palais impérial des Tuileries fut une solennité de famille, et l'Empereur, se conformant à un usage populaire, fit la fête de la crémaillère. Il eut société au premier repas dans sa nouvelle demeure.

Le palais était loin d'être arrivé au perfectionnement que plus tard il devait avoir. Les constructions ainsi que les réparations avaient besoin de sécher, les boiseries d'être peintes, les chambres tapissées. N'importe, l'Empereur prenait le tout comme il le trouvait, et, malgré les observations du médecin, il y transporta ses lares. Le colonel Campbell admirait le contentement de l'Empereur.

La famille du général Bertrand remplaça l'Empereur à la

maison commune, le général Drouot se contenta de ce qu'on put lui donner, et il se colloqua dans le voisinage du palais impérial.

Presque en même temps, la demeure de Longone était définitivement habitable, et rien n'empêchait l'Empereur de s'y établir pour des temps indéterminés.

Aussitôt qu'il fut installé, l'Empereur établit des règles d'étiquette, et il y eut moins de facilité pour l'approcher. Les demandes d'audience impériale étaient adressées au général Bertrand ou au général Drouot, qui prenaient les ordres de l'Empereur. L'Empereur indiquait le jour et l'heure de la réception. Il ne faisait jamais beaucoup attendre. Cette règle était sans exception, même pour les personnes du pays qui n'avaient pas des emplois. Quant au travail régulier de son empire en miniature, l'Empereur faisait appeler les employés avec lesquels il voulait travailler, et cela obligeait les employés à être constamment prêts à rendre compte et à payer de leur personne.

Les présentations étaient faites par celui des deux généraux Bertrand ou Drouot auquel on s'était adressé pour avoir audience, et il n'y avait pas d'autre cérémonial. Il était facile de reconnaître la mesure de considération que l'Empereur avait pour les personnages qu'il recevait.

On ne venait pas à l'île d'Elbe voir l'Empereur sans visiter les mines de fer, et ainsi, par contre-coup, je recevais tout le monde que l'Empereur recevait. Il n'y a pas d'exemple que je n'aie pas eu à Rio-Marine d'assez longs entretiens avec quelqu'un que l'Empereur avait entretenu à Porto-Ferrajo, et il était tout naturel qu'on s'entretînt plus librement avec un homme bonhomme qu'avec l'homme suprême que l'on venait admirer. Les visites aux mines n'étaient pas la seule chose qui me faisait tenir une place dans la représentation impériale sur notre rocher. Lorsque l'Empereur voulait fêter les visiteurs, il m'engageait à leur donner à déjeuner à Rio, et cette délégation, qui n'était pas rare, devenait quelquefois embarrassante.

L'Empereur expédiait vite les personnes pour lesquelles il n'était qu'un simple objet de curiosité, surtout lorsque ces personnes portaient un grand nom. Lorsque les visiteurs étaient pénétrés d'un grand intérêt pour les infortunes de l'Empereur, l'Empereur s'épanchait sans peine et prolongeait facilement la conversation; lorsqu'il avait affaire à des hommes d'État d'une bonne réputation, il provoquait les discussions sur l'état du monde, et alors il enthousiasmait ses auditeurs. J'ai vu des hommes d'État distingués, qui, vingt-quatre heures après l'avoir entendu, avaient encore une fièvre d'admiration. Les visiteurs appartenant au monde commercial ou industriel, l'Empereur se plaisait infiniment à les entretenir, et les engageait à le revoir, et il les traitait avec des égards marqués, surtout quand ils lui parlaient de la supériorité de la fabrique de Lyon, car Lyon était la cité de son cœur.

L'originalité anglaise se faisait distinguer dans toutes ces visites. La présence de l'Empereur la contenait, mais hors de la présence de l'Empereur, elle se laissait aller à des inconvenances répréhensibles.

Une cavalcade de militaires anglais vinrent à Rio pour aller visiter les mines, et, au lieu de se rendre d'abord chez moi, ils me firent appeler pour les accompagner. C'était plus que de l'originalité, c'était de la grossièreté; mais ils étaient tombés en bonnes mains. Je fus indigné contre les Anglais qui la composaient, et je défendis qu'on les accompagnât : ils furent piqués, ils s'en retournèrent, non pas sans avoir menacé de se plaindre. Restait à savoir comment l'Empereur prendrait cela. Je n'étais pas parvenu à le persuader que j'avais un caractère facile, et il pouvait croire que dans ce qui venait de se passer il y avait autant de susceptibilité de ma part que d'impertinence de la part du général anglais. Je lui écrivis :

« Sire, plusieurs officiers anglais viennent d'arriver ici pour visiter les mines. Celui d'entre eux (qui, dit-on, est un général) qui paraissait être le chef de la compagnie, arrêté à deux cents pas de ma porte, a eu l'impudence de m'envoyer une personne de sa suite pour me faire dire d'aller l'accompagner.

« Je devais à Votre Majesté, je devais à moi-même de punir cet oubli des convenances, et je l'ai puni. J'ai formellement refusé d'aller. J'ai défendu qu'aucun employé allât.

« J'ai pensé que Votre Majesté ne serait pas fâchée de connaître la vérité de cette affaire, dans le cas où on lui en parlerait, et je me suis hâté de lui dire ce qu'il en était.

« Je suis avec respect... »

L'Empereur fut charmé de ce que j'avais fait. Précisément le colonel Campbell était auprès de lui lorsqu'il reçut ma lettre, et, après l'avoir lue, il lui en communiqua le contenu. Puis il lui dit avec gravité : « Monsieur le colonel, je désire que vous fassiez connaître mon mécontentement à messieurs vos compatriotes : ils ont manqué d'urbanité, et M. Pons a bien fait de leur donner une leçon de bienséance. » Le colonel ne se fit pas répéter les paroles de l'Empereur; il écrivit à ses compatriotes. En même temps, il m'écrivit : « Je vous prie d'agréer mes excuses pour la bêtise d'un de mes compatriotes qui hier est allé aux mines. C'est le colonel Lemoine qui, ayant été à l'île d'Elbe avec le quartier général anglais, il y a plusieurs années, avait connu le surintendant et croyait le retrouver. J'espère que vous oublierez ce malentendu. » Je répondis à cette convenance par une convenance égale.

Tous les Anglais n'étaient pas de la même trempe. Les bien élevés avaient une politesse distinguée. J'avais remarqué que les Anglais qui ne voyageaient pas ensemble ne familiarisaient pas entre eux dans les rencontres fortuites. Le colonel Campbell m'en donna une raison toute particulière : « Il y a beaucoup d'Anglais de mauvaise compagnie, me dit-il, qui ne voyagent que pour dépenser et qui dépensent follement. Nos personnes comme il faut distinguent ces gens-là. Alors ils ne veulent pas les voir : voilà naturellement la cause du froid glacial qu'il y a souvent entre différentes sociétés anglaises. »

Ce qu'il y avait d'uniforme dans les Anglais, à quelque classe qu'ils appartinssent, c'était l'éloge de l'Empereur, et vraiment ils paraissaient rivaliser d'expressions louangeuses.

Un soir l'Empereur me dit : « Demain matin vous aurez la visite d'une dame anglaise extrêmement aimable, et qu'il faut faire partir de l'île d'Elbe satisfaite de tout ce qu'elle y aura vu. » Je reçus cette dame avec empressement : elle n'était pas seulement aimable, elle avait de plus une beauté angélique. Je montai à cheval pour l'accompagner aux mines. Elle ne faisait cette visite que parce que l'Empereur l'avait engagée à la faire. Elle me répétait souvent : « Faisons vite. Je dois dîner avec le grand Napoléon, et je ne voudrais pas me faire attendre. » Elle avait pourtant cinq ou six heures de plus que ce qu'il lui fallait. En prenant congé d'elle, je lui donnai le conseil en riant de bien barricader son cœur, et elle me répondit aussi en riant « d'être tranquille, que son cœur était voûté à l'épreuve de la bombe ». Cette dame était à Londres lorsque les souverains de la Sainte-Alliance allèrent se pavaner dans cette capitale. Au milieu d'une société de premier ordre, elle dit hautement en voyant passer ces monarques : « Il faut convenir que ces têtes ne peuvent pas paraître de belles têtes aux personnes qui, comme moi, ont pu admirer de près celle de l'empereur Napoléon. » Et j'ai su que cette sympathie était aussi vive pour le prisonnier de Sainte-Hélène que ce qu'elle avait été pour le souverain de l'île d'Elbe.

Le colonel Campbell était extrêmement bien pour moi. Nous en étions venus à nous voir d'une manière qui avait quelque chose de plus que la froide politesse. Il me recommandait souvent de ses compatriotes, j'accueillais de mon mieux ses recommandés. Lors de mon déplorable tintamarre financier avec l'Empereur, il louait ma conduite et il alla jusqu'à

m'offrir ses services, ce que je refusai avec toute l'énergie dont j'étais capable. Plus tard, il m'engagea à rentrer en France, en me promettant la protection du gouvernement anglais auprès du gouvernement français : ce conseil et cette promesse me firent frémir. Ma réponse fut bien celle que l'honneur national commandait, mais elle n'était pas telle que je l'aurais faite si je n'avais pas craint de nuire à l'Empereur. Dans une autre visite, le colonel Campbell s'expliqua plus explicitement avec ma femme : il la pressa pour qu'elle me décidât à quitter l'Empereur, toujours en assurant que la protection anglaise ne me ferait pas défaut auprès du gouvernement français. Ma femme était Française : sa douceur naturelle disparut pour faire place à son indignation. J'étais désespéré que le colonel Campbell eût pu penser de moi que j'étais capable de quitter l'Empereur sous les inspirations de l'Angleterre. C'était la première fois que j'avais eu un secret pour le général Drouot. Je voulais avoir mon libre arbitre pour terminer cette affaire, car j'y voyais ma délicatesse compromise, peut-être même ma réputation. Mais j'étais arrêté par la pensée de la situation de l'Empereur. Une affaire avec le commissaire anglais pouvait tomber pesamment sur l'Empereur. L'anxiété me dévorait; je me jetai dans les bras du général Drouot. Le général Drouot prenait ordinairement tout avec douceur; cette fois il prit la chose avec sévérité. Il alla de suite en rendre compte à l'Empereur; bientôt il vint me prendre pour l'expliquer moi-même. Je dis à l'Empereur tout ce qui s'était passé. L'Empereur m'écouta avec attention; ses traits étaient en mouvement; lorsque j'eus fini, il dit avec une espèce d'indignation : « C'est bien anglais », et puis se tournant vers moi, il ajouta : « Vous me porteriez un grand
« préjudice si vous faisiez de cette affaire une affaire d'hon-
« neur, car je ne saurais plus rien des intentions de l'Angle-
« terre. Campbell n'a pas l'idée de vous offenser, il fait son
« métier, voilà tout. Vous me prouverez votre attachement

« en continuant à l'écouter sans qu'il se doute que je suis
« instruit de ce qui a eu lieu entre vous et lui. » L'Empereur
me pressa encore d'écouter le colonel Campbell sans me laisser maîtriser par la vivacité. Le général Drouot lui fit observer que le colonel pouvait bien s'être aussi adressé à d'autres personnes, à l'intendant Balbiani par exemple. L'Empereur se mit à rire : « Que voulez-vous, dit-il au général Drouot,
« que les Anglais fassent de ce pauvre diable, et quel intérêt
« ont-ils à ce qu'il parte ou à ce qu'il reste ? » Le lendemain, l'Empereur me fit dîner avec lui, le colonel Campbell était aussi invité. Je ne compris pas cette politique. Il fut très aimable pour le colonel Campbell et le fut également beaucoup pour moi. Je crois que son intention était de resserrer mes relations avec le commissaire anglais.

Mais le cabinet de Saint-James n'avait pas choisi un sot pour surveiller l'Empereur. Le colonel Campbell était un maître renard. Les réponses claires et précises de ma femme, mes visites au palais impérial, en détruisant ses espérances, l'avaient fait renoncer à ses projets. Il vint à Rio avec des Anglais, il évita le tête-à-tête et il loua beaucoup l'Empereur.

Le colonel Campbell était un homme de fort bonne compagnie, il enveloppait sa surveillance de tant de respect qu'il fallait bien y regarder pour apercevoir la permanence de son action. Ensuite je l'ai si bien trompé au moment de notre départ de l'île d'Elbe que ma tromperie équivaut à une vengeance et que je ne puis plus lui en vouloir.

Nous éprouvions une douce jouissance en voyant des Français s'associer à notre destinée. Mais l'Empereur ne pouvait pas retenir tout le monde à son service, surtout les officiers qui demandaient à être employés dans leur grade. Il en retint seulement quelques-uns qui se contentèrent des appointements nécessaires aux besoins de leur existence. Le nombre en fut petit.

Le général de brigade Bertolosi, Corse, avait commandé

la place de Milan, et l'Empereur lui donna le commandement de la place de Porto-Ferrajo. C'était un digne homme qui ne s'occupait que de son service.

L'adjudant général Lébel débarqua avec une vieille dame que l'on croyait son épouse et une demoiselle qui passait pour être sa fille. L'Empereur était à Longone, il fit appeler le nouveau venu. Le nouveau venu se mit immédiatement en route pour Longone : il se fit accompagner par ses deux dames. La demoiselle était vraiment jolie, elle ajoutait à sa beauté en la faisant adroitement valoir; elle connaissait le monde. Tous les officiers de la garde impériale témoignaient hautement le désir que l'Empereur donnât le commandement de Longone à l'ajudant (sic) général Lébel. La chose paraissait pour ainsi dire décidée. Que se passa-t-il à Longone ? Je l'ignore. Ce que je sais, c'est qu'à son retour de Longone, l'Empereur ne fit aucune attention à l'adjudant général Lébel et qu'on ne parla plus du commandement. Il plaça la demoiselle auprès de la princesse Pauline. A Paris, je voulus parler pour lui à l'Empereur. L'Empereur me dit : « Cet homme ne mérite pas votre estime; et si je le place, je le placerai dans un lieu sans importance. » Dans l'exil j'eus la preuve personnelle que l'adjudant général Lébel était un homme de peu de délicatesse.

Le chef de bataillon Tavelle, vieillard corse, avait longuement servi sous le gouvernement papal. L'Empereur fit un acte de charité en lui donnant un emploi pour vivre, car c'était un homme hors de tout service. L'Empereur lui avait dit : « Colonel, vous irez commander à Rio », et il alla commander à Rio. Mais de ce que l'Empereur, sans y faire attention ou par politesse, lui avait dit « colonel », quoiqu'il ne fût que chef de bataillon, il arriva à Rio avec les épaulettes de colonel, et lorsqu'on lui demandait pourquoi, il répondait : « Si je ne portais pas ces épaulettes, je donnerais un démenti à l'Empereur qui m'a traité de colonel! » Cet excellent vieillard avait eu la faiblesse d'acheter des épaulettes de colonel, sacrifiant ainsi les quelques écus qu'il avait encore à un titre fictif, et il était fier de son sacrifice.

Rio n'avait d'autres fortifications que la tour de vigie et cinq canonniers garde-côtes pour toute garnison. L'Empereur y envoya ensuite quatre cavaliers pour les besoins de mon administration. Le bon colonel Tavelle s'exagérait les devoirs de sa place. Rien n'aurait pu le faire volontairement sortir du territoire de la commune sans une autorisation expresse de l'Empereur. Le général Drouot, son chef immédiat, ne cessait pas de lui dire que son gouvernement n'était qu'une fiction, qu'il pouvait aller où il voudrait, et que l'Empereur serait bien aise de le voir à Porto-Ferrajo : il prétendait que désormais il ne pouvait saluer l'Empereur que dans le lieu que l'Empereur lui avait assigné. Ce brave homme n'avait en tout que quatre-vingts francs par mois. L'Empereur m'avait dit : « Je sais que vous aurez des égards pour lui. » Je n'avais pas besoin d'excitation pour tâcher de lui rendre la vie douce ; j'avais pris toutes les précautions de délicatesse afin de lui faire accepter ma table : jamais il ne voulut y consentir. J'avais même beaucoup de peine à lui faire quelquefois accepter ma soupe. Somme toute, il avait des ridicules, mais il était soldat d'honneur.

Nous eûmes aussi un chef d'escadron polonais. Tous les Polonais qui avaient suivi l'Empereur dépassaient le chef d'escadron en supériorité. Il s'appelait Bellina. Son épouse était Espagnole : Mme Bellina n'était pas une beauté extraordinaire, mais sa figure avait un charme inexprimable, qui séduisait. Je ne crois pas qu'aucune Castillane ait jamais mieux dansé le fandango : danse enivrante qui se prête si bien au développement de toutes les grâces. La précieuse Espagnole devint aussi une des dames de compagnie de la princesse Pauline. Ensuite Mme Bellina fut jetée sur les rivages de la mer du Sud à Lima, où, honorée et honorable, elle tenait, il y a quelques années, un grand pensionnat de demoiselles.

Walter Scott a parlé d'un officier corse qui alla trouver l'Empereur pour lui offrir ses services, et dont il a mal dit le nom : c'était le chef de bataillon Colombani. M. Colombani sortait de l'armée italienne. C'était un brave, mais, en dehors de la bravoure, il avait peu de qualités sociales. Son orgueil allait jusqu'à la bêtise, ce qui l'exposait à des querelles qui finissaient souvent par le conduire sur le terrain. Il dut tirer l'épée contre un des meilleurs officiers de la garde : le jugement de Dieu fut juste, M. Colombani reçut une blessure. Il était l'offenseur. Cet officier avait aussi une jolie femme. On disait que cette dame était Corse, je crois qu'elle était Capraïaise ; elle devint un des plus beaux ornements de la cour impériale. L'Empereur l'attacha à la princesse Pauline en qualité de dame de compagnie. Canova, juge suprême en fait de beauté, avait surnommé la princesse Pauline « la Vénus moderne », et, s'il avait vu les trois dames de compagnie de cette princesse, il aurait dit que c'étaient les trois Grâces. Mme Colombani n'était pas seulement jolie, aimable, elle était aussi exemplaire par la sagesse de la conduite. Elle n'avait pas été heureuse en amour ; dans sa toute première jeunesse, elle avait été fiancée au brave colonel Eugène, officier corse, d'une grande espérance, et qui mourut glorieusement au champ d'honneur avant que l'hymen eût couronné sa tendresse.

Le matin du duel du commandant Colombani, l'Empereur m'avait fait appeler, et, en arrivant à Porto-Ferrajo, je trouvai le général Drouot chez moi. Il me pria de ne pas perdre de temps pour aller mettre la paix entre les combattants. J'oubliai l'Empereur, je courus, l'affaire était faite. L'Empereur ne me fit point de reproches de mon retard ; mais il me blâma de ce que j'avais consenti à servir de témoin *dans un duel de crânerie;* il changea de langage, lorsque je lui eux (*sic*) fait connaître la mission pacifique que j'allais remplir dans cette querelle.

Une arrivée plus importante vint réjouir l'Empereur.

C'était l'arrivée du respectable général Boinod, ancien inspecteur général aux revues, et l'un des hommes les plus vertueux de l'armée. L'île d'Elbe allait trouver un autre général Drouot dans le général Boinod. Un homme d'environ soixante ans débarqua à Porto-Ferrajo. L'Empereur était à Longone. Le nouveau venu se disposa à y aller; simple et modeste, monté sur un des misérables chevaux du pays, il se dirigea mesquinement vers le but de son voyage. En général, la longue habitude d'un grand pouvoir donne un air de commandement; le général Boinod n'avait rien en lui qui pût faire soupçonner son passé : c'était pleinement et entièrement l'apparence d'un bon homme. M. Rébuffat, en commission pour l'Empereur, retournant de Porto-Ferrajo, ayant la même route à faire que le général Boinod, l'accosta et l'accabla de questions. M. Boinod ne répondait que par des monosyllabes, et plus il était réservé, plus M. Rébuffat était curieux. A Longone, il n'y avait point d'auberge : M. Rébuffat engagea son compagnon à dîner chez lui. Tandis que le général Boinod se mettait à table, M. Rébuffat fut rendre compte de sa mission, et raconta à l'Empereur comme quoi il s'était acheminé avec un bon homme « qui venait tout exprès pour le voir et qui était peut-être le plus vieux de ses amis ». L'Empereur dînait; il demanda à M. Rébuffat quel était le nom de ce vieil ami : « Ma foi, Sire, lui répondit M. Rébuffat, c'est Toisot, ou Poisot ou Noisot, je ne sais. Mais il est facile à reconnaître, car de ma vie je n'ai vu un homme aussi sourd », et à ce mot, l'Empereur l'interrompant avec vivacité lui demanda s'il ne voulait pas dire Boinod. M. Rébuffat ayant assuré que c'était cela, l'Empereur bondit; il envoya le général Bertrand chercher le général Boinod. Le général Bertrand, pressé par l'Empereur, alla en courant chez M. Rébuffat, entra précipitamment, et presque effaré il demanda le général Boinod. Personne ne se doutait qu'il y avait là un général : on dit au général Bertrand que dans la salle à manger il y avait bien une personne qui mangeait, mais que cette personne n'était pas un général, et pour l'en convaincre on la lui fit voir : le général Bertrand reconnut le général Boinod. Il l'enleva sans lui donner le temps de se reconnaître, de faire un peu de toilette, et il le conduisit à l'Empereur. L'Empereur l'attendait sur le seuil de la porte. Il lui tendit la main avec effusion, le conduisit à table, le plaça à côté de lui pour lui faire continuer son repas. L'Empereur répéta plusieurs fois au général Boinod : « Vous me faites bien plaisir. » Il veilla lui-même à ce que le général Boinod fût bien logé. Les proches de M. Rébuffat ou ses gens, qui, trompés par la simplicité du général Boinod, n'avaient pas voulu qu'il pût avoir ce rang honorable, maintenant étonnés des égards que l'Empereur avait pour lui, de l'empressement que le général Bertrand avait mis à venir le chercher, à l'embrasser, en faisaient un maréchal, un prince, un roi, et peut-être même un empereur. Cinq minutes après, tout Longone faisait des commentaires sur le grand personnage déguisé qui était venu trouver l'Empereur. De ce que l'Empereur était allé l'attendre sur le seuil de la porte, au haut de l'escalier, on tirait la conséquence précise que c'était une tête couronnée, mais que ce n'était pas une tête impériale, parce que « pour une tête impériale, l'Empereur aurait attendu à l'entrée principale de son palais ». M. Rébuffat prêtait beaucoup à toutes les balivernes de cette illusion, parce que dans son trouble il avait cru entendre que l'Empereur disait au général Boinod « mon frère ». Il aurait illuminé si on ne lui avait pas fait observer que l'illumination trahirait l'incognito de l'illustre visiteur... Le lendemain, tout était éclairci. Le général Boinod remplissait les doubles fonctions de commissaire ordonnateur et d'inspecteur général aux revues. Il avait pour adjoint M. Vauthier (1).

(1) M. Vauthier, employé à Florence dans l'administration militaire, sous les ordres de l'ordonnateur Mazade, se rendit à l'île d'Elbe en quittant la Toscane, et l'Empereur le plaça auprès de l'ordonnateur Boinod. Ce M. Vauthier fut ensuite nommé adjoint aux commissaires des guerres.

CHAPITRE XI

Un provocateur : le chevalier de l'ordre du Lys. — Tentatives d'assassinat, réelles ou supposées, de l'Empereur. — Le général Brulart. — Mésaventure d'un magistrat corse. — Rôle prêté à un officier supérieur. — Un juif de Leipzig. — Attitude du commandant Tavelle. — Les algarades de Cambronne. — Accueil fait à un vaisseau napolitain ; à un officier. — Stabilité du gouvernement elbois. — Mariages d'officiers. — Aventure du général Drouot et de Mlle Vantini. — Mariage du pharmacien Gatti.

Un de ces hommes qui, branches parasites du monde social sans services publics, sans qualités privées, veulent cependant, comme Érostrate, faire passer leur nom à la postérité, vint à Porto-Ferrajo : il eut l'impudence de se promener en portant ostensiblement la décoration du Lys à la boutonnière de son habit. Venir à l'île d'Elbe pour insulter à l'infortune de l'Empereur, pour narguer le dévouement des braves de la garde, était, ce me semble, avoir pris la résolution de poursuivre jusqu'au bout cette téméraire entreprise et de tenir l'épée à la main pour en affronter les conséquences. Les citoyens de Porto-Ferrajo avaient hué le chevalier du Lys : il y avait même eu des menaces, lorsqu'un officier se présenta au malencontreux personnage, et le pria poliment d'ôter une décoration « dont l'apparition inattendue affligeait tout le monde ». Mais ce chevalier, rassuré par la politesse de l'officier, refusa; l'officier, toujours avec une extrême civilité, lui dit : « Vous ne pouvez avoir mis ce lys que dans l'intention de nous offenser, et je vous demande raison de cette offense, d'autant plus outrageante qu'elle est préméditée. Allons, monsieur, choisissez les armes et finissons-en tout de suite, afin que votre audace n'ait pas d'autres suites. » Le chevalier balbutia quelques paroles, prétendit qu'il ne pouvait pas se dégrader lui-même, et, indigné de ce langage, un témoin lui arracha sa décoration et la foula dans la boue. L'Empereur fut affligé de cette aventure, il blâma sévèrement l'officier. Je ne saurais pas dire pourquoi : l'officier avait fait son devoir, le blâme de l'Empereur était injuste; peut-être n'était-il que politique, car l'Empereur avait des ménagements à garder. Le colonel Campbell était là. Le chevalier du Lys reçut l'ordre de quitter l'île d'Elbe.

Porto-Ferrajo était sous la préoccupation de cet événement, lorsqu'un bruit inattendu bouleversa l'opinion publique. Ce que je vais dire est d'une importance historique d'autant plus grande que personne ne le sait, et que, depuis la mort du respectable général Drouot, je suis le seul qui puisse en parler pertinemment. Je dirai les faits les uns à la suite des autres, comme s'ils s'étaient passés en même temps, quoiqu'ils aient eu lieu à diverses époques, et, dans l'unité de ce tout compact, le lecteur trouvera plus facilement le moyen d'en conserver la mémoire.

L'opinion publique de Porto-Ferrajo, à tort ou à raison, accusait le général Brulart, ancien chouan, alors gouverneur de la Corse, d'être chargé de se défaire, à tout prix, de l'empereur Napoléon. Cette opinion exagérait les moyens d'assassinat que le général Brulart pouvait avoir, si en effet il avait accepté un semblable mandat. Un événement de la plus haute gravité ajouta à toutes les croyances qui circulaient à cet égard.

Il y avait en Corse un assassin redoutable qui se vantait d'avoir commis plusieurs assassinats et qui débarqua à l'île d'Elbe sans qu'on sût comment. Cette clandestinité était une double violation de la loi sanitaire et de la loi de police. Un hasard presque miraculeux le fit découvrir dans la nuit. Ce misérable fut longuement interrogé; il y eut preuve morale qu'il venait assassiner. Son poignard ne pouvait être éguisé (*sic*) que contre l'Empereur. Avant le jour, l'Empereur le fit embarquer sur la *Caroline*, et il ordonna qu'on le rejetât sur les rives de la Corse. Il y avait trop de personnes dans le secret pour qu'il fût possible de taire ce qui s'était passé. J'étais à Rio, je me rendis à Porto-Ferrajo ; je demandai au général Drouot ce qu'il y avait de vrai dans les bruits qui couraient ; il me répondit que probablement l'Empereur m'en parlerait. Je pouvais alors compter sur la confiance de l'Empereur. Je le priai de me dire pourquoi il n'avait pas mis le brigand entre les mains de la justice, et l'Empereur m'adressa ces paroles : « Mais vous n'avez pas réfléchi que cela ne pouvait « pas se faire : il n'y avait pas de crime commis, ni preuve « qu'on devait en commettre, et alors il aurait fallu acquitter : « ce dont Brulart n'aurait pas manqué de tirer parti. » L'Empereur ne voulut pas aller plus loin.

Il y eut encore autre chose. Parti de Bastia pour aller à Livourne, l'aide de camp du général Brulart, sans qu'un temps contraire l'obligeât à relâcher, aborda à Porto-Ferrajo et mit pied à terre. La présence de cet officier fit hautement murmurer. Le général Drouot en fut prévenu, et, en sa qualité de gouverneur général de l'île, il appela cet officier et lui intima l'ordre de partir. L'Empereur disait au colonel Campbell : « Il faut « être bien osé pour se permettre une pareille incartade de « curiosité, et c'est d'ailleurs de fort mauvais goût. Il aurait « été étonné, monsieur l'aide de camp, si je l'avais coffré comme « espion, ou de toute autre manière légale, et c'est cependant « à quoi il s'exposait. » Le colonel Campbell était de l'avis de l'Empereur.

J'ai toujours répugné à croire que le général Brulart avait consenti à exécuter des projets d'assassinat.

Ce qui m'étonne à l'égard du général Brulart, c'est que ce soit, à ma connaissance, le seul homme contre lequel l'Empereur ait gardé une rancune bien conditionnée, et j'en ai la preuve. L'Empereur n'était pas haineux, surtout il n'était pas vindicatif. Il oubliait tout le mal qu'on lui avait fait ou qu'on avait voulu lui faire. Lorsqu'il m'envoya en mission dans le

Midi, il me répéta vingt fois de tirer un voile sur le passé, et cependant il m'ordonna péremptoirement de m'entendre avec le maréchal Masséna pour faire arrêter le général Brulart.

L'Empereur avait, deux ou trois ans auparavant, destitué un magistrat civil; cette destitution était au moins rigoureuse. Ce magistrat était venu à l'île d'Elbe pour se justifier. Lui aussi fut accusé d'être un chef d'assassins. Un jour je reçus, à Rio, un billet pressant pour me rendre à Porto-Ferrajo. Je trouvai les dévoués dans un état de panique inconcevable. Le brave Mallet, commandant de la garde impériale, m'attendait, et il me dit d'un air effaré : « Vennez (*sic*) de suite au théâtre, parce que M. *un tel* veut y assassiner l'Empereur », et ce monsieur *un tel* était le magistrat qui avait été destitué. Je ne me le fis pas répéter, mais avant je passai chez le général Drouot et je ne le trouvai pas. Je me rendis auprès de l'Empereur : il était occupé. Cependant l'affiche portait que l'Empereur assisterait à la représentation. J'avais couru pour arriver avant l'heure du danger. Tout le monde était armé, j'avais fait comme tout le monde. Je m'enfermai dans ma loge. J'étais extrêmement lié avec le magistrat que l'on désignait comme un brigand. Ce pauvre magistrat vint aussi au théâtre : selon son usage, il se plaça à côté de moi, de moi qui étais armé contre lui, et tous les yeux se portèrent sur nous. Les regards du commandant Mallet flamboyaient de colère; ils me disaient : « Ne manquez pas cet homme dès qu'il fera un mouvement. » J'étais sur un brasier ardent. L'Empereur ne vint pas, j'en bénis encore le ciel! La présence de l'Empereur aurait occasionné quelque grande catastrophe. Au sortir du théâtre, je retournai chez le général Drouot pour savoir quelque chose de certain; il m'assura qu'il n'y avait rien de vrai dans cette accusation; l'Empereur fut du même avis. Néanmoins l'Empereur et le général Drouot ne me parurent pas avoir leur figure accoutumée.

Le magistrat sur qui planait un si affreux soupçon était incapable d'un crime. La dénonciation était une infamie : on pouvait la considérer comme une vendetta. Elle avait été faite par un Corse appelé Sandreschi, armateur de corsaires, adressée à l'ancien secrétaire de l'accusé, appelé Cazella, et ce secrétaire, qui pourtant connaissait le noble caractère du magistrat auquel il devait beaucoup de reconnaissance, avait craint de se compromettre en gardant le secret : il alla le déposer dans le sein d'un conseiller à la cour impériale, également Corse, M. Poggi. Il n'était pas permis à M. Poggi de garder le silence, quoiqu'il fût l'ami intime du magistrat incriminé. C'est ainsi que l'Empereur fut instruit.

Cette dénonciation avait fait plus qu'effleurer l'esprit de l'Empereur. Après l'événement du théâtre, il chargea le conseiller Poggi d'engager le magistrat accusé à quitter l'île d'Elbe pour se soustraire aux bruits qui couraient, et M. Poggi devait en même temps assurer le magistrat que « l'Empereur ne l'oublierait pas s'il survenait des jours meilleurs ». Le magistrat justement indigné refusa de partir, et il demanda une audience à l'Empereur.

L'Empereur le reçut.

J'allais entrer chez l'Empereur lorsque le magistrat en sortit ; nous nous trouvâmes face à face. Il était visible qu'il venait de pleurer : j'en fus extrêmement ému, je lui dis avec l'expression d'un grand intérêt : « Qu'avez-vous, mon ami ? » Et frémissant, il me répondit : « Je ne suis plus digne d'être votre ami ! Je « suis un brigand venu ici pour assassiner l'Empereur, et vous « devez bien être instruit de cela... » Il était désespéré, j'aurais de suite parlé à l'Empereur s'il ne m'avait prié de n'en rien faire.

Lorsque nous quittâmes l'île d'Elbe, l'Empereur n'avait pas dit que ce magistrat ferait partie de sa suite, et je pris sur moi de le faire monter sur le brick *l'Inconstant*. Sans cela il y serait venu à la nage. Je prévins le général Drouot que je m'étais permis cette infraction aux ordres donnés.

Sur le brick, l'Empereur me demanda « si c'était moi qui

« avais décidé l'embarquement du magistrat », et sur ma réponse affirmative, il fit un sourire d'approbation.

Au golfe Jouan, l'Empereur donna quelques étoiles d'honneur, et le magistrat ne fut point compris dans cette distribution. C'était confirmer les bruits qui l'avaient accablé, je me permis de le dire à l'Empereur. L'Empereur me répondit froidement : « Il n'en est pas temps encore. » Cependant, aux portes de Grasse, il m'ordonna d'acheter un cheval pour ce magistrat, et comme ce magistrat, fameux piéton, avait encore plus besoin d'argent que d'un cheval, je lui donnai la somme nécessaire pour se monter à sa fantaisie. Il ne prit que le plus strict nécessaire. Remonté sur le trône, l'Empereur comprit que l'épreuve du magistrat était accomplie : il l'appela à de hautes fonctions, il nomma le fils de ce magistrat à un emploi supérieur. Ce magistrat m'a prié instamment de ne point le nommer en parlant de cette triste affaire. Je lui obéis à regret, car son nom est un beau nom, dont les Corses peuvent s'honorer.

Durant les Cent-Jours, ce magistrat se montra intègre, dévoué, après les Cent-Jours, lorsque c'était la mode de crier contre l'Empereur, il n'en parla qu'avec un sentiment d'amour et de respect. Jamais il ne chercha à se rapprocher de la Restauration. Son fils, aujourd'hui conseiller à une cour royale, est un juge exemplaire que la considération publique entoure. J'ajoute encore que le délateur Sandreschi, armateur en course, était un homme de peu de valeur morale, et qu'on l'avait maintes fois soupçonné de prêter la main à la piraterie.

Une autre nouvelle confidentielle d'assassinat transpira aussi, mais elle fut très peu ébruitée, et l'on n'en aurait pas parlé du tout, si l'Empereur avait vraiment voulu l'ensevelir dans le plus profond secret. Cette nouvelle portait qu'il fallait se tenir en garde contre un officier supérieur qui devait venir à l'île d'Elbe. Elle était donnée par un général, — de la part du maréchal Soult, disait-on, — et motivée sur la conduite que cet officier supérieur avait tenue depuis que l'Empereur avait quitté

Fontainebleau. Dire que l'Empereur devait se tenir en garde contre cet officier supérieur, ce n'était pas dire que cet officier supérieur devait assassiner l'Empereur, et c'est pourtant ainsi que l'on expliqua l'avis reçu. L'Empereur contribua à cette explication en cherchant un peu trop à prouver qu'il était impossible que cet officier supérieur ne lui fût pas entièrement dévoué, malgré les sentiments de circonstance qu'il devait afficher. Toutefois la certitude que l'officier supérieur avait une mission criminelle resta incarnée : on ne voulut pas s'en départir, et si cet officier supérieur était venu à Porto-Ferrajo, il aurait certainement été abreuvé d'amertumes. Plusieurs années après, dans l'exil, la princesse Élisa me parlait de ce fait comme s'il était avéré, et elle me disait : « Un « tel devait aller tuer l'Empereur. » Lorsque au sortir du château d'If je me rendis auprès de l'Empereur, il était à l'Élysée-Bourbon, l'officier supérieur était de service. L'Empereur me dit seulement : « J'espère bien que vous n'avez pas partagé les crédulités de ces visionnaires, qui ne voient partout que des fantômes ensanglantés. »

Enfin il fallut nous prémunir contre les tentatives d'un autre assassin; mais pour celui-ci la chose était officielle. L'Empereur me prévint « qu'il avait reçu l'avis, de trois « endroits différents, par des personnes sûres, qu'un juif, « borgne, vendeur de livres à Leipzig, avait reçu une somme « considérable pour tenter de l'assassiner, et que ce juif, « venant de Naples ou de Civita-Vecchia, devait débarquer à « Rio-Marine ». Il m'ordonna de faire arrêter cet homme dès qu'il aurait touché au rivage, de le mettre au secret le plus rigoureux, et d'apposer le scellé sur tous ses effets. L'assassin présumé devait être accompagné d'une bibliothèque de choix, qu'il offrirait à l'Empereur, ce qui lui donnerait une grande facilité de l'approcher et de le poignarder. Cette nouvelle était connue à Rio comme dans toute l'île, lorsque des bâtiments riais mirent à la voile pour les lieux d'où le juif devait partir, et si la chose était telle qu'on l'avait écrit à l'Empereur, ce juif, nécessairement sur ses gardes, avait été prévenu à temps de l'accueil que les Elbois lui préparaient.

Lorsque l'Empereur me donna ses ordres, je croyais que personne n'était dans le secret, et je priais l'Empereur de ne pas en parler. « Non, me dit-il, il faut au contraire en parler « beaucoup, car je veux me plaindre et faire savoir aux « peuples comme les rois me traitent. Je n'ai été que trop « réservé. Faites-vous aider dans votre surveillance par le « vieux commandant Tavelle. » Je représentai à l'Empereur que le bon commandant Tavelle ne se croirait plus permis de coucher chez lui, et qu'il ferait porter son lit sur les bords de la mer, ce qui l'exposerait à tomber malade. L'Empereur me dit en riant : « La maladie serait bien plus grave et plus « prompte s'il allait s'imaginer que je le crois incapable de « veiller au salut de l'Empire... » Ce que j'avais prévu arriva. Dès que j'eus averti ce pauvre commandant Tavelle que l'Empereur désirait qu'il m'aidât à surveiller l'arrivée du juif assassin, il bouleversa tout le pays. Il ne voulait plus voir de borgnes. Le maire de Rio-Montagne était borgne : il voulut venir à la Marine ; mal lui en arriva. Le commandant Tavelle lui en voulait déjà beaucoup, parce qu'il le regardait comme le principal auteur des tracasseries auxquelles j'avais été en butte. Il l'accosta comme un furieux : « Monsieur, lui dit-il, que venez-vous faire ici ? Ce n'est pas votre poste, et je vous ordonne de vous retirer. » Le maire, stupéfait, frémissant de rage, observa qu'il était citoyen, maire, chambellan : « Oui, lui répliqua le commandant, oui, mais vous êtes marqué comme celui qui vendit Notre-Seigneur, et comme celui qui veut tuer l'Empereur, et c'est un mauvais signe. Retirez-vous. » Le maire de Rio-Montagne dut se retirer, malgré qu'il eût appelé le maire de Rio-Marine à son secours. Je n'étais pas sur les lieux. Lorsque j'y revins, le commandant Tavelle me raconta « comme quoi il avait traité le borgne à l'instar

« d'un juif, ni plus ni moins », et il ne pouvait pas comprendre que cela me fît de la peine. Le maire de Rio-Montagne se plaignit à l'Empereur. L'Empereur ne donna aucune suite à la plainte, qui n'était cependant pas sans gravité. Lorsque l'Empereur m'en parla, je lui fis observer, ainsi que je l'avais déjà fait, combien le zèle du brave Tavelle pouvait devenir compromettant. L'Empereur me chargea de lui dire que le juif ne venait plus à l'île d'Elbe, et que tout devait par conséquent rentrer dans l'ordre accoutumé. Toutefois il me pressa de continuer la surveillance. Je me sentis soulagé d'être débarrassé de la coopération du vieux colonel. Il avait sans cesse le glaive hors du fourreau ; il aurait fini par en faire usage sans trop savoir ni pourquoi ni comment. Certainement, si le juif avait débarqué, il lui aurait passé l'épée à travers le corps, et il aurait cru avoir rempli sa tâche.

Je terminerai cette douloureuse série de projets ou de tentatives d'assassinat par une parole échappée à l'Empereur. Nous étions à Rio, j'avais suivi l'Empereur dans sa chambre à coucher ; je lui parlais de toutes les trames que ses ennemis ourdissaient : il me dit : « Ce ne sont pas mes ennemis. Ce « sont les ennemis de la France. Vous ne savez pas tout : « vous ne savez presque rien. Ils ont eu des intentions plus « perverses encore... » De suite il parla d'autre chose. C'était bien évident qu'il ne voulait pas continuer sur le même sujet. Néanmoins, j'ai ensuite, deux fois, entendu dire à l'Empereur, avec un sentiment de douleur amère qui pénétrait : « Les « plus grands assassins du monde sont ceux qui veulent faire « égorger un ennemi désarmé. »

Un vaisseau de haut bord, portant pavillon napolitain, se présenta sur la rade de Porto-Ferrajo, s'approcha le plus possible de la place, hissa la bannière elboise à son grand mât, et il salua de vingt et un coups de canon, ainsi que de trois hourras de « Vive l'empereur Napoléon ! » Il était impossible de faire une plus grande politesse de salutation.

Sans doute, nous ne pouvions pas, à l'île d'Elbe, être les amis de Murat. Mais le peuple napolitain ne devait pas être responsable du crime de son roi. D'ailleurs, il y avait des relations quotidiennes entre Naples et Porto-Ferrajo. C'était sur une frégate napolitaine que la princesse Pauline était venue à Porto-Ferrajo.

Bientôt le grand canot du vaisseau napolitain se dirigea vers la maison sanitaire, monté par l'état-major du vaisseau. Le commandant, — un contre-amiral, — demanda à descendre à terre pour aller présenter ses respectueux hommages à l'Empereur. On prévint tout de suite le gouverneur de la place, le général Cambronne. Le général Cambronne pouvait, dans deux minutes, avoir l'opinion de l'Empereur; il ne chercha pas à la connaître; il accourut immédiatement à la maison sanitaire. Le commandant napolitain renouvela sa demande, et il paraissait s'attendre à une réponse d'urbanité. Mais, à la vue de l'uniforme napolitain, le général Cambronne fut atteint d'un accès de folie, et dans son paroxysme de déraison, après avoir traité les officiers napolitains d'infâmes, de brigands, de scélérats, il les menaça de les faire fusiller s'ils ne se retiraient pas; il ordonna à l'officier du poste de faire charger les armes. Le général Cambronne aurait fait ce qu'il avait dit si le canot napolitain n'avait pas poussé au large. Dès que le canot fut de retour à bord du vaisseau, il y eut vraiment un coup de théâtre maritime : le commandant napolitain s'imaginait que la forteresse allait tirer sur lui; il fit amener la bannière elboise, orienter ses voiles, et dans un clin d'œil il cingla en pleine mer. Tout le monde était dans la plus grande stupéfaction.

Le général Drouot, instruit de ce qui venait de se passer, en rendit compte à l'Empereur, et l'Empereur en éprouva un chagrin extrême. Dans l'idée que le vaisseau napolitain était encore près du rivage, l'Empereur prescrivit à un officier d'ordonnance de prendre un bateau et d'aller de sa part prier le commandant napolitain de revenir au mouillage. L'officier d'ordonnance rentra sans avoir pu exécuter les ordres qu'il avait reçus.

L'Empereur, visiblement inquiet, me demanda si je pensais que l'on ne pouvait plus rejoindre le vaisseau napolitain. Je lui offris d'aller immédiatement à la poursuite de ce vaisseau sur un bâtiment riais. L'Empereur me sut gré de ma proposition; il m'engagea beaucoup à ne prendre cette peine qu'autant que je serais certain d'un heureux résultat. Je me rendis à Rio; je mis en mer. Le vaisseau napolitain avait cinq heures de marche sur moi. Cependant, je poussai vers le mont Argental jusqu'au soleil couchant. C'était par acquit de conscience. Je revins dans la nuit. Le lendemain matin, je me rendis auprès de l'Empereur. Il fut touchant d'affection; on aurait pu croire que j'avais fait quelque chose d'important.

« C'est bien grave, me dit l'Empereur, ce que le général Cambronne a fait, et l'on ne se conduit pas comme cela. » Je le priai d'observer que le sentiment qui avait entraîné le général Cambronne était respectable jusque dans son exagération, et l'Empereur ajouta en m'interrompant : « Oui, lorsque ce sentiment ne change pas de forme, ou que sa nouvelle forme n'est pas nuisible. » Pendant plusieurs jours, l'Empereur n'eut que cet événement en tête, et il donna des ordres pour que de semblables choses ne se reproduisissent plus.

Néanmoins, une chose de même nature se reproduisit. La garde impériale défilait chaque jour à la parade. C'était un grand spectacle que ce petit nombre de soldats échappés à tant de batailles, et qui, sillonnés de blessures, plus grands que la destinée, ne demandaient qu'à reprendre les armes ! Tout était remarquable dans ces hommes granitiques. Aussi, chaque jour, à midi, il y avait sur la place d'honneur beaucoup de monde pour les voir manœuvrer, et les voyageurs, surtout, ne manquaient jamais de s'y rendre.

Un jour, un étranger qui venait de débarquer, sachant que c'était l'heure de la parade, accourut pour la voir défiler, et son accoutrement de voyage comme son air d'émotion le firent bientôt remarquer. Le général Cambronne, pour lequel tous les hommes qu'il ne connaissait pas semblaient être des meurtriers chargés de tuer l'Empereur, alla droit au nouveau venu, et au lieu de le questionner, commença par lui adresser des paroles dures, et il finit par lui prodiguer des menaces. L'étranger, effrayé de la rigueur excessive avec laquelle on l'accueillait, avait perdu la faculté de parler, et plus il était troublé, plus le général Cambronne le soupçonnait. C'était un Français, un bon Français, ancien commissaire des guerres, qui avait servi sous les ordres du général Bertrand, et qui, destitué pour cause de ses opinions impériales, venait à l'île d'Elbe revoir son général et son Empereur. On le conduisit chez le général Bertrand. On lui fit des excuses. Cela ne le guérit point de la peur qu'il avait eue, et il quitta sur-le-champ Porto-Ferrajo.

L'Empereur avait besoin que tout prît autour de lui un aspect de stabilité. Quelques-uns des compagnons de l'Empereur cherchèrent à secouer le joug de l'oisiveté : ils aimèrent. L'amour n'est pas le repos, particulièrement pour des hommes qui ramenaient tout aux souvenirs du pas de charge. Aller vite : ils ne comprenaient pas autre chose. L'Empereur n'entravait pas leurs plaisirs. Mais les compagnons de l'Empereur étaient jeunes, ardents, susceptibles de se tromper. L'Empereur y voyait mieux qu'eux. Il voulait que rien ne fît brèche à l'honneur, que rien ne blessât les convenances. Je cite quelques faits :

Une jeune demoiselle de seize ans, malheureuse dans sa famille, éblouie par l'éclat et par la renommée de la garde impériale, avait suivi un des plus braves officiers, et elle était avec lui arrivée à Porto-Ferrajo. L'Empereur se fit rendre compte de cette circonstance, il témoigna le désir que l'officier épousât la belle fugitive. L'officier était un homme d'honneur : le mariage eut lieu.

Un capitaine vivait conjugalement avec une dame; il aurait cependant voulu que son union fût considérée comme un mariage morganitique (*sic*), et que, sous cette enveloppe, sa compagne fût admise aux fêtes de la cour. Il eut la faiblesse d'en faire faire la demande. L'Empereur fut blessé de cette prétention inconvenante; il refusa d'y faire droit. Le capitaine lui en garda rancune.

L'Empereur ne voulut pas admettre à ses soirées une dame qui jusqu'alors avait été reçue dans toutes les sociétés et dont la réputation laissait beaucoup à désirer.

Un jeune lieutenant demanda à se marier. Les officiers firent des difficultés pour laisser contracter ce mariage. On pria l'Empereur d'intervenir; l'Empereur répondit : « C'est ici une affaire de corps. Il faut que le corps décide. Il faut surtout que rien ne puisse blesser la demoiselle que le lieutenant voudrait épouser. » Le lieutenant écouta le conseil de ses camarades. La demoiselle était d'ailleurs une fort honnête personne, le lieutenant était un homme d'élite.

Avec un beau nom, avec un beau talent, avec la gloire d'être sorti de l'École polytechnique, avec l'affection de l'Empereur, un capitaine d'artillerie, officier d'avenir, eut aussi la fièvre d'amour, et il voulut épouser une des dames de compagnie de la princesse Pauline. C'était une Française que des circonstances particulières avaient conduite à l'île d'Elbe. L'Empereur fit entendre des paroles paternelles; ces paroles devinrent un oracle pour le capitaine d'artillerie. Il brisa sa chaîne.

Mais un autre mariage allait encore échouer. Celui-ci devait marquer comme un grand événement. Le philosophe, le savant, le général Drouot, en vint aux prises avec l'amour, et l'amour vainquit. Le général Drouot n'était plus un jeune homme; il commençait à grisonner, et son air grave le faisait encore paraître plus vieux qu'il n'était. Ce n'était pas aussi un bel homme. Mais il avait un nom si honorable, une gloire si pure, une vertu si rare, qu'il était impossible qu'une femme ne se trouvât pas heureuse d'unir sa destinée à cette destinée.

Mlle Henriette était à cet âge de la vie où tout est enchantement. Jeune, jolie, aimable, elle pouvait se tresser une magnifique couronne de belles qualités, et son heureux caractère ajoutait encore à ses dons de la nature. Il était impossible qu'il n'y eût pas un cœur excellent sous une enveloppe de presque perfection. Que peut la puissance des ans et de la sagesse en face d'un cœur excellent ! Le général Drouot voulait apprendre l'italien, Mlle Henriette voulait apprendre le français : il fut convenu qu'il y aurait échange de leçons. On commença par conjuguer le verbe aimer. L'épopée atteignit de suite à son accomplissement. Mlle Henriette devint rêveuse : on la crut malade. La mère, inquiète, dans un élan de douleur maternelle, s'écria, en présence du général Drouot, en le regardant avec tendresse : « Ma fille meurt pour vous ! » Et le général Drouot, effrayé, alla se jeter aux pieds de Mlle Henriette, et il lui dit : « Ne mourrez (*sic*) pas ! » Le mariage fut aussitôt conclu.

Mlle Henriette était bien certainement le plus beau choix que l'on pût faire à l'île d'Elbe. Il n'y avait qu'une opinion à cet égard. Le jour nuptial était fixé, lorsqu'un coup de foudre détruisit jusqu'aux espérances de bonheur mutuel que les futurs époux avaient conçues. Le général Drouot était très pieux : il ne cherchait point à le cacher et à l'afficher; dans son amour filial, sa religion touchait jusqu'à l'idolâtrie; il commençait toujours la journée par une prière fervente pour sa mère. Il rendit compte à sa mère de la situation dans laquelle il se trouvait. Sa mère s'alarma de voir son fils se marier si loin d'elle, sous un ciel étranger. Elle lui ordonna de rompre tous les engagements qu'il avait pris à cet égard. Le général Drouot manqua d'énergie pour désobéir. Ce fut un tort : le général Drouot n'avait pas seulement le droit, il avait aussi le devoir de représenter à sa mère qu'il serait injuste de manquer à une promesse solennelle, et, sans cesser en aucune manière d'être fils respectueux, il devait s'en tenir à la foi jurée. Je fus moi-même compromis dans ce triste dénouement. L'Empereur m'avait envoyé sur le continent. Ce fut à mon retour que le général Drouot prit la résolution définitive de rompre. On crut que mon amitié avait particulièrement contribué à le décider. Il fallut toute l'autorité de l'Empereur pour apaiser cet orage occasionné par une apparence trompeuse. Pendant mon absence, le général Drouot avait consulté ma femme, qui s'était bornée à lui dire : « Si vous devez vous marier à l'île d'Elbe, Mlle Henriette est la personne qui vous convient le mieux. » Cette rupture affligea les Elbois. On a voulu faire croire que le général Drouot avait supposé la lettre de sa mère. C'est une infamie : le respectable général Drouot était incapable d'un mensonge.

Mlle Henriette continua à être honorée. Aujourd'hui, femme d'un officier supérieur, mère d'une charmante famille, entourée de considération, aimable comme elle l'était aux jours de sa jeunesse, sans aucune espèce de rancune, dans un rang honorable, elle est heureuse autant qu'il est possible de l'être. Le général Drouot n'a jamais cessé d'en parler avec un respect affectueux.

L'Empereur avait suivi toutes les phases de l'étonnante métamorphose du général Drouot. Il s'amusait sans gêne de la gaucherie amoureuse du philosophe : il ornait même un peu les choses qu'il en racontait. Néanmoins, je serais tenté d'assurer qu'il ne fut pas fâché de la péripétie de ce poème amoureux : car alors ses idées de stabilité elboise s'affaiblissaient sensiblement.

Le colonel Campbell chercha à donner une couleur politique aux tendres sentiments du général Drouot. Il était très attentif à tout ce qu'on en disait. C'était pour lui une affaire d'État. Il affecta de prendre beaucoup de part au dénouement.

Enfin, il y eut un mariage de consommé : celui de M. Gatti, pharmacien en chef de l'Empereur, avec Mlle Bianchina Ninci, appartenant à l'une des familles les plus distinguées du commerce de Porto-Ferrajo. M. Gatti avait un bon emploi; il portait un habit brodé; il avait l'honneur insigne d'être un des compagnons du grand homme, et il était bon enfant. Tout cela réuni n'en faisait pas pourtant un homme distingué, mais tout cela réuni en faisait un bon parti, surtout dans un pays où les fortunes étaient généralement médiocres. M. Gatti comprit sa position; il chercha à en profiter. Parmi les demoiselles que l'on considérait comme les perles de la cité, Mlle Bianchina tenait un rang distingué, et elle devint l'objet des hommages de M. Gatti. Mlle Bianchina était trop jeune pour pouvoir réfléchir, elle ne voyait dans le mariage qu'un jour de fête et de parure. Elle laissa faire ses parents. M. Gatti fut heureux : l'Empereur signa le contrat de mariage!

DEUXIÈME PARTIE

ANECDOTES DE L'ILE D'ELBE

CHAPITRE PREMIER

NAPOLÉON SOUVERAIN DE L'ILE D'ELBE

I. — La première époque du règne de Napoléon. — Voyage de Pons en Toscane. — Le grand-duc Ferdinand III. — Fossombroni. — L'église Saint-Napoléon. — Les subsides et Talleyrand.
II. — L'Empereur homme public et homme privé. — Les ambitions successives de Napoléon. — Le tribun Curée et les républicains du Palais-Royal. — Religion de l'Empereur. — Son savoir, sa bonhomie, son goût des commérages.
III. — Isolement de l'Empereur. — Service intérieur : les soirées. — Le service. — Marchand. — Saint-Denis. — Affaire de Gilles avec le capitaine Cornuel.
IV. — La Porte de Terre. — Une Aspasie française. — L'escorte de l'Empereur. — Les secrets de l'Empereur. — La formation des nouvelles à l'île d'Elbe. — Les dictées de l'Empereur.
V. — Napoléon souverain. — Les impositions. — Capoliveri et Rio.

I

LA PREMIÈRE ÉPOQUE DU RÈGNE DE NAPOLÉON.

Le séjour de l'Empereur à l'île d'Elbe a eu quatre époques bien marquées, et je les caractérise. L'époque de la stabilité, l'époque du doute, l'époque des projets, l'époque de l'exécution : les deux premières époques sont celles qui se prolongèrent le plus.

L'Empereur arriva à l'île d'Elbe dégoûté des grandeurs et désirant la tranquillité. Sans doute dans un homme tel que l'Empereur, ce dégoût et ce désir pouvaient n'être pas durables, mais alors ils étaient réels. Ses constructions, ses achats, ses traités ne pouvaient être inspirés que par un esprit d'avenir de jouissance durable, et l'intention d'une jouissance éphémère n'aurait pu se comprendre que par un état de déraison complète. L'Empereur n'était pas homme à épuiser son trésor pour s'entourer d'un luxe de circonstance.

Les journaux français étaient pour ainsi dire supprimés : l'on ne savait que par correspondance ce qui se passait en France. Je crois même qu'il y avait des lettres supprimées : l'un des deux chefs de la police supérieure, d'une nature très légère, était souvent dans les bureaux de la poste, et le directeur de la poste, honnête homme, mais sans énergie, n'aurait peut-être pas osé empêcher un détournement ou une violation. Dans les premiers temps de l'arrivée de l'Empereur, j'eus des lettres décachetées, et je dus m'en plaindre. L'Empereur était avare de nouvelles; il semblait prêter peu d'attention à celles qu'on croyait devoir lui donner, et sa curiosité, naturellement grande, ne paraissait pas facile à exciter. Il détournait les conversations qui attaquaient les Bourbons. Il trouvait même des paroles pour atténuer les crimes politiques des grands personnages de l'Empire contre lesquels son indignation aurait dû de jour en jour devenir plus palpitante. Il avait pour Marmont un langage de mépris ou de pitié. La correspondance était presque sans activité.

Dans sa vie d'intérieur, au milieu de ces conversations qui, même pour les hommes les plus réservés, ne mettent jamais en garde contre la vivacité d'une parole plus ou moins expressive, l'Empereur parlait de choses qu'il aurait « plus tard », et ce « plus tard » signifiait dans quelques années. A son début d'installation, il disait : « Je ferai élever mon fils avec « une dizaine d'autres enfants, afin qu'il puisse un peu profi-

« ter du bienfait de l'instruction publique », et deux ou trois fois il s'informa des familles auxquelles il pourrait s'adresser pour l'accomplissement de ce désir.

Je fis un voyage en Toscane. Ce voyage n'avait que le caractère semi-officiel, car il était à la fois pour mon administration et pour mes propres affaires, même plus pour mes propres affaires que pour mon administration. Je pris les ordres de l'Empereur. Je n'étais pas alors dans sa confidence ; le général Drouot m'avait dit : « Je crois que l'Empereur « vous donnera une commission particulière. » Cependant l'Empereur s'était borné à me charger de voir si, à Livourne ou à Florence, il n'y aurait pas un bon fournisseur pour l'île d'Elbe, et particulièrement pour les troupes. Il m'avait aussi chargé de m'informer si l'on trouverait à Pise les professeurs nécessaires pour organiser un collège à Porto-Ferrajo, et à quelles conditions. L'Empereur n'avait pas même paru mettre une grande importance à l'accomplissement de ces commissions. Je n'y voyais que le rapport qu'elles avaient avec un long séjour à l'île d'Elbe. Le général Drouot me paraissait très étonné de ce que l'Empereur s'était borné là. L'Empereur avait seulement ajouté ces quelques mots : « Il « faut partir sans tambour ni trompette, car sans cela il « semblerait que je vous envoie en mission. » J'allais me mettre en route lorsqu'il me fit appeler. Il me parla ainsi : « On m'avait assuré que votre voyage était un départ définitif de l'île d'Elbe. Le général Drouot me garantit le contraire, et je crois le général Drouot... (J'abrège le colloque.) Verrez-vous le grand-duc ? — Si Votre Majesté me l'ordonne. — Voyez-le, c'est un brave homme. Il sera bien aise des renseignements que vous lui donnerez sur ma vie elboise. Faites une visite aux ministres. Observez bien leur allure, surtout celle de Fossombroni. Dans une heure vous aurez bâclé tout cela, car à Florence l'on reçoit vite. — N'importe le temps, je prendrai tout celui qu'il me faudra. — Porterez-vous notre cocarde? — Votre Majesté ne doit pas en douter. — Alors vous ferez plus que le commandant de la marine qui, à Gênes, n'a pas osé la mettre. Visitez les magasins pour connaître si les marchandises anglaises y abondent. Étudiez pour savoir ce qu'il y a de vrai dans ce que l'on raconte de l'influence britannique. » Il me dit encore : « Il y a à Florence plusieurs artistes d'une haute distinction, seules sommités sociales que la tempête politique n'ait pas pu atteindre, et je serais bien aise que vous trouvassiez l'occasion de vous entretenir avec eux. »

A Livourne, je fus accueilli comme si les Français régnaient encore dans la Toscane, et les maisons Veuve Chemin, Dupui, Valser me traitèrent avec une bonté indicible, surtout la première. Il y avait d'ailleurs peu de Livournais marquants qui ne me connussent. Tout le monde fut bien pour moi, mais tout le monde me disait aussi que trois mois auparavant on n'aurait pas osé m'accoster. La cocarde elboise fit sensation, même au quartier vénitien, où les Français avaient eu immensément à souffrir lors de l'évacuation de la place.

A Florence, un personnage de la cour vint avec une politesse exquise m'adresser une prière de me rendre au palais Pitti, et à peine me donna-t-on le temps de mettre un habit. Le grand-duc Ferdinand III me reçut de suite; le meilleur de tous les bourgeois ne m'aurait pas reçu avec plus de simplicité. Il me demanda avec un véritable empressement « des « nouvelles détaillées de son bien-aimé neveu ». Dès que je l'eus assuré que lors même qu'il n'aurait pas eu la bonté de me faire appeler, j'aurais demandé à lui présenter mes hommages parce que l'Empereur me l'avait ordonné, il me regarda fixement et me dit : « *Pater noster!* » *Pater noster!* qu'est-ce que cela signifiait? Je n'en savais rien. Le grand-duc n'insista pas. Ce prince avait, comme l'Empereur, l'habitude de questionner, il me fit des questions à l'infini, mais ces questions n'étaient que des questions superficielles. Il évitait de me parler des choses qui auraient demandé un raisonnement sérieux. Mais cette réserve ne s'appliquait visiblement qu'à ce qui regardait l'Empereur. Quant à ce qui regardait ses propres affaires, à lui grand-duc, il m'en parla comme à un vieil ami, je n'étais que le dépositaire de ses paroles ; ses paroles devaient être transmises à « son cher neveu », à « son bon neveu », à « son bien-aimé neveu », car Ferdinand III ne désignait pas autrement l'Empereur. Ainsi il me raconta qu'il avait eu toutes les peines du monde pour arrêter la violence des réactionnaires qui voulaient détruire de fond en comble le code Napoléon ; qu'on lui avait dénoncé un personnage de sa cour, parce qu'il se servait d'une tabatière que l'Empereur lui avait donnée et qui était enrichie de son portrait ; que lui, grand-duc, pour punir les dénonciateurs, il avait pendant toute une soirée pris du tabac dans cette tabatière, en félicitant maintes fois celui qui était possesseur d'un présent fait par le plus grand des souverains. Le grand-duc Ferdinand III était amoureux de l'empereur Napoléon.

Je pris congé du grand-duc : j'étais profondément reconnaissant de cet accueil. Au sortir du palais Pitti, à quarante pas de la porte, presque sous les croisées, un marchand forain vendait des chansons contre l'Empereur ; j'entrai dans un café, j'écrivis directement au grand-duc pour me plaindre. Dix minutes après le chansonnier était chassé, et le même jour ces insultes en plein vent étaient défendues.

La haute police de Florence n'avait pas imité la politesse du grand-duc ; elle m'avait prescrit de me rendre de suite dans ses bureaux, elle me demanda ce que je venais faire dans la capitale du grand-duché ; je lui répondis que j'avais confié mon secret au grand-duc, et que j'allais le confier aussi au ministre Fossombroni : la police s'excusa de sa curiosité.

Le ministre Fossombroni, alors le plus grand homme de la Toscane, homme éminent partout (ce qui ne l'a pas empêché de mourir dans la disgrâce de son prince), Fossombroni, dont les travaux, à défaut de monument national, consacreront l'immortalité, Fossombroni me serra la main avec effusion. Sa parole était profondément respectueuse pour l'Empereur; tout ce qu'il disait semblait étudié pour glorifier le génie de « l'illustre banni ». Il était très mécontent de tout ce que les réactionnaires faisaient; il me répéta deux fois : « Le monde social est passé sans transition de l'époque des géants à l'époque des pygmées : c'est dégoûtant! » Il me chargea de prier l'Empereur « de bien se tenir sur ses gardes ». Il ajouta : « C'est à vous autres à veiller sur lui, car on veut le tuer. » Il ne se soucia pas que je visse ses collègues. Je me laissai diriger par lui.

La Toscane avait alors trois célèbres artistes : Benvenuti, dont le pinceau s'est illustré à la coupole de la chapelle des Médicis ; Santarelli, qui égala les plus grands lapidaires de l'antiquité, et Morghen, le premier graveur du siècle. Je connaissais ces trois illustres personnages, j'eus du bonheur à passer quelques moments avec eux. Je passai aussi quelques moments agréables avec Bartolini, génie supérieur en sculpture ; il avait le projet de faire le voyage de l'Ile d'Elbe, mais cela ne dépendit pas de lui, il ne le fit pas, et plus tard il m'en témoigna ses regrets.

A Pise, pépinière des hommes appartenant par état à l'instruction publique, il n'y eut pas cependant, lors de mon passage, d'individus convenables aux intentions de l'Empereur.

Mais à Pise, André Vacca, mon ami, chirurgien qui porta l'art de guérir à son perfectionnement, me donna l'hospitalité, et, avec son cœur brûlant, il se mit « corps et âme », selon sa propre expression, aux ordres de l'Empereur.

De retour à Livourne pour m'embarquer, je visitai les magasins et j'étudiai l'opinion livournaise. Les magasins étaient encombrés de marchandises anglaises, surtout de draps, mais l'écoulement par la vente n'était pas rapide. L'opinion des Livournais avait plusieurs nuances : le haut commerce craignait la rivalité britannique, car déjà les Anglais créaient des maisons de concurrence; le commerce intermédiaire trouvait que les consommateurs revenaient des folies qu'ils avaient faites pour se parer d'étoffes nouvelles; le peuple mercenaire travaillait, il gagnait et il célébrait ceux qui le faisaient gagner.

Je rendis compte à l'Empereur. Il écouta avec attendrissement tout ce que je lui racontais du grand-duc Ferdinand III. Il me dit : « Ce sont des éloges qui partent du cœur et qui arrivent au cœur; le temps et le lieu attestent leur sincérité. Mon oncle a toujours été un honnête homme; il conserve le souvenir de ce que je voulais faire pour lui. » C'était la première fois que l'Empereur disait « mon oncle » en parlant du grand-duc. Je lui fis connaître l'amoncellement que l'on trouvait à Livourne pour les vêtements militaires ou de marine.

L'Empereur n'interpréta pas bien mes paroles; il crut que je voulais lui conseiller d'acheter de ces draps pour le besoin de ses troupes, et il s'écria presque avec indignation : « J'aimerais mieux les voir couvertes de haillons, que de recourir aux Anglais pour habiller les braves gens qui les composent! » Néanmoins, je ne crois pas que les draps qu'il fit acheter à Gênes fussent des draps français, et, certainement, ce n'étaient pas aussi des draps liguriens.

L'Empereur s'amusa beaucoup de mon embarras par et pour le « *Pater noster* », et il me promit de m'expliquer cela plus tard; ce qui me prouva que ce « *Pater noster* » avait quelque chose de mystérieux. Il me fit répéter mot à mot toutes les paroles du ministre Fossombroni. Il se rappella (*sic*) avec intérêt d'André Vacca.

Pendant que j'étais sur le continent, l'Empereur avait fait une course à Rio, et l'agent comptable, qui en mon absence avait l'intérim de l'administration, s'était empressé de lui communiquer le plan d'une église qui devait être dédiée à saint Napoléon, et dont, avant nos malheurs nationaux, j'avais déjà fait creuser les fondements. L'Empereur s'étonna beaucoup de ce que je ne lui avais pas dit un seul mot à cet égard ; il me demanda la raison de mon silence ; il ajouta : « J'adopte votre plan. Maintenant j'ai trop de besogne sur les bras : nous commencerons aux premiers jours de l'année prochaine. Dans moins de deux ans tout sera fini. » Je répète cela pour justifier l'opinion qu'en arrivant à l'île d'Elbe, l'Empereur ne croyait pas en partir dans dix mois, et qu'il n'en serait pas parti si on ne s'était pas fait un jeu de la violation de son traité avec les trois grandes puissances de la coalition.

L'Empereur fit également demander en son nom par le grand maréchal le payement du trimestre échu des subsides annuels stipulés par ce même traité, et Talleyrand, à qui l'on s'était adressé en sa qualité de ministre des affaires étrangères, eut l'impudence de ne pas répondre.

II

L'EMPEREUR HOMME PUBLIC ET HOMME PRIVÉ.

Je me suis maintes fois entretenu du caractère de l'Empereur, mais ce que j'en ai dit se trouvait lié à des circonstances dont je devais rendre compte, et les traits caractéristiques ainsi épars n'ont pas pu se graver dans la mémoire de mes lecteurs. Le moment est venu de leur expliquer l'Empereur comme je me le suis expliqué à moi-même. Qu'on n'oublie pas que c'est un républicain qui parle !

Napoléon Bonaparte était Corse : l'orgueil le domina, jusqu'à ce que la noblesse innée de ses sentiments lui eût fait comprendre que l'orgueil n'était qu'une faiblesse puérile. Alors il remplaça l'orgueil par l'ambition ; ainsi, dès son bas âge, son orgueil le poussait parmi les enfants qui étaient plus avancés que lui, et plus tard, à l'école de Brienne, son ambition le portait à prendre place avec les élèves les plus distingués. Cela l'obligeait à travailler.

L'ambition suivit Napoléon Bonaparte dans les camps ; elle contribua glorieusement à en faire un général. Cette ambition était alors toute patriotique.

Le général Napoléon Bonaparte débuta dans le commandement des armées comme les vieux généraux en chef finissent. Son ambition le pressait de prendre place au premier rang ; il arriva vite à la toute première place du premier rang. Son ambition était devenue une ambition de patriotisme et de gloire.

En Égypte, le poison du pouvoir le subjugua, et son ambition de patriotisme et de gloire fut aussi une ambition de puissance.

Le titre de consul était certainement un titre honorable, c'était une participation à la souveraineté. Un général pouvait s'en contenter : l'ambition intervint. Le général Bonaparte voulut être premier consul. Mais ici l'ambition du général Bonaparte faillit : elle ne lui inspira pas le désir d'être à la fois le premier consul et le premier citoyen de la République.

Le général Bonaparte avait tiré le glaive contre une fraction du peuple que la Convention nationale voulait frapper, il l'avait tiré contre les représentants du peuple qui étaient sous la protection de la loi. La première magistrature de la république, honorablement exercée, aurait peut-être effacé ces deux souvenirs, mais la triple ambition du général Bonaparte n'était pas encore satisfaite, et le premier consul ceignit la couronne impériale. Jour néfaste pour la France et pour lui !

Et qu'on ne pense pas que, monté sur le premier trône du monde, l'Empereur se trouva enfin satisfait. Son ambition patriotique, à laquelle il ne fit jamais défaut, même dans ses moments d'erreur, lui fit rêver que l'Europe n'était pas plus grande que ce qu'il fallait pour fixer les limites de l'empire français; les souverains de l'Europe prouvaient qu'ils anéantiraient la nation française, s'ils n'étaient pas anéantis par elle. Il fallait les briser ou en être brisé.

Une quatrième ambition naquit de la possibilité d'arriver à l'accomplissement des trois autres ambitions. L'Empereur ambitionna d'être, de sa personne, le premier de tous les empereurs européens; il l'était par le fait, il voulut aussi l'être par le droit. Ce qui fit surgir une cinquième ambition, l'ambition de famille. Elle ne fit jamais du bien à l'Empire, elle fit souvent du mal à l'Empereur.

L'Empereur était au faîte des grandeurs humaines, mais il n'était pas au faîte de la véritable grandeur : celle qui naît de l'amour du peuple! Il s'était séparé du peuple.

Tout est peuple dans l'état social : hors du peuple, point de salut. L'Empereur en fit la cruelle épreuve. Il serait injuste de dire que l'Empereur n'aimait pas le peuple, il l'aimait beaucoup, il faisait tout pour lui; seulement, il ne faisait rien par lui. C'était là son erreur, car toute sa suprématie ne lui donnait pas le droit d'agir sans le peuple. Le peuple ne supporte pas l'humiliation, il se sépara de l'Empereur. Toutefois, le peuple chérissait l'Empereur sincèrement; il se serait dévoué pour lui. Mais son bien au-dessus de tous les biens était l'exercice permanent de ses droits naturels et imprescriptibles.

Les renégats du peuple accoururent auprès de l'Empereur: ils s'étaient dits hommes libres, ils s'honorèrent de devenir esclaves. C'était cette fraction qui s'était constituée le peuple du Directoire, qu'on appelait le peuple doré : écume thermidorienne, la base corrompue et corruptrice de toutes les factions liberticides.

Le premier Consul parlait du grand peuple, l'Empereur ne parla que de la grande nation. On ne fit pas attention à ce changement; cependant, il était significatif.

Le berceau de l'Empire se trouva au milieu des fanges directoriales, purgées par le Consulat de leur écume la plus dégoûtante.

Il fallait donner à l'Empire naissant les formes apparentes des vieilles monarchies. L'Empereur avait par nécessité adopté les hommes de la Révolution, mais, malgré les hochets et les titres, ils ne pouvaient pas lui constituer une cour : il appela à son aide les hommes de la contre-révolution.

Il eut à ses côtés la Révolution et la contre-révolution, amalgame incohérent qui ne fit jamais fusion et eut pour résultat de détériorer les hommes de la Révolution et les hommes de la contre-révolution. Fouché de Nantes représentait les uns, Talleyrand-Périgord représentait les autres : ils faillirent également à leurs principes primitifs.

Une sphère semblable ne pouvait pas être l'unique sphère de l'Empereur. Il se créa un monde d'hommes éminemment supérieurs qu'il alla chercher parmi les révolutionnaires comme parmi les contre-révolutionnaires, et qu'il plaça dans les fonctions gouvernementales de l'État : ce fut son monde spécial.

L'Empereur était patriote, il était entièrement dévoué à l'honneur et à la gloire de la patrie. « La France avant tout » fut le sentiment de sa vie entière. Un sentiment pareil, excitant sans cesse son génie, conduisit facilement l'Empereur à lire dans l'âme de ce peuple factice, et il en connut bientôt tous les replis. Connaissance fatale qui lui fit juger l'homme par les hommes qui l'entouraient! Dès lors, il ne crut plus à la vertu, à la probité, au désintéressement; il ne vit l'espèce humaine qu'à travers le prisme trompeur des cours. De là, son incrédulité pour la pureté des existences le plus noblement remplies; de là, un abandon inouï dans la confiance qu'il accordait à des hommes qu'il ne lui était guère possible d'estimer. Il ne pouvait pas se figurer d'être trahi ou trompé par ceux qu'un calcul d'intérêt devait porter à le bien servir. Il menaçait toujours, il ne punissait jamais, il ne savait pas punir. Il se plaisait à prodiguer les récompenses. Encore un trait : quel que fût son dédain pour les hommes, il fouilla sans cesse dans toutes les classes de la société pour y trouver des hommes honorables et honorés.

L'Empereur fut un grand homme, mais il lui manqua d'être un grand citoyen. Il se laissa éblouir par les fausses grandeurs. Lui aussi voulait un trône. Pourquoi les hommes l'ont-ils laissé faire ? Pourquoi tant d'ambitions et tant de vénalités lui crièrent-elles : « Soyez empereur!... » La veille de sa malheureuse élévation à l'Empire, nous étions quelques républicains réunis au Palais-Royal, et nous murmurions contre l'ambition patente du premier Consul. Curée, le conventionnel, était avec nous : il disait que si le premier Consul aspirait à la couronne, s'il voulait la prendre, il fallait le mettre hors la loi, et le lendemain, malgré ce qu'il avait dit la veille, — à cause de ce qu'il avait dit, — il demanda que le Tribunat émît le vœu que Napoléon Bonaparte fût proclamé empereur des Français ! Et la France entraînée par ses meneurs, restes impurs de la corruption directoriale, répondit à la motion de Curée par... (*sic*).

Curée n'était cependant ni un malhonnête homme, ni un homme corrompu, mais il avait parlé : on lui inspira des craintes et l'on exploita sa faiblesse. L'Empire insulta à la chute républicaine en s'appelant dérisoirement empire républicain, et les républicains restés fidèles à la foi jurée devinrent des parias politiques.

Tel était l'Empereur comme homme public : je vais maintenant l'esquisser comme homme privé.

L'enfance et l'adolescence de l'Empereur furent plus remarquables par la précocité de la raison que par le développement du génie. Son caractère était studieux : on le considérait comme un jeune homme instruit. Toutefois, son premier avancement militaire ne fut pas rapide; il resta sept ou huit ans sans pouvoir atteindre au grade de capitaine, ce qui était rare alors. Tous ses camarades le regardaient comme un bon camarade : il devait l'être, car il n'en oublia jamais aucun.

L'Empereur était essentiellement religieux, je crois même qu'il était un peu superstitieux. Si l'Empereur avait eu une vie calme, une situation ordinaire, il aurait été dévot : il avait des saints de prédilection; les cérémonies du culte lui plaisaient lorsque leur splendeur n'avait pas un air mondain, il n'avait oublié aucune des prières que sa mère lui faisait réciter. La princesse Pauline disait : « L'Empereur sait bien mieux « prier que moi. » J'avais un aumônier pour l'administration que je dirigeais; cet aumônier serait mort de peur, si on l'avait fait coucher dans la sacristie : l'Empereur trouva qu'il n'y avait là rien d'extraordinaire; il pensait qu'il était permis de se troubler dans une église non éclairée, surtout au milieu de la nuit. Il ne souffrait pas des paroles qui outrageaient la religion. Mais il ne voulait pas que des prêtres fussent autre chose que des prêtres, qu'ils quittassent la paix du sanctuaire pour porter le trouble dans la société.

Madame Mère m'assurait que l'Empereur avait toujours eu un cœur d'or : « Lorsqu'il était petit enfant, me disait-elle, il était constamment prêt à partager avec les autres petits enfants, alors même qu'on ne partageait pas avec lui, et, quelquefois, je devais le gronder. » Cette générosité des premiers jours de sa vie ne se démentit jamais, et ses plus grands ennemis l'ont reconnu. Il resta toujours fidèle à ses liaisons de jeunesse : il combla de bienfaits tous ceux avec lesquels il avait eu alors quelques rapports d'intimité. La France ne sait que trop combien il fut bon parent. Il aima constamment Joséphine, mais il n'oublia point une dame qu'il avait connue en Égypte, et qui l'avait suivi en France. Son blâme était sévère pour l'homme qui affichait une maîtresse; il l'était aussi pour la femme dont la parole n'était pas réservée.

Dans la vie privée, il se laissait moins aller aux mots blessants que dans la vie publique; il se servait même de la vie privée pour réparer les torts de la vie publique. Il ne lui était pas cependant facile de faire le bonhomme : son habitude de pouvoir absolu ne prêtait pas au laisser aller. Toutefois, il y avait des circonstances où le bonhomme était seul. Par exemple, on ne voyait que le bonhomme dans les petites invitations, lorsqu'il pouvait se considérer comme étant tête à tête, et alors rien n'indiquait l'Empereur, parce qu'il s'effaçait entièrement. J'ai quatre fois joui de cette distinction honorable, une fois pour manger des huîtres, repas pendant la durée duquel l'Empereur fut d'une gaieté indicible. C'était son moment le plus gai.

Le savoir de l'Empereur était si vaste, si général, que l'Empereur pouvait mêler sa parole à toutes les questions du ressort de l'esprit humain ; il aimait mieux discuter sur des choses dans le débat desquelles il pouvait apprendre que sur des choses dans le débat desquelles il pouvait instruire, et il ne s'en cachait pas. Dans ses raisonnements ordinaires, il se mettait à la portée de tout le monde et il n'intimidait personne. Son opinion était péremptoire quant aux questions politiques. « En morale, disait-il, il ne faut ni des *si*, ni des *mais*. La morale doit être toute de pureté, ou je ne la comprends pas. » Je l'ai entendu adresser ces paroles à une dame qui était à cet égard loin de penser comme lui.

Les chirurgiens affectent pour l'ordinaire une dureté qui souvent n'est que factice ; j'ai vu Samson, le meilleur de tous les hommes, l'une des plus hautes sommités chirurgicales, vouloir paraître dur en ayant les larmes aux yeux. L'Empereur était un peu de cette trempe : il cherchait à cacher sa sensibilité, alors même que sa sensibilité l'étouffait. Il ne pouvait pas nommer son fils sans se troubler, il ne pouvait pas parler d'un événement malheureux sans que sa parole fût péniblement altérée, et son cœur était faible autant que son âme était forte. On lui aurait fait faire beaucoup de choses en le prenant par la sensibilité.

Au milieu de ses grandes qualités, l'Empereur avait une

manie des petits esprits qui excite encore mon étonnement :
l'Empereur aimait trop à connaître le détail vulgaire des
vies du foyer, la teneur des bavardages dans les coteries, ce
que disait celui-ci, ce que faisait celui-là, et il ne se montrait
pas toujours sans susceptibilité pour les niaiseries.

Ma grande étude a été de suivre l'Empereur pas à pas. Je
ne l'ai pas un seul moment perdu de vue pendant toutes ses
explorations de l'île d'Elbe, de la Pianosa et de Palmajola.
Là où je n'étais pas avec lui, j'allais de suite après lui, ou je
me faisais immédiatement rendre compte par ceux qui sans
erreur pouvaient à peu près m'instruire. Il y avait entre les
quelques personnes qui entouraient plus particulièrement
l'Empereur une espèce d'engagement de se dire mutuellement
ce qu'elles savaient, — et elles se le disaient, à moins que le
devoir du secret imposé ne les obligeât à garder le silence, —
de manière que, pour tout ce qui n'avait pas besoin d'être
couvert d'un voile, ces quelques personnes connaissaient ensemble ce que l'Empereur faisait, ce qu'il disait et presque ce
qu'il pensait. Mais un homme tel que l'Empereur ne pouvait
pas laisser deviner les graves sujets de méditation qui
devaient changer ou désarmer sa destinée : alors son âme
était impénétrable, son cœur sans vibrations, ses traits sans
mobilité, son regard sans feu et ses gestes sans énergie. Tout
dans sa nature était soumis à la force de sa volonté. Au moral
comme au physique, il ne paraissait que ce qu'il voulait paraître. On ne savait rien de lui, surtout lorsqu'on croyait en
savoir quelque chose. Mais lui n'ignorait aucune des pensées
dont il était l'objet, car ces pensées, il les faisait naître, et il
leur imprimait la direction dont il pouvait tirer le parti le
plus avantageux.

III

ISOLEMENT DE L'EMPEREUR. — SERVICE D'INTÉRIEUR.

Grâce aux meubles de la grande-duchesse Élisa et du prince Borghèse, l'Empereur avait embelli son palais ; chaque jour il l'embellissait encore. Mais il n'achetait pas du moins des choses d'agrément : il se bornait à choisir dans l'abondance dont le hasard l'avait rendu possesseur. Toutefois, il était seul au milieu de ses lambris ; il était décidé qu'on ne laisserait pas venir l'Impératrice, l'arrivée de Madame Mère se faisait attendre, et la princesse Pauline ne devait retourner qu'assez tard. On a mal connu l'Empereur : l'Empereur avait besoin d'affection, il ne s'habituait pas à son isolement, il ne se résignait pas à l'absence de son fils, peut-être à celle de sa femme. L'impatience qui le dévorait pendant qu'il attendait la garde impériale venait le dévorer encore. L'Empereur souffrait ; des amis éprouvés l'entouraient, mais ils ne pouvaient pas lui dispenser les consolations qu'il aurait puisées dans l'amour maternel et dans la tendresse fraternelle, — je n'ose pas me permettre de dire dans le dévouement conjugal : sa fatale compagne n'avait jamais été dévouée, elle n'avait point compris la grandeur de sa destinée ; elle avait traversé des jours de gloire sans s'occuper d'autre chose que des pierreries précieuses dont la gloire se plaisait à la surcharger : c'était une pagode couronnée. Elle ne sut pas même se faire oublier ! Les fastes des déceptions humaines apprendront à la postérité la plus reculée la baraterie honteuse qu'elle fit du nom auguste qu'elle portait. Mais il y avait un fils : cela seul explique les soupirs et les vœux de l'Empereur. Les amis éprouvés n'étaient auprès de l'Empereur que lorsque l'Empereur les appelait. Les rapprochements de la journée étaient fugitifs, lorsqu'ils n'étaient pas purement des rapprochements de travail. Ses soirées avaient seules la prérogative de dispenser les douceurs de l'intimité, mais l'heure du couvre-feu en abrégeait la durée. Tous les autres moments étaient durs, même lorsqu'ils étaient pleins d'activité.

Les soirées de l'Empereur étaient d'une simplicité toute bourgeoise. Elles se passaient en causeries pour l'Empereur. Il y avait une table à jeu pour les invités; on y jouait très petit jeu. Mais ces soirées presque patriarcales avaient chacune un événement remarquable, le plus remarquable de tous ceux qui ont pu faire connaître le caractère de l'Empereur.

L'Empereur avait des défauts, des préjugés, des caprices. Parmi ses défauts, l'Empereur en avait un dont le malencontreux caractère, d'une reproduction fréquente, était toujours blessant et qui, sans nul doute, fut la cause des haines inexorablement acharnées à sa perte : l'Empereur n'était pas colère, même quand il était indigné, mais dans un premier mouvement de vivacité il avait des paroles qui blessaient cruellement, et qui ne cessaient plus d'être saignantes (*sic*). L'Empereur ignorait souvent qu'il avait blessé, et lorsqu'il était convaincu d'une blessure faite par lui, il cherchait immédiatement à la guérir. Il n'y réussissait pas toujours. Toutefois, la plénitude de sa bonne intention était patente. C'était plus particulièrement dans les soirées que cette bonne intention se manifestait. Les soirées n'étaient pas régulières; l'on n'y participait généralement que par invitation, sauf quelques exceptions privilégiées. Lorsque l'Empereur avait eu quelque discussion, qu'il s'était laissé aller à une impétuosité de mots offensants, l'offensé ne manquait jamais d'être appelé à la soirée, et il y était le plus fêté. L'Empereur se retirait ordinairement à neuf heures; lorsque neuf heures sonnaient, il s'approchait du piano, et avec l'index il battait sur les touches les notes suivantes : *ut ut sol sol la là sol fa fa mi mi ré ré ut.*

Et lorsque ce concert impérial était terminé, l'Empereur s'approchait de la personne avec laquelle il avait querellé et lui posait amicalement la main sur l'épaule, il lui disait affectueusement : « Eh bien ! nous avons fait comme les amoureux, nous nous sommes fâchés ! Mais les amoureux se raccommodent, et, raccommodés, ils s'en aiment davantage. Adieu, bonne nuit, sans rancune ! » Et l'Empereur se retirait avec un contentement si expressif que tout le monde en était touché. L'Empereur ne prenait aucun masque, il se montrait tel quel. Il ne pouvait pas aller se coucher dans un état de brouillerie ; la brouillerie lui pesait comme un cauchemar.

Malgré la simplicité des soirées, le service intérieur du palais était largement établi, et il pouvait suffire aux nécessités d'une grande réception. Lorsqu'il arriva à l'île d'Elbe, l'Empereur avait avec lui deux de ses plus anciens valets de chambre, MM. Huber et Pelard, braves gens, capables, et surtout fidèles ; il avait aussi M. Colin, homme honorable, intelligent et dévoué : ces messieurs retournèrent à Paris, après avoir installé l'Empereur à Porto-Ferrajo. M. Marchand arriva pour être employé en qualité de premier valet de chambre. Alors l'organisation définitive du service intérieur se composa de la manière suivante :

MM. Marchand, premier valet de chambre.
    Gilles, second.
    Saint-Denis, premier chasseur.
    Noverraz, second.

Le service des appartements se fit par quatre huissiers : deux Français et deux Elbois ; les Français se nommaient Dorville et Santini. Puis il y avait deux chefs des valets de pied : Archambault, Mathias.

M. Marchand, dont les paroles sacramentales du testament de l'Empereur ont si honorablement fait connaître le nom, préludait alors à cette vie de fidélité dévouée. M. Marchand avait reçu une bonne éducation ; il en avait bien profité, et beaucoup de fanfarons de naissance auraient pu lui demander des leçons d'urbanité. L'Empereur savait bien ce qu'il faisait lorsqu'il lui accorda une grande confiance. M. Marchand fit partie de la commission qui alla chercher les cendres de l'Empereur à Sainte-Hélène : personne n'était plus digne que lui de remplir cette tâche pieuse.

M. Saint-Denis était aussi un homme de fidélité et de dévouement. L'Empereur pouvait entièrement compter sur lui. Il y avait dix ans qu'il était au service impérial : il y était entré sous les auspices du duc de Vicence, ce qui était une garantie de probité. M. Saint-Denis avait suivi l'Empereur dans les guerres. Un grand souvenir m'attache à M. Saint-Denis : c'est lui qui m'apporta la lettre confidentielle dans laquelle l'Empereur me faisait pour la première fois pénétrer le secret de son départ. Il fut à Sainte-Hélène l'un des témoins quotidiens des crimes permanents par lesquels le gouvernement anglais abrégea la vie de l'Empereur. Il a voué un culte de respect à la mémoire de celui qui, dans l'expression de sa dernière volonté, lui donna une preuve impérissable de son estime.

Il y eut une occasion de froissement entre l'un des braves les plus distingués de la garde impériale et le second valet de chambre de l'Empereur, M. Gilles. Ce n'est pas sans intérêt pour la connaissance du caractère social qui dominait à l'île d'Elbe. Des officiers de la garde étaient au café; ils avaient M. Gilles en leur compagnie. M. Gilles ne jouissait peut-être pas de l'affection qui entourait M. Marchand : il était jeune, étourdi et, je crois, un peu bruyant. Le capitaine Cornuel entra dans le café; les officiers l'invitèrent, il n'accepta pas. On crut qu'il n'acceptait pas pour éviter de se trouver publiquement en société avec M. Gilles, ce qui était vrai, et le capitaine Cornuel ne chercha pas du tout à le taire. Cela amena une explication. M. Gilles prétendait que l'Empereur lui avait donné le rang de capitaine; le capitaine Cornuel lui disait : « N'importe le rang fictif que l'Empereur vous donne, mais vous me servez lorsque j'ai l'honneur d'être admis à la table impériale, et, sans vouloir vous blesser, je me dois de garder ce souvenir. »

Ce jour-là je me trouvais au café avec le trésorier de la couronne. L'Empereur me demanda ce que j'en pensais. Je lui répondis qu'il me semblait que la susceptibilité du capitaine Cornuel était celle d'un homme honorable. Il ne me dit plus rien, mais M. Gilles s'abstint dès lors de la fréquentation des lieux publics. Il y avait en effet quelque inconvénient à ce que les personnes du service impérial intérieur se trouvassent souvent au milieu des réunions qui avaient leur franc parler.

IV

LA PORTE DE TERRE. — LE SECRET.

L'Empereur, lorsqu'il habitait l'hôtel de ville, était peiné de s'offrir en spectacle chaque fois qu'il voulait monter en voiture pour aller à la promenade, ce qui arrivait quotidiennement : cet inconvénient l'entraîna à habiter le palais impérial tandis que les ouvriers en étaient encore en possession.

Des mesures militaires avaient mis la Porte de Terre dans un état tel qu'une voiture était dans l'impossibilité de sortir de la place. L'Empereur, logé dans sa nouvelle demeure impériale, avait de suite chargé le maire de Porto-Ferrajo de faire rendre cette porte à la libre circulation, et le maire avait assuré l'Empereur qu'on allait mettre la main à l'œuvre. L'Empereur tenait à l'exécution prompte de cette mesure, par suite de laquelle il pourrait sortir de la ville sans être embarrassé par les curieux et par les solliciteurs. Mais il fallait des bras pour mettre la main à l'œuvre, et les bras étaient tous occupés aux travaux multipliés dont l'Empereur lui-même pressait l'accomplissement. L'Empereur ne savait pas attendre. Trois jours s'écoulèrent sans qu'il y eût rien de commencé : il n'y tint plus. Le troisième jour, il m'ordonna verbalement d'envoyer le lendemain à la Porte de Terre, où ils devaient se trouver avant le lever du soleil, six ouvriers mineurs pourvus de leurs masses et de leurs fleurets de fer. Désireux de savoir à quoi l'on allait employer mes ouvriers, je m'acheminai vers le rendez-vous que je leur avais donné, et en route je me trouvai face à face avec l'Empereur. Il était seul, j'en fus étonné; il me dit en riant : « Soyez tranquille, je ne suis pas en bonne aventure. Venez avec moi. » Je le suivis à la Porte de Terre, où bientôt un fort détachement de la garde nous joignit. Ces braves venaient en pionniers pour aplanir la route; ils semblaient joyeux d'avoir quelque chose à faire sous les yeux de l'Empereur. L'Empereur dirigea les soldats et les mineurs. Enfin la main était vraiment mise à l'œuvre; l'ouvrage fut assez avancé dans la matinée pour que l'Empereur pût sortir désormais de la place par cette porte. Les grognards exerçaient leur mémoire en même temps qu'ils fatiguaient leurs bras : ils racontaient la guerre; on croyait entendre le récit fabuleux des contes orientaux. L'Empereur s'amusa beaucoup de leur jaserie anecdotique; il m'assura que personne n'avait autant d'imagination qu'eux pour les sornettes.

Le détachement de la garde avait été bruyant dans sa marche : tout le monde s'était mis à la croisée. Une espèce d'Aspasie française s'y était mise comme tout le monde; elle y resta pour attendre le retour de l'Empereur. Lorsque l'Empereur revint, l'Aspasie lui fit des grimaces doucereuses, et l'Empereur, presque fâché, peut-être humilié, me dit : « Il paraît que cette femme s'imagine que je suis un conscrit. » La police ordonna à la dame d'être plus circonspecte à l'avenir, ce qui touchait de près à une menace d'expulsion. L'Empereur avait pris la chose au sérieux.

La promenade continuait à être d'une nécessité absolue pour l'Empereur. Tous les jours il allait au château de Saint-Martin, ou autour du golfe de Porto-Ferrajo, ou à Longone ou à Marciana. Rio-Marine était réservé pour les promenades à cheval. Personne ne savait ordinairement de quel côté l'Empereur porterait ses pas. Cependant les Anglais ne cessaient point de se trouver sur son passage; ils semblaient être instruits de ce dont les alentours de l'Empereur n'avaient aucune connaissance. On en fit l'observation; sans avoir précisément des craintes sur l'assiduité britannique, que l'on ne pouvait certes pas considérer comme un effet de tendresse, l'état-major de la garde pria l'Empereur de permettre qu'un officier l'accompagnât : l'Empereur y consentit de suite. A dater de ce jour, le capitaine de service au palais impérial monta dans la voiture impériale, et l'on crut que l'Empereur était plus en sûreté. Le brave qui accompagnait l'Empereur devenait la gazette officielle du jour; ses récits faisaient foi, et bien des nouvelles qui circulaient en Europe partaient de cette source.

L'Empereur paraissait quelquefois laisser échapper des paroles qu'il avait pourtant l'intention de rendre publiques, même populaires. Lorsqu'il voulait que son langage fît beaucoup d'impression, il le répétait de diverses manières, sous différentes formes, et il finissait par demander si dans le public on parlait de ce qu'il venait de dire. Puis il ajoutait : « Le public est un renard, je suis certain qu'il ne laissera pas passer cela inaperçu; soyez attentif, vous me répéterez son opinion. » Alors l'on interrogeait le public, et l'Empereur finissait par savoir ce qu'il voulait.

L'Empereur avait une autre habitude embarrassante. Lorsque, sortant du cercle des affaires ordinaires, il confiait quelque chose qui avait une apparence sérieuse, il prescrivait le secret, et je ne crois pas qu'à l'île d'Elbe il l'ait jamais prescrit en vain. Puis la chose, d'abord sérieuse, finissait par n'être plus sérieuse, et alors l'Empereur en parlait. Jusque-là c'était bien. Mais ensuite l'Empereur venait vous dire : « Eh bien, vous avez divulgué ma confidence! » et cela affligeait lorsqu'on ne savait pas que c'était une petite manie d'amusement impérial. Toutefois, l'Empereur ne vous laissait pas longtemps dans l'embarras : il riait bientôt de sa malice; surtout il ne s'offensait pas de ce qu'on lui répondait vertement qu'il se trompait. On pouvait aller jusqu'à lui prouver qu'il était lui-même le divulgateur; le trésorier Peyrusse, — qui parlait toujours d'une manière joviale, sans cependant parler d'une manière déplacée, — lui dit une fois : « Non, Sire, ce n'est pas moi, et je ne suis pas assez haut placé pour punir le coupable. » L'Empereur comprit parfaitement M. Peyrusse.

Cette exigence de secret était parfaitement raisonnée de la part de l'Empereur; elle servait ses projets. Ses confidences étaient faites aux personnes qui pouvaient le seconder; les personnes initiées à ses vues agissaient sans que rien les embarrassât, ou cherchât à les embarrasser, et tout était fait lorsqu'on s'apercevait de ce que l'Empereur avait voulu faire. La situation de l'Empereur ne lui permettait pas de jouer constamment *jeu sur table*. Il ne faudrait pas croire pourtant que l'Empereur était facile à livrer son secret; l'Empereur ne disait que ce qu'il fallait dire. Le nombre de ses confidents était extrêmement restreint; il n'avait pas un confident absolu. Sans doute en étant sans cesse auprès de l'Empereur témoin ou collaborateur, l'on pouvait bien deviner ou préjuger les intentions qui le maîtrisaient, et les conséquences que l'on tirait de ce que l'on croyait à peu près savoir mettaient sur les traces mêmes de ce qu'il pouvait y avoir d'occulte dans sa conduite apparente. Même dans la plus grande intimité de la vie privée, nous nous tenions rigoureusement sur nos gardes, pour ne pas nous écarter de la circonspection imposée ou recommandée. A l'île d'Elbe, les secrets de l'Empereur furent saints et sacrés pour ceux qu'il en honora. Jamais le général Drouot ne chercha à savoir ce que l'Empereur m'avait dit, jamais je n'eus la pensée de le lui confier, cependant le général Drouot était l'homme de ma vénération. La tempête sociale nous a dispersés sans qu'il nous ait été possible de nous confier ce que chacun de nous savait. Je n'ai pu m'épancher qu'avec le général Drouot. J'avais obtenu de quitter l'Autriche : j'étais en Suisse, le général Drouot vint m'y trouver; le général Desaix et le général Chastel étaient avec lui : il était impossible de voir une réunion plus parfaite que celle de ces trois officiers généraux. Il n'y avait plus de secrets à garder : le malheur nous autorisait à parler. Le général Drouot n'en revenait pas de ce que je savais, encore plus de ce que je ne m'étais jamais laissé pénétrer. Je n'étais peut-être pas le seul dans cette position exceptionnelle.

L'Empereur avait une autre habitude. Alors qu'il prouvait le plus son estime, il témoignait le moins son affection, surtout en public. Le premier mouvement de l'Empereur le décelait : c'était le mouvement du cœur. Après, il posait : il subordonnait son regard, sa parole, son geste, tout, au besoin d'envelopper ce qu'il croyait ne pas devoir faire connaître. Bien lui en valait d'agir ainsi : ses chambellans, tous de l'île d'Elbe, étaient les yeux et les oreilles des Elbois, et les Elbois leur imposaient pour ainsi dire la communication de ce qu'ils pouvaient parvenir à savoir, par un sentiment d'intérêt qui avait quelque chose de filial. De là, des commentaires sur la parole la plus simple, des jugements sur l'action la plus ingénue, des opinions sur le regard le plus indifférent. Ensuite nous étions tous connus à Porto-Ferrajo : on savait quel était l'homme de tête, quel était l'homme de cœur, quel était l'homme de courage, quel était l'homme de dévouement, et lorsqu'on voyait l'Empereur serrer la main de l'un de ces hommes, on croyait avoir lu dans son âme. Cela avait son danger; c'est contre ce danger que l'Empereur cherchait à se mettre en garde. Je l'ai vu, à l'aspect inattendu de personnages devant lesquels il ne voulait pas se laisser pénétrer, passer tout à coup d'une conversation riante et affectueuse à une conversation sombre et décolorée, et ne plus laissser échapper un mot que l'on eût envie de retenir.

L'Empereur avait fait suivre son argenterie de campagne : c'était plus qu'il ne lui en fallait pour sa vie impériale de l'île d'Elbe. Les plus petits besoins de sa souveraineté passée étaient cent fois plus importants que les plus grands besoins de la souveraineté présente. Il était convaincu à cet égard.

Mais l'Empereur se plaignait souvent de la pauvreté de sa bibliothèque. Cependant il avait reçu avec ses bagages deux fourgons chargés de livres, et depuis son arrivée à Porto-Ferrajo il avait acheté plusieurs ouvrages. Un jour qu'il m'entretenait de sa pénurie à cet égard, je lui dis qu'il me semblait que cinq cents volumes bien choisis pouvaient remplir la vie : « La vie de méditation, oui, me répondit l'Empereur en m'interrompant; mais la vie de travail, non, car pour faire de bons livres, il faut étudier beaucoup de livres, et encore, malgré les grandes études, les bons livres sont rares. » Néanmoins, l'Empereur n'a pas écrit de livres à l'île d'Elbe.

L'Empereur avait perdu l'habitude d'écrire lui-même : il n'était plus propre qu'à dicter, mais il dictait avec une facilité étonnante. L'expression lui venait toujours à propos, et jamais il ne courait après un mot. Seulement il dictait trop vite : la première fois que j'écrivis sous sa dictée, je suais sang et eau pour le suivre, et je ne pouvais pas y parvenir. Le général Bertrand écrivait comme moi, mais il en prenait tout à son aise, et pourtant il ne faisait pas attendre : c'est qu'il n'écrivait que le sens de la dictée. Il eut pitié de ma fatigue, il m'engagea à faire comme lui. Il m'assura que c'était là sa manière, que l'Empereur avait fini par en prendre son parti. Je débutais dans la carrière. Le général Bertrand en avait déjà parcouru un grand espace. Je ne pouvais pas me permettre ce qu'il se permettait. Je continuai donc à labourer péniblement. Plus tard, lorsqu'il prenait envie à l'Empereur de mettre matériellement ma plume à contribution, ce qui lui arrivait quelquefois, je le prévenais dès qu'il me devançait trop rapidement, et aussitôt il ralentissait sa marche, à moins pourtant qu'il ne fût préoccupé : alors il allait sans s'arrêter, sans écouter, et il était arrivé qu'on n'était encore qu'à moitié route. Mais jamais il ne faisait une plainte ou un reproche pour le retard : il attendait patiemment la fin de la besogne. Il prenait indistinctemet pour cette opération mécanique ou le général Bertrand, ou le général Drouot, ou le trésorier Peyrusse ou moi, et le premier rencontré était le premier pris. Le général Bertrand n'aimait pas cette corvée, il l'esquivait autant que possible. Le trésorier Peyrusse faisait comme le général Bertrand : il supprimait autant de paroles qu'il pouvait. Du reste, l'Empereur ne donnait jamais des ordres pour ce travail, et c'était toujours sous la forme d'un service à lui rendre qu'il vous engageait à mettre la main à l'œuvre. D'abord il demandait si l'on avait quelque chose à faire : lorsque la réponse était affirmative, il gardait le silence, et lorsque la réponse était négative, il vous tendait un siège ou vous indiquait la place que vous deviez prendre. Je ne l'ai jamais vu de mauvaise humeur, lorsqu'on lui donnait une bonne raison pour ne pas faire ce qu'il désirait.

V

CAPOLIVERI ET RIO.

C'est au milieu de cette situation d'ordre, de paix, de prospérité, de jouissance à l'intérieur, de considération à l'extérieur que l'île d'Elbe eut une commotion de trouble qui demanda l'appel de la force et dont l'Empereur eut visiblement le cœur navré, quoiqu'il fît des efforts pour paraître y attacher peu d'importance.

La population elboise imagina d'abord que la souveraineté de l'Empereur dispenserait l'île d'Elbe de toute imposition. On eut le tort de la laisser se bercer de cette idée trompeuse. L'époque du payement des impositions arriva, le percepteur dut poursuivre ceux qui ne payaient pas. A Capoliveri personne ne payait : le peuple de Capoliveri est la lie du peuple elbois. Lorsque le percepteur des impositions s'y rendit, la populace l'assaillit par un charivari, puis par des menaces, et il dut fuir. Le maire intervint avec énergie, mais la canaille ne respecte rien ; la voix du maire fut méconnue ; j'ai dit que c'était le meilleur maire de l'île d'Elbe, je le répète. Il n'y eut que deux ou trois propriétaires qui payèrent. On fit semblant de croire que l'Empereur ignorait ce qui se passait ; on supposa que l'intendant agissait pour son propre compte ; on savait le contraire ; ce n'étaient que des prétextes pour ne pas payer. Des gendarmes furent envoyés à Capoliveri pour être mis en garnison chez les contribuables retardataires. Alors un autre soulèvement eut lieu : la populace déclara qu'elle ne voulait rien payer, elle se décida à chasser la gendarmerie. Le maire lui-même fut menacé dans l'exercice de ses fonctions. La gendarmerie était faible, et elle dut se retirer à Longone. Le maire ne la quitta que lorsqu'elle n'eut plus rien à craindre des forcenés de Capoliveri. Un officier d'ordonnance et le secrétaire de l'intendance furent envoyés comme commissaires de l'Empereur, pour sommer les Capoliverais « de payer le total de leurs impositions dans les vingt-quatre heures, et pour qu'ils eussent à faire connaître les auteurs des deux soulèvements ». Le maire réunit le conseil municipal : le conseil municipal déclara aux commissaires qu'on ne pouvait ni payer ni indiquer personne. Les commissaires impériaux n'étaient pas les hommes qu'il aurait fallu choisir. L'un ne jouissait pas de l'estime publique, l'autre était sans expérience. L'Empereur envoya une colonne mobile composée de deux cents chasseurs corses, de vingt lanciers polonais et de quinze gendarmes. La colonne était commandée par le colonel Germanowski. Il avait ordre de tenir garnison chez les habitants de Capoliveri jusqu'à ce que les impositions fussent entièrement payées : elles le furent le même jour. On arrêta quelques perturbateurs. Peu de temps après, l'Empereur leur fit grâce.

Une autre commune qui se refusait aussi à payer les contributions, c'était la commune de Rio-Montagne. Rio-Montagne n'avait jamais pris part aux révoltes elboises; les mains de ses habitants étaient pures de sang français. Avant l'arrivée de l'Empereur, entraînés par leur maire, ils avaient illicitement pris possession des mines, mais ils n'avaient commis aucun désordre, et le plus coupable d'entre eux, le maire, était chambellan de l'Empereur. Des mesures de rigueur prises contre Rio-Montagne auraient certainement eu plus de retentissement que celles qui avaient été exercées contre Capoliveri, du moins l'Empereur le croyait ainsi. L'Empereur ne comptait pas sur son chambellan; il m'appela. Il me dit : « Vous pouvez peut-être m'éviter d'avoir recours à une colonne mobile, ce qui n'est pas du tout agréable, et pour cela il faut que vous fassiez une espèce de proclamation aux Riais puisqu'ils sont tous sous vos ordres. » Il ajouta : « Écrivez, je vous ferai parler votre langage. » L'Empereur me dicta:

« Messieurs les employés et ouvriers des mines !

« Sa Majesté l'empereur Napoléon, notre auguste souverain, désire que les contributions soient exactement acquittées, et les justes désirs de Sa Majesté doivent être des lois pour tout ce que l'île d'Elbe a d'hommes honnêtes et sensés. Je vous ai déjà prévenus à cet égard; je vous donne un nouvel avis qui sera le dernier. Ceux qui refuseront de payer leurs contributions seront irrévocablement renvoyés des mines, et ils peuvent compter là-dessus : tel est mon devoir, je le remplirai.

« J'ai pour vous toute l'affection d'un bon père, j'ai pour l'Empereur tout le dévouement d'un bon fils. Soyez ce que vous devez être, mon dévouement et mon affection contribueront à votre bonheur. »

Le souvenir de la farine gâtée vibrait encore. Les perturbations apportées dans mon administration avaient altéré mon influence, et je répugnais à faire encore de la rigueur, parce que je n'aimais pas à la faire en vain. Je le dis franchement à l'Empereur : il me répondit que je me trompais, « que les Riais me craignaient plus qu'ils ne le craignaient ». Deux mois auparavant il m'avait dit : « Les Riais vous aiment plus qu'ils ne m'aiment. »

Cette séance fut couronnée d'une manière vraiment digne de l'Empereur. L'Empereur me dit : « Écoutez, la population riaise est infiniment supérieure à la population capoliveraise; car les Riais aiment autant à travailler que les Capoliverais aiment à ne rien faire. Si la population ouvrière de Rio montre de la bonne intention pour le payement des contributions, prêtez-lui en anticipation sur le prix de son travail, et ensuite, quant au remboursement, arrivera que pourra. L'essentiel est de ne pas les habituer à se croire dispensés de venir au secours de l'État. » La population riaise paya ses impositions; il n'y eut pas plus d'une vingtaine de travailleurs imposés qui eurent besoin de mon secours.

CHAPITRE II

LA FAMILLE, L'ENTOURAGE ET LES VISITEURS DE NAPOLÉON.

I. — Madame Mère. — Les Corses. — Arrivée de la mère de l'Empereur. — Son installation. — Le jeu de l'Empereur. — Ambition des Corses. — Favoritisme de Madame. — Monopole demandé pour les Corses.
II. — Marciana. — Mme Valewska.
III. — Mme Bertrand : sa vie retirée. — Séjour à l'Elbe du frère du général Bertrand, son voyage à Rome. — Portrait de Marie-Louise et du roi de Rome apportés à Napoléon.
IV. — Les dames : La comtesse de Rohan Mignac. — Mme Dargy. — Mme Giroux. — Mme Filippi. — M. Guizot.

I

MADAME MÈRE.

Madame Mère dont l'Empereur s'entretenait sans cesse, qu'il attendait avec une impatience indicible, n'avait sans doute pas eu la faculté de lui donner quotidiennement des renseignements sur la route qu'elle suivait, et l'Empereur allait envoyer à sa rencontre, lorsqu'une frégate anglaise arriva à Porto-Ferrajo et y amena cette princesse. Qu'on s'imagine une ardeur de jeunesse se retrouvant en présence d'un objet adoré après une cruelle séparation, et l'on aura une idée de l'ineffable félicité que cette heureuse nouvelle fit éprouver à l'Empereur. Lui d'ordinaire si calme, lui qui ne faisait point passer les émotions de son cœur aux traits de sa figure, lui, l'Empereur, ne taisait, ne cachait plus rien. Il donnait des ordres et des contre-ordres, il disait des *oui* et des *non*.

Il se rendit à bord de la frégate anglaise : deux fois il essuya les larmes qu'il mêlait à celles de sa mère.

Madame Mère débarqua. Tout le monde était profondément ému de l'amour filial que l'Empereur faisait éclater. C'était l'ange gardien qui veillait sur l'être de sa prédilection, le respect de la vénération, le dévouement, tout était à son plus haut période, et par les soins qu'il donnait à sa mère, l'on aurait pu dire que l'Empereur craignait de ne pouvoir la conduire jusqu'au foyer. Il écartait ou faisait tout écarter pour que rien ne gênât les pas de sa mère. Les Anglais avaient peine à en croire leurs yeux : leurs exclamations étaient incessantes. Ils semblaient se demander si c'était vraiment l'homme que le gouvernement de leur pays leur peignait avec un caractère de dureté indomptable.

Qu'ils sont odieusement coupables, ceux qui ont cherché à persuader que l'Empereur n'avait aucune sensibilité ! A l'île d'Elbe, l'Empereur pleura devant l'image de son fils et il pleura aussi en apprenant la mort de l'impératrice Joséphine. A Essling il avait pleuré son fidèle ami le maréchal Lannes; il pleura le maréchal Berthier dont il avait pourtant à se plaindre. Et la perte du plus grand trône du monde ne lui avait pas arraché une seule larme !

La municipalité attendait sur le rivage; le peuple attendait avec ses magistrats. L'Empereur leur présenta sa mère. Il n'y eut point de discours : ce n'était pas une réception officielle, c'était un hommage improvisé. Au milieu de ce cortège universel, Madame Mère fut triomphalement conduite au palais impérial.

Toutefois le palais impérial ne fut pour Madame Mère qu'un lieu de repos momentané. L'Empereur lui avait fait préparer un logement spécial pour elle seule. Ainsi Madame Mère logea en son particulier. Elle monta sa maison comme il lui plut de la monter; elle lui donna une teinte plus italienne que française, — je ne dirais pas trop quand je dirais tout italienne. Sa dame d'honneur, sa demoiselle lectrice, sa domesticité étaient italiennes ; sa cuisine était faite à l'italienne. Elle n'invitait pas à sa table, du moins ses invitations étaient rares et tout à fait exceptionnelles. Sa vie était d'ailleurs d'une grande simplicité : le dimanche elle dînait régulièrement avec l'Empereur, elle passait beaucoup de soirées avec lui. Les soirées étaient courtes ; le jeu de whist en remplissait presque la durée ; la conversation suivie y avait peu de part. Madame Mère voulait que le jeu fût intéressé : elle aimait à gagner ; l'Empereur se plaisait à la faire perdre. Il trichait : Madame Mère se plaignait des tricheries. L'Empereur lui disait : « Madame, vous êtes riche, vous pouvez perdre, et « moi qui suis pauvre, je dois gagner. » C'était la même plainte et la même excuse chaque fois que le jeu recommençait.

Madame Mère sortait très peu. L'Empereur tenait beaucoup à ce que sa mère participât aux honneurs dont il était lui-même l'objet. Chaque dimanche, en sortant du lever impérial, nous allions chez Madame Mère, et c'était un autre lever. On lui rendait aussi toutes les visites officielles que l'on devait rendre à l'Empereur. Elle recevait majestueusement. C'était vraiment la mère du roi des rois : on aurait cru qu'elle planait encore sur les trônes de ses enfants, tant la dignité d'une haute représentation lui était naturelle. J'ai vu des personnages plus intimidés devant elle que devant l'Empereur.

L'arrivée de Madame Mère à l'île d'Elbe aurait pu nuire aux Elbois si l'Empereur s'était laissé aller aux idées de cette princesse, ou s'il en avait tant soit peu partagé les erreurs, et la lutte à cet égard ne fut pas sans importance. Madame Mère était Corse dans toute l'étendue du mot. Son affection pour la France n'avait pas le moins du monde altéré son amour du clocher. Son accent, ses habitudes, ses souvenirs, tout rappelait ou continuait les premiers temps de sa vie, et plus d'une fois l'on aurait pu se demander si elle avait jamais quitté

Ajaccio. Elle aurait voulu que l'Empereur ne fût entouré que par des Corses, tout au moins pour les places lucratives. Cependant la Corse était la fraction de la France qui avait le moins donné son appui à l'élévation successive de l'Empereur. Aujourd'hui même un nom qui, du temps de l'Empire, n'avait pas pu gravir au-dessus des noms vulgaires, malgré la bienveillance impériale, domine en Corse la mémoire de l'Empereur, et il y foule les réputations impériales. Demandez à la Corse ce qu'elle a fait pour le duc de Padoue, l'un de ses citoyens les plus purs de l'époque!

Beaucoup de notabilités corses vinrent à Porto-Ferrajo : Madame Mère les prit sous sa protection. Elle voulut leur faire donner l'administration des mines, ainsi que le monopole de l'exploitation du minerai de fer destiné pour la Ligurie; il fut même question de leur livrer les salines et les madragues. On alla plus loin : on eut la folie de vouloir organiser une compagnie de gardes du corps qui tous seraient pris parmi des officiers corses, comme si la garde impériale avait démérité de la confiance de l'Empereur. La sagesse de l'Empereur arrêta de suite cette frénésie d'accaparement. Il s'indigna de ce qu'on osait lui proposer une chose dont l'exécution blessait les nobles susceptibilités de braves qui s'étaient expatriés pour s'associer à son infortune. Il défendit de lui adresser désormais des demandes semblables.

Le monopole de l'exportation du minerai de fer pour les côtes de la Ligurie fut l'objet d'une longue discussion, et par suite de mes fonctions, je fus obligé d'en soutenir le poids.

Une compagnie génoise avait demandé ce monopole. La création d'un monopole est un principe de destruction pour le commerce ou pour l'industrie qu'elle frappe. L'Empereur comprenait parfaitement cela en théorie, mais moins bien dans la pratique, et il hésitait. Le besoin d'assurer ses revenus, qui dominait sa pensée, l'emporta sur tous les raisonnements. J'avais dit consciencieusement mon opinion : je dus m'arrêter devant la loi de la nécessité. L'Empereur me chargea de traiter de ses intérêts avec la Compagnie génoise. Tout était presque fini, lorsqu'une compagnie corse demanda à entrer en concurrence. Ici la concurrence n'était avantageuse que pour l'Empereur; son résultat définitif devait nécessairement être de faire augmenter le prix du minerai de fer livré à la consommation. Cette affaire fut encore un sujet de tracasserie pour moi. Madame Mère me recommanda la Compagnie corse ; sa recommandation ne tendait qu'à m'empêcher de faire autre chose que ce qu'elle m'indiquait. Elle me dit, comme un argument irrésistible, « que les personnes qui composaient la Compagnie corse étaient toutes plus ou moins affiliées à la parenté impériale ». Je répondis à Madame Mère que « mon devoir était par-dessus tout de considérer les intérêts de l'Empereur, et que je serais fidèle à mon devoir ». Ma réponse ne plut pas. Madame Mère crut que je n'étais pas porté de bonne volonté pour elle; peut-être même pensa-t-elle que je cherchais à me venger de ce qu'elle avait demandé ma place pour un de ses protégés; on m'obsédait : je fus prier l'Empereur de me débarrasser de cette négociation; il me dit : « Vous êtes fatigué, et vous avez raison de l'être, mais je vais mettre un terme à cela. Je chargerai le général Bertrand d'en finir; il suivra vos errements. » Deux jours après, l'Empereur m'apprit que la Compagnie corse offrait davantage que la Compagnie génoise. Il ajouta avec un accent de confiance qui ne me permettait aucun ménagement pour la vérité : « Faites-moi connaître toute votre opinion. » Je la lui fis connaître sans réserve : « Sire, lui dis-je, c'est pour assurer vos revenus que vous voulez établir un monopole, et, en mon âme et conscience, je doute que vos revenus soient assurés par la Compagnie corse. Les personnes qui composent cette compagnie sont sans doute des personnes fort respectables, mais elles sont entourées par des intrigants, et ces intrigants leur ont fait croire que le monopole serait pour elles une vache à lait, ce qui est une grande erreur : le monopole, mal dirigé, les ruinera. Le moment du payement viendra : alors cette compagnie, appuyée de ses parentés ou par ses parentés, fera comme la grande-duchesse qui n'a pas payé, comme le prince de Canino qui ne paye pas, et comme la presque totalité des propriétaires des fourneaux corses, dont je ne suis pas parvenu à faire solder les comptes. » L'Empereur m'avait écouté avec attention. Lorsque j'eus fini, il se leva en riant, et il ne m'adressa que ces seules paroles : « Voilà ce qu'on peut appeler du franc parler. » La Compagnie corse n'eut pas le monopole.

Je m'attendais à la mauvaise humeur de Madame Mère. Le dimanche d'après, au lever, elle me témoigna le plus touchant intérêt pour ma femme, pour mes enfants, et elle joignit à ce témoignage beaucoup de paroles bienveillantes pour moi. Désormais, elle m'honora de toute sa bonté. L'Empereur vit cela avec plaisir.

Le contrat du monopole était signé. L'Empereur me dit sans préambule : « Vous avez refusé un pot-de-vin. » Et il me regarda fixement. J'aurais pu lui répondre que j'en avais refusé deux, mais, interdit par cette question à brûle-pourpoint, je me tus. Il me sembla que mon silence ne déplaisait pas à l'Empereur. Au lieu de presser ma réponse, sans doute parce qu'il crut que je répugnais à la faire, il chercha à m'en dispenser, et il ajouta : « Il y a des pots-de-vin de toutes les natures, et quel que soit leur caractère, quel que soit le nom qu'on leur donne, ils attestent l'existence d'un corrupteur et d'un corrompu. Je n'ai jamais eu foi à la loyauté des pots-de-vin. Vous avez bien fait de ne pas accepter. »

II

MARCIANA. MADAME WALEWSKA.

Le soleil était aussi brûlant que sous le tropique, ses rayons enflammés semblaient empêcher les vents alizés de rafraîchir les montagnes granitiques et ferrugineuses de l'île d'Elbe. Cette chaleur excessive fatiguait l'Empereur. Son palais impérial de Porto-Ferrajo était vraiment en feu, Longone n'offrait aucune espèce d'abri, Rio n'avait qu'une promenade nocturne sur les bords de la mer. Saint-Martin ne possédait que quelques arbres presque sans ombrage. Toutefois, des voix amies conseillaient à l'Empereur de ne pas s'isoler sous les châtaigniers touffus de Marciana; ma voix était l'une de ces voix. Ce n'est pas que je craignisse quelque trahison : Marciana n'avait alors aucun intérêt à trahir. Mais il pouvait être facile d'y trouver un assassin, et les ennemis de l'Empereur cherchaient des assassins. Je représentai à l'Empereur que ses jours avaient déjà été menacés, qu'il serait imprudent de les exposer encore, et je ne fus pas le seul de cet avis. L'Empereur écouta, remercia, et il s'achemina vers son ermitage pittoresque : « De l'ombre et de l'eau, disait-il en riant, « c'est le bonheur, et je vais chercher le bonheur. » Alors on le pria de prendre une bonne garde, il ne voulut pas être gardé : « Que ferait, disait-il encore, un détachement pour veiller à ma sûreté? Ces soldats ne pourraient pas, arme au bras, me suivre à la promenade, et alors même que cela serait quotidiennement possible, aucune escorte n'empêcherait un coup de fusil tiré de derrière une haie. » Il y avait du vrai dans ce raisonnement.

L'Empereur partit donc pour Marciana; il ne prit que la

suite indispensable. Mais à côté de l'ermitage, il fit dresser sa tente de campagne qu'il n'oubliait pas, même dans ses courses ordinaires, et, comme les rois de l'antiquité, c'est sous la tente qu'il éleva son trône voyageur. Madame Mère se rendit auprès de son fils. Elle habita l'ermitage.

Porto-Ferrajo n'était plus le même; il semblait morne. Cependant il ne lui manquait qu'un homme, mais cet homme était l'Empereur ! Longone et Rio avaient aussi quelque chose de plaintif. On aurait dit que l'Empereur était parti. Même, le colonel Campbell trouvait l'absence longue; les courses de vigilance le fatiguaient, d'autant plus que l'Empereur le recevait peu. Une quinzaine de jours s'écoulèrent dans cette espèce de délaissement.

On n'était pas pourtant sans nouvelles de l'Empereur. Le service régulier de l'État, et les besoins du service intérieur de la maison impériale, ainsi que de la maison de Madame Mère, établissaient un va-et-vient permanent de Porto-Ferrajo à Marciana, et l'on savait tout ce que l'Empereur faisait.

Tout à coup, la population matinale s'écria : « L'Impératrice et le Roi de Rome sont arrivés », et aussitôt la population entière fut debout. On m'envoya un exprès pour m'instruire de ce grand événement, j'accourus à Porto-Ferrajo. Les officiers de la garde avaient la tête à l'envers; ils voulaient que l'Impératrice et le Roi de Rome restassent à l'île d'Elbe. Le commandant Malet me priait de rédiger une *adresse raisonnée* pour signifier cela à l'Empereur. Les Porto-Ferrajais voulurent en faire autant; l'intendant me demanda s'il devait consentir à cette démarche. Le général Drouot évitait de se montrer en public.

Le vrai était que Mme la comtesse Walewska et son fils avaient débarqué à Marciana, que Mme la comtesse Walewska avait à peu près l'âge de l'Impératrice, autant de noblesse que l'Impératrice, que l'enfant avait aussi à peu près l'âge du Roi de Rome, qu'il était mis comme le Roi de Rome. L'erreur

CHAPITRE II.

était facile; elle fut complète. Mme la comtesse Walewska se plut à la laisser exister, même elle la sanctionna, car elle faisait répéter à son fils les paroles que la renommée attribuait au Roi de Rome. C'est le rapport des marins dans le bâtiment desquels Mme la comtesse Walewska était venue à l'île d'Elbe avec son fils.

Aussitôt que Mme la comtesse Walewska fut arrivée à la tente de l'Empereur, l'Empereur ne reçut plus personne, pas même Madame Mère, et l'on peut dire qu'il se mit en grande quarantaine. Son isolement fut complet.

Le général Drouot avait instruit l'Empereur de l'impression produite par l'arrivée de Mme la comtesse Walewska, qu'on supposait être l'Impératrice, de la tendance de la garde impériale pour empêcher la prétendue Marie-Louise de quitter désormais l'île d'Elbe. L'Empereur ne pouvait pas se plaindre; cependant, il écrivit une lettre dans laquelle il essayait de faire la mauvaise humeur. On ne le crut pas, on crut seulement que la dame qui était allée lui faire visite n'était pas celle que l'on aurait voulu garder.

Mme la comtesse Walewska et son fils restèrent environ cinquante heures auprès de l'Empereur.

Une espèce d'ouragan du sud-ouest bouleversait le ciel et la terre. On craignait pour les bâtiments qui se trouvaient affalés sur la côte de Toscane. Néanmoins, ce fut en ce moment que Mme la comtesse Walewska quitta l'Empereur pour retourner sur le continent. Une barque attendait Mme la comtesse à Longone. Toutefois, à peine avait-elle quitté Marciana, que l'Empereur, justement effrayé de la fureur toujours croissante du vent, fit monter à cheval l'officier d'ordonnance Pérez, et lui ordonna d'aller l'empêcher de partir sous quelque prétexte que ce pût être. Mais ce Pérez, tout officier d'ordonnance que l'Empereur l'avait fait, était le sot des sots : sans cœur, sans âme, et incapable de s'inquiéter du danger qui menaçait Mme la comtesse Walewska, il ne songea qu'à s'abriter lui-même. Mme la comtesse Walewska était en pleine mer lorsque ce franc malotru arriva à Longone.

Les autorités et les marins de Longone avaient fait tout ce qu'il leur était possible de faire pour que Mme la comtesse Walewska ne mît pas à la voile. Mais, résolue, elle repoussa tous les conseils et elle affronta la destinée.

L'Empereur eut des heures d'angoisse. Il lui fut impossible d'attendre le retour de son officier d'ordonnance. Il se rendit de sa personne au lieu où Mme la comtesse Walewska devait s'embarquer. Il était trop tard. Ses alarmes durèrent jusqu'au moment où Mme la comtesse Walewska lui eut appris elle-même que le péril était passé.

III

LA FAMILLE BERTRAND. LES PORTRAITS.

La comtesse Bertrand était arrivée à l'île d'Elbe sans que le public elbois s'en fût presque aperçu, on ne s'aperçut guère plus du séjour qu'elle fit à Porto-Ferrajo. La raison en est toute simple : Mme la comtesse Bertrand était venue rejoindre son mari avec la résolution prise de vivre dans l'isolement le plus complet, de se consacrer exclusivement aux soins maternels, et de retourner en France avec sa famille aussitôt que cela serait possible. Ce plan devait exclure toutes les relations qu'il aurait été facile à la comtesse Bertrand de contracter; elle ne se prêta point à cette combinaison. Le seul agrément dont elle voulait jouir sans réserve était la présence de son mari, de ses enfants. Ses enfants étaient constamment auprès d'elle; son mari ne la quittait presque pas. La comtesse Bertrand ne voyait même que très rarement Madame Mère et la princesse Pauline. Madame Mère se plaignait de cela; la princesse Pauline ne le trouvait pas mauvais : elle faisait plus de visites à Mme la comtesse Bertrand qu'elle n'en recevait. L'opinion était établie que l'Empereur exigeait les prévenances de la princesse Pauline pour Mme la comtesse Bertrand. Ma femme était exceptée de la règle commune par laquelle Mme la comtesse Bertrand avait voulu se faire une vie privée tout à fait à part. Pourtant, elle ne fermait pas sa porte ; elle recevait les personnes qui allaient lui faire visite, mais elle ne leur rendait pas leurs visites. On se lassa de lui prodiguer des égards sans réciprocité; on la laissa tranquillement chez elle. Un malheur rendit son isolement encore plus absolu : son plus jeune enfant mourut. La douleur maternelle de la comtesse Bertrand atteignit au comble. Sa solitude devenait une nécessité absolue. La comtesse Bertrand était à peu près inconnue des Elbois lorsqu'elle quitta l'île. Ce que je viens de dire ne l'empêchait pas d'admettre chez elle les Anglais que la curiosité attirait à Porto-Ferrajo. Son cercle était un cercle anglais. D'origine anglaise, peut-être élevée à l'anglaise, la comtesse Bertrand avait des tendances britanniques, et, comme elle ne croyait pas mal faire, elle le disait à qui voulait l'entendre. Elle disait aussi, sans gêne aucune, que pour rien au monde elle ne resterait à l'île d'Elbe plus d'un an. Le général Bertrand était l'écho de sa noble compagne, si tant est que sa noble compagne n'était pas le sien. La comtesse Bertrand était femme parfaite, mère plus parfaite encore.

L'arrivée de la comtesse Bertrand ne fut une diversion pour personne. Elle diminua même les distractions de l'Empereur, car elle fut cause que le général Bertrand se concentra dans sa demeure. L'Empereur ne le voyait presque plus que lorsqu'il le faisait demander; mais les occasions ne pouvaient pas manquer. L'Empereur ne paraissait pas aimer aller à la promenade sans avoir son grand maréchal à côté de lui, car le général Bertrand était toujours grand maréchal dans la plénitude du mot. L'Empereur prenait quelquefois dans sa voiture le fils du général Bertrand, jeune enfant de six ou sept ans, plein de vivacité, d'énergie, et qui se fâchait lorsqu'on lui faisait quitter son petit sabre de bois, ce à quoi nous nous amusions pour le courroucer. L'Empereur était plein d'attention pour la comtesse Bertrand ; il se rendait fréquemment auprès d'elle, et pour peu qu'elle fût indisposée, il en faisait exactement demander des nouvelles plusieurs fois par jour.

Plus tard, tous les journaux de l'Europe, sans en excepter ceux de la Toscane, qui pour ainsi dire s'imprimaient sous nos yeux, donnèrent la nouvelle que le général Bertrand était allé à Rome, et un personnage publia qu'il l'avait rencontré au palais Quirinal. Autant vaut-il que je fasse connaître la cause de cette erreur universelle.

Le général Bertrand avait un frère inspecteur général des eaux et forêts, et ce frère vint le trouver à l'île d'Elbe : il y fut reçu avec jubilation. L'Empereur l'accueillit comme un des fidèles. Chacun de nous chercha à rendre son séjour agréable ; je me plus à lui faire les honneurs des mines, il me parut charmé des moments qu'il passa à Rio-Marine. L'Empereur le surchargea de questions ; le nouveau venu, peut-être averti par son frère, avait fait une ample provision de renseignements. C'était alors la pâture la plus substantielle pour l'âme affligée de l'Empereur. L'inspecteur général visita l'empire elbois, fut partout bien reçu, ensuite il nous quitta pour aller visiter la capitale du monde chrétien. Un inspecteur général français, du nom de Bertrand, venant de l'île d'Elbe, y retournant ! Il n'en fallait pas davantage pour faire croire que le grand maréchal de l'Empereur était à Rome, et on le crut.

Le retour à l'île d'Elbe du frère du général Bertrand donna lieu, dès le premier jour, à une scène de profond attendrissement de la part de l'Empereur. M. l'inspecteur général apportait des gravures qu'il avait achetées à Rome. L'Empereur voulut voir ces gravures ; on s'empressa de les lui envoyer à la campagne de Saint-Martin. L'Empereur examina ce recueil avec une attention extrême : il en disait le bien, il en disait le mal selon son jugement. Il semblait avoir étudié l'art du graveur. Tout à coup il s'arrêta, devint rouge, et, avec un frissonnement marqué, il s'écria : « Voilà Marie-Louise! » Ce cri d'émotion extrême nous avait tous jetés dans une espèce de stupeur; nous portions sur l'Empereur un regard d'anxiété : il s'en aperçut et il chercha à se remettre; alors il décomposa la figure de l'Impératrice et il en apprécia chaque trait. Il prit la gravure suivante, c'était celle du Roi de Rome. Ici tout me manque pour faire comprendre l'expression paternelle que l'Empereur mit à ces mots : « Mon fils! » Ce tableau déchirant est toujours présent à ma pensée. La tendresse, l'amertume, le bonheur, la misère, l'espérance, le découragement, le passé, le présent, l'avenir, tout s'était caractérisé dans l'accent presque surnaturel avec lequel l'Empereur avait dit : « Mon fils! » Ce n'était pas un cri, non, l'Empereur ne cria pas, nous l'entendîmes à peine. J'ignore ce que c'était, je n'ai jamais pu me l'expliquer. L'Empereur, se couvrant le visage avec la gravure, répéta : « Mon fils! » et un long silence succéda à cette répétition. On n'osait pas même respirer. L'Empereur s'enferma dans son cabinet, il y resta une demi-heure et il était tout défait lorsqu'il en sortit. Il monta en voiture sans rien dire à personne. On avait eu tort de surprendre sa sensibilité : il resta plusieurs jours sous l'influence de cette surprise.

IV

LES DAMES.

Les visiteurs n'étonnaient plus, l'on en voyait de tous les sexes, de tous les rangs, de tous les âges. Il y eut une époque où l'on craignit le trop d'encombrement. L'autorité voulut prendre des précautions de sûreté que l'Empereur n'approuva pas. On continua à laisser aller et venir librement. Une dame française débarqua à Porto-Ferrajo, suivie de son fils, enfant d'environ douze ans; cette dame venait de Malte. Elle demanda immédiatement un appartement meublé, elle fit débarquer son bagage, qui consistait en un landau et trois malles. La population de Porto-Ferrajo, ancienne et nouvelle, fut aussitôt sens dessus dessous pour savoir ce que c'était que la voyageuse qui venait en équipage visiter l'Empereur; on alla à la maison sanitaire, afin de satisfaire à l'opinion générale. Qu'on s'imagine le caquetage de la place publique! La dame qui nous arrivait était une dame de Rohan, prenant le titre de comtesse, et ajoutait le nom de Mignac au nom de Rohan.

J'ai dit la voyageuse : je n'ai pas dit la jeune, ni la jolie voyageuse. Mme la comtesse de Rohan-Mignac avouait la quarantaine; elle avait un embonpoint remarquable, plus remarquable que sa figure, et le nom qu'elle portait faisait penser qu'elle aurait dû être mise avec plus de goût dans la parure recherchée dont elle faisait parade. Ce n'était pas madame Angot en habit de fête; c'était Mme l'Épicière en costume de duchesse. Elle faisait beaucoup d'embarras.

Dès que Mme la comtesse de Rohan-Mignac fut installée dans l'appartement meublé qu'elle avait loué, elle étala fastueusement son argenterie de voyage sur un meuble de la chambre qui lui servait de salon, la fit regarder à tout le monde, et elle commença ainsi à montrer le bout de l'oreille. Elle loua des chevaux pour sa voiture, prit une femme pour la servir, et un cocher pour la conduire. Tout cela ne faisait pas une maison montée, ni même un appartement complet. Mais le nom de Rohan couvrait cette mesquinerie fastueuse, jetait de la poudre aux yeux, selon une expression vulgaire, et Mme la comtesse reçut beaucoup de visites. Tous les officiers de la garde allèrent avec empressement lui présenter leurs hommages.

Le général Bertrand et le général Drouot ne dédaignèrent pas de se rendre chez elle : c'est dire que presque tout le monde officiel s'y rendit. Je crus pourtant devoir m'abstenir ; c'était une idée comme une autre, Mme la comtesse de Rohan-Mignac ne me paraissait pas de bon aloi.

Mme la comtesse se fit présenter à l'Empereur, à Madame Mère et à la princesse Pauline : elle fut reçue. Puis elle fit visite à Mme la comtesse Bertrand, ensuite à ma femme : Mme la comtesse Bertrand et ma femme mirent des cartes chez elle.

L'Empereur paraissait s'amuser des entourages de Mme la comtesse, dont la demeure était vite devenue le rendez-vous des oisivetés civiles et militaires. Un jour l'Empereur me demanda, presque en goguenardant, « si je n'avais pas fait « ma cour à la fameuse comtesse », et lui ayant répondu que je ne l'avais vue que de loin, il ajouta : « Vous avez eu raison, « car tout fait croire qu'il n'y a là que du *gnic* et du *gnac*. Ce- « pendant, si elle va aux mines, vous lui en ferez les honneurs « et vous l'inviterez à déjeuner. » Le déjeuner était toujours le commencement ou la fin de l'histoire, lorsque l'Empereur me disait d'accueillir quelqu'un à Rio, car il ne me donnait jamais des ordres à cet égard, et quelquefois même il semblait me le demander comme un service, en s'inquiétant toujours des embarras que cela causait à mon épouse.

Quoi qu'il en soit de Mme la comtesse de Rohan avec le *gnic* et le *gnac*, comme disait l'Empereur, il n'en est pas moins vrai qu'elle fut invitée à la grande fête que l'Empereur donna pour le second retour tant désiré de la princesse Pauline, et que, de préférence à beaucoup de dames notables du pays, elle eut l'honneur, inconnue qu'elle était, d'être désignée pour la table impériale. La table impériale se trouvait placée dans un petit salon qui tenait au grand salon où était la grande table de tous les invités, et, de sa place, les portes ouvertes, l'Empereur assis aurait pu voir tout le monde. Mais l'Empereur ne s'assit pas : il se promena sans cesse autour des tables suivi de sa cour, et son fauteuil, mis entre ceux de Madame Mère et de la princesse Pauline, resta constamment vide.

Au moment où l'on avait servi, l'Empereur fit sa tournée générale pour s'assurer par lui-même si les dames étaient à leur aise, et, en rentrant au petit salon de la table impériale, il trouva que Mme la comtesse de Rohan-Mignac, par une inconvenance inconcevable, avait, malgré la présence de Madame Mère et de la princesse Pauline, fait asseoir son fils à côté d'elle. Tout le monde était étonné : on se regardait réciproquement pour se demander comment l'Empereur prendrait la hardiesse de ce sans-façon. Madame Mère et la princesse Pauline étaient vraiment interdites. L'Empereur parut : tous les yeux se portèrent sur lui avec une curiosité inquiète; il s'arrêta sur le seuil de la porte, fronça les sourcils, demanda ce qu'était ce garçon, et ordonna froidement qu'on le conduisît ailleurs. Je regardai attentivement Mme la comtesse de Rohan-Mignac : l'ordre de l'Empereur ne lui fit aucune impression, elle laissa faire sans même tourner la tête.

Le dîner fut suivi d'une soirée dansante. A cette soirée dansante, on s'aperçut que la sobriété n'était pas la vertu invulnérable de Mme la comtesse, et il devint impossible de ne pas reconnaître que, par mégarde sans doute, son pied avait glissé jusque dans la vigne du Seigneur, où il avait visiblement laissé des traces.

Alors le charme fut détruit, le nom de Rohan n'eut pas le pouvoir de faire jeter un voile épais sur le double événement du dîner et de la soirée. L'Empereur ne reçut plus la comtesse : le charme était détruit! La comtesse de Rohan-Mignac comprit que son règne était passé. Elle s'occupa rapidement de ses préparatifs de départ; je répète ses paroles d'adieu aux quelques officiers qui l'accompagnèrent : « J'aime mieux l'Angleterre que la France : en Angleterre, les femmes à l'âge de quarante ans sont considérées comme étant encore jeunes, et en France à l'âge de trente ans elles passent pour être vieilles. »

On voulut pourtant savoir ce qu'était véritablement cette comtesse de Rohan-Mignac; il paraît même que l'Empereur désira savoir à quoi s'en tenir positivement sur son compte. Quelques jours après le départ de la dame, on fit circuler la nouvelle suivante : « La comtesse de Rohan-Mignac n'usurpe pas le titre qu'elle porte; mais sa naissance n'est pas à la hauteur du nom qu'elle a acquis. Elle louait des appartements garnis près de la place des Victoires. L'ouragan révolutionnaire menaçait la tête de M. le comte de Rohan-Mignac. Il se cacha dans ces appartements garnis : son hôtesse se dévoua à son service, elle le sauva de plusieurs périls imminents. Ils émigrèrent ensemble. Dans l'émigration, le comte épousa sa bienfaitrice. »

Presque en même temps arriva une autre dame qui avait aussi avec elle un jeune enfant, dont elle se disait la tante, et qui, de son propre aveu, ne venait à l'île d'Elbe que pour admirer de plus près le héros des héros. Mme Dargy ne paraissait avoir guère plus de vingt-cinq ans. Elle parlait fort bien, sa locution (*sic*) était facile, et, quoique les apparences fussent contre elle, elle n'avait pas du tout à l'extérieur l'air d'une coureuse de bonnes aventures. Son enthousiasme pour l'Empereur paraissait vrai. Sa figure était agréable. D'ailleurs, point de titres, point de prétentions, point de clinquant, et la tournure plébéienne, ce qui est souvent une fort jolie tournure. Compatriote du général Drouot, Mme Dargy crut pouvoir compter sur lui, et, sans y être autorisée, elle se présenta sous ses auspices, ce qui n'était pas bien. La pauvre femme paya sa petite hardiesse : le général Drouot ne la reconnut pas, ou ne voulut pas la reconnaître. Elle se présenta au général Bertrand, elle n'en fut pas mieux accueillie. Alors elle eut recours au supérieur des supérieurs, à l'homme de sa pensée. Cette fois, elle ne fut pas déçue : l'Empereur la reçut avec bonté, il s'intéressa à elle et il lui donna un modeste emploi à la campagne de Saint-Martin. Cet emploi fit un peu jaser. Mais la pâture manqua à la jaserie; elle tomba bientôt d'inanition. Les adorateurs de Mme Dargy eurent hâte de protester contre une pensée qui pouvait égarer l'opinion. Lorsque nous quittâmes l'île d'Elbe, Mme Dargy resta à la campagne de Saint-Martin, et j'ignore de quelle manière elle rentra dans sa patrie. Tout ce que, par la suite, j'ai appris d'elle, c'est qu'elle a écrit des mémoires sur l'île d'Elbe, et que, dans ces mémoires, elle tonne contre le général Drouot ainsi que contre le général Bertrand, petite vengeance rancunière, qui, très certainement, ne donnera pas plus de mérite à son ouvrage. Il m'est d'ailleurs difficile de comprendre comment Mme Dargy a pu écrire des mémoires sur l'île d'Elbe qu'elle n'a pas été à même d'étudier; elle ne peut avoir conservé que le souvenir confus des ouï-dire qui devaient mille fois se répéter et se défigurer dans son petit cercle. On m'a cependant assuré que ces mémoires ont été rédigés par Mme Dufresnoi : je m'incline profondément devant le nom de Mme Dufresnoi, comme devant toutes les gloires nationales; mais Mme Dufresnoi n'était obligée qu'à bien écrire ce qu'elle écrivait. Ces mémoires ont d'ailleurs maintenant une vilaine tache : leur possesseur actuel a bassement cherché à se les faire acheter par les personnes respectables qui y sont calomniées.

Une troisième dame française arriva à Porto-Ferrajo pour voir l'Empereur. Je ne connais rien de plus intéressant que le sentiment de vénération que cette dame avait pour celui qu'elle appelait la gloire de la France. Ce n'était pas de l'exaltation, de l'aveuglement : c'était de la raison, du jugement, de l'expérience, de la conviction, du patriotisme. Mme Giroux était de Versailles : elle touchait à la vieillesse, si elle n'y avait pas déjà atteint. Sa figure était une belle figure de soixante ans, surtout bien expressive. On aimait à l'entendre, on aimait encore plus à la lire. Sans doute cette tête devait être un peu volcanisée, car dans un âge avancé, lorsqu'on n'a pas une fortune assez considérable pour pourvoir aux besoins d'un long voyage, qu'on ne peut pas aller et venir vite, même pour une cause très honorable on ne quitte pas son foyer, sa famille, son existence, et l'on ne va pas sous un ciel lointain se mettre à la merci des événements. Quoi qu'il en soit, Mme Giroux, ne pouvant pas supporter le bannissement de l'empereur des Français, se bannit elle-même, quitta la France et prit la route de l'île d'Elbe. L'Empereur fut touché de ce dévouement, il assura momentanément des moyens d'existence à Mme Giroux. Mais le 26 février arriva, et nous partîmes : Mme Giroux ne put pas nous suivre ; le général Bertrand avait oublié de prendre des mesures pour que la pension de Mme Giroux n'éprouvât aucun retard ; cet oubli mit Mme Giroux dans un état pénible, et cela aurait pu aller loin si l'épouse de l'un des compagnons de l'Empereur ne s'était pas empressée de remplir un devoir de nationalité.

Une quatrième dame apparut. C'était une dame lucquoise, mariée à Livourne. Dans ses beaux jours, Mme Filippi avait, à l'armée d'Italie, surtout à la retraite de Gênes, fait la pluie et le beau temps, et dans le corps d'armée dont je faisais partie, son nom était devenu un nom célèbre. C'est qu'alors elle était jolie comme un ange : c'est qu'il était vraiment intéressant de voir une jeune femme, vouée à la liberté de son pays, quitter ses pénates, son foyer, toutes les aisances de la vie, et fuyant la bannière autrichienne, rangée sous le drapeau français, habillée en homme, marchant forcément à pied, affronter toutes les misères de la retraite. Mme Filippi était sans doute venue à Porto-Ferrajo avec les souvenirs de sa beauté, mais les souvenirs de la beauté ne sont pas la beauté. On voyait facilement que Mme Filippi n'avait pas toujours été dans le voisinage de la quarantaine, et personne ne refusait de croire à son passé. Toutefois, cela ne la contenta pas : elle nous quitta. L'Empereur l'avait reçue avec une grande bienveillance.

Il y avait à Piombino un Français appelé Louis Guizot, depuis longues années éloigné de sa patrie, et dont le langage même écrit n'était plus qu'un baragouin de sa langue oubliée, mêlée avec la langue italienne non apprise. Ce brave homme cherchait à gagner sa vie le plus honorablement possible, surtout dans les petites entreprises. Il vint à Porto-Ferrajo, il avait avec lui ses deux filles, grandes et charmantes demoiselles. M. Louis Guizot me visita dès son arrivée. L'Empereur se faisait rendre un compte exact de ce qu'étaient les Français qui venaient à l'île d'Elbe avec l'intention apparente d'y fixer leur résidence. On le sait, l'Empereur avait une mémoire immense : je crois qu'il n'existait pas en France un seul nom public qui lui fût inconnu; le nom de Guizot le frappa. Il me demanda si ce M. Guizot était un émigré. Je lui répondis que l'on m'avait assuré qu'il avait fui la tempête révolutionnaire. Il continua : « Sa« vez-vous s'il est parent de ce Guizot qui est attaché à l'abbé de « Montesquiou? » Alors, je dus dire à l'Empereur que je ne connaissais M. Guizot que comme je connaissais les Français habitants du Piombinais pour lesquels j'étais assez habituellement un point d'appui, mais que je pouvais lui communiquer ou lui faire communiquer une lettre écrite par M. Guizot lui-même, et dans laquelle il donnait des renseignements sur sa famille. L'Empereur désira de lire cette lettre. Le lendemain, je la lui remis. Je vais copier M. Guizot :

« Je profite des offres obligeantes que vous avez eu la bonté de me faire à l'égard du désir que j'ai de recevoir des nouvelles de mon frère Joseph Guizot. Il y a du même nom un architecte du roi qui, le 19 mai dernier, fut chargé de rétablir le monument de Henri IV, et, par voie indirecte, j'ai appris qu'il a fait et exécuté le projet de la colonne de la place Vendôme. Il était ci-devant ingénieur des ponts et chaussées dans le département de la Loire, résidant à Visigneux, et il était d'Aix, département du Rhône (*sic*).

« Le *Journal des Débats*, du mois de juin dernier, annonce que M. Guizot, professeur d'histoire, membre de l'Académie, était nommé secrétaire du ministère de l'Intérieur, et je crois que c'est le fils aîné de mon frère. Il y a dix-huit ans que mon frère l'avait envoyé à Paris pour son éducation. De notre nom positif de famille, il n'a que mon frère et moi, une famille dans la Bourgogne et les parents de notre département. Mon frère et moi, nous avons beaucoup voyagé en France et à l'étranger. Par des circonstances fâcheuses, je suis depuis dix-sept ans privé de la correspondance d'un si digne frère, quoique nous fussions les deux plus intimes de la famille. J'espère, Monsieur, que par votre canal, j'aurai des nouvelles d'un frère qui m'est si cher, et dont je ne pourrai jamais oublier les grandes qualités, car sa conduite a toujours été celle d'un homme estimable. »

Après la lecture de cette lettre, l'Empereur me dit : « J'avais d'abord cru que c'était un agent politique qu'on nous envoyait, mais j'étais dans l'erreur, et le pauvre diable ne paraît venir ici que pour y trouver quelque ressource. Je voudrais faire quelque chose pour lui, quoique ce ne soit pas un nom des nôtres. Voyons, il ne faut pas qu'on dise que nous sommes rancuneux. » Je lui observai qu'il pouvait le nommer à un emploi de surveillance que je lui indiquai : l'emploi était donné depuis quelques jours. Alors l'Empereur me chargea de voir si le commandant du génie n'avait pas encore à donner quelques travaux d'entreprise. M. Guizot resta environ quatre mois à Porto-Ferrajo ; je crois qu'il nous quitta pour aller à Marseille.

CHAPITRE III

LES FÊTES ET LES DISTRACTIONS IMPÉRIALES
LA PRINCESSE PAULINE

I. — Les fêtes. — Fête patronale de San Cristino. — Banquet de la garde nationale et de la garde impériale. — Bals au palais. — La Saint-Napoléon. — Fête du roi Georges d'Angleterre.
II. — Arrivée de Pauline Borghèse. — Son rôle à l'île d'Elbe. — Bal au théâtre. — Suite des fêtes données par l'Empereur. — Mots de Napoléon sur la Marseillaise. — Maladie imaginaire de Pauline. — Anecdotes sur elle. — Carnaval-mascarade de la garde.
III. — Théâtre. — Création d'une salle de spectacle. — Association de propriétaires.

I

LES FÊTES.

La municipalité de Porto-Ferrajo avait bien l'intention de fêter publiquement l'arrivée de l'Empereur; mais la caisse municipale n'était pas riche, et l'on touchait à la fête de saint Cristino, le patron titulaire du pays. Les Portoferrais n'auraient pas voulu pour rien au monde supprimer l'hommage annuel qu'ils rendent à leur protecteur céleste. Mais deux dépenses l'une sur l'autre, sans compter celle que l'arrivée de l'Empereur avait déjà occasionnée, c'était beaucoup : on se décida à fêter l'Empereur le jour qu'on fêterait saint Cristino. On fit deux parts pour cette double fête, la part de la religion et la part du plaisir. Le matin l'on chanta une messe solennelle, le soir l'on donna un bal splendide. L'invitation du matin ne faisait mention que de saint Cristino, l'invitation du soir portait la prière « d'assister au bal pour solenniser l'arrivée de Sa Majesté l'Empereur, l'auguste souverain ». Il n'y avait pas à se tromper.

L'Empereur alla, dans toute la splendeur de sa situation, assister à la messe solennelle : voitures, chambellans, officiers d'ordonnance, troupes sous les armes, rien ne manqua à son cortège du matin et le soir. Pour aller au bal, il y eut de plus les flambeaux. Quelques personnes trouvèrent que, dans ce faste presque prétentieux, il y avait quelque chose de colifichet, et j'avoue que j'étais un peu de cette opinion. Quelques jours après, je reçus une leçon dans une conversation fortuite et je tâchai d'en profiter : l'Empereur, parlant au général Bertrand des nécessités de circonstance qui soumettaient les hommes comme les choses, lui disait : « Par exemple, croyez-vous que, l'autre jour, je n'aurais pas payé pour pouvoir aller à pied à l'église, seulement avec vous ou avec le général Drouot ? Et cependant, je me suis fait suivre par une sorte de fracas ridicule : c'est que, dans un pays où le peuple n'a pas le sentiment de la puissance suprême, si, au jour de ses prédilections séculaires, je n'étais pas apparu à ses yeux dans l'éclat qu'il suppose aux souverains, il n'aurait peut-être plus cru à ma souveraineté, et, dans mon intérêt bien entendu, il fallait éviter cela, comme il faudra que je l'évite encore chaque fois que l'occasion s'en présentera. »

L'Empereur fut très dévot à la messe ; il fut très gai au bal.

La garde nationale ajouta sa fête à la double fête ; la garde nationale qui avait accueilli la garde impériale avec une fraternité de l'âge d'or, saisit cette circonstance pour lui offrir un banquet, et ce banquet fut la consécration de tous les sentiments nobles et généreux. Citoyens et soldats, soldats et citoyens s'identifièrent d'affection, et jamais réunion d'amitié n'eut un caractère plus virginal. Tout le pays y prit part ; l'Empereur en éprouva une joie extrême. On porta sa santé avec délire. On porta aussi la santé « des braves morts au champ d'honneur », ce qui amena une illarité (*sic*) telle qu'on resta plus d'un quart d'heure sans pouvoir continuer à porter les santés convenues. Mais, en reprenant le cours des santés à porter, le convive qui s'était trompé reprit gravement : « A la mémoire des braves morts au champ d'honneur ! » et l'assemblée, debout, lui répondit par des acclamations brûlantes de patriotisme.

La garde impériale riposta banquet pour banquet : ce n'était pas une nouvelle fête, c'était la suite de la première fête. Toutes les âmes continuèrent à s'entendre, à s'aimer, à se le dire, et les épanchements furent sans réserve. L'Empereur y reçut de nouveaux témoignages d'amour.

On chanta des couplets de circonstance qui finissaient par ce refrain :

> Jurons, jurons ensemble
> Honneur, fidélité !

et, d'enthousiasme, tout le monde jura honneur, fidélité. Les tables du banquet étaient dressées sur la terrasse de la Porte de mer ; des croisées de ma maison dominaient cette terrasse. J'avais chez moi six canons de bronze du calibre d'une grosse carabine, et qui jusque-là n'avaient servi que d'ornement militaire. Ils n'équivalaient pas même à de petits mortiers. Ma femme, associée de cœur et d'âme à tous les témoignages de nationalité, eut l'heureuse idée de faire à mon insu dresser ces canons en batterie à l'une des croisées, et lorsque le général Cambronne porta la santé de l'Empereur, l'artillerie en miniature mêla son bruit aux cris de joie. Cette surprise, bien appropriée à la fête des preux, la couronna joyeusement, et un vivat général de gratitude salua Mme Pons. Tous les officiers de la garde me témoignaient beaucoup d'affection : il

était donc naturel que je portasse un toast; je le portai ainsi :
« A la liberté! Puisse-t-elle devenir au monde moral ce que
le soleil est à l'univers physique! » Ce n'étaient pas les habitudes impériales. L'Empire comprenait mieux l'égalité que la
liberté : on pourrait même dire que l'Empire ne comprenait
que l'égalité. Toutefois, mon toast fut accueilli avec un sentiment d'approbation extrême. La plupart des braves vinrent
me presser la main. C'est que le mot de liberté fait vibrer
tous les cœurs nobles et généreux.

L'Empereur s'était affligé de ce que la princesse Pauline
n'avait pas pu assister à la fête de saint Cristino; il s'affligeait
encore de ce qu'elle n'assisterait pas à la fête de saint Napoléon, il le disait souvent. Il eut même un moment la pensée
de faire retarder cette nouvelle manifestation. Mais il comprit
la difficulté d'arrêter le mouvement populaire, il laissa faire.

Porto-Ferrajo se lançait dans une voie immense d'affection.
Mais c'était pourtant une voie de perdition pour les finances
générales de la commune et pour les finances particulières de
ses notabilités. Les rentrées de la commune ne couvraient pas,
à beaucoup près, les dépenses qu'elle s'imposait. Il fallait donc
indubitablement qu'elle recourût aux emprunts publics, onéreux dans tous les pays du monde, plus particulièrement dans
les pays pauvres. Il n'y avait pas six familles à Porto-Ferrajo
dont la fortune fût au niveau des sommes que coûtait le
luxe inusité de leurs femmes. Sans doute, l'Empereur, en occupant des milliers de bras, faisait couler l'or à grands flots,
mais il le faisait couler par le travail, et la généralité des personnes de faste ne travaillait pas. Les marchands gagnaient
parce qu'ils vendaient haut la main toutes leurs marchandises,
bonnes et mauvaises. Les rentiers perdaient parce que le renchérissement de toutes les choses nécessaires à la vie matérielle devenait chaque jour moins en rapport avec l'immobilité de leurs revenus : ils ne pouvaient pas faire faire pour
cent francs ce que, avant l'arrivée de l'Empereur, ils faisaient

faire pour cinquante francs, tandis que la valeur de leurs rentrées n'avait pas augmenté d'un centime. N'importe, l'on était notabilité; et pour ne pas déchoir par la mise, on s'exposait à déchoir par la bourse. On avait une belle robe pour la fête du pays; on n'aurait pas osé la porter une seconde fois au bal de la fête impériale, et l'on cherchait à s'en procurer une plus belle; ajoutez quelques apparitions aux cercles de la Cour : tout cela conduisait à une catastrophe. L'usure de Porto-Ferrajo aurait fini par dévorer le patrimoine de la bourgeoisie rentière, comme l'usure de Florence dévore les domaines de la vieille noblesse.

Quoi qu'il en soit, l'on se prépara à célébrer dignement la fête de l'Empereur, et la municipalité n'épargna aucune des somptuosités qui pouvaient être à sa portée. On construisit une grande salle en bois sur la place d'Armes, on éleva un arc de triomphe pour un beau feu d'artifice, et l'on organisa une course de chevaux : c'était immense pour la localité.

Enfin le 15 août arriva. Les salves d'artillerie commencèrent les joies de la journée. Le lever de l'Empereur eut vraiment quelque chose d'extraordinaire; toutes les magistratures populaires de l'île s'y trouvaient, et jamais aux Tuileries l'Empereur ne fut si bien entouré : il semblait le comprendre, ses paroles d'émotion se succédaient, on voyait que sa manière était supérieure à celle du souverain agréant des hommages : c'est que c'était celle de l'homme recevant des sentiments. Tout le monde emporta de nobles souvenirs de ce lever. On alla aussi complimenter Madame Mère : Madame Mère joignit ses vœux aux vœux universels.

Les cérémonies religieuses eurent cet éclat presque mondain qui sert plus à éblouir les yeux qu'à satisfaire le cœur, et dont l'Italie fait un si grand abus que son culte du catholicisme romain ne semble pas le même que celui que l'on exerce en France. L'Empereur se rendit en grand apparat à la messe. La garde nationale et la garde impériale étaient sous les armes formant la haie, et je ne crois pas que la fête eut rien de plus magnifique. La sortie de la messe offrit un spectacle curieux : toutes les toilettes du jour, se disputant un regard de l'Empereur, forcèrent les rangs militaires, prirent leur place, et la perturbation de joyeuseté fut telle qu'on ne songea pas même à battre aux champs.

Il en fut à peu près de même à la course des chevaux : les dames prirent d'assaut toutes les places sur lesquelles l'œil de l'Empereur pouvait planer. Ce divertissement n'était pas ordinaire à Porto-Ferrajo, parce qu'il fallait y faire venir les chevaux du continent. Aussi il fit un grand plaisir, même à l'Empereur.

Un vent impétueux dérangea le feu d'artifice. J'ai dit que le feu d'artifice représentait un arc de triomphe ; sur le fronton de cet arc de triomphe on lisait : « A l'Empereur. » Le vent éteignit tous les lampions de la première lettre, de la quatrième, de la neuvième et enfin de la dixième, de telle sorte que les lettres restantes formaient ce mot, « le père »; et ce qu'il y a de plus étonnant, c'est que « le père » fut la dernière clarté qui cessa de briller. Le peuple fit attention à cela ; l'Empereur fut peuple à cet égard.

L'illumination fut générale dans toute l'étendue du mot ; chacun disputa de goût et d'éclat, il y avait de fort belles illuminations. La mienne remporta le prix : je le dis avec plaisir. J'avais huit croisées de façade. Je fis faire des lettres en bois aussi grandes que les croisées : une ancre d'espérance, aussi en bois, qui avait vingt pieds de long, rompait à angle droit le centre de la ligne horizontale des lettres, et chaque lettre avait au-dessous d'elle une étoile qui l'égalait en largeur ; les huit lettres étaient dominées par une seule lettre, un *A* ; ces huit lettres formaient le nom de Napoléon. J'avais fait garnir cette charpente de lampions tricolores aussi resserrés que possible. Dès qu'on l'eut éclairée, le public accourut devant ma maison, et il m'honora de ses applaudissements répétés. On prévint l'Empereur : l'Empereur se rendit chez le capitaine du port qui restait en face de chez moi, et il regarda longuement. Le colonel Campbell prétendait que mon allégorie était trop explicite. Je ne savais pourtant rien des projets de l'Empereur; je ne crois pas même qu'à cette époque l'Empereur eût des projets. Le peuple veilla toute la nuit.

Tandis que le peuple veillait dans les rues, la haute société veillait au bal, et le soleil dispensait sa lumière lorsque les danseurs se séparèrent. L'Empereur alla voir danser, Madame Mère ausi; tous deux partagèrent la joie commune. La comtesse Bertrand ne parut pas : un malheur de famille la retenait chez elle. Il y eut un acte de juste sévérité exercé contre une femme française; cette femme avait une mauvaise conduite; un de ses adorateurs lui avait procuré un billet; elle s'était rendue au bal la première. On la pria de se retirer; appuyée qu'elle se croyait par des protecteurs, elle refusa, et alors, usant d'autorité, on la fit sortir; les protecteurs ne la protégèrent pas.

Entre la fête de saint Cristino et celle de saint Napoléon, il y avait eu, en rade, une fête anglaise qui surprit les Elbois. Le 4 juin, vers midi, je reçus l'invitation suivante : « Le capitaine Towers, de la frégate de Sa Majesté Britannique, prie Monsieur et Madame Pons de lui faire l'honneur d'assister à une fête impromptue donnée à l'occasion de la naissance de S. M. le roi Georges, ce jour à cinq heures et demie. » Cette invitation me fut apportée par un officier anglais, qui, de la part de son commandant, me pria de vouloir bien lui dire s'il n'y avait personne d'oublié sur une longue liste qu'il me présenta, et que la municipalité lui avait donnée. Il ne pouvait guère y avoir des oublis, car c'était vraiment la levée en masse des personnes présentables. J'y ajoutai pourtant un nom. Cet officier, sa liste à la main, guidé par un valet de ville, alla de porte en porte, et, verbalement, pria tout le monde d'assister à la fête impromptue. Cet officier parlait bien le français, moins bien l'italien ; il avait d'ailleurs des manières distinguées.

J'avoue que ma première impression fut de trouver cette fête blessante. Il me semblait que c'était de mauvais goût que de fêter le souverain vainqueur en présence du souverain vaincu. Je croyais que la rade de Livourne aurait mieux convenu à cette ovation. Je fus consulter le général Drouot. L'Empereur ne lui avait rien fait dire, et il était aussi embarrassé que moi; il courut chez l'Empereur. L'Empereur regardait la fête anglaise comme une fête de famille, il désirait que j'acceptasse l'invitation, même que j'allasse à bord de la frégate « avec ma femme et mes enfants qu'il aurait du plaisir à voir ».

Je fus donc avec ma femme et mes enfants à bord de la frégate anglaise. Les Anglais nous accueillirent avec une politesse extrême.

Tous les canons avaient été mis dans la cale. L'entrepont formait une vaste salle à manger. La table tenait toute la longueur que la frégate avait pu permettre de lui donner. Sur le pont, avec des voiles et des drapeaux, l'on était parvenu à constituer un beau salon dansant, dans lequel le capitaine Towers avait fait élever un trône pour l'Empereur. La frégate était complètement pavoisée : le pavillon elbois tenait la première place.

L'Empereur arriva : tout l'état-major alla le recevoir à l'échelle. On ne pouvait pas le saluer avec l'artillerie, parce qu'il n'y avait plus de canons montés, mais l'équipage, rangé sur les vergues, lui adressa trois hourras bien nourris, et l'Empereur, le regardant, ôta son chapeau. Il passa ensuite sur le gaillard d'arrière : là, tout le monde se rangea en cercle, et l'Empereur, comme s'il était chez lui, la main gauche dans son gousset, selon son usage, répéta à l'avenant les questions insignifiantes qu'il faisait presque toujours en pareille circonstance. Il ne cherchait pas à fatiguer son esprit par des à-propos particulièrement applicables à chacune des personnes qu'il interrogeait : ce n'était pas son moment d'éclat. Lorsque le cercle fut rompu, l'Empereur demanda un interprète, et il alla parler à des matelots, surtout à un contremaître qu'il avait entretenu plusieurs fois pendant sa traversée de Fréjus à l'île d'Elbe. Il semblait que tout l'équipage était avide de le revoir : la figure de ces braves gens exprimait le contraire de la perversité de leur gouvernement. Le capitaine Towers était dans une admiration sincère pour l'Empereur : il le suivait sans cesse d'un regard plein de respect et d'intérêt, il avait une de ces figures ouvertes qui inspirent de la confiance.

J'en étais encore à ma grande brouillerie avec l'Empereur. Je ne l'approchai pas. Il vint à moi, il me demanda ma femme et mes enfants, je me hâtai de les lui présenter. Il loua beaucoup ma femme de la manière remarquable dont elle remplissait ses devoirs maternels, qu'il appela de *saints devoirs*. Il avait déjà dit au général Drouot « que ma femme « était un noble modèle des bonnes mères ». Il s'amusa beaucoup à faire jaser ma fille aînée, qui, toute petitote (*sic*), ne pouvant en aucune manière comprendre la grandeur du personnage qui s'occupait d'elle, lui disait des choses enfantines que l'Empereur trouvait aimables, parce qu'elles étaient ingénues et qu'elles lui prêtaient à rire : cet amusement dura assez pour que tout le monde en fît la remarque. Ma fille cadette n'était pas encore en état de bien répondre. J'étais fort aise de la distinction impériale dont ma fille aînée jouissait, parce qu'elle me prouvait que l'Empereur, qui semblait m'en vouloir, n'en voulait pas du moins aux êtres que je rapprochais le plus de mon cœur. J'eus aussi mon moment de faveur, suite naturelle de celle dont ma famille venait d'être honorée. L'Empereur me fit signe d'aller à lui : « Vous ne vouliez pas venir ici? — Je ne croyais pas devoir y venir. — Pourquoi? — Parce qu'il ne me semblait pas séant que l'on affectât de fêter sous vos yeux le prince qui a le plus contribué à vos malheurs. — C'est un devoir pour les Anglais de célébrer cette fête partout où leur service les appelle. — Le service de ceux-ci les appelle au moins autant à Livourne qu'à Porto-Ferrajo, puisqu'ils sont les trois quarts du temps à Livourne, où ils étaient hier encore. — C'est vrai. — Ensuite ils viennent nous dire que c'est un impromptu; oui, un impromptu prémédité! du drap noir cousu avec du fil blanc! — Comme tout ce que font les Anglais. Le capitaine Towers n'est pour rien dans cette combinaison, c'est une idée du colonel Campbell. Le colonel Campbell est l'âme damnée de son gouvernement, son mandat est de me nuire. Il cherche à me nuire, il m'a plusieurs fois ennuyé. Ne vous engage-t-il plus à rentrer en France? — Non, Sire, et bien lui en vaut, car la patience a un terme. — Gardez-vous bien de la perdre! C'est dans mon intérêt que vous devez la garder. On ne manquerait pas de me susciter une affaire générale en vengeance d'une affaire particulière. Le gouvernement anglais ne cherche qu'à me perdre : il ne me pardonnera jamais d'avoir été le Français le plus acharné à briser sa suprématie. Ce n'était pas la haine qui me faisait agir, c'était le devoir, c'était l'amour de la patrie. Aussi tous les Anglais de bonne foi m'honorent. Si j'allais en Angleterre, le gouvernement anglais aurait peur de mon influence, et il me ferait partir. »

J'aurais payé beaucoup pour pouvoir prolonger cet entretien, mais l'Empereur s'aperçut qu'il retardait le repas. Il me dit : « Je commence à être un embarras, et il est temps que je m'en aille. » Dès qu'il fut levé pour partir, le capitaine Towers vint lui faire une demande à voix basse, et l'Empereur lui répondit hautement : « Madame Pons! »

Les mêmes hourras accompagnèrent l'Empereur à son départ : il répondit par le même salut.

Lorsqu'on dut se mettre à table, le capitaine Towers, chef visible de cette fête, alla prendre Mme Pons, lui donna le bras et la fit placer à sa droite; il lui fit aussi les honneurs du bal.

Cette préférence était certainement due à l'indication de l'Empereur. Le repas fut somptueux; il y avait une immensité de plats; toutefois, il y avait peu dans chaque plat. Ainsi, un poulet rôti faisait deux plats.

Le bal suivit le repas, il couronna la fête.

Ma fille aînée en était encore aux jours de la première enfance, mais les leçons de père et mère étaient incessantes, et ce tout petit enfant en profitait. De retour à la maison, sa mère lui demanda si elle était contente d'avoir vu l'Empereur : « Oui, répondit-elle, mais je crois que je l'ai trop salué, et j'en suis fâchée ! » Cette réponse était de quelques années plus vieille que ma fille. Lorsque je fus dans les bonnes grâces de l'Empereur, je lui racontai cette petite anecdote, et il me dit gaiement : « Ah ! monsieur le républicain, il y a votre couleur dans ces paroles naissantes ! » Je ne m'en défendis point.

Cette fête eut cependant un revers de médaille, fort indifférent sans doute pour la société britannique : deux officiers anglais, entrés dans la vigne du Seigneur, voulurent cependant danser quand même, et, par leurs inconvenances de déraison, sans pourtant avoir l'intention d'offenser, ils contraignirent plusieurs dames à se retirer, particulièrement la femme de l'intendant, quoiqu'elle aimât beaucoup la danse. Il est incompréhensible qu'un peuple qui a presque atteint au plus haut degré de la civilisation ne puisse pas se guérir à tout jamais de cette maladie dégradante. Un officier supérieur a, dans une grande réunion à la cour de Florence, pour ainsi dire en présence du souverain, de la souveraine, fait ce qu'un soldat abruti n'oserait pas à la caserne faire en présence de ses camarades, et les compatriotes de cet officier supérieur ne l'ont puni qu'en riant de son oubli ! La philosophie philanthropique qui, en Angleterre, est si riche de bonnes institutions, ne pourrait-elle pas ajouter à sa gloire en inventant un moyen assuré d'éteindre cette odiosité (*sic*), ou au moins de l'empêcher de se montrer en spectacle dans tous les pays du monde?

II

PAULINE BORGHÈSE. — LE CARNAVAL.

La princesse Pauline était un complément d'intimité indispensable pour l'Empereur : elle avait toutes les qualités d'un ange consolateur. La présence du Roi de Rome était la seule qui aurait été plus précieuse que celle de la princesse Pauline. Sans doute Madame Mère, que l'Empereur aimait si tendrement, lui procurait de douces jouissances, mais Madame Mère n'était pas toujours là, et d'ailleurs ses habitudes de vieillesse ne pouvaient pas marcher ensemble avec les habitudes viriles de l'Empereur. C'était même à cause de cela que Madame Mère avait voulu avoir sa maison à part. La princesse Pauline, au contraire, ne considérait en rien pour rien les habitudes de l'Empereur; et si l'Empereur avait eu l'habitude de la battre, résignée à supporter les coups, elle aurait dit : « Il me fait mal, mais laissons-le faire, puisque cela lui est agréable! » Je répète ses propres expressions dans un moment où elle expliquait son dévouement fraternel. Elle était douce, affectueuse, bienveillante, et sa gaieté donnait de l'animation à tout ce qui l'entourait. On pouvait la considérer comme le trésor le plus précieux du palais impérial, l'Empereur à part, cela s'entend.

L'Empereur alla au-devant de la princesse Pauline : tout Porto-Ferrajo était sur les pas de l'Empereur. La première fois la princesse Pauline n'avait fait que paraître et disparaître; maintenant elle venait pour ne plus s'en aller. C'était l'Empereur qui l'avait dit : chacun le répétait, et cela doublait le plaisir de cette heureuse arrivée.

Tous les soins de tendresse que l'Empereur avait eus pour

sa mère, il les eut pour sa sœur, et le peuple, dans sa justice distributive, disait que l'on ne pouvait pas être ni meilleur fils ni meilleur frère. Un vivat universel accueillit la princesse Pauline; ce vivat la suivit au palais impérial, où Madame Mère l'attendait. Rien n'est comparable au bonheur de semblables réceptions; aucune manifestation officielle ne peut avoir une telle puissance. Les cœurs ne vibrent pas par ordre.

Porto-Ferrajo illumina. Personne ne le lui avait dit. Cette spontanéité fit plaisir à l'Empereur : elle toucha la princesse.

L'Empereur mit la princesse Pauline en possession de l'appartement qu'il avait lui-même fait préparer pour l'impératrice.

L'intérieur du palais impérial se ressentit de la présence de la princesse Pauline. Il y avait quelques soirées dansantes : elles étaient agréables, parce que l'étiquette n'y mettait pas le *veto* glacial des grandes soirées. On avait organisé deux ou trois comédies pour les jouer dans une pièce qu'on avait transformée en théâtre du palais. La jeunesse la plus gaie fournissait de droit les acteurs les plus facétieux. Ces messieurs n'étaient pas parfaits, mais ils étaient agréables, ils faisaient rire, et il n'en fallait pas davantage. L'Empereur ne se préoccupait pas trop de ces amusements; il en laissait la direction suprême à sa sœur, pour laquelle c'était une grande affaire.

Toutefois, avant de se démettre de la surintendance des plaisirs, l'Empereur avait voulu diriger lui-même la célébration d'une fête qu'il donnait à l'occasion du retour de cette sœur chérie. L'Empereur présidait à tout; rien n'échappait à son regard; il avait à la fois la galanterie d'un chevalier et la noblesse d'un souverain. Je me trompe : il avait toute la tendresse d'un père au milieu de ses enfants, toute l'affection d'un ami entouré de ses amis. Lorsqu'il entra dans la salle de danse, il s'attendait peut-être que l'orchestre jouerait : *Où peut-on être mieux qu'au sein de sa famille?* et au lieu de cet air d'amour, on joua : *Allons, enfants de la patrie...* L'Empereur s'arrêta, il écouta ; il se tourna vers moi et il me dit : « On croirait que c'est vous qui dirigez la musique. » L'Empereur riait, mais en riant il disait à peu près la vérité, car c'était moi qui avais fait jouer la *Marseillaise*. Le chef d'orchestre, Gaudiano, qui me connaissait plus que les alentours de l'Empereur, était venu me consulter pour savoir par où il devait commencer, et je lui avais répondu : « Par le commencement : *Amour sacré de la patrie...!* » Gaudiano était un patriote, il m'avait cru sur parole. L'Empereur dit deux fois que « la *Marseillaise* avait été le plus grand général de la République ». Il dit une fois que « les miracles de la *Marseillaise* étaient une chose inouïe ». L'Empereur prit place sur un fauteuil auquel on avait voulu, je crois, donner la forme d'un trône. L'étiquette voulait qu'on ne passât pas devant l'Empereur sans le saluer : la princesse Pauline suivait ponctuellement cette étiquette. La femme de l'intendant voulut être encore plus ponctuelle : elle passa et repassa tant de fois devant l'Empereur, toujours en le saluant profondément, que l'Empereur finit par faire des signes d'impatience. La société s'autorisa de ces signes d'impatience pour rire tout à son aise. L'Empereur s'en aperçut ; il se leva, fit le tour de la salle, et lorsqu'il fut à la femme de l'intendant, il l'entretint avec beaucoup de bienveillance ; les rires cessèrent. Le bal se prolongea avant dans la nuit ; il était tard lorsque l'Empereur se retira.

L'Empereur reprit les habitudes de son cercle quotidien, qu'il laissait cependant embellir, chaque fois que cela lui plaisait, à sa sœur, et il n'était pas rare que sa sœur se plût à cet embellissement.

A côté du cercle de l'Empereur, il y avait quelquefois le cercle de la princesse Pauline, et ce n'était pas le moins agréable. Chez elle, la princesse Pauline avait ses franches coudées, et elle en profitait pour multiplier les plaisirs. C'était son empire, et l'Empereur trouvait toujours quelque prétexte pour aller la visiter. Ces visites faisaient le bonheur de la princesse Pauline : elle le disait avec une naïveté charmante.

La princesse Pauline était celle des sœurs de l'Empereur qui avait le moins de talents, mais ses sœurs étaient bien moins remarquables pour le cœur. Les deux sœurs aînées de la princesse Pauline n'auraient pas donné un centime pour servir l'Empereur, et la princesse Pauline aurait sacrifié sa vie seulement pour lui éviter des chagrins. L'Empereur ne fut pas heureux dans ces (*sic*) deux sœurs, mais il le fut dans ses trois belles-sœurs, la femme du roi Joseph, la femme du roi Louis, la femme du roi Jérôme, et dans la femme de son fils adoptif, le prince Eugène. La reine d'Espagne, Marie-Julie, fut digne dans la prospérité comme dans l'adversité, et, sur le trône ou dans l'exil, sa vie fut un enchaînement honorable de bonté et de bienfaisance; la reine de Hollande, Hortense, qui se montra supérieure à toutes les vicissitudes humaines et dont le nom dans l'infortune est devenu un nom national, Hortense, qui fit de ses enfants des princes citoyens, et qui sur la terre d'exil passa à l'éternité en faisant des vœux pour la France; la reine de Westphalie, Frédérique-Catherine, dont l'autorité paternelle força la main, et dont ensuite on voulut forcer les sentiments d'honneur : née sur les marches du trône, alors qu'elle fut descendue du trône elle refusa de reconnaître à la puissance souveraine le droit de briser le lien conjugal, et, libre alors de sa volonté, elle resta fidèle au serment qu'elle n'aurait pas fait, si, à l'époque où elle le fit, elle avait été maîtresse de ne pas le faire; la princesse Auguste-Amélie de Bavière, femme du prince Eugène, belle d'âme, parfaite de cœur, et qu'une couronne n'aurait pas grandie, car elle était au moins au niveau de toutes les couronnes.

Une espèce de monomanie dominait l'excellent naturel de la princesse Pauline : elle voulait toujours être ou paraître malade. Le seul défaut qu'elle trouvât à son frère était celui de la contrarier à cet égard, et, en effet, l'Empereur se plaisait souvent à lui dire que ses maladies étaient des rêves. La princesse Pauline avait une mauvaise santé, mais elle s'était habituée à exagérer ses incommodités passagères. Le 1er janvier, j'allai lui souhaiter la bonne année, que je lui souhaitai de bon cœur, car je l'aimais sincèrement. Après le compliment, elle me demanda « comment je trouvais son teint ». Je répondis : « Comme le matin je trouvais celui des roses. » Cela lui donna un peu de bouderie, elle imaginait que c'était mal à moi de la contrarier ce jour-là, puis elle se mit à rire de sa susceptibilité. Une autre fois, je la trouvai allant à la promenade en chaise à porteurs ; je m'approchai pour lui présenter mon hommage. Elle me dit : « Vous voyez bien que je suis souffrante, puisque l'Empereur m'a engagée à prendre le grand air. » Pour prendre le grand air, la bonne princesse n'avait qu'à se mettre à l'une de ses croisées, car son appartement était exposé à tous les airs, et c'est peut-être ce que l'Empereur avait voulu lui faire entendre. Mais le désir de se rendre intéressante n'allait pas jusqu'à la faire renoncer à la danse qui lui nuisait ou qui pouvait lui nuire, et, eût-elle été plus malade encore, elle aurait dansé sans cesse si l'Empereur n'y avait mis bon ordre. Le capitaine Loubers était son danseur officiel. La princesse Pauline n'aurait pas joui de son plaisir particulier si elle n'avait été assurée qu'il était entouré d'un plaisir général : c'était une pâte humaine de perfection. Je cite un seul trait de son caractère : elle s'habillait pour paraître au cercle dansant de l'Empereur ; sa femme de chambre, jeune demoiselle corse, la mécontenta dans son service, et, impatientée, elle lui donna un soufflet. Arrivée au bal, elle était inquiète ; ses yeux se portaient avec anxiété vers une porte où les premiers serviteurs de l'Empereur avaient la permission de se placer pour voir les divertissements. La princesse faisait partie d'une contredanse, mais son regard était toujours fixé sur la porte. Tout à coup, quittant la contredanse, elle courut à la porte et elle y embrassa vivement une jeune personne à laquelle elle dit hautement avec émotion : « Pardonne-moi, cela ne m'arrivera plus. » C'était la femme de chambre.

Aucune famille porto-ferrajaise ne donnait des soirées : c'était presque impossible en présence des soirées de l'Empereur. La princesse Pauline me pressait de recevoir; mais j'étais trop petitement logé à Porto-Ferrajo, et je recevais à Rio-Marine : l'élite des braves y venait, je tâchais de lui rendre mon hospitalité agréable. La vérité est qu'elle s'en contentait; car c'était toujours à qui rirait le plus. La princesse Pauline voulait s'associer à cette gaieté de bon aloi; elle me le disait souvent, mais l'Empereur ne voulait pas que, dans la mauvaise saison, elle s'exposât à franchir les monts, et l'Empereur commandait.

Lorsque le carnaval fut arrivé, la princesse Pauline usa de toute son influence pour que le théâtre donnât plus de vie aux divertissements nocturnes, et le théâtre répondit aux intentions de cette princesse avec d'autant plus d'empressement qu'on était persuadé que la princesse ne cherchait qu'à distraire l'Empereur : ce qui était vrai.

Depuis quelque temps, l'Empereur était plus rêveur que de coutume, sans cependant être sombre. La princesse Pauline s'inquiétait; le général Drouot m'en avait parlé plusieurs fois. L'Empereur se prêtait de la meilleure grâce du monde à tout ce que sa sœur faisait pour lui être agréable; d'ailleurs, il n'aimait l'isolement que pour travailler sans distraction. Pendant la durée du carnaval, il alla plus fréquemment aux représentations théâtrales, et il assista même à un bal masqué. Ce bal eut cela de remarquable, outre la présence de l'Empereur, que la princesse Pauline y alla travestie en Napolitaine, mise avec un goût exquis, une grâce enchanteresse, et paraissant encore plus jolie que jamais. Son triomphe fut complet.

Tout le monde était sincèrement émerveillé. L'Empereur lui-même comptait parmi les admirateurs.

Le carnaval parcourut sa carrière. La garde impériale, qui l'avait aimé pendant sa vie, se chargea de faire les honneurs de son convoi funèbre, et elle s'en acquitta à merveille; beaucoup de jeunes gens du pays s'associèrent à ce deuil facétieux. Le pauvre carnaval fut donc solennellement enterré. Le commandant Mallet conduisait le cortège; habillé en Sultan, monté sur le cheval blanc de l'Empereur, richement couvert des cachemires de la princesse Pauline, il était fier comme Artaban, et il y avait vraiment de quoi l'être. A côté de lui, était le capitaine des lanciers polonais, Schultz, qui représentait Don Quichotte, et qui le représentait à s'y méprendre. C'était naturel : le capitaine Schultz avait cinq pieds neuf pouces, il était mince, et son cheval était l'haridelle (*sic*) la plus haridelle de l'île d'Elbe; le costume répondait parfaitement au cavalier et au coursier; c'était en tout point le héros de Michel Cervantès. Il y avait beaucoup d'autres beaux costumes. Et cette cérémonie avait lieu quelques jours avant notre départ!

III

LE THÉATRE.

L'Empereur comprit bientôt qu'il fallait des amusements à ses braves : les amusements nocturnes lui parurent les plus essentiels. Il décida que l'on ferait de suite un théâtre. On chercha un local; l'autorité administrative indiqua l'église de Saint-François. L'Empereur hésita un moment, il craignait la réprobation des consciences religieuses timorées. Les magistrats municipaux le rassurèrent : depuis longtemps cette église servait de magasin militaire ; elle avait déjà été employée pour les besoins de la cité. Le clergé lui-même ne fit entendre aucune plainte; personne donc ne cria au sacrilège, loin de là. Une députation des premières notabilités alla remercier l'Empereur de ce qu'il dotait Porto-Ferrajo d'un édifice qui lui était absolument nécessaire; mais l'édifice seul ne suffisait pas. La transformation en salle de spectacle devait être dispendieuse, les accessoires pour monter la scène pouvaient aussi s'élever à une somme importante, et la bourse de l'Empereur n'était plus intarissable. D'ailleurs, l'Empereur donnait sa part en donnant un bâtiment que l'on considérait comme sa propriété, quoique à vrai dire cela fût un peu douteux, à moins que l'État ne comptât pour rien dans la souveraineté de l'île d'Elbe. L'Empereur décida que les loges du théâtre à construire seraient par anticipation vendues aux prix que fixerait plus tard l'assemblée des acheteurs réunis en société, et dans un clin d'œil la vente fut consommée : il n'y eut pas de loges pour tous ceux qui en voulurent. On avait cru que le premier rang devait être destiné aux plus hauts fonctionnaires et aux grandes familles : cet arrangement d'amour-propre éprouva quelque obstacle dès son accomplissement. Il y eut des jaloux, par conséquent des critiques, ce qui de part et d'autre avait quelque chose de ridicule. Nous étions tous de la même hauteur et de la même grandeur : l'Empereur nous nivelait.

Ainsi le théâtre de Saint-François eut une foule de propriétaires, ce qui arrive souvent en Italie. Les propriétaires s'organisèrent; ils donnèrent à leur organisation le titre d'*Accademia dei fortunati,* Académie des fortunés. L'Académie décida que l'inscription suivante serait mise sur le frontispice du bâtiment : « *A noi la sorte.* » L'Empereur alla au-devant de tout ce qui pouvait être agréable aux académiciens; il se prêta à toutes leurs fantaisies, qui d'ailleurs n'avaient pour but que de lui plaire.

Chaque sociétaire fit sa propre affaire de l'affaire commune ; tous se donnèrent une tâche à remplir. Aussi architectes, maçons, mécaniciens, décorateurs, peintres, menuisiers, serruriers, tout marcha de front, les arts et les métiers, et dans moins de trois mois le théâtre fut livré au public. On aurait cru que l'Empereur en avait l'entreprise, tant il surveillait l'exécution.

Ce monument pouvait et devait être considéré comme un petit chef-d'œuvre.

Le peintre, artiste piémontais, se surpassa sur la toile d'avant-scène, et son œuvre méritait d'être conservée. Elle représentait Apollon banni du ciel gardant les troupeaux chez Admète, et heureux, instruisant les bergers. L'auteur de cette allégorie fit aussi un beau portrait de l'Empereur en pied. Ce portrait a disparu, je ne sais pourquoi, car publiquement le gouvernement toscan ne l'avait pas proscrit, et personne parmi les gens de bien ne pouvait avoir intérêt à le faire disparaître. C'était un portrait remarquable.

L'inauguration du théâtre eut beaucoup de similitude avec les fêtes de famille. L'Empereur y prit part plutôt en père qu'en souverain.

Les comédiens étaient arrivés à point nommé. Leur troupe ne tenait pas un premier rang, peut-être même un second, mais elle faisait passer les veillées en compagnie, et cela comptait pour beaucoup dans une vie d'ostracisme.

Nous en étions encore à la lune de miel, je veux dire aux jours où l'Empereur n'avait pas décidé ce qu'il ferait ; ses opérations semblaient être empreintes de stabilité.

CHAPITRE IV

LES PROMENADES ET EXCURSIONS DE NAPOLÉON.

I. — Le cap Stella. — Chasse réservée de l'Empereur. — Amusements de l'Empereur. — Prétendue décadence de l'Empereur. — Les jeux innocents, les commérages. — La pêche au cap Stella. — Une farce de Napoléon au général Bertrand. — Une bouillabaisse.
II. — Deux journées à Rio. — Promenade au Monte Giove. — La pêche. — Chargement des bâtiments. — Horreur de Napoléon pour les vêtements noirs. — L'ermite de Monte Serrato. — Les caroubiers de M. Rebuffat.

I

LA CHASSE ET LA PÊCHE.

Avant de terminer la série des projets qui fourmillaient dans l'esprit de l'Empereur, je dois consacrer quelques mots au cap Stella et dire à quel emploi il devait servir. Le cap Stella part de la côte méridionale de l'île d'Elbe, il s'avance environ une demi-lieue en mer, et dans la ligne du sud-ouest un peu sud. C'est ce cap, du côté de l'ouest, et le cap Calamita, du côté de l'est, qui forment l'anse de l'Aconna. Le cap Stella était originairement une île : ce sont les circonstances accidentelles des ensablements qui l'ont uni ou réuni au continent elbois; c'est du moins l'opinion reçue. Il ne fallait que creuser dans le sable pour rendre au cap Stella son isolement primitif. L'Empereur destina ce cap à un lieu de chasse réservée; dès lors, il ordonna que l'on séparât le cap Stella de l'île d'Elbe.

On mit la main à l'œuvre. Certainement le but de l'Empereur était facile à atteindre quant à l'isolement, mais il n'en était pas de même quant au gibier qu'avant tout il fallait avoir pour chasser. L'Empereur ne croyait pas à l'impossible : il ordonna une espèce de levée en masse de lièvres et de lapins. Puis il eut recours aux maremmes toscans et à la Corse. Il fit même fouiller l'île de Cerboli qu'une vieille tradition couvre de lapins, quoiqu'il n'y en ait pas un seul : j'en ai fait l'expérience plus d'une fois.

Le rivage de l'Aconna est propre aux parties improvisées d'amusement intime. Pendant les séjours fréquents que l'Empereur faisait à Longone dans ses vues d'intérêt comme dans ses vues d'agrément, il allait assez souvent du côté de l'Aconna, et quelquefois il poussait sa course jusqu'à Campo, ce qui pour lui n'était ni long ni pénible. Dans ces excursions rapides, l'Empereur aimait à être accompagné, et il était ordinairement d'une gaieté franche, communicative, et, presque joyeux, il se mêlait à tout ce qui semblait plaire à sa suite. Lorsque la visite à l'Aconna ne devait être qu'une promenade lente, paisible, jaseuse, des dames allaient avec l'Empereur, et sur les bords de la mer l'Empereur s'amusait avec elles aux jeux qu'on appelle innocents, sans que pourtant l'on en ait jamais bien constaté l'innocence.

Qu'on ne pense pas que je sois étonné de ce que l'Empereur se prêtait à de simples divertissements vulgaires ! L'Empereur était un homme, et homme, quoique privilégié du ciel, quoiqu'il eût une nature supérieure, les décrets éternels ne pouvaient pas l'avoir affranchi de toutes les faiblesses. Ainsi l'Empereur aimait la distraction des plaisirs; seulement, il les aimait à la manière des grands hommes, comme un adoucissement nécessaire aux tourments de la vie : ses plaisirs tenaient leur place dans son emploi du temps. J'aurais peut-être même historiquement eu tort de ne pas en parler, puisque d'autres en avaient parlé avant moi, surtout lorsque nous étions encore à l'île d'Elbe, et qu'ils en avaient parlé mensongèrement, avec l'intention marquée de nuire à l'Empereur. Le capitaine de vaisseau Moncabrié avait écrit à Paris que « l'Empereur tombait dans l'enfance », parce qu'il s'amusait à « des jeux d'enfant ». Et le colonel Campbell écrivait à Londres que « la décrépitude de l'Empereur faisait des progrès rapides ». Ensuite Paris et Londres inondaient l'Europe de ces niaiseries.

L'Empereur recevait les dames en général, mais il les recevait sur leur demande ou lorsqu'il les avait invitées. Seulement il invitait plus souvent, presque chaque jour, à Porto-Ferrajo l'épouse et la fille d'un chambellan, et à Longone l'épouse et la fille du vice-consul de Naples. La fréquence de ces invitations avait donné à ces dames l'apparence des franches coudées. La dame de Porto-Ferrajo, ni par son âge, ni par sa figure, ni par son esprit, ni par la position ostensible de son cœur, ne pouvait attacher l'Empereur, et la demoiselle, jeune personne charmante, avait sa main promise. La mère et la fille de Longone ne possédaient absolument rien de ce qui pouvait sérieusement fixer l'attention d'un homme tel que l'Empereur, et lorsqu'on avait dit d'elles : « Ce sont de bonnes gens », l'on ne trouvait plus rien à dire.

Quel était donc le motif de l'entraînement de l'Empereur pour la dame de Porto-Ferrajo et pour la dame de Longone ? D'abord l'Empereur n'aurait pas trouvé dans l'île d'Elbe deux autres dames qui, sans souci de leur famille, eussent autant de temps à lui consacrer. De plus, l'Empereur, sans être retenu par l'immensité de son génie, aimait les caquetages à l'égal des vieilles commères, et ces deux dames, sans même s'en douter, lui apprenaient tous les contes bleus du pays.

Or, les deux dames et les deux demoiselles de Porto-Ferrajo et de Longone étaient les seules dames que l'Empereur admettait à ses récréations de campagne et avec lesquelles il s'amusait aux jeux innocents. Ainsi il est constaté par des témoins oculaires et auriculaires que l'Empereur avait fait deux parties de palet avec ces dames, et qu'il avait tellement cessé d'être lui-même que ces dames l'avaient facilement gagné. Ce n'est pas la seule preuve de dégénération (*sic*) morale que l'Empereur donnait au monde moral; en voici une autre qui a bien plus de gravité : je suis sûr que le colonel Campbell la considéra comme le complément des preuves que l'Empereur donnait de la faiblesse de son esprit. Le bon M. Seno, excellent homme s'il en fut jamais, pria l'Empereur d'assister à la levée de la madrague ainsi qu'à d'autres pêches que l'on ferait en même temps que la pêche du thon, et l'Empereur accepta, à la condition qu'après la pêche ou les pêches, M. Seno lui ferait manger sur le rivage un *bouille baïsse* (*sic*) de pêcheur. L'invitation fut nombreuse, la pêche brillante et le bouille baïsse excellent. On mangea, on but, on rit, et puis on se livra à des divertissements, à des divertissements semblables à ceux du commun des hommes. Et, chose étrange, inouïe, incroyable, l'on vit l'Empereur, lui, de sa propre personne, être joyeux de cette gaieté presque populaire! Qu'on vienne dire ensuite que les Moncabrié, que les Campbell, ainsi que vingt autres observateurs de la même force, avaient tort de penser ou de vouloir faire penser que la raison de l'Empereur s'en allait! Il y a d'autres preuves de conviction contre la débilitation intellectuelle de l'Empereur : ainsi, au retour de la pêche, en débarquant sur la plage, l'Empereur trouva un amoncellement de beaux poissons parmi lesquels il y avait beaucoup de fretin qui sautillait, et il prit une poignée de ces petits poissons. Les gens sensibles et spirituels comme les Moncabrié et les Campbell pensaient que l'Empereur allait rendre ces pauvres petits poissons à leur élément naturel : pas du tout! l'Empereur n'eut pas le moins du monde ce sentiment d'humanité, et, le cœur endurci, au lieu de jeter ces petits poissons à la mer, il les mit dextrement dans la poche du général Bertrand. Puis, faisant semblant d'avoir perdu son mouchoir, il demanda au général Bertrand s'il n'en aurait pas un à lui prêter, et le général Bertrand ayant mis avec empressement la main à la poche, la retira avec plus d'empressement encore, car ses doigts avaient été piqués : de quoi l'Empereur se permit de rire tout à son aise, comme si pareille chose n'était pas une chose abominable! Après le repas, l'Empereur voulut alimenter les divertissements en proposant le jeu de la bague, et comme on manquait du cordon indispensable pour ce jeu, il décida qu'on prendrait les rubans qui étaient à la coiffure des dames. Les dames consentirent; elles parurent même très satisfaites.

Il n'y avait personne à l'île d'Elbe, absolument personne, dans les hommes comme dans les femmes, qui n'ambitionnât une attention bienveillante de la part de l'Empereur.

Ce qui se passait à Longone avait moins de retentissement dans l'île d'Elbe que ce qui se passait à Porto-Ferrajo. Ainsi l'on avait peu parlé des parties de palet faites presque clandestinement. Les surveillants salariés des faits et gestes de l'Empereur y ajoutèrent ensuite ce qu'ils voulurent pour se faire des droits à une augmentation de salaire. La partie de la madrague fut racontée avec plus de vérité. On aurait pu faire un recueil de toutes les paroles de l'Empereur. Pendant huit jours on ne s'entretint pas d'autre chose; pas un seul individu qui ne crût avoir été l'objet principal des attentions de l'Empereur. Quelques jours après, j'avais une réunion porto-ferrajaise chez moi, et la conversation générale ne roula que sur ce qui s'y était passé : l'un avait vu que l'Empereur avait fait ceci, l'autre que l'Empereur avait cela, un tel avait été interrogé, un tel consulté ; chaque dame avait eu son aparté, il avait demandé le ruban à celle-ci, il l'avait pris à celle-là; il s'était promené avec la première, avec la deuxième, avec la troisième; et enfin si l'on avait additionné le chiffre du temps qu'il avait passé avec toutes les personnes de l'invitation, il en serait certainement résulté que cette matinée avait au moins duré trois mois. L'Empereur me parla de cette réunion : je lui racontai ce qui s'y était passé, et quoique le général Drouot lui en eût déjà rendu compte, il n'en voulut pas moins connaître les plus petites circonstances. Il s'amusa beaucoup de ce qu'on lui faisait faire et de ce qu'on lui faisait dire.

Chose remarquable : l'Empereur, qui apprenait avec indifférence, du moins ostensiblement, tout ce que la réaction antisociale vociférait contre ses injustices, contre ses tyrannies, éprouvait une sensation douloureuse en lisant dans les journaux ce qu'on disait de son affaissement moral, et il ne cachait pas sa peine.

II

DEUX JOURNÉES DE RIO. MONTE GIOVE.

Le général Bertrand était le gouverneur-né du palais impérial de Porto-Ferrajo : son titre de grand maréchal lui donnait également la haute main sur le palais impérial de Longone, et cependant l'Empereur avait nommé quelqu'un de confiance au gouvernement de ce dernier palais : cela ressemblait à quelque chose, mais en réalité ce n'était rien, absolument rien. Tous les ordres étaient l'œuvre du général Bertrand, lorsque l'Empereur n'avait pas lui-même pris directement l'initiative, ce qui arrivait presque toujours. On ne connaissait pas d'autres palais impériaux à l'île d'Elbe, ni rien qui fût destiné à une demeure impériale : néanmoins, tout à coup il surgit de terre un palais impérial. Personne ne s'en doutait, moi encore moins que personne, et ce fut l'Empereur qui me l'apprit. Le général Drouot m'avait averti que l'Empereur voulait me parler ; il avait ajouté avec satisfaction : « Nous irons vous voir. » Je trouvai l'Empereur dans une apparence de contentement manifeste. Il me demanda de suite si le grand maréchal m'avait prévenu que j'étais nommé gouverneur du palais impérial de Rio. Et comme il me fit cette demande d'un air presque riant, je crus que c'était une plaisanterie, et je lui répondis sur le même ton : « C'est-à-dire gouverneur de ma maison. » Ma réponse ne fit pas précisément de peine à l'Empereur, puisqu'il la prit par son bon côté, mais il cessa de sourire, et il ajouta : « Vous resterez là jusqu'à ce que je vous aie fait préparer un autre logement dans lequel vous serez beaucoup mieux. Lorsque j'aurai un chez-moi, que je ne vous dérangerai plus, j'irai souvent à Rio. » Alors je compris que la chose était sérieuse, que ma réponse était presque une balourdise, et je fis observer à l'Empereur que je ne savais rien : « Je m'en suis douté », répliqua l'Empereur, et alors il continua à me parler d'un ton de bonne humeur, ce qui me fit plaisir, car j'étais au regret d'avoir laissé échapper des paroles irréfléchies. L'Empereur poursuivit : « Mais en attendant que je puisse être chez moi, il faut que vous me receviez encore chez vous, et demain j'irai vous demander l'hospitalité : je coucherai à Rio. » — Coucher à Rio ! C'était m'annoncer qu'il n'y viendrait pas seul. Vouloir y aller le lendemain, c'était ne pas me donner le temps nécessaire pour une réception convenable. Je priai l'Empereur de retarder son voyage d'un jour. Il me répondit : « C'est comme si vous me demandiez de vous mettre à même de faire beaucoup plus de dépense que je n'ai l'intention de vous en occasionner, et je veux éviter cela. Je me rendrai demain à Rio. Nous irons visiter la forteresse de Monte Giove. » Il n'y avait pas à répliquer.

Cette seconde hospitalité devait, comme la première, fourmiller de particularités plus ou moins importantes, et elle pourrait facilement fournir des matériaux pour un chapitre étendu. Alors j'étais dans les bonnes grâces de l'Empereur ; j'avais déjà part à ses confidences.

Depuis le repas que je lui avais donné à son arrivée, l'Empereur n'était venu à Rio-Marine que pour s'y reposer ou pour s'y rafraîchir en passant. Les marins riais désiraient de le voir séjourner au milieu d'eux. L'Empereur dut être satisfait du plaisir que sa présence faisait éprouver.

Monte Giove, qui donne son nom à la seule forêt que l'île d'Elbe possède, est couronné à son faîte par un plateau assez spacieux, au centre duquel on trouve les vestiges d'un monument que les indigènes considèrent comme les débris d'un ancien temple de Jupiter, et qui sont les restes d'une tour de défense que les Riais avaient élevée pour se garantir des irruptions barbaresques du moyen âge. Il est impossible d'avoir une vue plus admirable que celle qu'on a du plateau qui couronne le Monte Giove. L'œil peut promener son regard depuis le mont Argental jusqu'au golfe de la Spezia, distinguant tous les objets qui l'intéressent, et en suivant la crête des Apennins jusqu'à la hauteur de Gênes. On compte facilement les navires qui sont sur la rade de Livourne, plus facilement encore la quantité prodigieuse de barques de pêche qui ressemblent parfaitement à des papillons effleurant la surface des flots. On croit toucher à toutes les îles qui peuplent la mer Tyrrhénienne. Ce qu'on éprouve sur ce plateau, c'est de la contemplation, c'est une ferveur religieuse. Je ne l'ai jamais visité sans me dire qu'un athée y serait mal à son aise, car tout y révèle la divinité.

L'Empereur donna le signal du départ pour le plateau de Monte Giove. Nous suivîmes la route parallèle à la côte. L'Empereur, qui de la mer avait examiné les batteries, voulut les connaître du côté de terre, et il alla les visiter. Il alla visiter aussi les filons du minerai de fer et les antiques usines de fonte; il fut complètement de mon avis; il me dit : « Vous me reconduirez ici. » La route était pittoresque et assez facile jusqu'au pied de Monte Giove. Mais arrivés au pied de Monte Giove, nous ne trouvâmes que des sentiers étroits, scabreux, et, en approchant du sommet, il fallut mettre pied à terre.

CHAPITRE IV.

L'Empereur grimpa comme toute sa suite en s'appuyant sur un bâton qui dès lors devint son bâton, et enfin, un peu fatigué, il atteignit au terme de sa course. Chaque bel arbre qu'il avait vu lui avait fait pousser un cri de joie, et il avait vu beaucoup de beaux arbres. De manière qu'en arrivant au lieu de halte forcée, on pouvait croire que ses cris de joie étaient épuisés et que son contentement deviendrait silencieux. Nous nous trompions! Dès qu'il eut posé le pied sur le plateau, qu'il plana sur le vaste horizon qui de toutes parts se développait devant lui, ses exclamations nous étonnèrent, et, pendant une demi-heure, elles nous obligèrent à remarquer des beautés qui auraient peut-être échappé à notre attention. Ce premier mouvement passé, l'Empereur alla s'asseoir sur un amoncellement de pierres provenant de la démolition de la tour de Giove, et en s'asseyant, il dit : « Même les monuments périssent! » Cette pensée l'amena à philosopher sur le néant des grandeurs humaines, et il termina sa péroraison par ces paroles remarquables : « Bien fou celui qui se croit à l'abri des coups du sort. »

Lorsqu'il fut reposé, l'Empereur examina avec une grande attention s'il existait quelque chose dans les restes du monument détruit qui pût avoir quelques rapports avec un ancien temple, et il se convainquit que ce n'était qu'une tour de sûreté pour se garantir des pirates. Après cet examen, l'Empereur se livra à l'inspection du plateau, et, l'inspection terminée, son imagination ardente, impétueuse, sans bornes, lui fit tracer le plan d'une campagne solitaire, unique, merveilleuse : là, le bâtiment principal; là, les dépendances; là, un jardin; là, une citerne; là, un bouquet d'arbres, puis un sentier couvert qui irait jusqu'aux bords de la mer, puis un peu de chasse, puis deux ou trois petites fermes, puis des vaches, puis un troupeau, puis... il alla reprendre son siège sur les ruines du prétendu temple de Giove, et là, il revint à des idées philosophiques : « Voyez, nous dit-il, quelle est la faiblesse de notre nature ! Je suis plus pauvre que Job, et pourtant je fais travailler mon esprit pour dépenser de l'argent. » Ensuite il fit des calculs. Les calculs ne lui sourirent pas. Il se leva en murmurant ces mots : « Je ne suis pas assez riche ! » et enfin, après un combat entre sa pauvreté et son agrément, sa pauvreté ayant vaincu, il parla de retourner à Rio. Mais il répéta maintes fois : « Pourtant ce serait une retraite d'une beauté idéale. » Alors ce n'était qu'un rocher presque nu : il aurait fallu bien du temps pour lui redonner une nature végétale.

L'exploration du plateau amena une scène qui passa presque inaperçue. L'Empereur était très mécontent de la conduite de la grande-duchesse de Toscane : tout le monde savait cela. L'œil fixé sur le Piombinais, l'Empereur demanda à quelqu'un de sa suite, homme du pays, ce que faisait la grande-duchesse à Piombino, et cet homme, croyant faire la cour à l'Empereur, lui répondit crûment « qu'elle faisait l'amour ». L'Empereur cessa de lui parler, il ne le regarda plus. Tourné de mon côté, il me dit : « Je l'ai arrêté sur-le-champ pour l'empêcher d'aller trop loin », et il ajouta : « Quelle est votre opinion ? » Je répondis que, envoyé à l'île d'Elbe pour administrer, je m'étais borné à administrer. L'Empereur continua : « Cependant vous devez connaître les changements qui se sont opérés dans la principauté de Piombino ? » Je répondis à l'Empereur : « Ceci est autre chose; je n'ai pas à me taire. Le gouvernement de la grande-duchesse a fait beaucoup de bien au peuple piombinais. » L'Empereur me témoigna son contentement par un signe de bonté, mais se tournant de suite vers la personne qui lui avait adressé la première parole, il lui dit avec l'accent du blâme : « Je suis sûr que vous ne « savez rien de cela », et il marcha.

Nous retournâmes à Rio-Marine par le chemin de Rio-Montagne. L'Empereur alla à l'ermitage de sainte Catherine qu'il connaissait déjà. Il alla aussi examiner un terrain où l'on assure qu'il y a des carrières de marbre ; il ne fut pas bien convaincu ; néanmoins il ordonna quelques travaux d'examen.

J'avais évacué le palais impérial. Je m'étais retiré dans ce qu'on appelait l'hôtel des employés, que j'avais fait bâtir et que l'Empereur me destinait. L'Empereur fit une visite à ma femme ; il lui renouvela la promesse de la loger mieux qu'elle ne l'était dans le soi-disant palais qu'elle venait de quitter. Et, comme de juste, il fit lui-même le plan d'un appartement complet. Chose singulière : ce plan tout de la main de l'Empereur, laissé par lui à ma disposition, devenu ma propriété, a été détourné de mon cabinet, et dernièrement à Florence l'on a voulu me le vendre. Mais on le mettait à un prix trop haut pour moi.

Un beau jardin qui était mon ouvrage attenait au nouveau palais impérial, et dans ce beau jardin, devenu aussi propriété impériale, mais dont je conservais la jouissance, il y avait un joli petit réduit où j'avais l'habitude d'aller étudier. A cette époque j'écrivais un ouvrage qui m'obligeait à méditer *Télémaque,* et cet ouvrage était dans le réduit de mes méditations. Sans doute entraîné par la situation de l'Empereur, par la multiplicité des travaux qui se faisaient sur l'île d'Elbe, j'avais marqué, au crayon noir, les passages suivants, et le livre était resté ouvert à cet endroit :

« Le roi ne doit rien avoir au-dessus des autres, excepté ce qui est nécessaire ou pour le soulager dans ses pénibles fonctions, ou pour imprimer aux peuples le respect de celui qui doit soutenir les lois. D'ailleurs, le roi doit être plus sobre, plus ennemi de la mollesse, plus exempt de faste et de hauteur qu'aucun autre, etc.

« Minos n'a voulu que ses enfants régnassent après lui qu'à condition qu'ils régneraient d'après ses maximes : il aimait encore plus son peuple que sa famille.

« Je fus réduit à me réjouir de posséder avec un petit nombre de soldats et de compagnons qui avaient bien voulu me suivre dans mes malheurs, cette terre sauvage et d'en faire ma patrie, ne pouvant plus jamais espérer de revoir jamais cette île fortunée où les dieux m'avaient fait naître pour y régner, etc. Ainsi tomberont tous les rois qui se livreront à leurs désirs et aux conseils des flatteurs. »

L'Empereur était entré dans son appartement. Il faisait chaud, extrêmement chaud, et l'on pensait qu'il s'était renfermé pour avoir de la fraîcheur en se mettant plus à l'aise. Sa suite s'était un peu dispersée; chacun était allé çà et là chercher de l'ombre. Je me promenais depuis quelque temps avec un chambellan, bon enfant, mais mauvaise tête et surtout mauvaise langue. Nous discutions assez vivement sur la vie politique et religieuse de Pie VII; le chambellan se servait d'expressions offensantes pour ce Saint Père. Je n'étais pas de son avis; je le blâmais, et nous en étions presque à des paroles de vivacité. Tout à coup, l'Empereur, que l'on croyait mollement étendu sur un lit de repos, sortit de mon réduit, vint à nous d'un air courroucé et, apostrophant le chambellan avec sévérité, lui dit : « Des opinions comme les vôtres, monsieur, exprimées par des personnes qui m'approchaient, ont induit l'Europe en erreur, et ont fini par faire croire que j'avais maltraité Notre Saint Père. Je vous sais mauvais gré de ce que je viens d'entendre. Veuillez bien ne pas récidiver. » Cela dit, sans attendre une réponse ou une excuse, l'Empereur tourna le dos au chambellan et il se retira. Le pauvre chambellan était terrifié, se croyant perdu. Un instant après, l'Empereur n'y pensait plus.

Resté seul, j'entrai dans mon petit réduit chéri, je feuilletai le *Télémaque*, et à mon tour je fus saisi d'étonnement. J'avais laissé le livre ouvert, je le retrouvais fermé et avec une oreille à différentes pages que l'on avait sans doute voulu m'indiquer. Ce ne pouvait être que le fait de l'Empereur. Je me hâtai de regarder. L'Empereur avait accompagné à coups de plume les coups de crayon par lesquels j'avais signalé les passages que j'ai cités avec une scrupuleuse fidélité. Quelle pouvait être l'intention de l'Empereur ? Pourquoi ne m'avait-il pas de suite interrogé sur la précaution que j'avais prise de marquer certains passages ? Mon anxiété ne fut pas de longue durée. En sortant du petit réduit, je vis l'Empereur sur une terrasse : il me regardait en riant, et il m'appela ; j'accourus, je répète son colloque :

« Vous commentez donc le poème de Fénelon, car je crois que c'est ainsi qu'il faut appeler son immortel *Télémaque ?*

— Je l'explique comme je le comprends. Mes explications sont écrites pour que mes enfants puissent en profiter dès qu'ils seront à même de les comprendre.

— Vos coups de crayon me prouvent que vous faites des allusions à ma personne ?

— Ils vous prouvent mal ; mes allusions s'adressent toutes à votre gouvernement.

— En quel sens ?

— Pour l'intérieur, en plus d'un sens, par la raison que tous mes sentiments sont fondés sur le principe éternel de la souveraineté nationale.

— Et pour l'extérieur ?

— Tout à votre avantage : vous étiez l'enfant de la révolution ; malgré vous, vous représentiez la révolution, et, en vous détruisant, on croyait détruire la révolution comme on croyait l'anéantir en anéantissant la république. Voilà la base fondamentale de toutes les guerres que la France a eu à soutenir.

— Ne vous laissez pas trop aller à un entraînement patriotique. Examinez bien les causes, quels qu'en soient les effets : c'est le seul moyen d'être juste.

— C'est à quoi je m'applique.

— Fénelon fabriquait des rois divins. Mais les rois sont des hommes, un assemblage de défauts et de qualités, de vices et de vertus. Les plus grands rois sont ceux qui sont les moins imparfaits. Cette opinion doit vous aller ?

— Elle m'enchante.

— Tant mieux ! » Et l'Empereur, vraiment satisfait, changeant la conversation, me loua d'avoir « rembarré le chambellan ».

Il me serait difficile de rendre avec exacte précision tout le plaisir que ce colloque me fit éprouver, et, après un long enchaînement de vicissitudes, j'en conserve encore l'impression d'un souvenir joyeux. C'est que depuis bien du temps je désirais avec ardeur pouvoir franchement manifester à l'Empereur la plénitude de mes sentiments patriotiques : de là, mon contentement de la circonstance qui semblait être venue tout exprès au-devant de moi. J'avais bien dit à l'Empereur que j'étais l'ami du peuple, l'apôtre de la liberté, mais en passant, et l'Empereur n'avait pas paru m'entendre. L'Empereur n'avait pas froncé les sourcils en m'écoutant.

Il était temps de dîner. Nous attendions que l'Empereur donnât le signal d'aller à table, mais il ne se pressait pas, quoiqu'il eût deux fois regardé sa montre, et j'étais étonné, j'étais surtout étonné que ma femme ne fût pas invitée. L'Empereur perdit patience, il s'approcha de moi, et il me dit sans élever la voix : « Mme Pons se fait bien attendre. » Je fus forcé de lui répondre que ma femme n'avait pas été invitée. L'Empereur fut très surpris et très fâché de cet oubli ; il avait chargé le général Bertrand de l'invitation, et même de demander à Mme Pons s'il n'y aurait pas une autre dame à inviter, afin qu'elle ne se trouvât pas seule avec des hommes. Le général Bertrand ne connaissait pas les habitudes matinales de ma femme ; avant le départ de Monte Giove, il avait cru qu'il était trop à bonne heure (sic) pour aller chez elle, et ensuite le voyage avait effacé cela de son souvenir. L'Empereur l'envoya de suite chercher Mme Pons ; le général courut pour la prendre, et à peine lui donna-t-il le temps de mettre ses gants. Ma femme était en grande toilette, mais en deuil, et c'est dans l'habillement de deuil qu'elle se présenta à l'Empereur. L'Empereur avait une antipathie profonde pour les habillements noirs : ma femme ne savait pas cela, le général Bertrand ne la prévint pas. L'Empereur, en voyant le deuil, devint sombre, et il ne se dérida pas un moment pendant le temps qu'il resta à table. Ce n'était pas de la mauvaise humeur : c'était une pensée douloureuse qui l'oppressait. Toutefois, il fut parfait pour ma femme. Le général Drouot m'assura que l'Empereur avait dû se faire un grand effort pour rester une heure à côté d'une dame en deuil. Il n'avait permis qu'à Mme Duroc de paraître ainsi à la cour. Le général Drouot n'avait jamais pu connaître ni présumer la cause de cette antipathie.

Cette petite faiblesse d'un grand homme ne se bornait pas seulement à ne pas aimer que les femmes se présentassent à lui habillées de noir : il n'aimait pas non plus qu'elles s'y présentassent habillées de blanc. La reine Caroline de Naples envoya à la princesse Pauline du velours noir, soi-disant des fabriques napolitaines, et la princesse Pauline eut une envie démesurée de s'en faire faire une robe. Toutefois, elle craignait la désapprobation de son frère; elle hésitait, mais le démon tentateur l'emporta : la robe fut faite. Cependant la princesse prit ses précautions pour que l'Empereur ne se fâchât pas. La robe fut ornée à l'espagnole avec des bouffants en soie rose et avec d'autres ornements de la même couleur. Ainsi pimpante, jolie comme un ange, la princesse arriva à l'heure du dîner, et en la voyant, l'Empereur, inexorable dans sa répulsion pour le noir, lui dit : « Quoi, madame, vous venez dîner en domino ! » La pauvre princesse s'arrêta, balbutia, et, tout interdite, alla mettre une autre robe. Une autre fois, la princesse Pauline avait fait venir de Paris une robe blanche, richement brodée; l'Empereur lui dit : « Ah madame ! vous voilà habillée à la « victime ! » Ce qui obligea la princesse à rentrer chez elle pour se vêtir d'une autre manière. Cette fois il y avait un double mécontentement de la part de l'Empereur, la princesse Pauline en convenait. Il n'y avait pas de dames elboises qui eussent une parure en diamants, et par un principe de délicatesse bien entendue l'Empereur avait désiré que la princesse s'abstînt d'en porter. Cependant au péché d'avoir mis la robe blanche la princesse avait ajouté la faute de se parer d'une riche épingle en diamant, et l'Empereur y avait fait attention. La couleur favorite de l'Empereur était la couleur rose.

Revenons au dîner : en se levant de table, l'Empereur prit congé de ma femme et il se retira dans son appartement. Nous restâmes libres, pas pour bien longtemps cependant. Je crois que l'Empereur n'avait cherché qu'à se soustraire à la vue de l'habillement noir. Une heure après il nous fit appeler, et nous le suivîmes à la promenade; je le priai de me permettre de le diriger, je le conduisis sur les bords de la mer. Un de mes employés avait préparé une pêche de nuit au feu, et j'étais certain que ce serait une curiosité agréable pour l'Empereur. On fait brûler des bois résineux dans une machine en cercles de fer que l'on fixe au bout d'une perche ; le poisson vient à la lumière; alors on l'entoure avec des filets, on resserre doucement les filets, et, lorsque les filets sont resserrés, que le poisson est ramassé dans un petit espace, qu'il est facile de l'atteindre, on le prend à coups de trident. La nuit était arrivée; son voile transparent lui donnait l'air d'un crépuscule, et le firmament étalait ses cent peuples d'étoiles; les vagues s'éteignaient sans murmure en touchant au rivage. L'Empereur s'embarqua. La pêche au feu l'amusa beaucoup, et il y passa une heure de divertissement. Sa tristesse avait entièrement disparu.

En débarquant, l'Empereur dit : « Cette campagne qui embaume, ce ciel d'azur qui enchante, engagent à la promenade, et il faut nous promener. » Nous le suivîmes, la promenade fut longue; nous rentrâmes tard. Cependant elle m'avait paru courte et rapide. Elle a une première place dans les plus beaux souvenirs de ma vie. Pendant sa durée, je fus presque toujours tête à tête avec l'Empereur, et, je l'avoue, j'en étais plus fier que je ne l'aurais été aux Tuileries. Nous étions dans le silence des merveilles de la nature; tout portait aux épanchements. L'Empereur me dit : « Voyons, pourquoi aviez-vous écrit contre moi? » Si le respect ne m'avait pas retenu, j'aurais embrassé l'Empereur pour le plaisir qu'il me faisait en prenant l'initiative d'une explication que j'avais le désir ardent d'avoir, et ma réponse fut rapide. J'allai droit au but :

« L'armée d'Italie était toujours républicaine; votre système de gouvernement la froissait beaucoup. J'étais l'un des crieurs républicains contre le système politique que vous aviez adopté. Un conventionnel, mon ami, honnête homme, bon citoyen, avait, quoique extrêmement instruit, fait d'assez mauvais couplets contre votre nationalité, contre votre patriotisme, et le général en chef qui m'était très attaché m'avait engagé à corriger cet amusement satirique, qui ne devait d'ailleurs avoir aucune publicité. Le pamphlet poétique fut dérobé dans le cabinet du général en chef, par un homme qui croyait obtenir par sa déloyauté un avancement qu'il n'avait pas su mériter par ses services. On ne connut pas l'écriture des couplets, mais on connut la mienne qui était dans les interlignes, et je fus mandé à Paris. Votre représentant osa me demander une dénonciation contre l'écrivain qui vous avait attaqué. Cette infamie détruisit ma carrière. Je restai homme d'honneur. »

L'Empereur s'était arrêté pour m'écouter. Lorsque j'eus fini, il me dit :

« Je vous crois, et vous venez de soulever un voile. »

Puis, après un moment de réflexion, il ajouta : « J'ai cependant fait beaucoup de bien à ce conventionnel ! » et il se tut encore.

Je ne voulais pas laisser l'Empereur sous la triste impression d'avoir obligé un ingrat. Je l'assurai que le conventionnel, auquel il avait en effet rendu un grand service, mais bien des années après, avait été extrêmement reconnaissant, et qu'il était mort en bénissant son nom, ce qui me parut le toucher. L'Empereur reprit la parole pour me demander « si, en dehors de ma vie militaire, il n'y avait pas eu quelque autre manifestation antigouvernementale ». Je lui avouai que j'étais l'officier qui, la nuit du jugement de Moreau, s'était hautement prononcé en faveur de ce général, et cela ne l'étonna pas. Il me restait une confidence à lui faire, mais la chose me paraissait scabreuse. Néanmoins je m'y décidai :

« Il était naturel, lui dis-je, qu'à cette époque je fusse exaspéré contre le gouvernement, car je suis Cettois, et le gouvernement avait fait décimer mes concitoyens. »

Ce mot de « décimer » alla droit à l'âme de l'Empereur. Décimer! répéta-t-il avec émotion, et, après une minute de silence, il me dit, comme s'il s'agissait d'un événement bien récent :

« Vous voulez parler de la malheureuse affaire de collision entre les soldats et les ouvriers, sous le consulat? Je ne l'ai jamais oubliée : jamais aussi Fouché ne m'a bien satisfait à cet égard. La guerre entre Français est une guerre de désolation : je n'aurais rien valu pour elle. Racontez-moi : je saurai enfin la vérité. »

J'ajoutai : « La vérité, toute la vérité, rien que la vérité. »

Je commençais mon récit lorsque le général Bertrand, s'approchant de l'Empereur, lui fit observer que, s'il n'avait pas l'intention de nous faire coucher à la belle étoile, il était temps de rentrer, et l'Empereur, d'accord avec le général Bertrand, continua en s'adressant à moi : « En effet, nous nous sommes oubliés. Il faut que nous allions reposer. Votre récit ne sera pas perdu : je vous le demanderai. »

Nous rentrions, un violon frappa l'oreille de l'Empereur, l'Empereur me demanda ce que c'était. Je lui répondis que c'était un bal pour fêter le mariage d'un marin : « Allons voir danser les marins », dit tout de suite l'Empereur, et il tourna ses pas vers le lieu de la danse. Ébahi, je lui observai qu'à une heure aussi avancée, les marins devaient avoir la tête échauffée par le plaisir et le vin, et qu'il pourrait bien se faire qu'il s'exposât à un manque de respect : « Bah! me répondit l'Empereur, ces braves gens m'offriront un verre d'aleatico, voilà tout! » Et il continuait à marcher : je le priai encore, le général Bertrand le pria aussi ; chacun fit sa prière (*sic*). Alors l'Empereur, s'arrêtant, nous dit gravement : « C'est en petit comme en grand! Puisque tout le monde est contre moi, il faut bien que je cède! » Et il alla se coucher.

Nous étions tous debout le lendemain de très bonne heure. Lorsque je fus présenter mes respects à l'Empereur, il me demanda si je n'avais plus rien à lui faire voir. Je lui répondis qu'il y avait une pêche matinale préparée, et des bâtiments du pays prêts à charger du minerai. La pêche était au filet qu'on appelle la « seyne » ; on pêcha trois fois, toujours abondamment. L'Empereur avait passé un bon moment; mais la manière de charger le minerai l'intéressa davantage, il témoigna un grand étonnement. Ce jour-là, le chargement était difficile parce que la mer était houleuse, et que les bâtiments que l'on chargeait remuaient beaucoup. Mais les ouvriers chargeurs, stimulés par la présence de l'Empereur, se jouant du balancement de la planche sur laquelle ils devaient passer en portant plusieurs quintaux de minerai sur l'épaule droite, couraient plus vite que jamais, et en courant ils tournaient la tête pour s'assurer que l'Empereur les regardait. L'Empereur m'ordonna de leur accorder une gratification.

Il me restait à faire voir à l'Empereur un figuier remarquable et dont on lui avait parlé. Ce figuier de haute structure a, de son tronc principal, laissé autour de lui tomber ses branchages à terre, et ces branchages enfoncés dans la terre sont allés se reproduire à une certaine distance, former d'autres grands arbres qui, à leur tour, ont encore laissé tomber leurs rameaux, lesquels rameaux, soumis à l'impulsion de leurs prédécesseurs, se sont aussi enterrés pour continuer la reproduction, qui en effet continue; de manière qu'il y a là plusieurs générations de figuiers qui ont chacun un beau salon à offrir aux voyageurs qui vont leur demander de l'ombrage, et l'Empereur en profita. Je m'emparai de cette circonstance pour lui montrer un abricotier qui, l'année auparavant, avait produit soixante quintaux d'abricots. Je lui fis également visiter les orangeries du pays, assez importantes pour qu'on dût penser sérieusement à les propager. Mais je tenais surtout à le conduire à un arbre vraiment extraordinaire; c'était un pêcher. Ce pêcher appartenait à un de mes employés; chaque année, le jour de la Noël, cet employé offrait à ma femme douze pêches cueillies sur ce pêcher quelques minutes auparavant, et il n'en avait pas une seule qui ne fût du poids de douze onces. Je dis cela à l'Empereur; l'Empereur se mit à rire; il m'assura que mon employé m'en contait; je lui protestai que j'avais vu les pêches de mes propres yeux, l'Empereur n'était pas convaincu. C'est même dans ce sentiment d'incrédulité qu'il me suivit au pêcher mystérieux. Il l'examina, il l'examina encore, et, n'y trouvant rien qui pût fixer son attention, il se retira en disant : « Nous verrons. » Ce « nous verrons » était un avis, du moins je le regardai comme tel.

La fête de Noël arriva, les pêches l'accompagnèrent. Mon employé porta ses douze pêches à ma femme. Ma femme me chargea de les présenter à la princesse Pauline. La princesse Pauline les fit servir à la table de l'Empereur; j'avais l'honneur d'être à table. L'Empereur crut tout à coup que c'était un de ces fruits de fabrique italienne dont le perfectionnement peut tromper l'œil le plus exercé : il manifesta son étonnement pour cette exacte imitation de la nature; la princesse Pauline jouissait de l'erreur de l'Empereur. L'Empereur s'en aperçut; il se rappela le pêcher de Rio-Marine; il me regarda, et il prit une pêche. La pêche n'était pas l'œuvre de l'homme, c'était un enfant de la terre. L'Empereur l'admira, la mangea, et convint que j'avais eu raison.

J'ai promis de parler encore de ce commandant Gottmann qui, après avoir désolé les habitants de Longone, porta la perturbation sur la Pianosa, et que l'Empereur avait destitué. L'Empereur allait partir, il était déjà à cheval, lorsque le commandant Gottmann se présenta à lui pour réclamer contre la destitution dont il avait été frappé, et qu'il s'y présenta avec le ton d'un énergumène qui voulait ameuter le public. L'Empereur l'engagea avec dignité à s'adresser au général Drouot, que cela regardait, et il l'assura que justice lui serait rendue s'il y avait eu erreur dans la mesure prise à son égard. Le commandant Gottmann, trompé par le calme de l'Empereur, crut qu'il l'avait intimidé, et il parla plus fort. Ce fut une scène scandaleuse, à tel point que le général Bertrand dut menacer le commandant Gottmann de le faire arrêter s'il continuait ses inconvenantes criailleries. L'Empereur resta impassible, mais, lorsque tout le monde fut prêt à le suivre, il piqua son cheval, se mit en route au grand trot et laissa le commandant Gottmann au milieu de la rue. Le commandant Gottmann s'épuisa en paroles de véhémence, accusa le ciel, s'en prit à la terre, et, resté seul, il quitta le champ de ses tristes prouesses.

L'Empereur m'avait engagé à aller avec lui à Monte Serrato, où il se rendait, et je l'accompagnais. Je montais le cheval de ma femme, joli petit corse, magnifique de beauté, infatigable de marche, et qui plaisait beaucoup à l'Empereur. Le général Bertrand avait une grande monture : l'Empereur croyait que le général Bertrand pouvait aller plus vite que moi, le général Bertrand le croyait aussi. Nous courrûmes (*sic*); je dépassai le général Bertrand avec une facilité étonnante. L'Empereur louait tellement mon petit cheval que je me crus obligé de le lui offrir; il me répondit qu'il se ferait un cas de conscience d'en priver Mme Pons.

Pendant que l'Empereur était à Rio-Marine, une ancienne religieuse, habitante de Rio-Montagne, avait demandé plusieurs fois à lui parler, et comme elle ne jouissait pas d'une bonne réputation, outre qu'elle avait quitté le voile, on ne l'avait pas présentée. Nous la trouvâmes sur la route de Longone : évidemment elle attendait l'Empereur. Elle portait un costume qui était presque le costume obligé du cloître dont elle s'était volontairement séparée, c'est-à-dire la robe noire, le fichu blanc, le béguin, la croix. L'Empereur la vit de loin; surpris, il me demanda pourquoi une personne de couvent se trouvait ainsi seule sur un chemin à peu près désert et exposée aux outrages de quiconque voudrait l'insulter. Je lui répondis que je ne croyais pas me tromper en l'assurant que c'était une contribution qui allait l'atteindre, et de suite il mit la main à la poche. Je lui répétai l'opinion du pays, et alors il dit en riant : « Il est inutile de donner à une Magdelaine qui n'est ni pénitente ni repentante. » La prétendue religieuse s'était mise à genoux, le chapelet à la main, et, ferme au poste, elle attendait que l'Empereur l'avoisinât pour opérer une manœuvre d'éclat. En effet, dès que l'Empereur fut près d'elle, elle se leva comme une folle, comme une furieuse, et elle se jeta dans les jambes du cheval de manière à se faire fouler si le cheval avait pris peur. L'Empereur eut des craintes; il recula et il demanda à cette femme ce qu'elle voulait. Elle répondit seulement : « L'aumône. » L'Empereur lui fit l'aumône quoiqu'il n'eût pas l'intention de la lui faire; puis il dit au général Bertrand : « L'opinion publique vient de me faire économiser quelques centaines de francs que j'aurais indubitablement donnés à cette femme. »

A partir de la plaine de Rio, le chemin de Longone, toujours montagneux, presque toujours à mi-côte, domine sur des vallons dont la plupart sont bien cultivés. Dans l'un de de ces vallons, sur un penchant faisant face au septentrion, l'Empereur aperçut avec un vif intérêt des plantations de châtaigniers; il demanda le nom du propriétaire. Il voulut s'arrêter en face de la plage de l'Ortanno pour savoir ce que je pensais, quant à l'embarquement des marbres provenant des carrières qu'il faisait exploiter sur ce point. Il avait fait faire des études pour pouvoir ouvrir une bonne route de Longone à Rio, car celle que nous parcourions n'était guère qu'un chemin vicinal sans nivellement.

En approchant du Monte Serrato, nous marchâmes quelques minutes sur un sol d'amiante, et je le fis observer à l'Empereur. L'Empereur voulait des faits. J'appelai un vigneron qui, après quelques coups de pioche, arracha un gros morceau d'amiante d'un blanc un peu jaunâtre, et il alla joyeux le présenter à l'Empereur, ce qui lui valut la récompense d'un napoléon. C'était ce que l'Empereur avait l'habitude de donner dans de pareilles circonstances ; il ne portait pas d'argent blanc sur lui. Le vigneron assura l'Empereur que ce filon d'amiante serpentait dans toute la contrée. L'Empereur le questionna pour savoir si les productions du sol d'amiante valaient mieux ou valaient moins que celles qui venaient sur un fonds tout de terre végétale. Le vigneron parut assez embarrassé ; il réfléchit, porta ses regards autour de lui, sembla interroger les propriétés qu'il voyait, et ensuite il dit à l'Empereur : « Le vin blanc du sol d'amiante, qui du reste n'est pas considérable, vaut mieux, mais la terre végétale l'emporte pour le vin rouge. » Il lui indiqua plusieurs vignes d'une qualité supérieure. L'Empereur lui demanda si ces vignes ne lui appartenaient pas : c'était à peu près cela.

Nous arrivâmes à Monte Serrato ou plutôt à l'ermitage qui porte ce nom, et que l'on peut considérer comme l'une des plus intéressantes curiosités de l'île d'Elbe.

L'ermitage est assis sur le plateau d'une des hauteurs montagneuses, au milieu de l'agglomération qui forme le Monte Serrato. Il y a là un mont principal couvert d'un schiste qu'on peut tout bonnement appeler « pourri ». Il n'a que quelques arbustes sauvages qui naissent et qui meurent sans jamais être d'aucune utilité pour les besoins matériels de la société. En se cramponnant à ces arbustes sauvages, on peut, quoique difficilement, grimper jusqu'à la crête de cette montagne, d'où l'on retrouve une vue aussi admirable que des hauteurs de Volterrajo. Mais pour descendre, ce n'est pas seulement difficile, c'est si dangereux qu'on peut rouler du haut en bas sans rien trouver qui arrête sur la pente : j'ai appris cela à mes dépens.

Cependant l'ermitage de Monte Serrato, quoique ainsi entouré, n'a rien d'effrayant, même de lugubre, et le regard est de suite absorbé par une foule de détails importants. Là tout n'est pas inculte, et les ermites titulaires qui depuis des siècles s'y sont succédé, ont trouvé le moyen d'y ramasser un peu de terre, d'y planter quelques arbres, quelques vignes, et de faire un enclos pour la culture des herbages. Puis une chèvre, deux brebis, et un bon petit bidet que l'on garde « parce qu'il y a de quoi l'entretenir ». L'on y est à l'abri des amertumes de la vie, les jours s'y écoulent presque en dormant. L'église est simple et pauvre, mais elle est bien tenue toujours; le dimanche un prêtre va y dire la messe; il y a une fête annuelle. La cellule de l'ermite, maisonnette assez commode, est située sur une terrasse spacieuse entièrement couverte de treillages, et qui dans la belle saison forme un salon extrêmement agréable. La charpente de ce salon est toute en tiges d'aloès.

L'ermite de Monte Serrato vit autant avec les habitants de la terre qu'avec les habitants du ciel, car l'on va à l'ermitage encore plus pour se divertir que pour prier. Jadis les marins avaient une grande confiance dans la vierge de Monte Serrato : ils lui consacraient beaucoup de messes, ce qui faisait de l'ermitage de Monte Serrato une chapelainerie (*sic*) fort importante. Les temps sont changés; les messes sont rares. L'ermite me disait : « Cela durera jusqu'à ce que la Vierge nous ait fait quelque bon miracle ! »

Pour arriver à l'ermitage, en quittant la route de Longone

on prend un sentier très étroit, bordé par des cyprès d'une grande hauteur, dominant un ravin de haut en bas couvert d'aloès et de figuiers d'Inde (*cactus opuntia*), et au fond duquel coule un ruisseau qui va se perdre dans la mer à la « fontaine de Barberousse ». Ce sentier parfois obscur, toujours très onduleux, fait arriver sur la terrasse devant la cellule. C'est surtout en débouchant du sentier que l'on est surpris de l'ensemble vraiment pittoresque de ce lieu, et qu'on est presque forcé de se livrer à un moment de contemplation. Ces montagnes sans vie semblent faire encore partie du chaos, où rien en principe n'avait imprimé les traces de l'homme, dont l'homme s'est pourtant emparé pour y reposer sa tête, peut-être même pour se séparer des hommes. Et par-dessus, un ciel pur qui enivre l'imagination de l'immensité de ses richesses !... Ensuite la nuit, la lune, les étoiles, chaque chose projetant sa lumière ou son obscurité, ajoutant aux horreurs ou aux beautés, idéalisant le regard... et la rosée du matin qui semble couvrir la terre de perles orientales, et la fraîcheur de la soirée que des milliers de plantes odoriférantes parfument, et un air vivifiant qui se lie amoureusement à la brise de la mer... Je veux parler de l'enchantement que j'ai vingt fois éprouvé en entrant dans cette enceinte de solitude et de méditation, sans que j'aie jamais bien pu analyser toutes les causes de mes différentes émotions, et, je l'avoue, je sens que maintenant je ne suis pas plus avancé. Ce ne sont pas là les saintes baumes de la Provence, ni la grotte de saint François d'Assise en Italie. Le caractère m'en paraît moins religieux. Néanmoins, tout y élève la pensée vers la divinité; on y prie d'instinct.

Qu'on ne pense pas que l'Empereur avec toute sa puissance morale pût à volonté se soustraire à une impression de surprise. Sans doute l'Empereur commandait à sa figure, mais il obéissait à son cœur, et il lui était impossible de taire les vibrations de son âme. Il s'arrêta sur le seuil de l'enceinte :

dans une fixité absolue, considérant avec attention tout ce qui l'entourait, il resta dix minutes sans parler : et enfin il rompit son silence par ces paroles : « C'est beau, mais ce doit être bien plus imposant que ce n'est beau durant ces tempêtes équinoxiales qui sont sillonnées par les éclairs, labourées par le tonnerre, et qui menacent d'engloutir la terre. » Puis il alla s'asseoir, toujours en raisonnant sur les choses qui lui paraissaient les plus remarquables. De sa place il pouvait voir la mer, et cette vue lui fit beaucoup de plaisir ; il se plaignit de ce qu'on n'avait pas apporté sa lunette d'approche, ce qui l'empêchait d'observer la manœuvre de quelques bâtiments qui étaient à la voile.

L'Empereur demanda à l'ermite si la foudre ne faisait pas des ravages sur le Monte Serrato ou autour du Monte Serrato. L'ermite lui répondit qu'elle tombait fréquemment, mais qu'elle n'avait jamais atteint l'ermitage. L'Empereur lui fit observer que la montagne de l'ermitage était garantie parce que les montagnes qui l'entouraient étaient plus hautes et plus aiguës. L'ermite dit à l'Empereur : « Il vaut mieux « encore que le peuple croie à la protection de la Vierge. » — « Ce que je n'empêcherai pas forcément », répliqua l'Empereur, et il ajouta en parlant italien, assez mauvais italien : « Pourtant, monsieur l'ermite, notre religion est assez riche de vérités pour pouvoir se passer d'assertions qui ne sont pas positivement vraies. » L'ermite lui demanda la permission de le conduire à l'église : elle était illuminée ; l'Empereur s'agenouilla un moment. Il donna à l'ermite, je ne vis pas ce qu'il lui donnait. Mais immédiatement l'ermite s'entoura de quelques personnes qui par hasard se trouvaient là, et avec elles il fit des prières ; je crois que ces prières étaient pour l'Empereur.

Par une heureuse précaution, l'Empereur avait fait venir une collation de Longone : nous la dévorâmes, nous avions tous bon appétit. L'Empereur se plut beaucoup à nous voir manger « comme des conscrits qui venaient de faire une corvée ». Ce fut là son expression de contentement. L'Empereur était gai comme tout le monde; ces moments furent vraiment des moments heureux. Il y eut pourtant un temps de profond silence : l'Empereur dormit pendant un quart d'heure sur sa chaise.

Au moment du départ, l'Empereur me demanda si je connaissais le caroubier qui était à la campagne de Saint-Joseph appartenant à M. Rebuffat, et si ce caroubier méritait la réputation de beauté qu'on lui faisait. Je répondis à l'Empereur qu'il y avait deux caroubiers, le mâle et la femelle; que le caroubier mâle, sans être aussi considérable que celui de la reine Jeanne en Sicile, était cependant fort important, puisqu'on pouvait dresser sous son ombrage une table de soixante couverts, ce qui était arrivé à l'occasion du repas nuptial de Mlle Rebuffat auquel j'avais assisté : « Allons visiter l'arbre de noces », dit l'Empereur. Nous allâmes; l'Empereur se promena sous les deux caroubiers; il nous assura qu'il payerait beaucoup pour avoir deux arbres semblables à son château de Saint-Martin Saint-Cloud.

Il fallait retourner au logis. Je pris congé de l'Empereur : « Je suis bien content de ma journée d'hier et de ma journée d'aujourd'hui. » Telles furent les dernières paroles de son adieu; il allait coucher à Longone.

CHAPITRE V

LES TRAVAUX DE L'ILE D'ELBE

I. — Les palais impériaux. — La maison de Pons à Rio. — Réception de lord Bentinck.
II. — Visite de l'île par l'Empereur. — La Pianosa. — Palmajola. — L'approvisionnement de l'île. — Propagation de la pomme de terre. — Industries locales.
III. — Port de Rio. — Projet de Pons. — Napoléon ingénieur. — Napoléon mis en selle.
IV. — Les projets de M. Bourri. — Les hauts fourneaux de Rio.
V. — Les plantations. — Les lazarets. — Oliviers et mûriers. — La forêt de Giove. — Un plan de Napoléon pour le reboisement des montagnes de France. — La guerre sanitaire de Livourne et Porto-Ferrajo.
VI. — Résumé des travaux. — Défense de l'île.

I

LA MAISON DE PONS.

Quant à la manière de me loger, l'Empereur avait plutôt sollicité qu'ordonné. Je pouvais donc faire ce que je croirais le plus convenable pour le rôle de représentant impérial qu'à mon corps défendant je devais jouer à Rio-Marine. Mon intention est seulement de faire comprendre que le fardeau était quelquefois un peu lourd, qu'il le devenait davantage du moment où je n'étais plus logé d'une manière digne des hôtes de l'Empereur qui m'arrivaient sous ses auspices.

L'Empereur m'autorisait à prolonger ma demeure dans le palais impérial, mais les maçons allaient s'emparer des appartements, et je ne pouvais pas faire dormir ma famille au milieu des décombres. Je dis dans le pays que je cherchais à me loger : j'eus immédiatement tout le pays pour logement. Deux des propriétaires les plus aisés se hâtèrent de me céder leurs maisons qui étaient contiguës, et je les fis communiquer. Le directeur des travaux des mines vint à la tête de cent ouvriers pour transporter mes meubles ; la chose fut faite comme par enchantement, et, sans le moindre embarras, je me trouvai tout à fait installé.

J'étais à peine installé chez moi que l'Empereur aurait pu désirer que je fusse encore chez lui. L'Empereur reçut la visite de lord Bentinck et de (*nom en blanc*), et les traita somptueusement. Mais le contre-coup tombait sur moi, pauvre chétif, qui étais aussi à peu près déchu, du moins d'habitation. L'avis qu'on me donna de la visite de ces deux personnages, extrêmement polis selon l'usage, semblait pourtant m'enjoindre de les recevoir avec distinction : le grand maréchal accompagnerait les hôtes de l'Empereur. C'était presque de l'étiquette ; je me le tins pour dit.

En effet, le grand maréchal à la tête du cortège britannique arriva à Rio-Marine, et, par habitude, il alla descendre au palais impérial, où il ne trouva que des travailleurs, ce qui fit rire les Anglais, sans pourtant amuser leur conducteur. La société vint me trouver ; je la reçus de mon mieux. La veille, j'avais aussi une autre compagnie anglaise assez nombreuse. Le grand maréchal croyait que j'aurais dû tenir bon dans le palais impérial ; je n'étais pas de son avis ; il me semblait, au contraire, que j'avais bien fait. La journée ne fut pas sans plaisir : la simplicité de la maison ne changea rien à la bonté des mets, à la qualité des vins, et les illustres (*sic*) de la Grande-Bretagne mangèrent et burent comme si de rien n'était. Ils furent d'ailleurs très aimables ; je fis pourtant une petite malice à lord Bentinck : je lui parlai contre ceux qui avaient corrompu la grande-duchesse Élisa, et il y était pour sa part. Il me dit

« que la grande-duchesse Élisa n'avait pas besoin d'être corrompue », ce qui était un peu vrai.

De retour à Porto-Ferrajo, le général Bertrand rendit compte à l'Empereur, et il lui fit connaître l'état de ma demeure. Sur quoi l'Empereur, sans même attendre de m'avoir parlé, m'envoya l'autorisation de reprendre possession du palais impérial, et je dus lui faire observer que la chose n'était plus faisable. Je me hâtai néanmoins d'aller le remercier de sa bonté ; il me dit dès que je l'abordai : « Retournez au palais impérial aussitôt que cela vous sera possible; casez-vous y encore, et alors vous continuerez à me recevoir. » Il ajouta : « Le jardin n'a pas cessé d'être à Mme Pons », ce qui décida Mme Pons à y retourner. On ne pouvait pas être meilleur que ce que l'Empereur était pour moi dans cette circonstance, mais il oubliait qu'il avait fait disparaître toutes les petites pièces pour n'en avoir que de grandes. Je conservai ma maison bourgeoise, et désormais tous les recommandés de l'Empereur durent descendre dans une demeure passablement plébéienne, ce qui ne veut pas dire que l'hospitalité y fut moins cordiale ou moins généreuse. Ce qu'il y eut d'étonnant à l'égard de ce palais impérial, qui partout ailleurs n'aurait été regardé que comme une petite bicoque, c'est qu'au milieu des préoccupations inséparables de son départ de l'île d'Elbe, l'Empereur lui donna un dernier regard, voulut qu'il fût definitivement mis à la disposition de Mme Pons. L'exécution de cette volonté, même après le départ de l'Empereur, n'éprouva aucune espèce d'obstacle. Ma femme resta dans le palais impérial tant que la bannière impériale put y rester arborée.

II

APPROVISIONNEMENTS ET INDUSTRIES DE L'ILE.

Dès que l'Empereur eut fixé le logement qu'il destinait à son séjour habituel, il visita les petites cités de son petit empire : Rio, Longone, Marciana, Campo, Capoliveri, et, selon son usage, partout et toujours il examina ce qu'il y avait à examiner. Sa Majesté visita également l'île de la Pianosa, le rocher de Palmajola, deux dépendances de l'île d'Elbe, et, quoique le traité de Paris n'en fît pas mention, Sa Majesté en prit possession.

Le colonel anglais Campbell appelait cela faire des conquêtes, ce qui ne l'amusait pas, quoiqu'il ne se permît aucune observation en présence de l'Empereur.

C'est à l'île de la Pianosa que fut exilé et mourut Agrippa le Posthume. Cette île, jadis assez peuplée, aujourd'hui inhabitée, est propre à la culture; elle a quatre lieues de tour, la distance de l'île d'Elbe est d'environ six lieues. L'Empereur chargea le capitaine du génie Larabit de la fortifier, et cet officier justifia pleinement la confiance de Sa Majesté. M. Larabit était alors fort jeune : il avait commencé la guerre à la campagne de Saxe, ses premiers pas militaires lui avaient mérité des éloges. C'est lui-même qui avait demandé à l'Empereur la permisson de le suivre; cependant, il ne put arriver à l'île d'Elbe que quinze jours après Sa Majesté; son arrivée fit plaisir à tous les compagnons du grand homme. L'Empereur disait de lui : « C'est une vieille tête sur un jeune corps. » Maintenant M. Larabit est un de nos députés les plus consciencieux.

Palmajola est un rocher à quatre milles de l'île d'Elbe, sur le faîte duquel il y a une tour avec deux canons, et qui en temps de guerre sert à observer ce qui se passe dans le canal de Piombino.

Année commune, l'île d'Elbe ne récoltait de blé que pour son besoin de deux mois, et il est facile de penser que ce dénuement de la denrée de première nécessité absorbait la pensée de l'Empereur.

L'Empereur fit un traité avec un négociant génois. Sa Majesté lui concéda une grande étendue de terrain à la Pianosa : le négociant génois s'engagea à établir une colonie lucquoise sur cette île, à faire cultiver la terre qui lui était concédée, et à fournir aux Elbois à un prix avantageux une quantité de grain égale à leur consommation ordinaire de cinq mois. Ce traité, dont l'administration générale des mines fut chargée de discuter et de soutenir les clauses et conditions arrêtées par l'Empereur, ne laissait rien aux chances du hasard; Sa Majesté avait tout prévu, et les stipulations pour la vente ou l'acquisition d'une grande province n'auraient certainement été ni plus ni mieux étudiées.

Ainsi les Elbois se trouvaient assurés de leurs approvisionnements en blé pour l'espace de sept mois.

Restaient cinq mois à la nécessité desquels il fallait parer.

L'Empereur acheta dans l'île d'Elbe même une vaste plaine appelée l'Aconna, dont le sol couvert des débris d'une antique forêt était totalement abandonné, et Sa Majesté appela de suite des Lucquois pour mettre cette propriété en culture. L'Aconna pouvait, année commune, fournir en céréales un approvisionement de deux à trois mois.

C'était au moins neuf mois de tranquillité acquise ; disons mieux, il n'y avait plus à craindre, parce que la quantité des vins que l'île d'Elbe récoltait en sus de la consommation de ses habitants lui permettait de faire annuellement des échanges qui, terme moyen, lui procuraient une quantité de graminées pour la nourriture de trois mois.

Cela ne suffisait pas à l'Empereur : il disait que lorsque « le pain était cher, tout était cher », et il voulait qu'on le mangeât bon marché. Aussi il s'occupa des champs jusqu'au moment où il crut que l'amélioration de la culture était telle qu'elle pourrait désormais doubler le produit auquel on était habitué.

Les pommes de terre étaient presque inusitées dans les ménages elbois. L'Empereur en prêchait la bonté et l'usage ; il engageait les cultivateurs à leur consacrer une partie du sol qu'ils faisaient fructifier. Sa Majesté se plaisait à donner le nom de *parmentières* aux pommes de terre ; elle disait que Parmentier avait rendu un service immense à l'humanité.

Sa Majesté ne s'occupait pas seulement du blé et des parmentières. Une vieille erreur faisait croire aux Elbois que le châtaignier et l'olivier ne prospéraient point sur le sol de l'île ; il y avait pourtant beaucoup de preuves du contraire. L'Empereur envoya en Corse pour y acheter une grande quantité de boutures de châtaigniers et d'oliviers, et, dès leur arrivée à Porto-Ferrajo, il les distribua aux propriétaires ruraux. Les châtaigniers furent placés sur les revers des montagnes au septentrion, et les oliviers partout où le soleil donnait en plein. Sa Majesté envoya aussi en Toscane pour faire l'acquisition de pépinières de mûriers : elle pensait que la propagation de cet arbre pouvait être une source de prospérité pour les Elbois.

Les marais salants du golfe de Porto-Ferrajo appartenaient à l'État, mais ils avaient été mal administrés, mal soignés, et l'Empereur, après les avoir fait mettre en bon ordre, les afferma avantageusement à un Milanais fort capable de les bien exploiter.

Les madragues de l'île d'Elbe sont renommées. Le fermier, Génois d'origine, avait fait une grande fortune dans cette entreprise, et il méritait son riche succès, car il faisait beaucoup de bien. L'Empereur désira que cet honorable industriel donnât plus d'extension à la pêche du thon, et le fermier créa une autre madrague. Cette extension donnée à la pêche du thon augmentait un peu, bien peu, les revenus de l'Empereur : mais ce n'est pas ce que Sa Majesté avait en vue, et son but principal était d'occuper fructueusement des bras. D'ailleurs, la pêche du thon favorisait beaucoup la vie animale des Elbois.

Dans des temps peu reculés, les Elbois se livraient à la pêche du corail et des anchois, et l'on trouvait encore des personnes qui pouvaient donner de bons renseignements à cet égard : l'Empereur les consulta. Sa Majesté prit ensuite les dispositions les plus capables de faire renaître et fleurir cette branche de commerce et d'industrie.

III

PORT DE RIO.

L'Empereur porta sa pensée sur Rio-Marine ; il m'écrivit directement pour savoir « s'il ne serait pas possible de parer aux dangers de la rade riaise en faisant faire un port par une compagnie qui ensuite prélèverait un droit sur tous les bâtiments qui viendraient y mouiller ». (J'appelle lettres directes de l'Empereur celles que l'Empereur dictait à son secrétaire intime et dans lesquelles le secrétaire intime parlait au nom de l'Empereur.)

Il n'y avait pas à Rio-Marine, ni de loin ni de près, possibilité de trouver un seul actionnaire, et à Rio-Montagne encore moins : Rio-Montagne est sans fortune, celui qui a quelques écus d'économie les emploie de suite à l'achat d'une pièce de terre. Les Riais de Rio-Marine n'ont jamais un denier de disponible ; tout ce qu'ils gagnent est employé à faire construire des bâtiments de cabotage, ce qui les met souvent dans la nécessité de recourir à des emprunts onéreux. Je représentai cela à l'Empereur, je lui rappelai ce qui s'était déjà passé à l'égard de ce port. L'Empereur me répéta tout ce que le grand chancelier de la Légion d'honneur lui avait dit à cet égard. Voici :

Le vent du nord-est est le vent traversier de la rade de Rio-Marine. Dès que ce vent souffle un peu fort, les bâtiments en rade sont obligés de lever l'ancre et d'aller se réfugier à Longone, ce qui leur occasionne une perte d'argent et une perte de temps. Quelquefois même cette nécessité d'abri donne des soucis. Il y a bien, à un mille au sud de la rade, une calanque appelée Porticcioli qui peut recevoir trois bâtiments et dont on profite dans les cas d'urgence, seulement dans la belle saison. Cette calanque n'offre d'ailleurs des garanties de sûreté que lorsqu'on s'y est orienté pendant un temps calme. Encore, il n'est pas très rare que le vent traversier empêche de charger et d'expédier du minerai. Cet empêchement dure souvent plusieurs jours, quelquefois une semaine, un mois (*sic*). Il n'en faut guère plus pour occasionner la ruine d'un établissement de hauts fourneaux de fonte qui n'a pas eu la précaution de faire ses approvisionnements pour toute la saison des travaux.

En 1812, convaincu que je pouvais par les seules ressources de l'administration des mines, sans une bien grande augmentation de dépense pour la Légion d'honneur, construire un port à Rio-Marine, j'en fis la proposition raisonnée au grand chancelier, et le génie militaire fut consulté au lieu et place du génie des ponts et chaussées qu'on n'avait pas sous la main. Le génie militaire trouva que le ruisseau-torrent qui alimente la fontaine ainsi que les moulins de Rio-Montagne, se perdant dans la mer précisément à l'endroit où le port aurait dû être construit, occasionnerait, par l'entraînement de la pente rapide, des frais incessants de recreusement, et, fondé sur cet inconvénient, il ne fut pas de mon avis. L'inconvénient n'existait pas le moins du monde, puisque le cours du ruisseau pouvait facilement être détourné. Plus tard le génie militaire fut de mon avis, mais alors il n'était plus temps.

L'Empereur voulut aller sur les lieux. Son regard fut un regard de conviction ; il indiqua comment le ruisseau-torrent devait être détourné, et il montra du doigt le point où il devait aller se perdre. Il demanda de suite une embarcation, ainsi que tout ce qui était nécessaire au sondage de l'emplacement désigné. Il sonda lui-même, il se mouilla beaucoup, quoique le temps fût assez froid, et son travail fini, comme si de rien n'était, il retourna à Longone d'où il était venu. Je crois que l'Empereur avait un peu exagéré le nombre de bâtiments que le port aurait pu contenir, d'après le tracé visuel qu'il en avait fait lui-même. Combler par une jetée l'espace de mer qu'il y a entre la tour et l'îlot de la rade, faire une seconde jetée qui, appuyée sur le même îlot, s'avancerait vers la viguerie dans une longueur convenable, et remplacer le pont de bois par un môle en pierre trois fois plus étendu ; les jetées faites des pontons auraient creusé l'enceinte du port pour égaliser le fond, particulièrement à l'ancienne embouchure du ruisseau-torrent, qu'avant tout l'on aurait détourné : tel était le plan de l'Empereur. Il le dessina sur place, complètement, en précisant, proportionnellement à l'œil, la viguerie, la plage riaise, le pont de bois, le ruisseau, la tour et l'îlot qu'on appelle *scoglietto*. Il marqua même l'emplacement que devrait avoir la maison sanitaire.

Les capitaines de la marine marchande que j'avais de suite fait appeler pour qu'ils préparassent immédiatement l'embarcation que l'Empereur désirait, montèrent, comme matelots, la meilleure de leurs chaloupes et allèrent embarquer l'Empereur, qui fut touché de leur attention. Les capitaines croyaient que l'Empereur les laisserait se charger du soin du sondage, mais il leur évita cette peine.

Ce n'était pas une chose sans intérêt que de voir le grand Napoléon, une longue perche ou une corde plombée dans les mains, se faisant conduire successivement dans toutes les directions et travaillant autant qu'un mercenaire. Je fis une bonne observation morale : l'embarcation était petite ; elle balançait beaucoup, l'Empereur n'était pas toujours ferme sur ses jambes, et quelquefois il chancelait. Ordinairement, les marins rient de ces sortes de choses. Mais les capitaines de la marine marchande ne riaient pas; loin de là; ils éprouvaient un frémissement d'émotion chaque fois que l'Empereur ne paraissait pas se tenir solidement, et les deux plus forts d'entre eux s'étaient, sans rien dire, placés à ses côtés pour veiller à sa sûreté.

J'avais fait préparer un rafraîchissement pour l'Empereur. Lorsqu'il débarqua de la chaloupe, je le lui offris, mais il me répondit qu'il était trop mouillé pour s'arrêter chez moi; et pendant que je donnais des ordres pour qu'on lui apportât quelque chose sur le rivage, un des capitaines qui venaient de lui servir de matelots, le capitaine François Giannoni, lui dit en italien : « Majesté, j'ai du vin *aleatico* qui ressuscite les morts, et je vous prie de le goûter. » L'Empereur ne se fit pas prier davantage; il prit un doigt d'aleatico, trempa un biscuit et monta à cheval.

En montant à cheval il se passa une scène qui avait son côté burlesque, mais dont l'Empereur sourcilla, et ce n'était pas sans raison. Il y avait à Rio-Montagne un sergent-major, Édouard Castelli, frère de l'excellent capitaine Castelli, qui avait une force vraiment herculéenne et dont l'esprit n'était pas transcendant. L'Empereur avait déjà le pied gauche à l'étrier, il prenait son élan pour se mettre en selle, lorsque Édouard Castelli, trouvant sans doute que l'Empereur ne montait pas assez vite, le prit par derrière, l'enleva et le jeta presque sur le cheval. L'Empereur résista en vain; il dut subir la loi de la force. Dès qu'il fut à cheval, il regarda sérieusement Édouard Castelli et lui dit : « Que cela ne vous arrive plus! » Ce pauvre gros garçon d'Édouard Castelli était tout ébahi qu'on le blâmât au lieu de l'admirer. Cette étourderie lui valut pourtant les épaulettes de sous-lieutenant, qu'il eut quelques jours après.

IV

L'INGÉNIEUR BOURRI.

Parmi les personnes qui venaient pour le voir, l'Empereur distingua M. Bourri, homme d'une haute capacité industrielle, le premier entrepreneur français des mines de fer de Rio. M. Bourri, je crois, Lyonnais de naissance, était l'ancien directeur de la fonderie militaire de Valence, et, au moment de son arrivée à Porto-Ferrajo, il dirigeait les hauts fourneaux du prince Lucien, avec lequel il paraissait associé. M. Bourri, toujours plein de grands projets, ne reculait devant aucune entreprise; il aurait pris l'Europe à ferme, si quelqu'un avait eu le droit de la lui affermer. Instruit, expérimenté, insinuant, sa conversation intéressait, et l'Empereur la mit à contribution. J'étais lié avec lui. Je pouvais croire que j'entrais pour une part dans son voyage à l'île d'Elbe; mais je n'étais pas à Porto-Ferrajo lorsqu'il y arriva, et il avait déjà eu une audience de l'Empereur alors qu'il vint me trouver à Rio. Il y venait pour me parler de l'Empereur, et les yeux brillants de joie, les bras étendus, sans cependant songer à m'embrasser, il m'aborda avec un élan d'enthousiasme : « Je n'ai pas eu besoin de vous attendre; il m'a fait appeler, il m'a reçu de suite. Il m'a parlé de tout, de la fonderie de Valence, des fourneaux de la Romagne, des mines de Rio, du charbon de terre, des transports, des usines... Quel homme! Il faut savoir ce qu'il a été, autrement on ne s'en douterait pas, tant il est pénétré des affaires auxquelles on le croyait le plus étranger. Lucien se vante d'en savoir autant que lui; c'est ridicule. Il dit qu'il l'a fait empereur, c'est plus ridicule encore. L'Empereur a été empereur par la force des choses autant que par la force de son génie... Triste homme que ce Lucien : il fait le républicain à Paris et le despote à Rome. L'Empereur a un grand projet en tête, il vient demain; il faut que nous lui préparions un rapport. N'allez pas vous opposer à ses désirs, parce que vous me feriez tort... J'ai parlé artillerie avec le général Drouot : il est modeste comme une jeune fille bien élevée. J'ai vu deux de mes canons : j'en ai été bien aise. Il me semble que l'Empereur a été content de moi... Je suis vraiment jaloux de la gloire de ses fidèles... »

« L'Empereur vient demain pour un grand projet », m'avait dit M. Bourri, et je lui demandai quel était ce projet. « L'Empereur, me répondit-il, voudrait, par une digue très forte, arrêter le cours du ruisseau qui va se perdre dans la mer, en ramasser les eaux ainsi que celles des pluies d'hiver, et, au printemps prochain, se servir de ce grand réservoir pour faire marcher un haut fourneau de fonte, que l'on s'empresserait de construire... » Cette idée n'était pas une idée nouvelle; je l'avais eue avant l'Empereur, M. Bourri avant moi. Mais personne ne s'était hasardé à soutenir radicalement ce projet, parce que, quoique sous l'Empire, époque à laquelle l'on ne reculait pas devant les dépenses publiques, la création complète d'un tel établissement devait absorber des sommes considérables, et qu'il était presque démontré que l'emploi de ces sommes n'obtiendrait pas un résultat analogue à leur importance. Puis venait le manque total de bois et de charbon de terre. Il y avait une autre considération qu'il ne fallait pas perdre de vue : c'était la concurrence que cette usine établirait avec toutes les usines semblables du continent. Avant 1815 il y avait un moyen de parer à ce grave inconvénient : c'était de ne fondre que de la gueuse et de ne l'employer exclusivement qu'au lestage de notre marine militaire, tandis qu'aujourd'hui nous ne pourrions vendre la fonte que dans les lieux où les hauts fourneaux trouvent depuis des siècles des débouchés pour la leur. M. Bourri cherchait à combattre ces raisons, devant lesquelles pourtant il avait précédemment reculé. Ce n'était pas même les seules qu'on pouvait mettre dans la balance. Nous raisonnâmes, nous calculâmes, et tous nos calculs et tous nos raisonnements nous ramenèrent au point de départ, c'est-à-dire que cette usine serait trop coûteuse pour son rapport probable, sans compter le mal qu'elle pourrait occasionner.

L'Empereur m'avait bien parlé de ce projet, mais vaguement : j'avais cru à une de ces idées fugitives qui sillonnaient sans cesse son génie.

Le lendemain, l'Empereur ne vint pas à Rio ; nous l'attendîmes en vain. Le soir il me fit appeler à Porto-Ferrajo ; je m'y rendis avec M. Bourri. Il pouvait se faire que M. Bourri n'eût pas bien compris l'Empereur ; du moins l'Empereur ne me parut pas aussi pénétré que M. Bourri des avantages qu'il y aurait à d'aussi grandes constructions. Il me fit expliquer mes doutes et il me dit : « Nous irons ensemble vérifier cela sur les lieux » ; ensuite il ajouta en riant : « Je me tenais en défense contre vous ; car je ne supposais pas que vous reculeriez devant l'emploi du mortier. » L'Empereur faisait allusion à ce que j'avais beaucoup fait bâtir à Rio. Il me parla avec avantage de M. Bourri ; il trouva seulement qu'il y avait trop de choses dans sa tête, que ces choses étaient pêle-mêle, et qu'elles s'étouffaient réciproquement. M. Bourri convenait que l'Empereur l'avait jugé comme s'il l'avait connu toute sa vie. L'Empereur le reçut encore ; il le convainquit, et M. Bourri ne compta plus sur l'usine. Toutefois, l'Empereur n'avait pas pris un parti définitif ; quelque temps après, il alla examiner les lieux, son examen fut approfondi. Il fit une foule de calculs ; il voulut savoir d'où l'on tirerait les bois ou les charbons, quel serait leur prix de revient, quelles chances il y avait à courir pendant la guerre, quels écoulements pendant la paix. Enfin, après une grosse matinée de travail, il clôtura son opération par ces paroles : « L'avantage pour nous serait douteux, tandis que le désavantage pour les autres serait certain, et le plus sage est de s'abstenir. Il ne faut pas, d'ailleurs, que les gouvernements tentent même de faire perdre ceux qu'ils ont le devoir de faire gagner. Je suis encore gouvernement. » L'Empereur appuya sur ces derniers mots, qu'il prononça d'ailleurs avec dignité (1). Lorsque je racontai à M. Bourri l'emploi de cette matinée, il resta un moment pensif, puis il s'écria avec amertume : « Et cet homme est tombé du trône de France au trône de l'île d'Elbe ! »

M. Bourri avait apporté à l'Empereur une maisonnette en bois qui se montait et se démontait avec une facilité étonnante, et que l'on pouvait par conséquent changer de place à volonté. Cette maisonnette avait plusieurs pièces ; il fallait deux heures pour la monter et une heure pour la démonter. La première pensée de l'Empereur fut de la destiner au plateau de Monte Giove, mais cette pensée ne fit que passer, et, se reprenant, il dit de suite : « Bah ! avec cette maison, sur le Monte Giove, privé de voisinage, je serais seul logé, et cela ne doit pas être. Je m'en servirai à l'Aconna. » Néanmoins, la maisonnette ne servit jamais. J'ignore même ce qu'elle est devenue.

(1) Il y avait quelque chose tout à la fois d'admirable et d'incompréhensible dans les discussions que l'Empereur soulevait ; il allait jusqu'aux entrailles des questions les plus opposées et auxquelles on le croyait le plus étranger : il les tournait et les retournait ; il les prenait sous toutes les formes et de toutes les façons ; il ne les quittait que lorsque tous les raisonnements étaient épuisés. L'Empereur souffrait très bien la controverse, il soutenait son opinion, il cherchait à la faire prévaloir ; mais il s'arrêtait dès qu'on l'avait convaincu. Un léger mouvement des épaules était l'indice le plus ordinaire de son mécontentement. Après ce mouvement on pouvait tout dire. Le mécontentement de l'Empereur dans les discussions d'affaires, quand on parlait de bonne foi, n'avait pas d'autre durée que celle d'un instant.

V

LES PLANTATIONS. — LES LAZARETS.

L'on dirait qu'un génie infernal a toujours éloigné de l'île d'Elbe les institutions locales nécessaires pour bien instruire les Elbois et pour les faire concourir aux progrès incessants du monde moral. Que peut une peuplade qui, pauvre par la nature du sol qu'elle habite, n'a que des écoles primaires, et qui, afin de trouver des écoles secondaires, doit vendre jusqu'aux derniers lambeaux de ses vêtements pour aller les chercher sur le continent?

Le climat de l'île est un climat béni du ciel, la glace et la neige y sont presque inconnues. Néanmoins, les paysans elbois, en général, s'imaginent que leur terrain n'est pas propre à l'olivier; ils en repoussent la culture. C'est en vain que les hommes les plus instruits ont cherché à les détromper : ils n'ont pas voulu sortir de leur vieille ornière. Depuis vingt-cinq années, plusieurs propriétaires expérimentés ont fait des plantations qui toutes ont réussi; ce fait matériel n'a pas pourtant pleinement suffi pour convaincre la masse des campagnards. Il y a toujours des objections, particulièrement celle que l'olivier reste trop longtemps pour produire. On dirait que le paysan entêté ne veut songer qu'à lui, que dans son égoïsme il ne porte pas ses regards sur sa progéniture. L'île d'Elbe n'a pas la centième partie des oliviers qu'elle pourrait avoir. Les figuiers encombrent les vignes : cependant le figuier dévore une grande partie de la substance nécessaire à la vigne qui l'entoure : la vigne souffre aussi de l'ombrage du figuier. Le vigneron le sait, il le dit, mais il ne remplace pas le figuier par l'olivier.

Toutefois les Elbois n'osèrent pas méconnaître les conseils

paternels de l'Empereur. Il offrit de faire venir à ses frais du continent tous les quantités ainsi que toutes les qualités de pieds d'olivier qu'on lui demanderait, et il alla au-devant de tous les propriétaires qui avaient besoin de recourir à l'accomplissement de cette offre généreuse. L'Empereur manifestait un grand contentement lorsqu'on lui annonçait quelque plantation. Il pressait les retardataires, il visitait leurs domaines, et ses paroles de persuasion finissaient par vaincre les plus obstinés.

Le mûrier manquait totalement à l'île d'Elbe. Cela étonna et affligea l'Empereur : convaincu que le mûrier pouvait devenir une production avantageuse pour les Elbois, il se décida immédiatement à se procurer des pépinières.

Aussitôt que possible les mûriers ornèrent les routes, ainsi que les lieux publics où il pouvait être convenable d'en planter, et les propriétaires en admirent dans leurs propriétés.

L'île d'Elbe manquait aussi presque généralement, surtout dans sa partie orientale, de l'arbre populaire qui ne redoute pas le froid, le châtaignier, et l'Empereur songea à remplir ce vide de la culture elboise. Il n'y avait pas d'objections possibles contre le châtaignier, puisque c'était l'arbre qui faisait la principale propriété rurale du territoire de Marciana. L'Empereur eut recours à la Corse pour l'acquisition d'une grande quantité de plants de châtaigniers.

« Des oliviers et des mûriers dans les vallées qui sont pour ainsi dire des foyers de chaleur naturelle, ainsi que sur les montagnes secondaires, du côté qui donne en plein midi, ou au bas des hautes montagnes où le soleil jette son feu; et la réussite de ces deux arbres sera assurée. Puis les châtaigniers sur les revers des montagnes qui font face au nord. »

C'est de cette manière que l'Empereur donnait des leçons d'agriculture aux paysans, avec lesquels il aimait beaucoup à s'entretenir. Ce n'est pas que l'Empereur se bornât à leur parler de ces trois qualités d'arbres; il leur parlait aussi horticulture, choux, raves, oignons, et l'on aurait pu croire qu'il était l'homme des champs. J'ai toujours pensé que lorsqu'il allait faire ses promenades agricoles, il venait d'étudier la *Maison rustique*, ou tout autre ouvrage de cette nature, et que c'étaient les lumières de la théorie qu'il dispensait de suite à la pratique. J'ai entendu l'Empereur enseigner à mon jardinier comment il devait s'y prendre pour avoir constamment des bons radis et de la bonne salade. Quand et comment l'Empereur pouvait-il avoir appris cela?

Je dus faire un voyage en Toscane. L'Empereur m'ordonna d'aller à Lucques pour y traiter avec les propriétaires de pépinières d'olivier et de mûrier. Il m'ordonna aussi de chercher des familles qui voudraient s'établir à l'Acona, où il avait lui-même fait le tracé d'un village qui devait y être construit. Lorsque je fus prendre congé de lui en m'entretenant de ce qu'il avait l'intention d'exécuter, il me dit : « L'île d'Elbe a en elle-même tout ce qu'il faut pour le bien-être matériel de ses habitants, et sans qu'ils s'en aperçoivent, j'espère que je conduirai les Elbois au bonheur possible. »

La forêt de Giove, la seule forêt de l'île, avait été maltraitée et presque détruite. L'Empereur alla la visiter : il fut indigné de la négligence de l'autorité compétente. Il réunit l'administration de cette forêt à l'administration des mines. Il me prescrivit de faire rigoureusement exécuter les lois sur les eaux et forêts. Mais la vue de cette forêt reporta sa pensée sur les antiques forêts dont les montagnes de l'île étaient couvertes, et, en regardant toutes ces montagnes actuellement d'une nudité presque absolue, il éprouva le besoin de les rendre à leur splendeur primitive, c'est-à-dire de les envelopper de chênes; il parla de faire pour l'île d'Elbe ce qu'il voulait faire pour l'île de la Pianosa, une semence générale de glands de la forêt Noire, semence qui aurait lieu en même temps qu'une semence de graines d'acacia. L'Empereur disait : « Le chêne vient doucement; l'acacia, au contraire, vient vite; et le chêne est à peine enfant que l'acacia arrive à la vieillesse. L'acacia est donc nécessaire pour abriter et sauvegarder le chêne, jusqu'à ce que le chêne n'ait plus besoin d'être abrité et sauvegardé. »

J'ai vu entre les mains de M. le comte de Lacépède, alors grand chancelier de la Légion d'honneur, une note qu'il gardait comme une relique précieuse et qui était intitulée : *Du repeuplement forestier des montagnes de la France*. Cette note était l'œuvre de l'Empereur; elle ne contenait presque que des chiffres. L'Empereur avait calculé le temps qu'il faudrait pour l'accomplissement de cette opération : c'était quatre-vingt-deux années. Son intention était que cette richesse immense constituât un jour la dotation de la Légion d'honneur et des récompenses nationales. M. le comte de Lacépède ne peut pas avoir perdu ce morceau de papier, il y tenait trop. Mais il est à craindre qu'après lui l'on n'ait pas connu la valeur de ce document.

L'Empereur eut la pensée immense de faire de l'île d'Elbe l'entrepôt du commerce universel. Une île sous un heureux ciel; deux rades sûres et magnifiques qui pouvaient chacune recevoir et abriter des escadres; le port de Porto-Ferrajo déjà fait, le port de Longone demandant peu à faire ; une forteresse de premier ordre, une autre forteresse importante; des côtes bien gardées, ou pouvant facilement l'être; de bons emplacements pour deux lazarets, un pour la grande quarantaine, l'autre pour la quarantaine ordinaire : c'était vraiment au grand complet. Le génie de l'Empereur était plus complet encore; mais il n'en était pourtant pas encore venu à la transmutation des métaux, et il n'avait pas la faculté de transformer les mines en mines d'or. Il fallait des montagnes d'or pour exécuter ce projet extraordinaire. Ainsi le génie de l'Empereur, malgré toute sa puissance, devait nécessairement s'arrêter devant le besoin d'or.

Sous l'Empire, la grande-duchesse de Toscane m'avait

demandé mon opinion écrite sur l'administration sanitaire des lazarets de Livourne, et plus tard M. le baron Capelle, préfet du département de la Méditerranée, fut chargé de rédiger des règlements à cet égard. L'Empereur m'avait deux fois parlé de cela. Alors il m'en parla encore, et il me communiqua son intention : ainsi son plan était de placer le lazaret de la grande quarantaine au fond de la rade de Longone, le lazaret ordinaire au fond de la rade de Porto-Ferrajo. Je lui fis observer que la communication nécessaire, indispensable entre ces deux lazarets, serait très difficile, même très dangereuse par un chemin commun à tout le monde, et il me répondit : « Je ferai creuser un canal qui réunira tout l'établissement. » Je lui fis observer encore que des travaux aussi considérables l'obligeraient à des dépenses énormes, et il me répondit : « Il faut bien espérer que ces messieurs me rendront le trésor qu'ils m'ont pris. » Enfin je lui rappelai que le Directoire exécutif avait eu pour les îles d'Hyères une pensée à peu près égale à la sienne, et il me dit en riant : « Est-ce que le Directoire avait des pensées ? »

Sans renoncer au grandiose de sa première idée, l'Empereur en réduisit cependant les proportions, et pour le moment il se borna à un lazaret et à un port de quarantaine à Porto-Ferrajo, ce qui paraissait néanmoins être encore bien au-dessus de ce que sa situation du moment lui permettait de faire. Mais l'Empereur n'attachait d'importance à l'argent que de son utilité pour les créations sociales; son système n'était pas d'enfouir les trésors, encore moins de les jeter hors de l'État.

Le commandant du génie Raoul fut chargé de lever le plan du lazaret et du port de quarantaine qui, tout en attenant au lazaret, devait être construit à l'endroit appelé les Fosses, où par ordre mouillaient les bâtiments qui n'étaient pas admis à la libre pratique. L'Empereur veillait attentivement à ce que le travail de l'ingénieur donnât dans le plan un lazaret spacieux, bien distribué, réunissant l'agréable à l'utile. Lorsque des occupations particulières l'empêchaient d'aller sur le lieu des opérations, le commandant du génie lui en rendait régulièrement compte, et il les modifiait selon ses vues.

Alors l'Empereur organisa une administration sanitaire absolument indépendante de l'administration sanitaire de Livourne. De suite la guerre des pouvoirs sanitaires fut déclarée entre Livourne et Porto-Ferrajo; on combattit à coups de quarantaines. C'était ridicule ; de part et d'autre, l'on ne s'était jamais mieux porté; ce qui, réhabilitant mutuellement les patentes de santé, rendit à ces laissez-passer le caractère de libre commuuication que la discorde leur avait fait perdre. La paix fut signée entre les deux puissances sanitaires. Porto-Ferrajo et Livourne cessèrent tout à coup d'avoir la contagion. Ils ne se considérèrent plus tour à tour comme des pestiférés. Mais cette paix était une paix plâtrée, à double entente, une de ces paix que l'Angleterre fait lorsqu'elle ne peut plus continuer la guerre.

L'administration sanitaire de Livourne a la vieille habitude d'opprimer l'administration sanitaire de Porto-Ferrajo. Fière d'une indépendance sans contrôle, elle se renferme orgueilleusement dans son *alter ego* (*sic*), et, presque insouciante du bien public, ne faisant que ce qu'il lui plaît de faire, elle laisse crier ceux qui crient. Mais je ne crois pas qu'aucune administration puisse faire preuve de plus d'ignorance qu'elle. C'est certainement la plus mauvaise de la Toscane, où toutes les administrations devront être régénérées le jour où le ciel rendra ce beau pays à sa dignité originelle.

Je crois que je fus la seule personne que l'Empereur employa, dans cette circonstance, pour la discussion comme pour la correspondance de cette affaire, et je ne le vis qu'une seule fois consulter M. Bigeschi père, duquel, me dit-il, il n'avait pu tirer aucune espèce de renseignement.

VI

RÉSUMÉ DES TRAVAUX.

Le tableau de prospérité que l'île d'Elbe, après tant de détresses, offrait depuis l'arrivée de l'Empereur à Porto-Ferrajo, avait quelque chose de quasi miraculeux ; et cet ensemble de travaux en vigueur ou de projets dont on préparait l'exécution, en grandissant la dignité humaine, démontrait et consacrait la puissance suprême du génie.

Une demeure impériale sur chacun des points cardinaux de l'île, à Porto-Ferrajo, à Longone, à Rio-Marine, à Marciana. Demeures à faire ou à refaire.

Un château rural au centre : Saint-Martin. Amélioration complète du bâtiment. Remaniement général de la propriété.

Réforme et perfectionnement des casernes, des hôpitaux, des magasins, et reprise des travaux de fortification à Porto-Ferrajo.

De nouvelles dispositions pour le casernement de Longone.

Réparations importantes à la grande citerne publique.

Travaux d'essai pour parvenir à trouver une source d'eau douce.

Le Fort Anglais ajoutant à sa supériorité.

La dernière main mise au fort de Montebello.

Les greniers d'approvisionnement et de réserve mieux appropriés à leur destination.

Premières opérations pour un lazaret.

Bâtiments d'habitation pour les personnes en quarantaine.

Changements de construction pour de vastes écuries.

Ouvertures, redressements et études de chemins.

Tentatives d'une haute importance en agriculture.

Exploitation de carrières de marbre.

Ouverture d'ateliers de sculpture.

Restauration de la forêt de Giove.

Études pour un port à Rio-Marine.

Des logements militaires et une forte batterie à la Pianosa.

Le logement de Palmajola rendu plus commode; la batterie plus utile.

Toutes les améliorations abordées et étudiées.

Après l'utile, l'agréable, en rendant l'agréable utile : l'embellissement des promenades publiques par des arbres de production lucrative.

L'érection d'un théâtre public.

Si tout cela, marchant de front, malgré la privation presque absolue de ressources, n'était pas dans sa réunion considéré, du moins d'une manière relative, comme un travail gigantesque, je briserais ma plume, et, découragé, je ne me hasarderais plus à dire la vérité aux hommes.

C'était dans l'infortune que l'Empereur devait atteindre au plus haut degré de sa grandeur. Il fut plus grand au fort de l'Étoile qu'au palais des Tuileries; il fut plus grand à l'île de Sainte-Hélène qu'à l'île d'Elbe. Je le dis avec ma conscience : l'histoire ne m'a pas fait connaître un plus grand homme que Napoléon mourant.

Toutes les opérations partaient de l'Empereur. L'Empereur ne mettait aucun intermédiaire entre lui et les personnes qu'il chargeait d'opérer, de telle sorte qu'il était seul pour satisfaire aux réclamations ou aux besoins de ceux qui, par son ordre direct, avaient la main à l'œuvre. On manquait de quelque chose, on le demandait à l'Empereur; et, dans son premier mouvement d'autorité suprême, l'Empereur disait : « Adressez-vous à un tel. » Or, ce « tel » était constamment l'administrateur général des mines, et cela ne l'amusait pas toujours.

Cette manière expéditive n'était pas du désordre pour

l'Empereur, mais elle renouvelait la tour de Babel pour moi, et elle absorbait mes approvisionnements. Celui-là me demandait des hommes, celui-ci me demandait des outils ; l'un voulait des bois de charpente, l'autre voulait des chariots ; le militaire avait besoin d'un corps de garde, l'artiste, d'un lieu pour travailler ; le génie et l'artillerie sollicitaient sans cesse. On parlait au nom de l'Empereur, j'écoutais. Ensuite, je me plaignais : l'Empereur n'était pas blessé de mes plaintes ; au contraire, il m'assurait que cela n'arriverait plus ; néanmoins, un moment après, cela arrivait encore. Il est vrai que l'établissement des mines était le seul dans l'île qui eût des ressources importantes.

L'Empereur n'était propre qu'au commandement ; sa parole était presque toujours un ordre. Il ne concevait pas qu'on pût avoir la pensée de ne pas lui obéir. Aussi il commandait sans distinction de rang ou de grade, le grand comme le petit et le vieux comme le jeune. Au premier qui dans les affaires courantes lui tombait sous la main, il disait : « Faites », et c'était sans conséquence. Bien fou celui qui en aurait tiré vanité ou qui aurait cru à une humiliation ; rien de tout cela. L'Empereur ne se servait des hommes que pour faire marcher les choses ; c'est dans ce but unique que sa prépotence planait sur tous. Sa volonté s'arrêtait devant la dignité : un refus digne mettait une barrière à son pouvoir absolu ; il ne s'offensait pas d'une résistance honorable. C'est à la suite d'une longue résistance à ses ordres que l'Empereur m'honora de sa bonté, de sa confiance, et qu'il me confia le secret de sa nouvelle destinée. Un jour viendra où des centaines de faits de cette nature passeront des mémoires particulières (*sic*) dans l'histoire générale de cette vie immense.

Tous les travaux entrepris ou projetés concouraient à la solution du plan gigantesque que Napoléon avait formé en faveur de la prospérité elboise, et ce plan se serait accompli si la destinée de l'Empereur avait été de passer le reste de sa vie à l'île d'Elbe. Ici, plus que jamais, nous devrons nous borner à citer les faits.

L'île d'Elbe est parfaitement placée pour un commerce universel d'entrepôt et d'échange. Les rades de Porto-Ferrajo et de Porto-Longone sont excellentes, même pour les vaisseaux de haut bord, et elles sont gardées par de bonnes forteresses, celle de Porto-Ferrajo surtout. Porto-Ferrajo a d'ailleurs un port marchand dans lequel les navires de commerce sont en toute sûreté.

Comme forteresse, Porto-Ferrajo est plus fort que Mahon, presque aussi fort que Gibraltar, et bien approvisionné et bien défendu, il faudrait du temps pour le réduire. Mais Porto-Ferrajo, mis en état de profiter pleinement de tous les avantages dont la nature l'a favorisé, attirerait facilement à lui le commerce de Livourne, et alors Livourne, l'unique port de la Toscane continentale, où les bâtiments sont mal abrités, où le lazaret est loin d'offrir tous les avantages désirables, Livourne serait bientôt écrasée. Aussi les souverains de la Toscane n'ont jamais voulu que Porto-Ferrajo fût autre chose qu'un lieu de *presidio* et d'exil.

L'empereur Napoléon, quant à Porto-Ferrajo, avait un intérêt tout opposé à l'intérêt des princes de l'Étrurie, et il n'était pas dans ses principes de négliger un moyen de gloire et de grandeur. Sa Majesté crut donc qu'elle pouvait et qu'elle devait faire de l'île d'Elbe un lieu cosmopolitain, un point de contact pour toutes les nations, et elle s'occupa de ce projet qui se serait réalisé si l'Empereur était resté à l'île d'Elbe.

L'empereur Napoléon était encore plus grand administrateur que grand capitaine. Il aimait assez à raconter ce qu'il avait fait en administration aux différentes époques de sa carrière dans l'artillerie; son premier temps occupait sa mémoire : « Quand j'étais lieutenant... quand j'étais capitaine. » Ces mots-là lui étaient familiers.

CHAPITRE VI

LES CONQUÊTES DE NAPOLÉON.

I. — Palmajola. — L'artillerie de M. de Noailles.
II. — La Pianosa. — Plan de colonisation. — Affection de l'Empereur pour les Génois. — L'approvisionnement de l'île. — Riposte de M. Traditi.
III. — Un bâtiment barbaresque. — Le « Dieu de la terre ». — Un renégat du Gard.

I

PALMAJOLA.

L'Empereur partit de Porto-Ferrajo pour aller visiter la petite île de Palmajola. Il y donna des ordres pour un meilleur placement de la batterie, ainsi que pour le logement de la garnison. Il prit des dispositions pour faciliter davantage les communications. Cette excursion le mit à même, en longeant la côte orientale de l'île d'Elbe, en découvrant pleinement le canal de Piombino, de juger plus particulièrement de la position des batteries riveraines et de l'esprit militaire qui avait présidé à leur direction. De retour dans son cabinet, des travaux de perfectionnement furent de suite ordonnés; c'était toujours le résultat de ses inspections. « Il semblait que l'on s'amusât à arranger ou à déranger les choses pour qu'il eût à dire », selon le colonel Vincent.

Rien n'indiquait encore que l'Empereur eût à craindre des hostilités. Mais l'exemple du passé lui servait de leçon pour le présent et pour l'avenir, et convaincu que les ennemis de la France ne le laisseraient tranquille que lorsqu'ils seraient hors d'état de troubler sa tranquillité, malgré le calme social ou la stupeur politique, il se gardait bien de s'étendre mollement sur un lit d'édredon en laissant au hasard la garde de sa personne. Quelque chose qu'il fît, il y avait toujours la part de vigilance pour ce qu'il devait faire : il n'approchait pas d'un armement quelconque sans examiner s'il était en bon état, ce qui obligeait tous les pouvoirs militaires à ne jamais s'écarter de la ligne qui leur était tracée par le devoir. Sans doute cette surveillance de surprise qui manifestait inopinément son action le matin ou le soir, le jour ou la nuit, était éminemment antipathique à la paresse, mais les gens d'honneur n'y voyaient qu'un aliment à leur zèle. Les artilleurs surtout aimaient que l'Empereur les visitât, et leur commandant Cornuel le priait quelquefois « d'être moins rare ».

L'Empereur était la démonstration palpitante du mouvement perpétuel. Il connaissait les magasins et l'arsenal militaires mieux que sa chambre à coucher; les casernes lui étaient familières comme ses palais; il savait tout le parti qu'on pouvait en tirer, et, s'il y avait quelque changement à faire, c'était lui qui l'indiquait.

A sa première visite à l'arsenal militaire, l'Empereur trouva plusieurs canons aux anciennes armes royales de France, et il les examina avec beaucoup d'attention. Il disserta sur les causes probables qui faisaient trouver cette artillerie à Porto-Ferrajo. Il crut qu'elle avait appartenu au corps d'armée que le général de Noailles commandait lors de la belle défense de la place de Longone. L'Empereur, qui avait déjà fait à Longone l'éloge de cette défense, ajouta ici : « Cette garnison aurait mérité un canon d'honneur », et un moment après, il dit, comme s'il reportait sa pensée aux jours des grandes récompenses : « Une arme d'honneur est la plus belle des récompenses. » L'Empereur oubliait qu'il avait lui-même amoindri la grandeur de ces récompenses en instituant les récompenses nobiliaires. Fatalité des fatalités, qui amena la dégénération de presque tous les généraux passés de la République à l'Empire! « Il fallait vivre avec les vieilles puissances de l'Europe »; c'est là le grand argument que font valoir ceux qui veulent justifier la résurrection injustifiable des titres contre lesquels la France avait fait sa révolution régénératrice. C'était avec les peuples de l'Europe qu'il fallait vivre! Ils ne nous demandaient ni des castes ni des races. Qu'ont fait pour nous les vieilles puissances de l'Europe lorsque nous sommes descendus jusqu'à elles, et que, comme elles, nous avons eu des castes et des races? Elles ont bafoué nos castes et nos races : ni plus ou moins. Alors même que nous traînions ces vieilles puissances de l'Europe à la suite de nos chars de victoire, elles riaient de nos parodies de distinction, et elles affectaient de ne se rappeler que les anciens noms de ceux auxquels l'on avait nouvellement donné des noms distingués. Les vieilles puissances de l'Europe nous ont encore plus trompés sous l'Empire que sous la République.

L'Empereur détruisit ou paralysa la révolution en rappelant des hommes et en instituant des choses que la révolution avait voulu anéantir, qu'elle croyait avoir anéantis. C'était faire rétrograder l'humanité. Sans doute une révolution est féconde en malheurs, mais les contre-révolutions ont de plus encore qu'elles sont fécondes en crimes de toute espèce, et nous n'en avons que trop de preuves. Aveugle de confiance, l'Empereur, en voulant vivre avec les vieilles puissances de l'Europe, les avait garanties de la tempête qui menaçait leurs trônes d'une destruction totale, et à Erfurth il était l'objet de leur adoration. Plus tard, le maréchal Marmont, traître à la patrie, en passant honteusement à elles leur livra l'Empereur, le sauveur de leurs trônes, et par elles l'Empereur fut impitoyablement détrôné. Plus tard, elles soudoyèrent le gouvernement anglais pour faire mourir l'Empereur de la mort des martyrs.

II

LA PIANOSA.

Durant les deux jours que l'Empereur passa à la Pianosa, il ne prit pas un seul moment de repos et du matin au soir. Avec le lieutenant Larabit, il explora l'île dans tous les sens, en long et en large, sur ses bords, dans son centre, dans ses grottes et partout. Il examina avec la plus minutieuse attention la nature du sol, le parti que l'on pouvait en tirer, et lorsqu'il quitta la Pianosa, elle lui était parfaitement connue. Il était naturel que le général Drouot ne quittât pas un moment l'Empereur. Le capitaine Pisani, propriétaire campais, avait, comme tous ses concitoyens, profité maintes fois de la Pianosa, et il put donner beaucoup de renseignements à l'Empereur. L'Empereur ne se contenta pas d'être renseigné par le capitaine Pisani ; il voulut aussi l'être par la presque totalité des soldats de la compagnie campaise. Les habitants de Campo sont tous agriculteurs ; tous considéraient la Pianosa comme leur champ communal, et je crois bien à cet égard, d'après les changements qui se sont opérés depuis l'Empereur, qu'ils en sont revenus à leur antique habitude. Je fus aussi questionné, car les Anglais m'avaient conduit prisonnier sur cette île ; mais mes renseignements ne pouvaient guère être utiles à l'Empereur : je n'avais eu ni le temps ni la liberté de bien voir la Pianosa ; seulement, j'avais été témoin que les Anglais en levaient le plan sur une grande échelle : c'est tout ce que je pus apprendre à l'Empereur. L'Empereur me dit : « Nous en ferons autant », mais il n'eut plus le loisir nécessaire pour l'accomplissement de cette promesse ; il ne retourna pas à la Pianosa ; aucun ingénieur n'y remplaça le lieutenant Larabit ; néanmoins, l'Empereur n'oublia pas cette île; tant s'en faut, nous allons en avoir la preuve. C'est à Porto-Ferrajo que l'Empereur m'adressa des questions sur la Pianosa.

J'ai parlé de la Pianosa dans ses rapports avec la défense militaire de l'île d'Elbe; j'ai dit que j'en parlerais encore en dehors de cette importance (*sic*), lorsque je saurais la pensée qu'elle ferait germer dans l'esprit de l'Empereur, et me voilà arrivé à l'accomplissement de ma promesse.

L'Empereur fit deux voyages à la Pianosa.

Son premier voyage à la Pianosa, quoiqu'un voyage d'exploration, eut pour but apparent le simulacre d'une prise de possession, ou plutôt il lui donna l'apparence d'une partie de plaisir, car il se fit accompagner par une société assez nombreuse dans laquelle on distinguait trois dames, deux de Porto-Ferrajo et une de Longone. La caravane arriva heureusement à sa destination; mais au moment où elle était dans toute la joie des fêtes de campagne, l'Empereur reçut des dépêches, prit de suite congé d'elle, et se fit débarquer à Campo pour retourner immédiatement à Porto-Ferrajo; la société revint à Longone, d'où elle était partie. Cette séparation fit causer.

L'Empereur, débarqué fort tard à Campo, avait dû, en retournant à Porto-Ferrajo, forcé qu'il était de marcher dans les ténèbres, se faire précéder par des guides et par des éclaireurs mercenaires; mais la personne chargée du payement des dépenses impériales de route avait oublié d'acquitter le salaire dû aux paysans qui s'étaient fatigués pendant plusieurs heures nocturnes, la lanterne à la main, qui devaient se fatiguer encore pour aller chez eux, et cet oubli causa un peu de rumeur, ce qui déplut extrêmement à l'Empereur. Quelque rapide qu'eût été cette course, elle avait cependant suffi pour que l'Empereur jetât un regard d'expérience sur la Pianosa, et pour que ce regard d'expérience devînt le principe vivificateur de la petite île. L'Empereur était satisfait de son excursion pittoresque; les projets fourmillaient dans sa tête. Le colonel Campbell n'était pas du tout content de ce qu'il appelait la « conquête de la Pianosa » que l'Angleterre voulait conquérir, et qu'elle aurait certainement conquise si l'Empereur avait prolongé son séjour à l'île d'Elbe. Je puis librement parler ainsi, parce que, lorsque l'Empereur ordonna l'armement de la Pianosa, qu'il y envoya de quoi l'armer, le colonel Campbell dit à un Longonais, vieux partisan de l'Angleterre : « C'est pour nous que l'empereur Napoléon travaille », et ce partisan se crut dispensé de garder le secret sur un propos dont on ne lui avait fait aucune espèce de mystère. Le colonel Campbell avait également assuré qu'il ferait des représentations sérieuses à l'Empereur, mais il ne lui parla jamais de la Pianosa, et il n'y avait qu'une vaine jactance dans les paroles qui lui étaient échappées à cet égard.

La Pianosa est située entre l'île d'Elbe et l'île de Monte Cristo, à vingt milles de l'île d'Elbe. Elle a environ dix milles de circonférence; le fond de son sol est de pierre calcaire, dont les trois quarts de la surface sont recouverts d'une bonne terre végétale qui a généralement trois pieds de profondeur; quelques rochers granitiques se montrent çà et là; il n'y a pas à se tromper. Chaque fois que l'île a pu être occupée, ses habitants se sont livrés exclusivement aux travaux d'agriculture, et leurs principales cultures ont été celles des céréales, de l'olivier et de la vigne; l'île est parsemée d'oliviers sauvages qui ne demandent qu'à être greffés pour être producteurs. Il y a aussi une grande quantité de ceps de vigne vieux comme le temps. L'eau n'y est pas d'une grande abondance, mais, malgré la privation de montagnes, il y a à l'endroit appelé *la Botta* une source d'eau excellente qui ne tarit jamais, et l'on trouve encore d'autres bonnes sources sur les bords de la mer. Les foins y sont de la première qualité. Sur le quart du sol dont la surface n'est pas couverte de terre végétale, des troncs d'une grande dimension indiquent l'ancienne existence d'arbres de haute futaie, précieux pour les bois de construction, et il n'y a pas encore de longues années que ces arbres ont été totalement détruits. Tout prouve que le pin y vient facilement.

C'est sur ces preuves acquises que l'Empereur fonda son plan de régénération pour l'île de la Pianosa. Faire venir des glands de la forêt Noire, faire une semence de ces glands en les protégeant par une plantation d'arbres d'acacia que l'on détruirait lorsque leur protection ne serait plus nécessaire.

Des pins sur le terrain propre à leur nature.

Le mûrier partout où l'on pourrait en planter. Obligation à tous les propriétaires de s'en servir pour marquer les bornes de leurs propriétés.

Un greffage général de tous les oliviers sauvages. Une plantation indéfinie d'oliviers.

Des arbres fruitiers le plus possible, particulièrement de fruits à pépins et de fruits rouges.

La vigne là où le sol ne serait pas convenable pour le blé.

La prééminence aux champs.

La création d'une race de chevaux.

Un établissement public pour l'éducation des animaux domestiques.

Défense absolue d'introduire des bêtes dangereuses.

Point ou peu de chèvres.

Ne pas dépasser le nombre de moutons et de brebis que l'île pourrait facilement entretenir.

Tel était le plan de l'Empereur. Je ne crois pas avoir rien oublié, car je l'écrivis dès que l'Empereur eut la bonté de me le faire connaître.

L'Empereur ne pouvait pas faire toutes ces grandes choses par lui-même : sa bourse n'avait pas la profondeur de son génie, il s'en fallait de beaucoup. D'ailleurs, il lui manquait une chose plus essentielle que l'argent; c'étaient des bras nationaux.

Arrêté dans l'exécution de ses vastes idées, l'Empereur chercha à faire tout ce qui pourrait le rapprocher du bien qu'il voulait opérer, et il marcha droit dans la ligne des bonnes intentions. Il chercha à diviser l'île en quatre ou six fermes, à avoir quatre ou six fermiers, et à leur accorder tout le temps et tous les avantages qu'il était possible de leur accorder. Cette tentative ne lui réussit pas; on lui fit des propositions qui ne pouvaient pas être admissibles. Il essaya encore : ce fut la même chose, des exigences qui mettaient tout d'un côté et rien de l'autre. Cela devenait d'autant plus inquiétant pour l'Empereur qu'il s'était mis en tête d'assurer la provision annuelle de blé dont les Elbois avaient besoin. C'était son idée fixe.

Une partie de l'île avait une destination sacrée; elle devait être l'apanage des citoyens qui rendraient des services à la patrie, dotation égale pour les Elbois à ce qu'était pour les Français celle de la Légion d'honneur, avant que la Légion d'honneur servît à des primes d'encouragement pour la servilité; changement dégradant que le gouvernement de la Restauration avait commencé, auquel le gouvernement actuel tient à cœur de mettre la dernière main. Mais, pour que la dotation patriotique fût un bien réel, il fallait que l'île de la Pianosa devînt entièrement fertile, régulièrement peuplée, et que la munificence nationale n'obligeât pas les vertus patriotiques à aller vivre et mourir dans un désert.

Une circonstance particulière vint en aide à l'Empereur. L'Empereur avait toujours eu une grande propension pour les Génois; c'étaient ses Lyonnais de l'Italie. Un Génois, négociant à Gênes, ayant une fabrique de draps, avec lequel le gouvernement impérial de France avait eu des rapports d'intérêt relativement à ses entreprises, vint à l'île d'Elbe et demanda à être présenté à l'Empereur; l'Empereur le reçut. Parler à un Génois, c'est parler marine ou commerce, et l'Empereur n'aurait pas laissé échapper l'occasion [de causer] sur ces deux rameaux de la science gouvernementale.

Le négociant génois trouva le moyen de plaire à l'Empereur; il lui inspira de la confiance; l'Empereur l'appela et le rappela maintes fois. Les conversations ne roulèrent que sur les moyens de faire prospérer l'île d'Elbe : la mise en culture de la Pianosa était un de ces moyens; il fut donc question de la culture de la Pianosa. L'Empereur vanta outre mesure son précieux diamant; *il fit du prospectus*, disait plus tard le négociant génois. Quoi qu'il en soit, les conversations prirent le caractère de discussions d'État, et alors elles arrivèrent à un traité par lequel l'Empereur concédait deux mille journaux de terre labourable au négociant génois, à la condition expresse :

1º Que le concessionnaire ferait venir à l'île de la Pianosa cent familles étrangères à l'île d'Elbe, qui s'y établiraient en permanence et en se consacrant au travail.

2º Que le blé que le concessionnaire récolterait sur l'île de la Pianosa ne pourrait, dans aucun cas, en temps de paix comme en temps de guerre, être hors de l'île d'Elbe, à moins que, sur l'avis délibéré des municipalités, l'autorité supérieure de l'île d'Elbe n'eût publiquement déclaré que les Elbois n'en avaient pas besoin.

3º Que le prix du blé serait chaque année à une époque déterminée fixé par le gouvernement, d'après les mercuriales de la Toscane et de la Romagne.

4º Que le concessionnaire devrait toujours avoir à l'île de la Pianosa les troupeaux et les bestiaux que son exploitation comporterait, et que la vente provenant des bêtes des troupeaux serait soumise aux mêmes formalités que la vente du blé.

Venaient ensuite les stipulations pour la plantation des arbres. Le gouvernement devrait fournir les glands de la forêt Noire : il devrait aussi fournir les arbres de pépinière qui lui seraient demandés. Le concessionnaire devait d'ailleurs suivre le plus possible les intentions que nous venons tout à l'heure d'entendre manifester par l'Empereur. Le traité de concession finissait par les engagements de garantie réciproque; le concessionnaire avait une année pour accomplir son établissement.

Je reviens à l'idée fixe de l'Empereur qui voulait assurer la provision annuelle du blé pour les Elbois.

C'était cent fois constaté par les Campais. La semence du blé à la Pianosa rapportait, année commune, de sept à huit pour un, et l'on comptait là-dessus; mais à l'île d'Elbe, elle ne rapporte que de six à sept, et encore...!

La concession de la Pianosa, alors que les travaux du concessionnaire auraient été en pleine activité, aurait pu rapporter de cinq à six mille sacs de blé, et cette quantité pouvait être augmentée par la culture des terrains destinés aux récompenses nationales. Nous comptons cinq mois. L'île d'Elbe ne récoltait du blé que pour ses besoins de deux mois, on disait un peu plus; nous ne devions cependant pas compter davantage. Cela faisait sept mois. Restait à se pourvoir pour cinq mois.

La récolte principale de l'île d'Elbe est celle du vin : le vin est la seule exportation elboise. L'Empereur ordonna qu'il fût fait un relevé exact des vins exportés chaque année pendant dix années; je crois que ce relevé ne fut qu'approximatif. Toutefois, il en résulta que l'Empereur crut que l'exportation du vin pouvait fournir à l'importation de trois mille sacs de blé.

Ainsi l'Empereur comptait déjà sur un approvisionnement probable de dix mois de blé. Il fallait chercher comment pourvoir à deux mois pour le complément de l'année.

Il y a dans la partie méridionale de l'île d'Elbe une plaine spacieuse, appelée la plaine de l'Acona, et qui est devenue marécageuse, parce que, n'étant pas cultivée, on n'a donné aucun soin à l'écoulement des eaux pluviales. Cette plaine s'étend en suivant la côte du cap Stella jusqu'à la limite territoriale de la commune de Longone, et elle donne son nom à une anse qui peut au besoin abriter des petits bâtiments, et par conséquent faciliter une descente militaire dans l'île. L'Empereur alla visiter cette plaine; il se fit accompagner par des personnes expérimentées, et après un mûr examen il fut reconnu que la plaine de l'Acona pouvait de nouveau être rendue à l'agriculture, car personne ne mettait en doute que dans des temps reculés l'Acona n'eût déjà été cultivée. L'Empereur fit l'acquisition de cette plaine. Il envoya dans la principauté de Lucques chercher des bras pour la mettre en rapport. On commença par préluder au desséchement des marais.

L'Empereur consulta les cultivateurs. On l'assura que l'Acona pourrait produire trois mille sacs de blé par an. Tous les hommes, les grands hommes comme les hommes ordinaires, croient facilement à tout ce qui sourit à leur propre pensée, et l'Empereur aimait à se persuader que l'Acona compléterait l'approvisionnement annuel auquel il désirait tant et tant pouvoir parvenir.

Dans tous les temps, sous tous les gouvernements, l'administration des mines avait elle-même approvisionné la population de Rio-Montagne ainsi que celle de Rio-Marine, et plus d'une fois elle était venue au secours de la population générale. Mais l'Empereur avait mis des entraves à cette vieille coutume.

Saint-Martin devait aussi entrer en ligne de compte pour fournir sa quote-part à l'approvisionnement de l'île. L'Empereur s'aveuglait sur Saint-Martin comme tous les propriétaires s'aveuglent sur leurs propriétés. Il voulait en faire un lieu d'agriculture modèle, c'est-à-dire qu'il voulait lui faire rapporter beaucoup plus que les autres propriétés ne rapportaient.

Cette illusion amena une anecdote dont je parle parce

qu'elle est encore dans toutes les bouches elboises. M. Traditi, chambellan de l'Empereur, était sans contredit un des meilleurs agriculteurs de l'île d'Elbe, et un jour l'Empereur, la tête pleine de l'approvisionnement annuel, l'engagea à l'accompagner à Saint-Martin. A Saint-Martin, il lui parlait des changements agricoles qu'il voulait faire subir à sa campagne, et il lui en parlait comme si ces changements avaient déjà opéré le bien qu'il en attendait. M. Traditi savait mieux que l'Empereur ce qu'était Saint-Martin, mais, laissant l'Empereur se complaire dans d'innocentes exagérations, il gardait le silence, et l'Empereur, croyant que ce silence était une approbation, allait toujours en avant. Le territoire de Saint-Martin était tout au plus propre à ensemencer cent sacs de blé : cependant l'Empereur, entraîné par son illusion, peut-être trompé par quelqu'un qui avait cherché à le flatter, dit à M. Traditi : « Au moyen de telle opération, j'ensemencerai cinq cents sacs de blé. » Et alors M. Traditi, ne pouvant plus se contenir, s'écria en italien : « *O questa, si, che è grossa!* » Ce qui signifiait dans son esprit : « C'est celle-là, de baliverne, « qui est grosse! »

L'Empereur fut un moment suffoqué; mais, comprenant bien que M. Traditi, homme respectable, n'avait pas voulu volontairement le blesser, il se remit vite, prit la chose en riant, et consola M. Traditi qui, vraiment foudroyé, ne trouvait plus une parole pour s'excuser. Cet excellent M. Traditi ne s'est jamais pardonné ce qu'il appelait « sa maudite inconvenance ».

Ainsi l'Empereur croyait être parvenu à une marche régulière pour que les Elbois ne fussent plus chaque année dans des transes cruelles pour leur pain quotidien, et cette presque certitude d'un grand bien jetait quelques fleurs sur le chemin raboteux qu'il parcourait alors. Je crois que je suis la personne à laquelle il parla le plus de « cette satisfaction de son cœur », ce sont ses propres paroles. C'est que l'Empereur comprenait combien j'étais heureux du bonheur du peuple.

L'Empereur ne s'était pas caché que la guerre pourrait altérer l'ordre de choses qu'il voulait établir; mais il disait que durant la guerre, l'île d'Elbe, par sa position particulière, pourrait tirer un grand parti de ce droit de course, piraterie de fait que les puissances maritimes avaient le tort honteux de ne pas supprimer, et dont les gouvernements, pour n'en être pas dupes ou victimes, devaient, même en la blâmant, tâcher de profiter, tant que son abolition ne serait pas un fait généralement accompli.

III

BATIMENTS BARBARESQUES.

Depuis le renversement de l'empire français, les pirates des côtes d'Afrique parcouraient de nouveau la mer et effrayaient les marines marchandes des puissances riveraines de la Méditerranée. Les marins elbois n'étaient pas sans souci à cet égard, et l'Empereur partageait leur anxiété. On se rappelle que le brick *l'Inconstant* avait pris sous sa sauvegarde un convoi napolitain chassé par un chebec barbaresque, et qu'il l'avait préservé, du moins en partie, d'une prise presque certaine. Sur cela les marins avaient forgé des contes imaginaires. Aucun d'eux ne pouvait avoir vu le *reis*, capitaine du bâtiment turc qui avait donné la chasse au convoi napolitain; n'importe, on le faisait parler, on lui prêtait les paroles les plus extravagantes. Ces propos, en passant de bouche en bouche, prenaient un air de vraisemblance, et ceux qui en étaient les inventeurs avaient fini par y croire. D'ailleurs, le bruit du danger des Barbaresques faisait que la marine marchande demandait une augmentation de nolis, et l'appât de ce surplus de gain entrait pour beaucoup dans la crainte que l'on témoignait. L'Empereur me demanda, avec l'accent de la simple curiosité, de quelle manière je me comporterais avec la marine riaise; je lui répondis qu'en mon âme et conscience il ne me paraissait pas nécessaire d'accroître le fret de paix, d'abord parce qu'il n'y avait encore aucun fait positif, et ensuite parce que c'était aux propriétaires des hauts fourneaux de fonte à traiter pour le transport du minerai. L'Empereur fut très satisfait de ma réponse; il avait eu la pensée que mon affection pour les Riais me ferait saisir cette circonstance pour les faire gagner. Je lui fis observer « qu'il me connaissait mal », mais il m'interrompit net en me disant : « Cela pourrait bien être », et il parla d'autre chose. Il devenait urgent de faire cesser des bruits qui avaient au moins l'inconvénient d'intimider les voyageurs que la curiosité attirait à l'île d'Elbe. L'Empereur ne voulait en aucune manière avoir recours à l'autorité britannique des Bourbons; il lui répugnait également de demander protection aux puissances signataires du traité de Paris. Il s'adressa lui-même à tous les pouvoirs barbaresques de la Méditerranée ; il leur fit connaître son pavillon, et il attendait les décisions mahométanes, lorsqu'un événement tout à fait imprévu vint assurer l'île d'Elbe qu'elle n'avait rien à craindre des Turcs.

Un chebec barbaresque s'était montré dans le canal de la Corse; puis il avait poussé des bordées en dehors de la Pianosa, et tout à coup, après avoir parlé à un navire français, il alla mouiller sur la rade de Longone, le plus près de terre possible, ce qui le mettait dans la dépendance absolue de la place. Le reis, capitaine, n'attendit pas que l'intendance sanitaire le fît appeler; il s'y rendit de suite, et sans attendre qu'on l'interpellât, il demanda « si le Dieu de la terre était « encore là ». L'intendant sanitaire lui répondit qu'en effet l'Empereur était encore là, mais, ne songeant qu'à sa propre affaire, voulut lui adresser les questions sanitaires d'usage.

Le reis le pria avant tout de lui faire vendre une bannière elboise, et pendant qu'on lui cherchait cette bannière, il fit le rapport qu'on lui avait demandé. Dès qu'on lui eut remis le pavillon elbois, qu'il paya sans marchander, il poussa au large, alla à son bord, fit hisser le drapeau acheté au bout de la grande antenne, et il le salua de trois salves de toute son artillerie, en ajoutant à cette salutation trois des *hourras* en usage dans notre marine militaire; aucun bâtiment européen n'aurait pu avoir une politesse plus exquise. Le reis retourna à l'intendance sanitaire; son costume était visiblement un costume de parade, et avec un langage de respect il s'informa s'il ne lui serait pas possible « de courber la tête devant le « grand Dieu terrestre ». On lui répondit que comme il était, lui reis, en grande quarantaine, il ne pourrait pas approcher de l'Empereur, parce que les soins pour la conservation des jours précieux de Sa Majesté s'y opposaient, mais qu'il pourrait le voir sur le rivage lorsqu'il sortirait pour aller à la promenade, et il s'inclina profondément.

Il fut de suite rendu à l'Empereur un compte exact de ce qui se passait, et l'Empereur fut charmé des merveilles mahométanes (*sic*) dont il était l'objet. Il ordonna qu'on répondît au salut par un autre salut de cinq coups de canon. Le bâtiment barbaresque n'était pas un bâtiment militaire, c'était un armement particulier de la Régence de Tunis.

Le reis avait deux renégats pour interprètes, un Français et un Italien, et l'Empereur m'ordonna d'aller les interroger : j'y fus. Mais le reis voulut être de la conférence. Je restai une heure avec ces trois personnages. Le Français était du département du Gard, l'Italien était de Venise. Le Français me dit qu'il avait été fait prisonnier, puis esclave, et qu'en définitive il avait mieux aimé renoncer à sa religion qu'aux jouissances de la liberté; cet homme avait tout l'air d'un flibustier. L'Italien était plus réservé. Le reis ne me parla que par des questions; jamais il ne me donna la faculté de l'interroger. Il ignorait à peu près les causes et les effets des malheurs de la France. A chaque instant il me demandait « pourquoi les Français s'étaient séparés de leur Dieu ». Je lui répondais du mieux qu'il m'était possible ; toutefois mes réponses ne le contentaient pas, et il en revenait toujours à ses pourquoi. Une seule de ses pensées me parut remarquable ; je l'engageais à ne pas avoir une mauvaise opinion de la nation française ; je l'assurais que le peuple français aimait toujours l'Empereur, et il me fit dire par l'interprète italien : « Ce ne sont pas les petits qui trahissent, ce sont les grands. » Au moment de me séparer de lui, je lui demandai « s'il continuerait à être de nos amis », et en joignant parallèlement les deux doigts index, il m'adressa vivement ces mots qui résonnèrent ainsi à mon oreille : « *Schim, schim.* »

L'Empereur s'était arrangé pour passer sur le port pendant que je serais encore avec le reis ; il passa ; sa suite avait une tenue de fête. Dès que l'Empereur parut, je le montrai au reis, et, sans exagération aucune, le reis se prosterna en croisant ses bras sur la poitrine. L'Empereur s'arrêta sur le rivage, se fit indiquer le reis, et il le salua plusieurs fois de la main. Lorsqu'il ne fut plus en vue, je demandai au reis ce qu'il en pensait, et le reis, rayonnant, me répondit directement comme si je devais le comprendre. L'interprète italien le traduisit ainsi : « Ses yeux reflètent comme du cristal. » Le reis demanda ensuite à l'interprète s'il m'avait bien expliqué ce qu'il avait voulu me dire.

Avant la fin de ce jour, l'Empereur fit envoyer au reis des approvisionnements considérables pour lui, ainsi que pour son équipage, et il lui fit souhaiter un bon voyage. Le reis m'avait retenu ; enfin je le quittai, et il me cria plusieurs fois : « *Addio, moussiou!* » Je ne voulus pas être moins aimable que lui ; je m'arrêtai, et je lui répondis par les deux seuls mots grecs que je savais : « *Calismère, calispère!* » (Bonjour, bonsoir!) Et ensuite l'intendant sanitaire m'apprit que mon langage helléniste avait beaucoup amusé le marin musulman. L'Empereur aurait voulu que j'eusse insisté « pour arracher des « paroles » à mon interlocuteur. Il fut frappé de ces mots : « Ce ne sont pas les petits qui trahissent, ce sont les grands », et le *Schim, schim*, lui fit plaisir. Puis, assuré qu'il ne serait pas troublé par la piraterie africaine, il me dit d'un air de contentement : « Voilà une épine de moins dans le pied, et « pour nous c'est quelque chose. » Ces paroles échappées à une conversation d'épanchement me prouvèrent que l'Empereur n'avait pas été sans souci à l'égard des Barbaresques, et de bien bon cœur je partageai sa satisfaction.

Lorsque l'Empereur se présenta sur le rivage, le renégat français, qui jusque-là n'avait pas du tout paru embarrassé, qui même avait peut-être affecté d'être sans gêne, devint blême en voyant le cortège impérial, et dans un sentiment indicible d'orgueil national, il m'adressa ces paroles en patois : « Il n'y a rien au monde comme les militaires français ! » Et à dater de ce moment, sombre, rêveur, toujours pâle, il ne prit plus la parole. C'était un double remords qui s'était emparé de cet homme : la vue de Français et de chrétiens avait malgré lui pénétré dans sa conscience. On ne renonce pas impunément à sa patrie et à son Dieu.

Cet événement presque inconnu aujourd'hui eut cependant alors un grand retentissement pour l'Empereur et pour les Elbois, puisqu'il les débarrassa des craintes de guerre avec les puissances barbaresques.

Aussitôt que l'on sut à Gênes, à Livourne, à Civita-Vecchia, à Naples, qu'un bâtiment barbaresque était allé à l'île d'Elbe, qu'il avait salué, qu'on l'avait salué, et que l'Empereur lui avait envoyé des approvisionnements, les marines marchandes de la Méditerranée s'empressèrent de demander le pavillon elbois, et ces demandes multipliées ne laissèrent pas que d'embarrasser l'Empereur. Le premier mouvement de l'Empereur fut d'accorder sa bannière à tous ceux qui la lui demanderaient; il souriait à l'idée que cette bannière flotterait ainsi sur toute la Méditerranée, peut-être même sur tout l'Océan.

Une autre chose le séduisait dans l'intérêt des Elbois : c'était de faire pour l'île d'Elbe ce que la France avait fait pour Port-Vendres, obliger les propriétaires des bâtiments qui prendraient la bannière elboise à établir un domicile sur l'île, à y acheter une propriété, à confier les expéditions maritimes à un capitaine de la marine elboise, et à faire armer et désarmer leurs bâtiments à Porto-Ferrajo ou à Longone. Sans doute ce système aurait pu avoir de bons résultats pour l'île d'Elbe, mais il était presque impossible que les puissances barbaresques s'y prêtassent volontairement, et si elles l'avaient considéré comme une tromperie, chose probable, elles auraient compris la bannière elboise dans la proscription qu'elles faisaient planer sur toutes les bannières de la chrétienté, ce qui aurait été un principe de mort pour la marine elboise. L'Empereur décida qu'il ne s'exposerait pas à sacrifier les Elbois pour favoriser les étrangers : c'était de toute justice. Lorsque la France pour peupler Port-Vendres avait prêté le pavillon français aux Génois, la France avait des armées navales pour faire respecter ce pavillon, et l'île d'Elbe n'avait rien pour se faire craindre.

La marine marchande génoise avait un noble représentant auprès de l'Empereur, l'honorable Laurent Chighizola, ancien capitaine, qui avait à la sueur de son front acquis une fortune importante, et dont la parole d'expérience et de vérité se faisait écouter. Ce digne Ligurien était allé trouver l'Empereur à la Pianosa. L'Empereur l'avait reçu avec bonté ; il l'avait entretenu avec plaisir, et, ne pouvant pas lui accorder le pavillon de l'île d'Elbe, il l'avait destiné à en être le consul. Je connaissais beaucoup cet excellent homme depuis le temps déjà reculé où je commandais la marine militaire à Gênes ; j'avais été heureux de pouvoir l'accueillir affectueusement.

Aux jours de malheur, lorsque la proscription me poursuivait avec acharnement, le fils Chighizola, devenu un grand armateur, paya la dette morale de son père, et il me tendit une main amie. C'est ainsi que les braves gens se retrouvent.

CHAPITRE VII

L'ARMÉE DE NAPOLÉON

I. La garde impériale. — Sa formation. — Voyage de Fontainebleau à Livourne. — Réception de la garde. — Les officiers de la garde. — Le lieutenant Noisot.
II. — Le lieutenant Larabit. — Sa querelle avec le commandant Gottmann.
III. — Le bataillon corse. — Son mauvais esprit. — Les désertions.
IV. — La compagnie d'artillerie. — Le capitaine Cornuel. — Le capitaine Raoul. — Un brave de Sambre-et-Meuse.
V. — L'hôpital. — Réunion de l'hôpital civil à l'hôpital militaire.
VI. — Marine militaire. — L'*Inconstant*. — Le commandant Taillade. — Voyages de l'*Inconstant*. — Chautard. — Sarri.

I

LA GARDE IMPÉRIALE.

Le traité entre les puissances alliées et l'empereur Napoléon, signé à Paris le 11 avril, portait, article 17 : « L'empereur Napoléon pourra prendre avec lui et retenir, comme sa garde, quatre cents hommes, officiers, sous-officiers et soldats volontaires. »

En conséquence, le général Friant, colonel général des grenadiers de la garde impériale, homme dont le nom est un éloge, fut chargé d'organiser cette garde d'honneur, et le choix ne pouvait pas être plus parfait. Le général Petit et le général Pelet assistèrent le général Friant dans l'accomplissement de sa noble mission; c'étaient aussi deux généraux distingués.

Cette nouvelle garde de quatre cents hommes aurait compté

toute l'armée dans ses rangs si l'on avait appelé toute l'armée, et les trois généraux qui la constituaient eurent bien de la peine pour ne pas dépasser le nombre de braves qu'il leur était permis d'y admettre. Jamais soldats citoyens n'eurent à remplir une plus belle tâche ; c'était la fidélité se dévouant au malheur. La patrie savait bien qu'elle ne perdait pas ses enfants de prédilection ; on pourrait presque dire qu'elle s'exilait avec eux. Le général Cambronne eut l'honneur d'être désigné pour prendre le commandement de ce corps d'élite.

La garde impériale de l'île d'Elbe quitta Fontainebleau avant le départ de l'Empereur. Elle se rendit à Briare, rendez-vous que l'Empereur lui avait donné pour la passer en revue ; elle attendit plusieurs jours. L'Empereur enfin arriva : tout était préparé pour cette revue ; elle eut lieu immédiatement. Après la revue, l'Empereur, s'adressant à sa nouvelle garde, lui dit à haute voix : « Adieu, mes enfants, au revoir ! » Et ce fut une autre scène touchante.

La garde continua sa marche. Partout elle fut entourée d'un respect universel. Cependant, quelques misères, entièrement fortuites, eurent lieu en dehors de cette universalité ; j'ai peut-être tort d'en renouveler le souvenir, parce que cela leur donne une espèce d'importance qu'elles n'ont pas, mais les nobles débris de ce corps extraordinaire désirent que j'en parle. Donc, le bataillon de l'île d'Elbe, précédé de la vieille réputation de la garde impériale, marchait triomphalement, même au milieu des détachements des armées ennemies, et faisait encore briller les couleurs tricolores. Or, un soir, à Saulieu, il y eut un vieux major autrichien qui, pour le logement, voulut qu'on préférât ses soldats aux soldats français, et qui notifia sa volonté d'une manière insultante. Aussitôt, le général Cambronne, dont le caractère avait l'inflammabilité du salpêtre, lui dit : « C'est comme ça que tu t'y prends ? Eh bien ! mets tes soldats d'un côté ; moi, je mettrai les miens de l'autre, et nous verrons à qui les logements resteront. »

Le vieux major autrichien n'insista pas dans sa prétention. Nos soldats furent logés de préférence... L'adjudant-major Laborde précédait la colonne pour préparer le logement, les vivres et les moyens de transport; il avait pour escorte un brigadier et quatre lanciers polonais-français; il était accompagné par un officier hongrois. A la mairie de Lyon, le chef de poste de la garde bourgeoise, « homme à mine patibu-« laire », écuma de rage en voyant la cocarde tricolore, et ordonna au capitaine Laborde de l'enlever. Le capitaine Laborde lui répondit en courant sur lui le sabre levé; l'officier hongrois fit comme le capitaine Laborde. Le chef du poste prit la fuite, le poste ne fit pas un seul mouvement pour le soutenir. Le général autrichien qui commandait la place loua la conduite du capitaine Laborde, et le maire fit comme le général. On craignait de laisser pénétrer le bataillon elbois dans Lyon; il traversa seulement pour se rendre au faubourg de la Guillotière. Pendant le passage de ces braves, vingt mille Autrichiens restèrent sous les armes avec une artillerie considérable, mèche allumée; et ils bivouaquèrent comme s'ils étaient en présence d'une armée ennemie. On empêcha la colonne elboise de circuler dans Lyon; mais le peuple lyonnais, accouru en masse au faubourg de la Guillotière, témoigna toutes ses plus profondes sympathies à cette phalange immortelle. Il l'accompagna de ses vœux ardents et de ses regrets amers. Un officier étranger ayant voulu frapper un militaire qui, hors des rangs, criait : « Vive la garde « impériale! » un Lyonnais lui arracha l'épée, la brisa et lui dit : « Voilà mon adresse. Je t'attendrai chez moi pour te « rendre les morceaux. » En traversant la place de Bellecour pour se rendre à la Guillotière, quelques voix parties d'un groupe franco-allemand qui était devant un café crièrent : « A bas la cocarde tricolore! » Le colonel Mallet, qui commandait la colonne, fit de suite faire halte, et allant seul au groupe, il dit : « Je demande raison à ceux qui ont eu la

« lâcheté de crier : A bas la cocarde tricolore ! » Personne ne répondit; le groupe rentra dans le café. Il y avait plusieurs officiers autrichiens.

Enfin, après avoir traversé les Alpes, la colonne arriva à Savone, où elle s'embarqua. Savone avait une garnison anglo-sicilienne; le régiment anglo-sicilien était le ramassis de tout ce que l'on avait trouvé de plus abject dans les égouts des gens sans aveu. Il y eut querelle entre nos grenadiers et les soldats de cette horde dont les Italiens gardent une mémoire de mépris. Le général qui commandait à Savone donna un banquet à tous les officiers du bataillon elbois, et, à ce banquet, on but à la santé de l'empereur Napoléon, ainsi qu'à celle de la garde impériale.

Il fallait quelque temps pour préparer l'embarquement. Le général Cambronne expédia le capitaine Laborde à l'île d'Elbe afin d'instruire l'Empereur de l'approche de ses braves, et le capitaine Laborde débarqua à Rio, où j'eus le plaisir de lui donner l'hospitalité.

L'Empereur reçut le capitaine Laborde avec un tressaillement de joie. Le capitaine Laborde suait sang et eau pour répondre à la multiplicité des questions que l'Empereur lui adressait; il ne pouvait pas y suffire, et il fut bien soulagé lorsque l'Empereur le congédia.

La garde n'arriva que huit jours après le capitaine Laborde. Ces huit jours furent huit jours d'une tourmente indicible pour l'Empereur; ses idées en étaient devenues noires; toutes ses paroles aboutissaient à exprimer le désir ardent qu'il éprouvait de revoir ses braves. Enfin ses vœux furent accomplis : la garde le rejoignit! C'était vers la fin de mai.

Dès qu'on signala les bâtiments de transport, l'Empereur bondit d'allégresse, et il était depuis longtemps au débarcadère quand ses enfants de l'armée y abordèrent. L'Empereur tendit la main au général Cambronne. « Cambronne, lui dit-il, « j'ai passé de bien mauvais moments en vous attendant,

« mais enfin nous sommes réunis, et tout est oublié. » Cambronne était transporté au septième ciel. Mais il faudrait que ma plume eût une tout autre puissance que celle qu'elle a pour exprimer avec vérité les sentiments que la garde manifesta à l'aspect de l'Empereur. Hommes au cœur brûlant, à l'âme généreuse, au caractère noble, vous qui comprenez bien l'honneur, la patrie, la gloire, le dévouement, faites-vous une idée de tout ce qu'il y eut de beau en ce moment, et ensuite imaginez que je vous l'ai dit ! Vous verrez de vieux soldats qui, avec une figure rébarbarative (sic), versent de douces larmes, comme la jeune fille qui retrouve le père chéri au-devant duquel elle courait. Vous verrez ces traits auxquels les intempéries de toutes les saisons, dans tous les climats, ont donné une apparence qui ne semble vraiment pas appartenir à notre nature, s'extasier de ce qu'ils étaient restés gravés dans la mémoire de l'Empereur, et en rendre grâce au ciel comme d'un bienfait divin. Vous verrez ces troupiers, ces grognards se répétant mutuellement avec enthousiasme un mot que l'Empereur leur a dit, un signe qu'il leur a fait, et par ce mot ou par ce signe, se croyant payés de leurs longues fatigues. Vous verrez enfin, dans un tout petit coin du globe, le beau côté du monde social, et vous ne désespérerez plus de l'espèce humaine.

Une autre scène eut généralement un caractère extrêmement touchant. Le général Dalesme, à la tête du peu de soldats qui devaient rentrer en France, était venu à la rencontre de la garde impériale qui arrivait pour se réunir a l'ex-empereur des Français, et lorsque la garde impériale, en colonne serrée, entra dans Porto-Ferrajo, le petit corps, commandé par le général Dalesme en personne, rangé en bataille sur le quai du port, lui rendit les honneurs militaires.

La garde impériale alla droit à la place d'Armes; l'Empereur la suivait. Dès qu'elle fut sur la place d'Armes, l'Empereur ordonna au général Cambronne de faire former le carré, et, se plaçant au centre, il dit à haute voix, avec une émotion remarquable : « Officiers et soldats ! je vous attendais avec impatience et je me félicite de votre arrivée. Je vous rends grâces de vous être associés à mon sort. Je trouve en vous la noble représentation de la Grande Armée. Nous ferons ensemble des vœux pour notre chère France, la mère patrie, et nous serons heureux de son bonheur. Vivez en bonne harmonie avec les Elbois : ce sont aussi des cœurs français ! »

L'Empereur ne fut pas le seul qui accueillit la garde impériale avec une grande démonstration de tendresse : tous les Elbois s'associèrent à son affection, les Porto-Ferrajais plus particulièrement. On aurait pu penser que c'était un bataillon de famille qui venait d'arriver. On le logea au fort de l'Étoile à côté de l'Empereur, et à la caserne de Saint-François dans l'intérieur de la cité.

Dans sa sollicitude paternelle, l'Empereur voulut que la garde d'honneur reposât, et lorsqu'il la crut bien reposée, il en passa une revue générale. Cela fait, il l'organisa de la manière la plus appropriée au service dont elle devait être chargée : l'Empereur ne savait rien faire légèrement. Cette garde se composait d'artillerie, de cavalerie, d'infanterie et de marine. Tous ces vieux braves appartenaient à la garde impériale : l'infanterie forma un bataillon de six compagnies ; la cavalerie était toute polonaise, elle forma un escadron ; les marins formèrent une compagnie. L'Empereur décida que ces trois corps porteraient son nom : bataillon Napoléon, escadron Napoléon, compagnie Napoléon.

Je crois faire une chose honorable en disant à la France quels sont les braves qui la représentèrent auprès de l'empereur Napoléon pendant son exil à l'île d'Elbe :

ÉTAT-MAJOR :

Anselme Mallet, chef de bataillon.
Laborde, capitaine adjudant-major.
Victor Mélissent, lieutenant en premier, sous-adjudant-major.
Joseph-Félicien Arnaud, lieutenant en premier.
Apollinaire Emery, chirurgien de deuxième classe.
Louis Ebérard, sous-aide-major.
Carré, sergent-tambour.
Antoine Gaudiano, chef de musique.
Laurent Fresco, sous-chef de musique, première clarinette.
Joseph Parconini, clarinette.
Joseph Donizetti, première flûte.
Joseph Cicero, premier cor.
André Brascelli, deuxième clarinette.
Louis Deferrari, deuxième clarinette.
Dominique Giuli, chasseur.

Première compagnie.

Lamouret, capitaine.
Thibault, lieutenant en premier.
Lerat, lieutenant en second.
Joachim, sergent-major; Bertrand Chanais, Mathieu Lapra, Jacques Gavin, Charles Bretet, sergents; Antoine Cicero, fourrier.

Deuxième compagnie.

Michel Combe, capitaine.
Joseph Duguenot, lieutenant en premier.
André Bigot, lieutenant en second.
Louis Perrier, sergent-major; Jean Perrier, Pierre Fouque,

Jean Riverain, Jean Martin, sergents; Jacques Chanat, fourrier.

Troisième compagnie.

Charles Dequeux, capitaine.
Jean-Pierre-Édouard Paris, lieutenant en premier.
Jean-François Jeanmaire, lieutenant en second.
Étienne-François Puyroux, sergent-major.
Antoine Delaye, Antoine Blanc, Jean-Louis Crollet, Joseph Brunon, sergents; Baptiste Leromain, fourrier.

Quatrième compagnie.

Jules Loubers, capitaine.
Pierre Seré Lanaure, lieutenant en second.
François Franconnin, *idem*.
Antoine Escribe, sergent-major; Berthel Thomas, Charles Lefebvre, Charles Grenoulliot, François Pierson, sergents.

Cinquième compagnie.

Louis-Marie-Charles-Philippe Hurault de Sorbée, capitaine.
Louis Chaumont, lieutenant en second.
Charles-Claude Noisot, *idem*.
Edme Tassin, sergent-major; Pierre Augé, Laurent Blamont, François Belais, Pierre Vendremish, sergents; Narcisse Tassin, fourrier.

Sixième compagnie.

Jean-B. Mompez, capitaine.
Barthélemy Bacheville, lieutenant en second.
Mallet, *idem*.
Georges Souffio, sergent-major; François Talon, François Matthieu, Nizier Lacour, François Scaglia, sergents; Michel Huguenin, fourrier.

Compagnie de marins.

Jacques Benigni, sergent-major.
Victor Cordeviole, sergent.
François Juliany, caporal.
Joseph Rubiani, Antoine-Joseph Lotta, *idem.*
Marins de première classe : Jean Vilchy, Mathieu Dolphy, Vincent Jeard, Louis Chansonnet, Tranquille Coquet, Jean Debos, Levasseur, Jérôme Legrandy, Augustin Voicogne, Simon Coste.
Marins de seconde classe : Jean Lambert, Grosard, Vido Samianti, Vincenti, Jean-Antoine Leroux, Louis Jansonnetti.

Escadron chevau-légers lanciers.

Jean Schultz, capitaine.
Balinski, *idem.*
Guitonski, lieutenant en premier.
Skoirresuski, lieutenant en second.
Radon Seraphin, Joseph Zielenluenoicz, *idem.*
Piotronky, *idem.*
Raffaezynski, Alexandre Piotronsky, maréchaux des logis chefs.
Maréchaux des logis : Marthe Bielicki, Joseph Zaremba, Louis Trzebiatonski, François Fierzeiecoski, Jean Fuszezenski, Stanislas Borocoski, Nicolas Schultz ; Jean Nuchmewiez, fourrier ; Joseph Policaski, *idem.*

Si cela avait dépendu de moi, j'aurais fait la biographie de tous les braves qui avaient suivi l'Empereur à l'île d'Elbe ; mais pendant mon long exil la famille elboise s'est totalement dispersée, et, faute de matériaux positifs, je ne puis parler que des officiers dont il m'a été possible d'étudier le caractère. Lorsque je fais l'histoire du père, que je cherche à ne rien oublier de ce qui était lui, de ce qui tenait à lui, je ne dois pas omettre de dire ce que je sais de ses enfants.

Le général Cambronne commandait la compagnie dans laquelle La Tour d'Auvergne trouva une mort glorieuse. Il était d'une bravoure à toute épreuve. Sa carrière militaire est illustrée par beaucoup de traits de dévouement, mais la violence de son caractère était quelquefois effrayante. De retour de l'île d'Elbe, l'Empereur le nomma lieutenant général, et il refusa. A la funeste journée de Waterloo, il fut grièvement blessé, et les Anglais, qui l'avaient ramassé sur le champ de bataille, le conduisirent prisonnier en Angleterre. On lui a prêté ces belles paroles qu'il n'avait pas dites, qu'il n'avait jamais été en position de dire : « La garde meurt, elle ne se rend pas », et pour rendre hommage à la vérité il les désavoua. De mauvais conseils lui firent prendre du service sous la Restauration.

Le commandant Mallet, chef de bataillon de la garde, avait peu d'instruction, mais c'était une belle nature de soldat, de bon soldat franc, loyal, dévoué, pouvant honorablement remplir sa tâche et la remplissant à la complète satisfaction de l'Empereur, ainsi qu'à celle des braves qui étaient immédiatement sous ses ordres.

Le capitaine Laborde, adjudant-major, avait reçu une bonne éducation, en avait profité, et, malgré son exaltation méridionale, tout en lui témoignait d'un bon cœur ainsi que d'une belle âme. Il était brave comme l'épée de Bayard.

Le lieutenant en premier Mélissent, sous-adjudant-major, ne fit que paraître et disparaître, et lorsqu'il s'en alla, ses camarades se demandèrent pourquoi il était venu. Son départ prématuré fit que personne ne le regretta ; c'était cependant un bon officier.

L'officier payeur, Félicien Arnaud, était à la fois un excellent soldat et un bon comptable, et tous les braves l'entouraient d'estime.

D'un talent distingué, homme de science et homme d'épée, généreux, dévoué, religieusement soigneux pour les blessés, le chirurgien Emery, chirurgien en chef de la garde, était une des belles illustrations de ce corps éminemment illustre, et Grenoble, qui a donné tant de grands hommes à la patrie, peut le compter parmi ses enfants d'une noble distinction. Nous le retrouverons à notre débarquement en France.

Voilà pour l'état-major.

Le capitaine Lamouret, doyen des capitaines de la garde, renfermé strictement dans le cercle de ses devoirs militaires, cherchait peu à aller au delà, et l'estime l'entourait.

Le lieutenant en premier Thibaut avait la réputation d'un bon officier, et avec les braves de la garde, il était impossible que ce fût une réputation usurpée.

Je ne connaissais pas le lieutenant en second Lerat. Toutefois, [je savais qu']il était considéré.

La seconde compagnie avait pour son chef le capitaine Combe, qui s'était fait honorablement remarquer le jour de l'infâme trahison de Marmont, et qui est mort glorieusement au siège de Constantine. Le capitaine Combe avait beaucoup d'esprit naturel; il était instruit, les beaux-arts occupaient ses loisirs, il dessinait assez bien. Il avait une force musculaire remarquable. Son père, colonel, l'avait élevé très durement, et il s'était de bonne heure habitué à cette dureté; on pourrait même dire qu'il se l'était appropriée, ce qui quelquefois le rendait gênant pour ses camarades. Son courage était à toutes les épreuves; mais il était au moins aussi ambitieux que brave, et, s'il avait vécu, il aurait donné de la tablature au pouvoir.

Je n'ai pas connu le lieutenant en premier du capitaine Combe, M. Joseph Duguenot. Le capitaine Combe en parlait avantageusement.

Le lieutenant en second Bigot faisait honneur à son habit. Je l'avais quitté avec la réputation du bon soldat, je l'ai retrouvé avec les sentiments d'un bon citoyen, ce à quoi MM. les Impériaux ne m'ont pas habitué.

La troisième compagnie n'avait pas son capitaine titulaire. Elle était provisoirement commandée par le lieutenant en premier Charles Dequeux, officier capable qui la commandait bien et qui méritait de la commander définitivement. Un autre lieutenant en premier, Jean-Pierre-Édouard Paris, avait une noble conduite et jouissait d'une belle réputation.

M. Jean-François Jeanmaire, sous-lieutenant dans cette compagnie, tenait une belle place dans le rang des bons officiers, et, jeune encore, il était considéré comme un excellent militaire. Ce brave est maintenant messager d'État à la Chambre des députés.

Le capitaine Jules Loubert affectait les allures de ce qu'on appelle une personne bien née : ce qui n'est pas toujours la preuve d'une haute naissance. Cependant le capitaine Loubert était « fils de famille », comme on disait jadis. Ses prétentions aristocratiques le rendaient impopulaire ; il n'était pas aimé. L'Empereur le chargea d'aller à Gênes acheter des draps. Puis il le choisit pour être le danseur de la princesse Pauline, ce qui était un bon choix, car le capitaine Loubert dansait parfaitement. On le considérait comme le Vestris de la garde, qui avait cependant d'autres fort bons danseurs. Bien manier les jambes n'empêche pas de bien manier l'épée, le capitaine Loubert était un bon officier. La garde nationale de Paris lui donna une grande marque d'estime : elle le nomma colonel d'une de ses légions.

Le lieutenant en second Seré-Lanaure comptait au nombre des braves. Le lieutenant en second Franconnin se faisait remarquer par une politesse exquise ; il était aussi bien placé dans un salon que dans un camp. A travers la douceur de son caractère, ses yeux brillaient de courage, et comme soldat son rang était au premier rang des braves.

Une grande nomenclature de prénoms a quelque chose de

la prétention d'une grande série de titres. Ce n'est pas le capitaine Louis-Marie-Charles-Philippe Hurault de Sorbée qui me fera changer d'avis à cet égard. Ce capitaine arriva à l'île d'Elbe avec la garde; il était officier distingué. Mais il avait laissé son épouse auprès de Marie-Louise; l'Empereur lui donna une mission qui le rendit à sa compagne conjugale. Le capitaine Hurault de Sorbée est maintenant maréchal de camp; il était déjà colonel sous la Restauration.

Le lieutenant en second Chaumet dirigea cette compagnie lorsque le capitaine Hurault de Sorbée en quitta le commandement, et il la dirigea très bien.

Cette compagnie avait aussi le lieutenant en second Claude-Charles Noisot. La nature du lieutenant Noisot était l'une de ces belles natures qui se font aimer à tort et à travers. Jeune, léger, étourdi, impétueux, aimant, dévoué, brave, plein d'honneur, il avait tous les légers défauts ainsi que toutes les belles qualités du jeune chevalier français. C'était un de ces bons soldats qui savent aussi être bons citoyens. Le lieutenant Noisot a conservé dans toute sa pureté sa religion d'amour pour la mémoire de l'Empereur, et, à ses frais, il vient dans sa propriété de faire élever une statue en bronze au héros de la France : hommage pieux qui n'est même venu à la pensée d'aucun des maréchaux de l'Empire! Je paye un tribut de reconnaissance nationale au lieutenant Noisot. Que ma parole amie aille lui faire comprendre combien j'ai été profondément ému du bel exemple qu'il a donné (1)!

Le capitaine Mompez était un officier capable. Ce n'était pas l'officier sur l'amour duquel l'Empereur pouvait le plus compter; il se préparait à rentrer en France lorsque l'Empereur quitta l'île d'Elbe (2).

---

(1) Le jour du départ de l'île d'Elbe, M. Noisot était commissaire pour le bal qui devait avoir lieu chez l'Empereur le jour même du départ. M. Franconnin était aussi l'un des commissaires.

(2) Le capitaine Mompez voulait quitter l'île et avait déjà pris congé de ses camarades, par la raison que l'Empereur n'avait pas voulu admettre

Un lieutenant en second, Barthélemy Bacheville, était aussi attaché à la 6ᵉ compagnie, commandée par le capitaine Mompez. Il avait toutes les qualités d'un soldat, et lorsque le gouvernement de la Restauration eut crié haro sur tous les hommes de cœur, le lieutenant Bacheville dut s'expatrier.

. Le lieutenant en second Mallet n'avait pas à beaucoup près les belles qualités du commandant Mallet. C'était un officier ordinaire.

Les officiers polonais qui n'avaient pas quitté l'Empereur se comportèrent à l'île d'Elbe comme des officiers modèles, et le colonel Germanovski y apparut avec une haute supériorité ; les capitaines Schultz et Balinski étaient aussi des hommes dignes. L'Empereur honorait tous ces enfants adoptifs de la France ; il aimait à s'entretenir avec eux, et il était toujours satisfait de leur entretien. Malheur à la France, alors qu'elle est gouvernée de manière à ne pouvoir pas se dévouer à sa sœur la Pologne ! Le gouvernement de la France qui abandonne la Pologne est un gouvernement de malédiction pour les Français. Ce n'est pas ici de l'exaltation, c'est de l'honneur. L'abandon de la Pologne est un crime de lèse-humanité. Ce crime sera puni le jour même où la nation française reprendra l'exercice de sa puissance suprême.

II

LE LIEUTENANT LARABIT.

J'ai, autant qu'il était en moi, cherché à faire connaître à la France les braves de la garde impériale qui avaient suivi l'Empereur à l'île d'Elbe, et cette tâche, toute de conscience et de cœur, a dans son ensemble été douce pour moi ; mais je

au cercle de la Cour une dame avec laquelle cet officier vivait. La réflexion fit que ledit officier changea de dispositions.

n'ai parlé que des officiers qui étaient avec leurs corps. Il me reste à parler d'un officier isolé; mes lecteurs me sauront gré de mon attention.

La garde, qui devait suivre l'Empereur dans son exil, allait partir pour sa noble destination, et le génie militaire était la seule arme qui n'y eût point de représentant, car le général Bertrand n'appartenait plus à ce corps. Le chef de bataillon Cournault, l'un des officiers du génie qui connaissaient le mieux l'île d'Elbe, et que sous ce rapport l'on avait désigné à l'Empereur, refusa d'y suivre le héros qui avait été longtemps l'homme de son idolâtrie.

Il faut bien l'avouer, une erreur anticivique de l'Empereur avait enfanté beaucoup d'aristocratie dans l'armée. Le génie militaire se faisait surtout remarquer à cet égard.

Accompagner l'empereur Napoléon que le peuple français avait légalement élevé sur le pavois impérial, l'accompagner en s'associant à l'ostracisme dont les ennemis de la France l'avaient frappé, était éminemment un acte de nationalité, et une tache indélébile allait à tout jamais être l'accusatrice du génie militaire qui n'avait pas éprouvé le besoin de lui donner des compagnons d'infortune.

Un officier du génie se présenta; il offrit ses services, ils furent acceptés. C'était une jeune gloire plus pure que les vieilles gloires. Cet officier était le lieutenant Larabit. Le lieutenant Larabit sauva le génie militaire du reproche patriotique d'une ingratitude de corps. Il n'avait alors que vingt et un ans.

Le jeune Larabit avait quitté l'École d'application de Metz en 1813; il avait fait la campagne de Leipsick, et, après la campagne, il avait été attaché à l'état-major de la grande armée. Il avait fait aussi la campagne de France; après la bataille de Montereau, il avait été attaché à l'état-major de la garde impériale; c'étaient déjà des jours pleins.

Tout ce qu'il est possible d'amour et d'admiration, le jeune

Larabit l'avait dès sa plus tendre enfance éprouvé pour l'empereur Napoléon, et les trahisons dont il était le témoin soulevaient d'indignation son âme vierge; son dévouement était tout naturel.

Il y a des devoirs de famille que l'homme de bien ne franchit jamais; le jeune Larabit demanda à remplir les siens. Il alla sous le toit paternel embrasser ses proches. Le grand maréchal Bertrand lui remit une feuille de route spéciale qui l'autorisait à aller seul; cela explique pourquoi il ne partit pas de Fontainebleau avec la garde impériale. L'Empereur lui avait fait compter l'argent qu'on présumait pouvoir lui être nécessaire pour son voyage.

La feuille de route délivrée par le grand maréchal devait être visée par les commissaires des rois coalisés, et ce visa, en France, donné par des étrangers, servait de sauf-conduit à un Français!... Tout cela pour aboutir à des Bourbons! Les peuples ont de tristes moments de démence.

Ainsi le jeune Larabit dut se présenter aux commissaires de la coalition; il s'y présenta en frémissant. Le général prussien et le général autrichien l'accueillirent très froidement. Le général russe Schouvaloff, aide de camp de l'empereur Alexandre, fut au contraire on ne peut plus bienveillant, et le traita avec une cordialité exquise; ils s'entretinrent plus d'une heure tête à tête; le général Schouvaloff dit au jeune Larabit les paroles suivantes, paroles remarquables pour un Russe, et que je répète pour qu'elles ne soient pas perdues :

« L'empereur Napoléon a été étonnant de génie et d'audace pendant toute cette campagne. Il ne s'est oublié que dans sa marche sur Saint-Dizier, Vassy et Doulevant. » On sait que cette marche fut le résultat des malheureux renseignements que le maréchal Macdonald avait donnés à l'Empereur.

Par un effet de son service militaire, le jeune lieutenant Larabit s'était accidentellement trouvé auprès de l'Empereur lorsque le maréchal Macdonald lui rendait compte du mouvement de l'ennemi, et il put en parler au général russe qui n'en revenait pas d'étonnement.

Le lieutenant Larabit dit adieu à ses pénates. Il traversa la France, le Piémont, la Toscane, et il alla s'embarquer à Livourne pour Porto-Ferrajo. Pendant ce long voyage, le lieutenant Larabit ne quitta jamais ni son uniforme ni la cocarde tricolore, et partout il trouva dans les Italiens des regards affectueux.

Le 1er juin, le jeune lieutenant abordait à l'île, et l'Empereur fut la première personne qu'il reconnut sur le rivage. L'Empereur faisait sa promenade matinale.

Aussitôt qu'il eut débarqué, le lieutenant Larabit se rendit chez le grand maréchal, et le grand maréchal le présenta immédiatement à l'Empereur.

L'Empereur le reçut avec une bienveillance marquée ; il ne s'attendait presque plus à le voir arriver.

Selon son usage, il l'accabla de questions précipitées sur son retard, sur son voyage, sur ce qu'on disait en France, en Italie, et il finit par lui dire : « Allez vous reposer, mais ne laissez pas finir la journée sans avoir reconnu et étudié les fortifications de la place. »

Le lieutenant Larabit avait reçu neuf cents francs pour les frais présumés de son voyage ; il n'en avait dépensé que six cents, et il versa dans la caisse impériale les trois cents francs qui lui restaient.

De Bologne à Florence, trois Italiens qui voyageaient à petites journées avec le lieutenant Larabit et qui avaient pu, dans plusieurs conversations importantes, apprécier la noblesse de son caractère, le chargèrent d'assurer à l'Empereur qu'ils pouvaient le rendre à l'Italie, et que cela ne dépendait que de lui. L'un d'eux dit au lieutenant Larabit : « Voilà mon nom. L'Empereur le connaît. Écrivez-moi à Naples. » Le lieutenant Larabit informa le grand maréchal, le grand maréchal rendit compte à l'Empereur. L'Empereur répondit « qu'il voulait rester à l'île d'Elbe; surtout qu'il ne voulait pas d'intrigues politiques ».

Mais l'Empereur avait nommé le capitaine Raoul au commandement du génie militaire de l'île d'Elbe, quoique cet officier appartînt à l'artillerie. Cela aurait pu blesser le lieutenant Larabit, il n'en fut rien. Le lieutenant Larabit comprit qu'il manquait d'expérience pour une foule de marchés que la multiplicité des constructions militaires nécessitait; il ne réclama pas.

L'Empereur fit appeler le lieutenant Larabit; il lui dit : « Je veux occuper militairement la Pianosa; rendez-vous sur cette île; vous y construirez une caserne et un poste retranché pour cent hommes avec huit pièces de canon; allez d'abord à Longone pour vous embarquer, je vous y joindrai et je vous donnerai des instructions. » En effet, l'Empereur fut à Longone presque aussitôt que le lieutenant Larabit; il voulait présider et il présida à l'embarquement pour la Pianosa. Il donna au lieutenant Larabit quatre canons de huit, quatre canons de quatre, un détachement de grenadiers de la garde, un détachement de canonniers et cent hommes du bataillon franc, commandés par le capitaine Pisani.

Avant de passer outre, je dois saisir l'occasion qui se présente pour acquitter une dette française envers le capitaine Pisani, et je la saisis avec jubilation. Le capitaine Pisani, un des meilleurs officiers du bataillon franc comme l'un des meilleurs citoyens de l'île d'Elbe, rendit beaucoup de services aux Français durant les sanglantes révoltes auxquelles son pays, Campo, prit une si cruelle part, et je remplis un devoir cher à mon cœur en lui adressant au nom de la France des expressions de reconnaissance affectueuse.

Quoique le jeune lieutenant Larabit eût un commandement spécial en dehors de l'île d'Elbe, il n'en était pas moins sous les ordres du commandant Raoul, et cela devait être.

L'Empereur indiqua au lieutenant Larabit l'endroit où il

devait construire la caserne ainsi que le retranchement; puis il lui fit voir sur un plan le rocher élevé qui domine le petit port de la Pianosa : « C'est là qu'il faut établir votre artillerie, lui dit-il; n'oubliez pas les habitudes de la guerre ; mettez toutes vos pièces en batterie dans les vingt-quatre heures, et tirez sur tout ce qui voudrait aborder malgré vous. » Ce furent là les seules instructions que l'Empereur donna au lieutenant Larabit; il lui promit d'aller bientôt le voir. C'est ainsi que le lieutenant Larabit partit de Longone pour se rendre à sa nouvelle destination.

La Pianosa n'était pas absolument déserte; le pays de Campo y avait des pâtres pour garder quelques bestiaux. Il y avait aussi des gens pour soigner les chevaux des Polonais de la garde. Mais l'arrivée de cent cinquante hommes de guerre équivalait à l'arrivée de deux mille hommes de paix; la Pianosa fut de suite aussi mouvante qu'une île bien peuplée. Il n'y avait rien de rien pour l'établissement de la colonie militaire qui en prenait possession; aussi les premiers jours qui suivirent le débarquement furent des jours de brouhaha, et, sans qu'il y eût volonté de désobéissance, il n'y avait pas possibilité de commandement, chacun cherchait à se caser le moins mal possible dans des grottes, dans des réduits, dans des ruines, et partout où l'on pouvait trouver un abri. On avait bien apporté des tentes, mais on n'en avait pas apporté assez, et pour le logement, le droit d'être logé était un droit commun; de là des réclamations; enfin, tout le monde se colloqua. Le capitaine Pisani connaissait parfaitement l'île; aussi son expérience contribua beaucoup au contentement général.

Le lieutenant Larabit avait de suite mis la main à l'œuvre pour exécuter promptement les ordres de l'Empereur; tout le monde travaillait, quoique l'on eût fait venir des ouvriers du continent.

J'ai dit les malheurs dont le commandant de la place

Gottmann avait été une des principales causes à Longone ; cet officier avait cent fois mérité qu'on le renvoyât de l'île d'Elbe ; son expulsion aurait été un gage de paix donné aux Elbois. Néanmoins l'Empereur le garda à son service ; il fit plus, il lui donna le commandement de la Pianosa. Cet homme, qui n'avait de militaire que l'habit, sans éducation, sans convenances, sans dignité, fit à la Pianosa ce qu'il avait fait à Longone : il mit tout sens dessus dessous, et deux jours après son apparition au milieu de la colonie, la perturbation était complète ; c'était un fléau. L'ordre de l'Empereur prescrivait impérativement au lieutenant Larabit de construire immédiatement une caserne, et le lieutenant Larabit construisait immédiatement une caserne, car, sans se compromettre gravement, il ne pouvait pas construire autre chose ; mais le commandant Gottmann voulait que le lieutenant Larabit cessât de construire la caserne pour lui construire une maison à lui Gottmann, et il prétendait avoir le droit de révoquer dans l'île les ordres émanés de l'Empereur. Le lieutenant Larabit était jeune, sa figure était encore plus jeune que son âge, et, confiant dans cette jeunesse, le commandant Gottmann s'était imaginé qu'il n'avait qu'à commander pour être obéi. Il s'était trompé, grandement trompé : le lieutenant Larabit avait l'énergie que le devoir inspire et que l'honneur commande ; il ne craignait pas d'entrer en lutte contre un chef qui voulait le soumettre à un abus de pouvoir. Le commandant Gottmann ne parvint pas à le faire fléchir ; il n'obtint rien de ce qu'il voulait en obtenir ; de là des discussions incessantes. Heureusement que les deux positions empêchaient mutuellement d'en venir à la raison de l'épée.

C'est dans cet état de choses que l'Empereur arriva à la Pianosa, ainsi qu'il en avait fait la promesse au lieutenant Larabit. Il y était arrivé monté sur le brick *l'Inconstant*, il y était resté à peu près deux jours. L'Empereur avait avec lui le général Drouot, le fourrier du palais Baillon, et le premier officier d'ordonnance Roule. Il fut satisfait de l'état des travaux, il manifesta hautement sa satisfaction. Vinrent ensuite les plaintes; l'Empereur écouta les plaignants; il était naturel que la justice penchât en faveur de celui qui n'avait pas voulu s'écarter de la ligne légale. L'Empereur blâma le commandant Gottmann. Cependant la parole de l'Empereur ne termina pas la question. Le premier officier d'ordonnance, Roule, prit fait et cause pour le commandant Gottmann : qui se ressemble s'assemble, dit un vieux proverbe. Il y eut une vive altercation entre le lieutenant Larabit et l'officier d'ordonnance Roule; la présence de l'Empereur empêcha un duel; l'Empereur dit positivement au lieutenant Larabit : « Je vous défends de vous battre. » La preuve convaincante que l'Empereur approuvait la conduite du lieutenant Larabit, c'est que peu de temps après son retour à Porto-Ferrajo, il destitua le commandant Gottmann, et plus tard je parlerai d'une scène qui eut lieu à la suite de cette destitution.

III

BATAILLON CORSE.

Sans doute, à Porto-Ferrajo, la sécurité de l'Empereur pouvait raisonnablement être parfaite; mais quoiqu'il parût ne rien savoir des révoltes qui avant son arrivée avaient tant de fois ensanglanté le sol elbois, il était impossible qu'on ne lui en eût pas rendu compte, et alors, malgré que les circonstances eussent changé, que les anciens révoltés n'eussent maintenant rien à prétendre, la prudence voulait qu'il prît ses précautions contre la versatilité infiniment trop prouvée des populations effrénées de la partie occidentale du pays. Aussi, dès qu'il eut accompli la prise de possession de sa souveraineté, il fit venir auprès de lui trois cents hommes du bataillon franc, et personne ne fut étonné de cette mesure de prudence. La pensée de cette milice bourgeoise est qu'elle ne doit servir qu'à la garde des côtes, que tout autre service est un service extraordinaire, alors même qu'on l'élève au niveau de la troupe de ligne. Cette pensée n'est pas tout à fait erronée : l'institution du bataillon franc ne lui attribue qu'un service insulaire spécial. Mais cette spécialité doit être subordonnée aux circonstances qui par la force des choses obligent le bataillon franc à la coopération de tous les services. Ainsi lorsqu'il est le seul corps armé dans l'île, il faut qu'il soit partout à tout et que, bon gré, mal gré, il tienne garnison dans les places. C'est ce qui avait eu lieu à l'époque dont je viens de parler.

La garde impériale arriva. C'était beaucoup pour l'Empereur : c'était loin d'être assez pour occuper militairement Porto-Ferrajo et Longone. C'eût été peut-être s'exposer à des récriminations que d'ordonner au bataillon franc de s'associer rigoureusement à la tâche que la garde impériale devait remplir.

Mais les concitoyens de l'Empereur étaient là, debout, en observation. Ils considéraient l'île d'Elbe comme une succursale, comme un bien communal de la Corse : le vicaire général, le commandant de Porto-Ferrajo, le chef de la police secrète, le commandant de la police secrète, le commandant de la gendarmerie, le directeur de la poste, le capitaine de port, le lieutenant de l'*Inconstant*, étaient Corses, et, par l'intermédiaire de Madame Mère, toutes les avenues du pouvoir étaient corses. Cependant les Corses n'étaient pas satisfaits : il leur fallait davantage : on proposa de créer un bataillon corse. Le général Drouot n'était pas de cet avis, mais l'Empereur blâma l'opinion du général Drouot, et le bataillon corse fut créé.

Toutefois il ne suffisait pas de vouloir un bataillon pour

que le bataillon existât. Il fallait des soldats, des sous-officiers, des officiers, et l'Empereur décida : 1° que les Corses militaires qui recruteraient quarante hommes seraient capitaines; 2° que ceux qui recruteraient trente hommes seraient lieutenants; 3° que ceux qui recruteraient vingt hommes seraient sous-lieutenants, et 4° que ceux qui recruteraient dix hommes seraient sergents-majors. Le recrutement eut lieu immédiatement; aucun officier ne présenta son entier contingent; néanmoins, les *chasseurs Napoléon* furent organisés en bataillon. De suite, l'on arma et l'on équipa les présents.

Jamais les cadres de ce bataillon ne dépassèrent le tiers de leur nombre nécessaire.

L'Empereur prit alors le parti d'utiliser ce bataillon autant qu'il était possible de l'utiliser. Il le destina à recevoir les braves qui venaient partager son ostracisme.

Malheureusement le bataillon corse eut pour commandant le plus mauvais officier de la Corse, mauvais par son incapacité autant que par la bassesse de sa conduite. Le corps dut en venir à le dénoncer comme concussionnaire. Tout le mérite de cet homme était de porter le nom de l'une des familles notables de la Corse.

Un tel corps n'était pas fait à la subordination : il fallait souvent avoir recours aux peines disciplinaires; c'était désagréable pour l'Empereur; il le disait.

Les officiers corses recruteurs en engageant pour le service de l'Empereur ne parlaient que de choses magnifiques, et ceux qui s'engageaient en partant pour l'île d'Elbe croyaient partir pour la Terre promise. Un d'entre eux disait avec une espèce de dépit : « On nous avait fait croire qu'ici les cailles tombaient toutes rôties, mais ce n'est pas cela, et il nous faut décompter. » Ce bataillon n'aurait pas fait de vieux os à l'île d'Elbe. Il se serait dissous par la désertion.

Plusieurs soldats corses avaient déserté avec armes et bagages, et pris au moment où ils cherchaient à se procurer une barque pour retourner en Corse, ils furent conduits dans les prisons de Porto-Ferrajo ; un conseil de guerre les condamna à la peine de mort. Le bataillon corse fut ému de cette condamnation, il demanda la grâce des condamnés, l'Empereur la lui accorda. Cette grâce n'empêcha pas d'autres désertions ; elle y excita : une de ces désertions, plus considérable que les autres, obligea l'Empereur à ordonner qu'un fort détachement se portât sur les lieux où l'on présumait que ces déserteurs devaient s'embarquer, et le détachement se mit en route. La nuit arrivée, l'officier se dirigea vers l'ermitage de la Vierge des Grâces, et il demanda à parler à l'ermite. L'ermite, craignant que ce ne fût (*sic*) les déserteurs, refusa d'ouvrir ; l'officier qui commandait le détachement conclut que les déserteurs étaient renfermés dans l'ermitage ; dans cette pensée, il se disposa à faire enfoncer la porte, et l'ermite effrayé se hâta de faire sonner la cloche de la chapelle. Or cette cloche était le tocsin nocturne de la contrée, et, dès qu'ils l'eurent entendue, les paysans accoururent à l'ermitage. Le détachement fut bientôt cerné de toutes parts ; au lieu d'attaquer, il dut songer à se défendre, et peu s'en fallut que cette petite conflagration ne devînt très sanglante. Les paysans s'étaient d'autant plus facilement armés que dans la journée quelques-uns d'entre eux avaient été rançonnés par les déserteurs, et, avant la nuit, ils s'étaient réunis pour prendre des précautions de garantie mutuelle.

Ce fut encore un événement fâcheux pour l'Empereur. Lorsqu'on lui en fit le rapport, il dit avec un sentiment d'amertume : « Il vaudrait encore mieux une désertion générale que toutes ces désertions particulières ; car alors je saurais à quoi m'en tenir, et du moins je n'aurais plus à blâmer la conduite de ceux qui se considèrent presque comme mes proches (1). »

(1) Ces paroles de l'Empereur lui étaient dictées par les prétentions d'un grand nombre des officiers ou des personnages corses qui se faisaient présenter à lui et qui, presque tous, croyaient ou prétendaient avoir des

Nous touchions à l'époque de notre départ; sans cela le bataillon corse aurait été réorganisé; je le répète, il y avait à Porto-Ferrajo des militaires distingués, éprouvés, et sur lesquels l'Empereur pouvait compter. Le bataillon avait aussi des officiers très honorables qui auraient été des officiers distingués si l'Empereur leur avait donné un chef de haute capacité.

IV

COMPAGNIE D'ARTILLERIE.

Il m'a été impossible de me procurer le contrôle nominatif des canonniers qui composaient la compagnie d'artillerie de la garde impériale elboise. Le général Drouot ne l'avait plus, aucun des officiers ne l'avait conservé, cela m'afflige, car j'aurais voulu que la France pût connaître tous ces braves.

C'est à Fontainebleau que cette compagnie fut créée. Son berceau était un noble édifice de gloire et de dévouement. Aucun corps militaire ne méritait plus qu'elle d'être associé aux nouvelles destinées du héros qui se sacrifiait pour la patrie.

On avait demandé des canonniers de bonne volonté : aussitôt le nombre fut plus qu'au grand complet. On fit aussi un appel aux officiers d'artillerie : il en fallait quatre; dix se présentèrent. Un choix devint indispensable. Le général Drouot fut chargé de le faire. Il était beau d'accompagner l'Empereur, il était beau aussi d'être choisi par le général Drouot.

Les quatre élus furent :

---

affinités de famille avec Sa Majesté. Ce qui faisait souvent dire à Napoléon : « Il n'en serait pas de même si je n'étais qu'un simple et pauvre vétéran. »

MM. Cornuel, capitaine commandant;
Raoul, capitaine en second;
Blanc de Lacombe, lieutenant en premier;
Demons, lieutenant en second.

Le capitaine commandant Cornuel était un officier accompli. Son passé et son présent semblaient être les précurseurs d'un grand avenir. Sa vie toute neuve avait déjà des faits qui la mettaient au niveau des vieilles vies. On citait de lui beaucoup de belles choses. Ses camarades l'aimaient, tout le monde l'estimait. L'Empereur l'entourait de considération. Le général Drouot avait dit aux officiers choisis : « Votre courage et votre fidélité seront plus d'une fois mis à l'épreuve. » C'était ce qu'il fallait au capitaine Cornuel. Il bravait les épreuves parce que son âme était au-dessus des épreuves. A Porto-Ferrajo, l'Empereur lui accorda, ainsi qu'au capitaine Raoul, une distinction dont aucun capitaine de la garde ne fut honoré, l'entrée libre au palais impérial, et il le nomma directeur d'artillerie, commandant de son arme dans l'île. Le capitaine Cornuel ne profitait pas beaucoup de ses grandes et de ses petites entrées auprès de l'Empereur : il aimait mieux consacrer ses heures de loisir à la princesse Pauline. Au moment où nous quittâmes l'île d'Elbe, le capitaine Cornuel était très souffrant; mais dès que le signal du départ fut donné, son énergie prit la place de sa santé, et il suivit pour la seconde fois l'Empereur; ses forces physiques se soutinrent tant qu'il crut à des périls; mais lorsque l'Empereur fut entré à Paris, qu'il n'y eut plus de dangers à craindre, le mal du capitaine Cornuel empira, et bientôt l'heure dernière de cet excellent officier se fit entendre. Il venait d'être nommé lieutenant-colonel et directeur d'artillerie. Puisse la ville de Saint-Malo avoir honoré cette belle mémoire!

Le capitaine en second Raoul était fils du général Raoul, débris de cette armée de Sambre et Meuse qui a fourni des généraux à toutes nos armées et dont (*sic*) on semble ne presque plus se rappeler. Le vieux général Raoul n'aimait pas l'Empereur par la seule raison que l'Empereur n'avait pas été général de Sambre et Meuse ; il était courroucé de ce que son fils était allé à l'île d'Elbe. Néanmoins, au retour de l'île d'Elbe, ses sentiments paternels l'emportèrent sur tous les autres sentiments, et il se rendit à Paris. Le capitaine Raoul profita avec empressement de cette circonstance. Il présenta son père à l'Empereur ; l'Empereur séduisit le général Raoul, et le général Raoul, séduit, tout fier d'être le père de son fils, pardonna à l'Empereur de n'avoir pas été général de Sambre et Meuse et devint l'un de ses partisans les plus outrés. Le général Raoul avait élevé son fils dans toutes les rigueurs militaires : le capitaine Raoul avait été soldat dès sa plus tendre enfance, il fut presque grognard en arrivant au camp. Des rapports honorables avaient signalé sa bravoure ; son épée avait déjà de la valeur ; on comptait sur elle. Effet incompréhensible des miracles de la guerre de France ! Excepté parmi les hautes sommités de l'armée, gorgées de richesses et de grandeurs, personne ne comptait le nombre des ennemis, et les conscrits, après le baptême de feu, pouvaient de droit porter la moustache, car ils étaient capables de la défendre ; il n'y avait plus de conscrits. Le capitaine Raoul appartenait à cette pépinière polytechnicienne qui entoure nos drapeaux des meilleurs officiers qu'il y ait au monde. Le caractère connu du capitaine Raoul lui mérita une mission de confiance avant que la garde impériale quittât Fontainebleau : il fut envoyé à Orléans pour prendre en consignation le trésor de la liste civile de l'Empereur et les équipages de l'Impératrice. Il devait ensuite remettre le tout sous l'escorte de la garde impériale. A Orléans, il se trouva que d'autres dispositions avaient été prises. Lorsque le capitaine Raoul arriva à Porto-Ferrajo, l'Empereur le nomma directeur du génie militaire de l'île d'Elbe, et en même temps il le chargea du service des travaux publics, moins les travaux de la campagne de

Saint-Martin qui étaient spécialement confiés au lieutenant Larabit. Ses jours de l'île d'Elbe furent pleins; il peut les compter parmi ses beaux jours. L'Empereur l'entourait de confiance, il l'admettait dans son intimité. Proscrit par la Restauration, il fut d'abord au *Champ d'asyle*, et ensuite il commanda la division des vétérans à l'armée républicaine de Guatémala, qu'il quitta pour rentrer dans sa patrie lorsque la révolution de 1830 l'eut débarrassée des oppresseurs que l'étranger lui avait imposés. Le capitaine Raoul, de l'île d'Elbe, est aujourd'hui un de nos généraux distingués. Nous le retrouverons dans la marche immortelle du golfe Jouan à Paris.

Le lieutenant en premier Blanc de Lacombe s'était offert de bonne volonté pour partir; on comptait et l'on devait compter sur son départ. Cependant il ne partit pas : sa mère le détourna de l'engagement qu'il avait pris, quoique ce fût un engagement d'honneur. La Restauration récompensa le respect filial qui avait sacrifié la parole donnée. Du moins cet officier eut la pudeur de ne pas reprendre l'uniforme impérial pendant les Cent-Jours. On le considérait comme un bon militaire, comme un homme de bien; il est même à peu près certain qu'il n'aurait pas fait défaut à son nouveau poste si l'on n'avait pas trouvé à le remplacer. Mais il fut remplacé par un autre lieutenant en premier qui l'égalait en bravoure et le surpassait en talent : le lieutenant en premier Lanoue était digne de ses deux chefs Cornuel et Raoul. Brave comme la meilleure épée des braves, riche de savoir, d'esprit, d'amabilité, après avoir été martyrisé par les Bourbons, il a noblement rempli sa carrière, et il est mort honoré et honorable avec le grade de colonel. Je lui conserve un souvenir de sincère affection.

Le lieutenant en second Demons était un excellent officier pratique. Il fut nommé capitaine, fit tranquillement son service, et, après avoir reçu sa retraite, il s'éteignit dans la place de premier huissier de la Chambre des pairs.

La compagnie d'artillerie de la garde impériale elboise était partie de Fontainebleau avec quatre canons de huit, mais la longueur de la route, la difficulté du passage des Alpes et souvent le manque de moyens pour la traîner, décidèrent le général Cambronne à s'en séparer, et il les déposa dans une de nos forteresses.

V

L'HOPITAL.

Le général Drouot qui présidait à toutes les prises de possession présida aussi à celle de l'hôpital militaire, et il l'inspecta dans toutes ses parties; l'Empereur l'examina également avec une attention scrupuleuse. De cette inspection et de cet examen il résulta une nouvelle organisation.

L'Empereur nomma :

MM. Squarci, médecin;
    Émeri, chirurgien;
    Gatti, pharmacien;
    Vivier, directeur comptable;
    Soumaire, garde-magasin et commis aux entrées.

Tous les employés subordonnés furent désignés à la suite de ces nominations.

L'Empereur nomma également au conseil d'administration. Le général Cambronne, M. Lacour, commissaire des guerres, M. *(nom en blanc)*, capitaine d'infanterie de la garde, M. Lanoue, lieutenant d'artillerie de la garde, et M. le docteur Foureau de Beauregard en furent les membres titulaires; le général Cambronne était le président du conseil; le docteur Foureau de Beauregard était l'inspecteur de l'hôpital; le chirurgien du bataillon franc et celui du bataillon corse furent adjoints au chirurgien Émeri.

Le conseil d'administration se réunissait deux fois par mois, plus souvent lorsque le bien du service l'exigeait. Il se faisait sévèrement rendre un compte exact de tout ce qui se passait à l'hôpital ; les employés craignaient, ils marchaient droit. Jamais les malades ne furent mieux soignés. L'Empereur les visitait souvent.

On se plaignait généralement de l'hôpital civil : l'Empereur ordonna qu'il lui fût fait un rapport sur la tenue de cet hôpital. Il crut qu'il pouvait adoucir le sort des malades, il les fit transférer à l'hôpital militaire : la translation eut lieu avec les précautions les plus délicates ; les femmes eurent un local absolument séparé de celui des hommes. L'hospice civil fut supprimé.

- La police reçut l'ordre d'exercer la surveillance la plus rigide sur les maladies honteuses. Cette rigidité était d'autant plus nécessaire que Livourne était pour Porto-Ferrajo une sentine constamment dangereuse à cet égard.

VI

MARINE MILITAIRE.

L'Empereur songea à organiser sa marine militaire. Il n'avait pas pourtant beaucoup de confiance en elle, et il s'en serait passé s'il lui avait été possible de s'en passer, mais des bâtiments de guerre lui étaient indispensables.

Le brick *l'Inconstant* était un très bon navire, très bien gréé et très bien armé ; il portait en batterie dix-huit caronades de dix-huit. Il fallait chercher des hommes pour former son équipage. Rio ainsi que Marciana, les deux pays maritimes de l'île, n'en fournirent point, et l'on dut aller recruter à Capraja ou à Gênes. On eut peine à se procurer le nombre de matelots nécessaires même pour un faible armement. L'*Inconstant* n'eut jamais un équipage au complet : c'était un triste équipage.

L'enseigne de vaisseau Taillade, que l'Empereur avait fait lieutenant de vaisseau en lui donnant le commandement de l'*Inconstant*, navire amiral de la marine impériale de l'île d'Elbe, ressemblait assez à l'équipage du bâtiment qu'il montait : il n'y avait pas en lui l'étoffe d'un bon marin. Il parlait bien science navale lorsqu'il était à terre ou lorsqu'il naviguait vent arrière, bonnettes haut et bas, et les flots à peine agités. Mais lorsqu'il y avait tempête, le commandant Taillade abandonnait le commandement à ses subordonnés, et allait dans sa cabine attendre le retour du beau temps. Le commandant Taillade était loin de ressembler à un loup de mer. Ajoutons un vice que ses camarades lui reprochaient sans cesse : le commandant Taillade ne songeait qu'à lui ; dans l'excès d'un égoïsme de tous les temps et de toutes les circonstances, il ne comprenait bien que le moi. L'Empereur ne fut jamais content du service de cet officier, mais il fallait avoir dix torts pour que l'Empereur se décidât à en punir un seul, et il garda le commandant Taillade jusqu'au bout.

L'Empereur avait accueilli avec empressement un aspirant de première classe qui, parti de Toulon où il avait refusé de donner son adhésion au gouvernement de la Restauration, venait lui offrir son épée et le nomma enseigne. Puis il le plaça en second à bord de l'*Inconstant*. On l'appelait Sarri : il était Corse ; l'aspirant Sarri, devenu enseigne second sur le brick amiral, était un élève de l'École militaire de Saint-Cyr, et il comptait déjà près de six années de service maritime. Toutefois, il n'avait pas encore atteint à sa vingt-quatrième année d'âge. On le considérait comme un jeune homme capable.

Il y avait encore deux autres officiers sur l'*Inconstant* : l'enseigne auxiliaire Morandi, marin pratique fort recommandable ; l'enseigne auxiliaire Forcioli, dont on disait du bien.

L'*Inconstant* se trouva organisé autant que les circonstances avaient permis de l'organiser. Chose remarquable dans la destinée du brick *l'Inconstant*, il avait été construit à Livourne et avec les matériaux qu'un entrepreneur de bois de construction avait par testament donnés à l'Empereur, de telle sorte que l'Empereur était doublement propriétaire de son vaisseau amiral.

L'Empereur acheta un chebec marchand, appelé l'*Étoile*, qu'il fit à peu près armer en guerre et dont il donna le commandement à l'enseigne auxiliaire Richon, homme de cœur et de dévouement. L'enseigne Richon n'avait pas servi dans la marine militaire, ce n'était pas un officier de théorie, mais il était parfait pour l'accomplissement des devoirs qui lui étaient imposés, et l'Empereur pouvait compter sur lui.

Le second de l'enseigne Richon, l'officier Rouverro, était un marin de confiance, et il remplissait bien sa petite tâche.

Puis venait l'espéronade *la Caroline*, qui avant l'arrivée de l'Empereur servait de courrier pour les communications avec la Toscane par Livourne, et à laquelle l'Empereur fit continuer le va et le vient selon l'usage adopté.

Un excellent patron de Porto-Ferrajo, Gallanti, commandait la *Caroline*, et le jeune Gallanti son fils lui servait de second : c'étaient de bien braves gens. Telle était l'armée navale de l'île d'Elbe.

Le brick *l'Inconstant* était chargé de missions importantes. Le chebec *l'Étoile* ne servait qu'aux besoins matériels. Ainsi ce sont les seuls voyages de *l'Inconstant* qu'il importe de lier à la vie de l'Empereur. Je vais donc les suivre l'un après l'autre sans désemparer.

Le brick *l'Inconstant* partit pour Gênes : c'était au mois de juillet. Il avait à bord le capitaine Hurault de Sorbée. Il avait aussi un valet de chambre de l'Empereur. M. Cipriani et ces deux personnes débarquèrent dès l'arrivée du brick à sa destination. Le capitaine Hurault de Sorbée allait remplir une mission auprès de l'impératrice Marie-Louise; le valet de chambre allait en courrier à Vienne. C'était du moins le mandat ostensible.

A Gênes, le peuple en général accueillit parfaitement l'équipage de l'*Inconstant,* et M. de Palavicini en particulier se montra empressé de soins pour l'état-major.

L'*Inconstant* embarqua des moutons, des vaches, des arbres, des habillements, et il semblait que le commandant Taillade n'avait plus rien à faire, cependant il ne se disposait pas à partir : ce n'était pas sans raison. Des Milanais arrivèrent à Gênes : ils prirent passage sur l'*Inconstant*. L'*Inconstant* appareilla de suite : une fois en mer, ces passagers avouèrent, sans se contraindre le moins du monde, qu'ils étaient envoyés par les patriotes italiens pour faire des propositions à l'Empereur, et ils ne demandèrent pas qu'on leur gardât le secret. Néanmoins, une fois débarqués, ils ne se montrèrent nulle part, et l'Empereur les reçut deux fois en audience particulière. Il ne serait pas impossible que ces messagers italiens ou se disant tels ne fussent les mêmes personnages qui parlèrent à l'Empereur le jour de son entrée solennelle à Porto-Ferrajo, et qui partirent immédiatement après l'avoir entretenu.

Dès le retour du brick *l'Inconstant*, le bruit se répandit que, pendant son séjour à Gênes, le commandant Taillade n'avait jamais osé porter la cocarde elboise, et l'Empereur s'assura que le fait était vrai, ce qui ne l'amusa pas. C'était d'autant plus mal de la part du commandant Taillade que ses officiers lui avaient donné l'exemple de l'accomplissement de ce devoir.

L'*Inconstant* remit à la voile pour Civita-Vecchia. C'était en août. J'ai dit que le peuple de cette ville avait été bien pour les bâtiments de Rio, même alors que l'autorité locale avait refusé de reconnaître la nouvelle bannière de l'île d'Elbe. Il en fut autrement à l'égard du brick de l'Empereur : on insulta l'équipage, on chercha à faire émeuter la plus vile populace, et le gouverneur détourna la tête jusqu'à ce que sa responsabilité fût mise en cause par une protestation accusatrice. Ce gouverneur s'appelait Pacca. On ne pouvait guère donner suite à cette protestation, car le commandant Taillade avait comme le gouverneur laissé maltraiter ses matelots, et enveloppé dans sa redingote, le chapeau rond sur la tête, il ne s'était préoccupé que de pouvoir tranquillement retourner à bord. La course à Civita-Vecchia n'avait d'autre but que de faire parvenir avec sûreté des dépêches adressées à une personne de confiance. Le brick retourna vite à Porto-Ferrajo.

Quelques jours après son arrivée, l'*Inconstant* remit à la voile pour Gênes, porteur d'une autre correspondance et ayant à son bord une dame polonaise. Le séjour à Gênes ne fut pas long : le capitaine Loubert, qui, depuis quelque temps, était dans cette ville pour y faire confectionner des habillements militaires, prit passage sur le brick et revint à l'île d'Elbe. En entrant à Gênes, un vaisseau anglais qui stationnait à l'embouchure du port demanda à visiter l'*Inconstant*, et sur la réponse que, portant le drapeau impérial de l'île d'Elbe, bâtiment de guerre, le brick ne subirait l'humiliation d'une visite que lorsqu'il y serait contraint par la force, le commandant britannique ne poussa pas plus loin la déraison de son exigence. Néanmoins, lorsque le capitaine Taillade appareilla pour partir, le commandant anglais lui envoya un officier, et le commandant Taillade, après avoir reçu cet officier, le fit descendre dans sa chambre, et là ils restèrent ensemble plus d'une demi-heure : personne ne put savoir ce qui s'était passé entre eux. La traversée de retour fut marquée par un grand coup de vent du nord. Le commandant Taillade justifia l'opinion que l'on avait sur son compte : il resta couché pendant toute la durée du mauvais temps. Le capitaine Loubert disait en riant qu'il se croyait plus marin que lui. Il est vrai qu'il y a eu des marins qui ont navigué toute leur vie sans pouvoir parvenir à vaincre le mal de mer. Mais ces marins, lorsqu'ils étaient bons marins, supportaient leur mal sur le tillac, et ils n'allaient pas s'allonger dans leur couchette pour vider leur estomac.

L'*Inconstant* alla à Longone, où l'Empereur s'embarqua pour la Pianosa : le voyage dura deux jours, le vent souffla vigoureusement. Le brick dut attendre l'Empereur en louvoyant à l'abri du cap Calamita. On rentra à Porto-Ferrajo.

L'*Inconstant* dut retourner à Civita-Vecchia ; de là, aller à Naples. Il avait à bord, recommandée par l'Empereur au commandant Taillade, Mme Blachier, fille du comte Fachinelli de Mantoue, et femme du commissaire des guerres ; Mme Blachier était dame d'honneur de Madame Mère ; Madame Mère l'envoyait au-devant de la princesse Pauline qui devait revenir à l'île d'Elbe montée sur l'*Inconstant*. Mme Blachier jouissait d'une belle réputation justement méritée : le commandant Taillade crut pouvoir impunément manquer de respect à la dame que l'Empereur avait confiée à sa délicatesse ; Mme Blachier l'arrêta dès sa première hardiesse ; elle en appela à l'état-major, et l'état-major veilla sur elle. Le commandant Taillade dut forcément se contraindre.

L'*Inconstant* resta peu à Civita-Vecchia : il n'avait qu'à remettre des dépêches. La correspondance avec Rome était active et paraissait importante. De Civita-Vecchia, le brick fit voile vers Naples. Il alla mouiller sur la rade de Baïes : il y resta vingt jours. Après, il reçut l'ordre d'aller à Portici embarquer la princesse Pauline, et le commandant Taillade obéit à cet ordre. Toutefois, il n'eut pas besoin de mouiller devant Portici ; la princesse Pauline vint à sa rencontre, il la reçut en pleine mer. De Civita-Vecchia à Baïes, un convoi napolitain, poursuivi par un corsaire barbaresque, s'abrita sous la bannière elboise, et cela valut au commandant Taillade une croix du roi Murat. Le séjour prolongé de l'*Inconstant* sur la rade de Baïes, au lieu de le faire séjourner avec plus de sécurité et avec plus d'agrément dans le port de Naples, suivi de l'embarquement de la princesse Pauline en pleine mer, semblait cacher quelque mystère : on cherchait à éviter les regards du public. Le retour à l'île d'Elbe fut heureux. Nous étions en fin octobre.

On ébruita la conduite plus qu'inconvenante du commandant Taillade envers Mme Blachier : on crut qu'il y aurait punition. Mais l'Empereur était censé ne pas savoir ce qui s'était passé à cet égard. Le général Drouot se chargea d'infliger le blâme que le commandant Taillade avait mérité.

Dans le courant de décembre, le mois déjà avancé, l'*Inconstant* retourna à Civita-Vecchia pour y prendre M. Ramolini, parent de l'Empereur, et il en repartit le 4 janvier. Dans la nuit du 5 au 6, par le travers de l'île de Gianutti, l'*Inconstant* essuya un coup de vent épouvantable, dut mettre à la cape sous la voile de misère, et avec une mer qui déferlait de toutes parts, au milieu de périls imminents, il atteignit le golfe de Saint-Florent et mouilla à l'endroit qu'on appelle la Calcina. Trois heures après que le brick était au mouillage, le colonel Perrin, ancien émigré, aide de camp du général Brulart, accompagné du commandant de la place de Saint-Florent, M. Albertini, vint de Bastia pour savoir au nom de son général quel était le motif de la venue de l'*Inconstant* en Corse. La demande était oiseuse, car le mauvais temps durait encore, et d'ailleurs le délabrement du navire parlait à tous les yeux intelligents. Le commandant Taillade accueillit l'aide de camp et le commandant de place; il les engagea à descendre dans la chambre du navire. Le commandant de la place de Saint-Florent était resté Français impérial, même en servant les Bourbons : il profita du mouvement de politesse pour faire un signe significatif qui recommandait une grande réserve avec le colonel Perrin. Il resta sur le tillac avec l'enseigne Sarri, son compatriote, et, débarrassé de la présence de son compagnon, il parla librement : l'aide de camp et le commandant Taillade restèrent assez longtemps tête à tête. Les deux visiteurs retournèrent à terre. Le commandant Taillade et son second, l'enseigne Sarri, les suivirent de près pour leur rendre la visite qu'ils en avaient reçue, et ils allèrent d'abord à l'aide de camp colonel. La conversation du colonel Perrin avec le commandant Taillade dura environ trois heures; l'un et l'autre étaient Français, du moins de naissance, et pourtant sans aucun égard pour les personnes qui les entouraient, ils ne parlèrent absolument que la langue anglaise. Le vent entra dans le golfe, et son impétuosité causa beaucoup de dégâts : l'*Inconstant* eut une embarcation chavirée. Cet incident fit que le colonel Perrin retint à dîner le commandant Taillade et l'enseigne Sarri; après le dîner, le colonel Perrin monta à cheval pour aller rendre compte, et le commandand Taillade, ainsi que son second, retournèrent à bord.

Le lendemain matin, de très bonne heure, la frégate française (*nom en blanc*), commandée par le capitaine de vaisseau Duranteau, vint mouiller bord à bord de l'*Inconstant*, et une heure après, le capitaine de frégate (*nom en blanc*), officier de la garde, second du capitaine de vaisseau Duranteau, se rendit à bord du brick, et il y fut reçu comme un officier de distinction. L'enseigne Sarri alla ensuite à la frégate; le capitaine de vaisseau Duranteau l'accueillit avec beaucoup de bienveillance. Néanmoins, le voisinage de la frégate n'était pas une chose rassurante : tout l'équipage du brick fut consigné : personne ne descendit plus à terre; on travailla à réparer le mal fait par la bourrasque. Mais n'oublions pas plus longtemps M. Ramolini : M. Ramolini, malgré le changement radical de gouvernement, malgré sa parenté impériale, était encore directeur des droits réunis à Ajaccio, et il désirait conserver son emploi. Il désirait aussi voir son auguste parent, le souverain de l'île d'Elbe. Or, pour faire marcher ses affections avec ses intérêts, il se décida à partir sans en avertir personne, espérant que, puisqu'il ne disait rien à personne, personne ne saurait rien. Il ajouta à cette précaution, afin de dérouter les curieux, d'aller à Porto-Ferrajo en passant par Livourne, Florence, Rome et Civita-Vecchia. L'adresse ne put rien contre les décrets éternels : le brave homme était revenu presque à son point de départ; sa peur était extrême, il croyait toujours qu'on allait le découvrir et le pendre. Son cœur fut un peu soulagé lorsque le commandant Taillade défendit toute communication avec la terre. On mit près d'une semaine pour se réparer entièrement : cette semaine parut à M. Ramolini avoir la durée d'un siècle. Le commandant de la place, M. Albertini, pria le commandant Taillade de prendre sur le brick un cheval dont il faisait hommage à l'Empereur, et le pauvre cheval, victime d'une nouvelle tempête, périt avant d'être parvenu à sa destination. Le général Brulart avait plus d'aides de camp qu'il n'avait gagné de batailles, et pendant le séjour de l'*Inconstant* au golfe de Saint-Florent, l'on remit à l'enseigne Sarri, qui, comme Corse, inspirait plus de confiance que le commandant Taillade, une note dans laquelle on prévenait l'Empereur que l'un des aides de camp du général Brulart avait dit bien des fois dans un cercle légitimiste qu'il voulait tuer Bonaparte, et cet avis n'était pas sans fondement, puisque l'Empereur l'avait déjà reçu par une autre voie de grande confiance. Cet aide de camp était sans doute le même qui avait eu l'effronterie de se montrer à Porto-Ferrajo : peut-être appelle-t-il cela du courage! Cet officier, en allant à l'île d'Elbe, rendait un hommage solennel au noble caractère des compagnons de l'Empereur, et cet hommage était mérité. Le commandant Taillade ne laissa pas à Saint-Florent la réputation d'être dévoué à l'Empereur, car, en se séparant du colonel Perrin, il parlait beaucoup de la proposition qu'on lui faisait de rentrer en France, où il serait confirmé dans le grade de lieutenant de vaisseau, et il semblait n'être arrêté que par la crainte qu'on lui manquât de parole..

On mit à la voile par un temps favorable. L'*Inconstant* n'était vraiment pas heureux dans ses traversées : à peine eut-il repris la pleine mer, que le vent passa au sud-ouest grand frais et qu'il fallut diminuer de voiles. Le commandant Taillade se dirigea sur Porto-Ferrajo. Il faisait nuit, mais le phare du port brillait : cependant l'on avoisina tellement la côte que l'on dût forcément passer entre l'île et un rocher appelé *Scoglietto*, détroit très dangereux, et dont, même de jour, les plus petits bâtiments du pays ne profitent qu'à la dernière extrémité. Il paraît qu'on ne s'était pas rappelé cet écueil, de telle sorte que le brick aurait pu facilement aller s'y briser. Échappé à ce risque, au lieu de ranger le plus possible à tribord pour aller prendre le bon mouillage, le commandant Taillade poussa à pleine voile dans la rade, et lorsqu'il s'aperçut qu'il était sous le vent du meilleur poste, il voulut essayer de faire une bordée afin de regagner ce qu'il avait perdu; malheureusement, le brick refusa de virer de bord. Alors force fut de mouiller les deux ancres; ces deux ancres auraient dû être pennelées; on ne prit pas cette précaution essentielle; il devint impossible d'avoir recours à l'ancre d'espérance. Le vent était entré furieux, le brick passa la nuit sur les ancres; on cala les mâts; on descendit les vergues : tout cela n'empêcha pas les ancres de déraper. On tira le canon de détresse ; à la pointe du jour, le danger était imminent. Les vagues jetaient le brick sur les rochers de Bagnajo où tout le monde aurait pu périr, et, dans cette situation horrible, saisissant le moyen qui seul semblait offrir une planche de salut, on coupa les câbles pour aller échouer sur le rivage de la baie voisine. Le brick échoua. Personne ne périt. La mort du cheval fut la seule qui marqua cette catastrophe. M. Ramolini ne mourut pas, mais il se crut tout près de sa dernière heure, et lorsqu'il eut le pied sur le rivage, sa première pensée fut de se mettre à genoux pour remercier Dieu de l'avoir sauvé.

Le naufrage de l'*Inconstant* devint la triste nouvelle de l'île d'Elbe. Le commandant Taillade n'était pas aimé : on critiqua tout ce qu'il avait fait comme ce qu'il n'avait pas fait. Le blâme fut universel, il y eut exagération. Un navire étranger avait mouillé peu après le brick *l'Inconstant,* mais il avait mouillé au bon mouillage, et il ne lui était rien arrivé de sinistre, fait duquel on tirait des conséquences contre le commandant Taillade. On lui reprochait de n'être pas descendu le dernier à terre, d'y être descendu avec sa cassette à la main. S'il avait été aimé, on n'aurait songé qu'à le plaindre, et tout le monde se serait fait un devoir de le consoler.

Au premier coup de canon de détresse, l'Empereur sauta de son lit, et, cinq minutes après, il était à cheval. Il mit bien peu de temps pour franchir l'espace qui le séparait de la baie de Bagnajo. Un triste spectacle s'offrit à ses regards : le brick *l'Inconstant* n'ayant que le grand mât, le mât de misaine, le mât de beaupré, tous trois confusément couverts des manœuvres courantes de la mâture générale, gisait sur le rivage et était abattu du côté de terre. Le foc, qui avait heureusement servi à la dernière manœuvre, semblait insulter aux vents et les flagellait de ses lambeaux; les vagues se brisaient avec fureur sur les flancs du navire naufragé. L'*Inconstant* était menacé d'être bientôt réduit en pièces : l'équipage, presque nu malgré la rigueur de la saison, se livrait avec zèle à l'œuvre du sauvetage et ne songeait même pas à se plaindre.

L'Empereur me fit appeler : j'étais en route pour me rendre auprès de lui. Je le trouvai profondément ému, il me dit seulement : « Venez vous pénétrer de ce triste tableau. » Un temps infini s'écoula sans qu'il m'adressât encore la parole. Enfin, il me demanda si l'on avait eu soin des matelots. Il me demanda aussi si l'on avait fait l'appel pour s'assurer que personne n'avait péri. L'Empereur évitait avec intention d'en-

CHAPITRE VII.

tretenir le commandant Taillade, mais lorsqu'il lui parlait, c'était sans amertume. Le commandant Taillade ne paraissait pas même ressentir une légère douleur d'épiderme moral ; l'enseigne Sarri était attristé.

Durant la matinée, on pouvait craindre que la continuation du mauvais temps n'empêchât de remettre l'*Inconstant* à flot, mais le vent se calma, la mer fit comme le vent. On remarqua que l'Empereur avait quitté silencieusement le lieu du désastre. Dès que cela fut possible, on releva le brick, on le remorqua dans le port, l'on s'occupa avec empressement de le réparer. Vingt jours après, il était de nouveau à même de remettre en mer.

La loi maritime de tous les pays qui ont une marine militaire prescrit la mise en jugement de tous les commandants de bâtiments de guerre qui font naufrage, et cette loi, sauvegarde des intérêts de l'État comme de l'honneur des officiers, est ordinairement exécutée avec ponctualité. A l'île d'Elbe, il n'y avait aucun moyen de constituer un conseil de guerre composé d'officiers de marine, et cette impossibilité empêcha l'Empereur de faire juger le commandant Taillade. A défaut, l'Empereur ordonna une enquête sur le naufrage du brick *l'Inconstant*, et le général Drouot en fut chargé. A la suite de cette enquête, l'Empereur ôta le commandement du brick à M. Taillade, et il le conserva cependant lieutenant de vaisseau en activité de service. Personne ne trouva qu'il y avait de la rigueur dans cette décision impériale. Des officiers de l'*Inconstant* assurèrent même qu'elle n'était pas assez sévère ; ils prétendaient que le commandant Taillade n'était monté sur le pont qu'à la dernière des extrémités.

Il y avait alors environ un mois qu'un officier de marine venu de Toulon était arrivé à l'île d'Elbe pour offrir ses services à l'Empereur, et que l'Empereur lui avait donné de l'emploi. Cet officier se nommait Chautard, il se disait lieutenant de vaisseau ou capitaine de frégate, et l'Empereur ne lui demanda pas la preuve officielle du titre qu'il prenait. Ce M. Chautard était un ancien pilote de la marine royale ; il avait émigré avec la masse des Toulonnais en 1793; plusieurs années après, le général Brune, ensuite le général Joubert, lui confièrent le commandement de la division navale attachée spécialement à l'armée d'Italie, et il dut faire sa résidence à Peschiera sur le lac de Guarda pour être personnellement à la tête de l'importante flottille qu'il y avait sur ce lac; il se fit destituer. Je fus chargé de le remplacer. M. Chautard avait une réputation de savoir, mais il paraît que l'émigration l'avait extrêmement usé, et s'il pouvait être vrai que, dans un temps déjà reculé, il eût eu réellement du talent, il n'en avait presque pas gardé le souvenir. M. Chautard n'avait alors rien qui l'élevât au-dessus d'un homme ordinaire. C'est cependant lui que l'Empereur nomma en remplacement de M. Taillade. L'un ne valait pas plus que l'autre ; aucun des deux ne pouvait convenir et ne convenait à l'Empereur ; l'Empereur les subissait. Toutefois, il est vrai de dire que, malgré sa suffisance vaniteuse, le lieutenant Taillade représentait mieux que le commandant Chautard, et que, dans un cercle étranger à la marine, il aurait par la parole vingt fois écrasé son successeur au commandement du brick. Le commandant Chautard avait les qualités de camarade que le lieutenant Taillade n'avait pas.

Le lieutenant de vaisseau Taillade n'était pas au bout de son rôle. Il était hardi de langage jusqu'à l'effronterie ; rien ne pouvait lui faire baisser les yeux. Son malheureux naufrage n'avait apporté aucune modification à son malheureux caractère ; il était plus osé que jamais. Sans doute la perte de son commandement devait lui être pénible ; mais il brisa toutes les barrières de la prudence, et dans une fièvre d'amour-propre blessé il s'appliqua à vomir des milliers d'infamies contre l'Empereur. Ses calomnies allèrent si loin, furent si éhontées, si publiques, qu'il y eut plusieurs rapports adressés à l'Empereur : un de ces rapports conseillait à l'Empereur de renvoyer M. Taillade de l'île. L'Empereur répondit : « Cet officier est marié dans l'île; le renvoyer, ce serait renvoyer sa femme, et la mesure produirait un très mauvais effet; il vaut encore mieux lui laisser épuiser le fiel de sa destitution. » Néanmoins, le général Drouot fut chargé de lui recommander d'être plus circonspect à l'avenir. Mais M. Taillade ne tint aucun compte de cette recommandation, et il continua à vociférer. Cela en vint au point que le plus indulgent de tous les hommes, le général Drouot, dans une indignation profonde, alla une seconde fois trouver M. Taillade, et lui déclara sévèrement que ce serait lui, lui général Drouot, qui, en sa qualité de gouverneur général de l'île, le renverrait sur le continent, s'il continuait à se dégrader. M. Taillade comprit qu'il devait changer de conduite, du moins publiquement. L'Empereur ne voulait sans doute pas porter la perturbation dans la famille adoptive de M. Taillade, mais, il faut le dire, ce n'était pas la seule chose qui l'empêchait d'infliger une punition parfaitement méritée. Il craignait les bruits que M. Taillade pourrait répandre en France, et il avait raison. Nous touchions au départ de l'île d'Elbe.

L'Empereur ne se hasarda plus à donner des missions maritimes. Il avait bientôt apprécié le commandant Chautard; il voyait que le commandement de l'*Inconstant* n'était pas en bonnes mains. L'enseigne de vaisseau Sarri lui aurait mieux convenu; mais cet officier était encore fort jeune, et sa jeunesse ne permettait pas qu'on lui confiât des missions auxquelles mille circonstances imprévues pouvaient donner une importance grave et compliquée.

J'ai dit le bien que je pensais de l'enseigne Richon. L'enseigne Richon pouvait avoir des prétentions au commandement du brick *l'Inconstant*. L'Empereur eut même un moment l'intention de le lui confier, et une sage réflexion l'arrêta. L'enseigne de vaisseau Richon avait passé sa vie dans la marine marchande; l'habitude militaire lui manquait : elle était absolument indispensable pour le commandement d'un bâtiment de guerre dont l'équipage, appartenant à plusieurs nations, avait sans cesse besoin d'être contenu par une discipline sévère. M. Richon était beaucoup mieux à sa place dans le commandement du chebec *l'Étoile*, d'armement mixte, et aussi il n'y eut jamais aucun reproche contre lui. Il avait trouvé l'heureux secret de se faire généralement aimer.

CHAPITRE VIII

L'IDÉE DU RETOUR EN FRANCE.

I. — Les trois lettres. — Lettre de Masséna. — Lettre de Cambon. — Pourquoi Cambon ne fut pas ministre de l'Empire. — Une lettre anonyme de la direction de la police.
II. — Une lettre de Verdun. — L'opinion populaire. — Le plan de campagne d'un caporal marseillais.
III. — Départ de l'île d'Elbe. — Projet de transport de Napoléon à Sainte-Hélène. — Inexécution du traité de Paris. — Projets ou tentatives d'assassinat. — Formation d'une flottille expéditionnaire. — Provocations. — Circulation de la flotte marchande elboise. — Lucien Bonaparte. — Visite de Mme Walewska. — Fleury de Chaboulon. — Les jardins de la garde. — Le jour du départ. — Le gouverneur général de l'île d'Elbe. — L'embarquement.

I

LES TROIS LETTRES.

J'avais reçu trois lettres qui, sans être d'une haute importance, avaient chacune un caractère remarquable et fort piquant pour la position dans laquelle je me trouvais. Le général Drouot était chez moi lorsqu'on me remit mon courrier. Je n'avais rien de mystérieux dans ma conduite; je lus devant le général Drouot.

La première de ces lettres était une réponse affectueuse du maréchal Masséna. Elle ne contenait qu'une chose qui pût prêter à des commentaires; le maréchal Masséna me disait : « Vous êtes heureux de pouvoir vivre tranquille. »

La seconde était une lettre de patriotisme et d'amitié écrite par Cambon, le républicain le plus pur de la *Convention nationale*.

La troisième était anonyme. Encore brouillé avec l'Empereur, j'avais écrit au général Dalesme pour lui confier mes sujets de plainte, et ma lettre était déjà vieille. Je n'en attendais plus de réponse, cependant j'en reçus une; elle était timbrée de Paris et faite par un employé de la police générale. J'avais parlé allégoriquement à mon ami, je lui avais dit « que le berger ne ménageait pas les vieux moutons, et que les vieux moutons finiraient par quitter le troupeau ». Ma fiction n'était pas bien difficile à deviner. M. l'employé de la police me donnait des leçons : c'était un impérial de bon aloi; il m'engageait dans mon propre intérêt à ne plus me plaindre du héros, et surtout à ne plus confier mes plaintes à la poste. La mercuriale partait du cabinet même du préfet de police; ce qui prouvait que l'Empereur avait encore des partisans zélés dans cet antre de Cacus.

Le général Drouot avait parlé de mon courrier à l'Empereur. L'Empereur me demanda si je voulais le lui communiquer, et je fus de suite le lui chercher.

L'Empereur allait donc savoir comme quoi je l'avais accusé, mais il y aurait eu de la lâcheté à me désavouer; et avec la lettre de la police, je pris copie de la mienne au général Dalesme. Je trouvai le général Drouot qui venait m'engager à ne pas mettre de côté la lettre anonyme, et je fus bien aise d'avoir prévenu son conseil.

J'arrivai chez l'Empereur, mon courrier à la main, et l'Empereur prit d'abord la lettre du maréchal Masséna. Cette lettre avait été décachetée : je le fis observer à l'Empereur, cela ne l'étonna pas; je crus et je crois encore qu'il l'avait lue avant moi. Toutefois, il l'examina avec beaucoup d'attention; après l'avoir bien examinée, il me la rendit en me disant : « Le prince d'Essling n'est pas content, en voilà la preuve », et il m'indiqua du doigt le point d'admiration qui couronnait ces paroles : « Vous êtes heureux de pouvoir vivre tranquille ! » J'avoue que je n'avais pas eu la pénétration de l'Empereur. L'Empereur me parla beaucoup du maréchal Masséna : aucun mot ne lui échappa à l'égard de leur brouillerie. J'ai retenu ces paroles qu'il prononça d'effusion : « Rien n'est plus martial que sa figure dans un moment de danger. »

La lettre de Cambon me parut frapper l'Empereur. Il la parcourut d'abord avec rapidité, puis il la lut en la méditant. Cambon s'épanchait dans le sein de l'amitié : il parlait avec son âme de feu. Ses opinions politiques étaient diamétralement opposées au système impérial. Toutefois, il n'insultait pas à la grande chute de l'Empereur, loin de là : « Il professait beaucoup de respect pour cette immense infortune. » Ce sont ses paroles. Mais après le sentiment venait le pays : Cambon me disait que « l'Empereur ne serait pas tombé s'il avait eu autant d'amour pour la liberté qu'il en avait eu pour la patrie...; que l'Empereur s'était fait une fausse patrie, une patrie de grandeur monarchique au lieu de se faire une patrie de grandeur plébéienne; que maintenant il devait bien se repentir d'avoir échangé son faisceau pour un sceptre, qu'il était bien plus grand comme consul que comme empereur ». Mais dans cette noble expansion rien ne portait l'empreinte de l'amertume ; Cambon me disait : « Je ne suis pas fâché que tu sois auprès de lui, parce que je suis sûr que tu seras toujours toi. » Ensuite, il tombait sur les Bourbons : « Nous les avions expulsés de notre pays de France; maintenant ils s'expulsent eux-mêmes du cœur des Français. Ce sont des esclaves de l'Angleterre, ils n'ont de vie que par et pour l'Angleterre. Cela ne peut pas durer. »

Je ne cite de cette lettre, type épuré de civisme, que les choses qui peuvent le plus exciter l'attention de mes lecteurs. En ce qui le concernait, l'Empereur se borna à m'observer que « Cambon pouvait avoir raison de son point de vue particulier, mais non pas du point de vue général, et que, d'ailleurs, celui qui tenait la queue de la poêle était toujours le plus embarrassé ». Je dis à l'Empereur qu'il me semblait, au contraire, que Cambon ne parlait qu'en principe : il me laissa dire sans me répondre. Lorsqu'il en fut aux Bourbons, l'Empereur trouva que Cambon était plein de pénétration, que c'était un homme d'expérience qui avait mis la main à la pâte et dont les paroles devaient être prises en grande considération. Le *Cela ne peut pas durer* lui parut une prophétie. Il trouva que je devais être fier d'avoir un tel ami.

Puis l'Empereur me dit à propos de Cambon : « Avant d'appeler Gaudin au ministère des finances, je l'avais consulté et je lui avais confié mes idées financières. Je fus fort étonné lorsque Gaudin m'assura que Cambon était l'homme qui convenait le plus à mes projets. Je croyais à la loyauté de Gaudin; je le chargeai d'écrire à Cambon. Il écrivit, Cambon lui répondit : « *Ton patron ne veut qu'un commis, je ne puis pas lui convenir.* » Ce qui n'était pas fort poli. » L'Empereur fut ébahi lorsque je lui appris que c'était Cambacérès et non pas Gaudin qui avait écrit à Cambon, que Cambon lui avait répondu : « Les finances de l'État marchent forcément selon les principes du chef de l'État, les principes du chef de l'État ne sont pas les miens. Nous ne serions pas plus d'accord en finances qu'en politique. Merci donc de ton souvenir et de ta bonne opinion. » D'ailleurs, Cambacérès n'avait pas offert positivement le ministère. Il paraît qu'on n'avait pas tout dit au premier consul. Cambon aimait beaucoup Gaudin, il aurait peut-être suivi les conseils que Gaudin lui aurait donnés; c'étaient deux hommes faits pour s'estimer réciproquement : Cambon avait été la pureté des finances de la République, Gaudin fut la pureté des finances de l'Empire. Tous deux ont bien mérité de la nation française.

Venait la réponse de la police : je priai l'Empereur de lire d'abord ma lettre que je lui remis; il me sut gré de cela et il me rendit la lettre qui n'était qu'une copie sans même l'avoir regardée. Il ne me dit pas un seul mot de mes plaintes. Il pensa comme moi que cette réponse sortait du cabinet du préfet de police. Il prononça ces mots avec une espèce d'énergie de conviction : « J'ai des partisans partout où il y a des gens de bien. Car j'ai toujours été leur protecteur. »

Je puis me tromper, — mais si je me trompe, je ne me trompe guère, — et d'ailleurs mon opinion toute personnelle ne peut en aucune manière faire le moindre mal à qui que ce puisse être : c'est du *Cela ne peut pas durer* de Cambon, que s'échappe la première pensée du départ de l'île d'Elbe.

II

L'OPINION PUBLIQUE.

Après ces lettres graves il en arriva une autre adressée à un grenadier de la garde, et qui, malgré son langage un peu burlesque, disait cependant des choses d'une haute gravité. Cette lettre portait le timbre de Verdun. C'était une mère qui répondait à son fils. Je copie littéralement :

« Je t'aimons ben plus, depuis que je te savons auprès de not' fidèle empereur. C'est comme ça que les honnêtes gens font. Je te croyons bien qu'on vient des quatre coins du monde pour le voir, car ici l'on est venu des quatre coins de la ville pour lire ta lettre, et qu'un chacun disiont que t'es un homme d'honneur. Les Bourbons ne sont pas au bout et nous n'aimons pas ces messieurs. Le Marmont a été tué en duel par un des nôtres, et la France l'a divorcé. Je n'avons rien à t'apprendre, sinon que je prions Dieu et que je faisons prier ta sœur pour l'Empereur et Roi. »

Cette lettre fut lue et relue dans les casernes et hors des casernes : elle eut les honneurs de la renommée. L'Empereur voulut la connaître; il la fit demander. Lorsqu'on la lui présenta, il était dans son parterre, et plusieurs personnes l'entouraient. Le brave capitaine Raoul lut à haute voix, l'Empereur le fit répéter, tout le monde riait. L'Empereur était le seul qui ne riait pas. Lorsque la seconde lecture fut terminée, l'Empereur prit la parole et dit : « Cette lettre n'est pas risible, quoiqu'elle ne soit pas écrite en style d'accadémie (*sic*), et elle m'en apprend plus que les journaux. »

Puis l'Empereur fit appeler le grognard, il le reçut avec affection, et, en lui donnant quelques napoléons, il lui adressa ces paroles : « Tu diras à ta mère que je la remercie de ses bons sentiments pour moi. »

Je ne crois pas que l'Empereur ait jamais appelé un soldat sans lui donner quelque chose; il avait souvent la main à la poche, et sa poche était toujours en mesure de parer à l'imprévu. Néanmoins il n'en appelait pas souvent, sans doute pour ne pas les habituer à compter trop facilement sur sa bourse; il voulait que le soldat pût être fier du motif qui l'avait fait appeler. Ordinairement ce que l'Empereur donnait à l'un devenait à table le partage de tous.

Presque immédiatement après le grognard de la lettre de Verdun, l'Empereur put se procurer quelques nouveaux moments de jouissance en parlant à un autre grognard.

J'ai dit que sur la porte de mer il y avait une grande terrasse qui avait servi à la garde impériale pour donner son banquet. J'ai dit aussi que, pour l'agrément de ma famille, le général Drouot, du consentement de l'Empereur, m'avait permis d'ouvrir une porte qui donnait sur le chemin de ronde, et que je pouvais ainsi faire à volonté le tour des remparts. Nous faisions ordinairement notre promenade de la soirée sur la terrasse de la porte de mer. Il y avait à cette porte un poste de la garde sur lequel nous planions et dont nous pouvions entendre toutes les conversations : je ne m'en faisais pas faute. Rien n'était plus divertissant que les récits de ces braves; ils faisaient une géographie à leur convenance, mais ils s'égaraient beaucoup moins lorsqu'ils parlaient stratégie. Plus d'une fois ils disaient d'excellentes choses ; ils jugeaient parfaitement les généraux. Leurs biographies auraient été de fort bons matériaux pour l'histoire militaire de l'Empire. Tous voulaient que l'action principale des affaires auxquelles ils avaient pris part se fût passée sur le point où ils se trouvaient. Dès qu'il y avait controverse, un brouhaha assourdissant commençait, et de ces débats de corps de garde s'échappaient des étincelles de vérité que l'on aurait peut-être cherchées en vain dans les discussions des régions sociales les plus élevées. C'était plus particulièrement un caporal marseillais qui pérorait ; lorsqu'il était de garde, je me passais du théâtre et je n'y perdais pas. Un jour il parla du retour en France : c'était la première fois que j'entendais manifester une opinion à cet égard. Je fus fort étonné : j'écoutai avec une grande attention. Il y avait vingt projets en délibération, mais il n'y en avait aucun pour traverser la Provence. La Provence était un pays de répulsion pour la garde, même de la part des Provençaux qui en faisaient partie. C'est que le souvenir des dangers qui avaient menacé l'Empereur faisait encore palpiter tous les cœurs. Le caporal marseillais tenait le haut bout, il avait une réponse prête pour chaque objection. Enfin, il l'emporta. Voici son plan :

« L'Empereur fait courir le bruit qu'il veut reprendre l'Égypte. Ceux qui sont aux Tuileries sont contents de notre éloignement ; ils en rient : c'est bon. On donne le signal du départ ; nous mettons à la voile : c'est bon. L'Empereur ne s'est pas endormi ; tout est préparé pour nous recevoir, pour nous seconder : c'est bon. Nous nous ravitaillons à Malte, nous y prenons des galères si nous en avons besoin : c'est bon. Nous débarquons sur les bords du Danube, un peu plus haut ou un peu plus bas : c'est bon. Constantinople est dans le secret, il ferme les yeux, on dirait qu'il ne voit pas, qu'il ne sait rien : c'est bon. Alors nous marchons en avant, drapeau déployé, en colonne serrée : c'est bon. Les Grecs viennent nous joindre, les Moldaves et les Serviens aussi : c'est bon. Nous prenons Belgrade s'il le faut, nous nous y reposons : c'est bon. Les Hongrois nous attendaient pour s'insurger contre les Autrichiens ; ils se sont insurgés, ils marchent sous nos drapeaux, car les Hongrois et les Autrichiens, c'est comme l'eau et le feu : c'est bon. Notre armée a grossi, nous remontons le Danube : c'est bon. Mais ce n'est pas tout. Une armée polonaise s'est mise en route de Varsovie, pour venir à notre rencontre ; cette armée est la sœur de notre armée, vous savez, et au signal, nous nous trouvons ensemble sous les murs de Vienne : c'est bon. Vienne est cernée : elle met le pouce, et voilà qu'elle est encore à nous : c'est bon. De la capitale de l'Autriche à notre capitale nous connaissons la route et nous la faisons les yeux bandés : c'est bon. Nous voilà de retour à Paris, ceux des Tuileries ont filé, et les Parisiens crient : « Vive l'Empereur ! » C'est bon ! »

Je pris tant de plaisir à entendre ce caporal que je l'aurais écouté toute la nuit. J'écrivis de suite le résumé de ce qu'il avait dit, et le lendemain bon matin, je portai ce résumé à l'Empereur.

L'Empereur le lut avec avidité. Lorsqu'il eut fini de le lire, il s'écria : « C'est bon ! » et, m'adressant la parole, il me remercia de cette communication et il me dit : « Il n'y a vraiment que des soldats français capables d'une telle imagination. » Il ajouta : « Je devine l'auteur de ce plan. C'est un Provençal qu'on appelle *le lettré*. Je l'enverrai chercher. » Je parlai à l'Empereur de mes jouissances de la Porte de terre. Il me fit longuement répéter tout ce que j'avais retenu : cela ne m'étonna pas. Ce langage libre de camarade à camarade l'initiait à la pensée de ses braves, et il savait à quoi s'en tenir sur leur compte. Il fit venir le caporal marseillais. Ce Carnot improvisé faisait tinter l'intérieur de son gousset en sortant de chez l'Empereur. Le général Drouot m'assura que cette petite anecdote avait extrêmement amusé l'Empereur. Quelques jours après, l'Empereur, en dînant, parla beaucoup de ce plan, et il n'en oublia pas un seul mot.

III

DÉPART DE L'ILE D'ELBE.

L'île d'Elbe jouissait de sa félicité présente, des espérances d'une plus grande félicité future : tout lui souriait, et elle touchait au veuvage de son bonheur.

Le fatal congrès de Vienne, tandis qu'il faisait la traite des peuples, avait à l'instigation de l'Angleterre et des agents des Bourbons agité la question d'envoyer l'empereur Napoléon à Sainte-Hélène, et l'Empereur n'avait pas tardé à être instruit de cette infamie.

La nouvelle avait transpiré : les Elbois en étaient bouleversés, on aurait dit qu'ils voulaient de suite marcher à l'ennemi. L'Empereur paraissait calme, mais ce calme était silencieux, et cela seul prouvait qu'il n'était qu'apparent.

Enlever l'Empereur de l'île d'Elbe n'était pas une entreprise sans danger, et la Sainte-Alliance aurait eu peine à y parvenir par la force. La garde impériale était dévouée, le peuple elbois ne le lui cédait point : ils formaient un rempart presque indestructible.

L'administrateur général des mines s'était rendu auprès de l'Empereur, et, avec une profonde émotion, il lui avait demandé si ce qu'on disait des grandes puissances avait quelque fondement. Sa Majesté lui avait répondu en l'interrompant : « Elles ne le feront pas. Sainte-Hélène est trop près des « Indes. » Ensuite, prenant cet air des champs de bataille qui tant de fois avait imposé des lois à la victoire, il avait ajouté :

« Et d'ailleurs, nous pouvons ici nous défendre pendant deux
« ans. »

A dater de cette époque, la conduite de l'Empereur prit une autre direction, et en l'observant il était permis de penser que Sa Majesté ne se croyait plus liée par le traité de Paris qui le reconnaissait souverain de l'île d'Elbe. Sa Majesté avait raison : en effet, la Restauration n'exécutait du traité de Paris que les clauses et conditions qui lui étaient avantageuses, et elle repoussait celles qui avaient été stipulées en faveur de l'empereur Napoléon.

Ainsi la Restauration refusait de payer les subsides auxquels ce traité donnait un droit incontestable. Dès lors, l'empereur Napoléon ne pouvait pas se maintenir dans l'état social que le traité de Paris avait voulu lui constituer. L'engagement des subsides détruit, tous les engagements étaient détruits, et dans cette position insoutenable il fallait nécessairement en revenir au droit du plus fort.

Mais il y avait encore autre chose : la vie de l'Empereur était ou semblait être sans cesse menacée. C'était en vain que Sa Majesté affectait de ne pas croire aux tentatives d'assassinat; son incrédulité ne faisait pas des incrédules.

L'Empereur n'était pas seulement tracassé dans la possession souveraine de l'île d'Elbe, mais il l'était encore dans ses proches dont on séquestrait les propriétés, dans ses amis dont on faisait des parias, et dans ses affections les plus chères dont on punissait les sympathies.

L'Empereur était surtout affligé de ce que la Restauration se prêtait complaisamment à ce que la France fût traitée comme une colonie anglaise, russe, autrichienne, prussienne, et dans sa douleur il répétait : « Il n'y a plus de sang fran-
« çais dans les Bourbons. » Sa Majesté répétait également :
« On me reproche d'avoir abandonné la patrie. On a peut-
« être raison. »

Dans cet ensemble de choses graves, il y avait plus de motifs qu'il n'en était nécessaire pour en appeler à la décision suprême de la nation française, et c'est à quoi l'Empereur se décida.

L'Empereur ne rompait pas de ban en quittant l'île d'Elbe : il était souverain, et rien ne limitait les droits de sa souveraineté ; il pouvait faire la paix et la guerre ; il pouvait surtout prendre les armes contre ceux qui tentaient de détruire son existence, et, assassinats à part, c'était détruire son existence que de refuser l'exécution du traité de Paris.

En fait, comme en droit, par la non-exécution du traité de Paris, le roi de France rétablissait l'empereur des Français, et en le rétablissant il se mettait en état d'hostilité contre lui.

C'était le roi Louis XVIII qui déclarait la guerre à l'empereur Napoléon. D'un côté était le pouvoir national, de l'autre les baïonnettes étrangères.

L'empereur Napoléon, convaincu que l'on ne lui payerait pas les subsides qui étaient une des conditions expresses de son abdication, convaincu qu'il y avait le projet de le faire assassiner, convaincu qu'à défaut d'assassinat les grandes puissances poussées par les Anglais et par les Bourbons voulaient aggraver son sort, et par-dessus tout convaincu que la France était antipathique à la prétendue Restauration, décida cette marche immortelle qui, dans quelques jours, le fit passer du trône elbois au trône français.

. . . .

Dès que Sa Majesté fut décidée à cette vaste entreprise, elle se fit un plan de conduite, et, tout en ne paraissant occupée que de se consolider à l'île d'Elbe, elle préparait ce qui était nécesaire pour faire voile vers la terre sacrée.

L'Empereur accordait sa confiance à l'administrateur général des mines ; le moment était venu où Sa Majesté devait lui en donner une grande preuve. Ce fonctionnaire avait été marin : l'Empereur lui adressa directement et confidentiellement une

lettre dans laquelle il le chargeait de lui faire un rapport
« sur les moyens d'organiser une flottille expéditionnaire ».
L'administrateur général pouvait être étonné de ce que Sa
Majesté s'adressait plutôt à lui pour cet objet tout spécial
qu'aux officiers de marine qui l'entouraient, et néanmoins il
fit le rapport.

Une « flottille expéditionnaire » ! c'était dire : « Je veux
« partir ! » L'administrateur général des mines le comprit
ainsi, et, entraîné par cette pensée, il mit dans son rapport
cette phrase hasardée : « Et si le ciel enfin plus juste condui-
« sait Votre Majesté à de nouvelles destinées, sans doute nous
« débarquerions sur un rivage ami »; phrase que l'Empereur
laissa passer sans faire aucune observation, quoiqu'elle lui fût
la preuve caractérisée que l'administrateur général des mines
avait pénétré le secret du départ. Seulement Sa Majesté lui
recommanda un silence absolu.

Ce premier projet de flottille expéditionnaire resta sans
exécution.

On n'avait pas fait cesser les travaux : toutefois, on ne faisait
que des travaux lents, surtout peu coûteux, et qui par leur
fracas pouvaient occuper les regards inexpérimentés de la
multitude. Les étrangers devaient surtout y être trompés.

Ensuite l'Empereur faisait résonner à toutes les oreilles le
mot « économie », et il prêchait d'exemple. Il avait réduit sa
table, la table de la cour, et tout ce qui n'était pas absolument indispensable à son système de représentation auquel il
tenait ou semblait tenir.

Jusque-là les journaux français n'étaient pas répandus dans
l'île, l'on y connaissait tard les nouvelles publiques; mais
alors les journaux circulèrent, on sut régulièrement ce qui se
passait sur le continent. L'Empereur parlait sans gêne de
la situation de la France, des fautes que faisait la Restauration, de l'abaissement auquel on réduisait la nation française. Il s'indignait surtout de ce que Louis XVIII avait

reconnu tenir sa couronne d'un prince anglais. Sa Majesté Impériale connaissait bien le caractère personnel de tous les princes de la branche aînée des Bourbons, l'esprit sans cœur de Louis XVIII, le cœur sans esprit du comte d'Artois, la bonhomie inoffensive du duc d'Angoulême et les emportements soldatesques du duc de Berry. Elle connaissait aussi la branche cadette...

Toutes les prédictions de l'Empereur se sont accomplies.

L'empereur Napoléon ne parlait des Bourbons que d'une manière digne. Jamais une parole déplacée n'échappait à son langage le plus animé. Pourtant il connaissait tous les propos désordonnés que l'on se permettait aux Tuileries.

Un sot se présenta à Porto-Ferrajo, et ce sot portait à sa boutonnière un *lys* qu'il paraissait afficher avec une ostentation insultante. L'inconvenance provocatrice était au moins grossière. Ce chevalier du lys fut bientôt appelé au champ d'honneur : il paraîtrait que sa bravoure n'était pas égale à son étourderie, — on le disait du moins. L'Empereur interposa son autorité pour qu'on ne tirât pas l'épée. Sa Majesté blâma les susceptibilités qui s'étaient trop facilement irritées. Cependant, le malencontreux porteur du lys dut partir.

L'Empereur dit à l'occasion de ce petit événement : « La France de la Restauration est à la France de l'Empire ce que le Lys est à la croix de la Légion d'honneur. » Et cette comparaison fit une grande impression. Alors la croix de la Légion d'honneur était encore vierge de ces distributions honteuses et multipliées qui l'ont ensuite jetée sur des poitrines où elle n'aurait jamais dû se trouver.

Les correspondances particulières occupaient aussi l'esprit de l'Empereur : il témoignait le désir qu'on lui communiquât ce qu'il y avait de relatif aux affaires du temps. Quelquefois il y trouvait des paroles de blâme; alors il discutait pour se défendre. Mais la correspondance générale lui garantissait les sympathies et les vœux de la France pour son retour. Les lettres aux grognards faisaient souvent rire beaucoup de monde, et c'étaient ces lettres dont Sa Majesté se plaisait à commenter le langage.

Les bâtiments de transport attachés aux mines de Rio étaient aussi un grand moyen de relation intime avec le continent italien, et par l'intermédiaire de l'administrateur général, l'Empereur en profitait. Les mines elboises fournissaient le minerai à toutes les usines qui fabriquent le fer dans les États napolitains, dans la Romagne, dans la Toscane, dans la Ligurie, et des bâtiments riais étaient sans cesse à Naples, à Civita-Vecchia, à Livourne, à Gênes, ainsi que dans les ports intermédiaires entre ces villes maritimes.

Le pavillon elbois était un objet d'extrême curiosité pour tous les peuples. Partout l'on accourait pour le voir, pour parler à des gens qui avaient pu approcher l'Empereur. Les capitaines de navires avaient ordre de tout observer.

Lucien Bonaparte était propriétaire de grands fourneaux. Les capitaines riais rendaient compte que c'était chez lui où l'on trouvait les ennemis les plus implacables de l'empereur Napoléon. Lucien Bonaparte!... républicain démocrate en France, prince despote à Canino, et qui, tour à tour législateur, ministre, ambassadeur, poète, historien, ne put jamais, malgré l'influence de son nom, s'élever en rien au-dessus des médiocrités de son époque.

L'empereur Napoléon serait mort sur le trône s'il n'avait pas eu des frères et des sœurs... Cependant, nous faisons une honorable exception en faveur de la princesse Pauline. Le dévouement de cette princesse fut toujours exemplaire. Nous en disons autant de Madame Mère; elle se montra digne de son auguste fils.

La princesse Pauline avait opéré un rapprochement entre l'empereur Napoléon et le roi Murat. Il paraîtrait que de ce rapprochement était résulté un traité d'alliance offensive et défensive d'après lequel l'île d'Elbe était cédée aux Deux-

Siciles. Nous avons été possesseur d'une lettre du roi de Naples écrite de sa main, dans laquelle ce prince rapportait les clauses et conditions de cette cession.

Les agents allaient et venaient de Porto-Ferrajo à Naples. L'Empereur jetait un voile sur les négociations : le voile était transparent.

L'administrateur général des mines avait été deux fois envoyé en Toscane. Ensuite l'Empereur lui avait dit de se « préparer à faire le voyage de Vienne ».

Le brick *l'Inconstant* et l'aviso *l'Étoile* étaient presque toujours à la voile.

N'oublions pas que l'Empereur avait précédemment chargé l'administrateur général des mines de lui faire un rapport sur l'organisation d'une flottille expéditionnaire, que ce projet n'avait pas eu de suites. Mais tout ce que l'Empereur faisait depuis lors se rattachait plus ou moins à la pensée qui avait voulu préparer les bâtiments légers pour exécuter ce qu'on appela vulgairement un coup de main.

L'administrateur général des mines était prêt à partir dès qu'il lui serait ordonné de se rendre en Autriche, quand l'Empereur, se confiant entièrement à lui, lui dit qu'il était question d'un tout autre voyage, et, sans réticence, il lui demanda s'il ne serait pas possible d'avoir constamment en disponibilité quatre bâtiments riais dont on pourrait se servir à tout moment. L'administrateur général répondit que « oui ». Après avoir beaucoup étudié, beaucoup médité, rien n'a pu nous donner le moindre indice que, pour les préparatifs matériels de son retour en France, l'Empereur se fût adressé à toute autre personne qu'à l'administrateur général des mines : distinction honorable dont il est permis de se glorifier à tout jamais !

Et tandis que les instructions données par l'Empereur étaient religieusement exécutées, que Sa Majesté touchait au grand événement qui devait étonner le monde, une visite extraordinaire vint pendant quelques moments jeter la confusion dans Porto-Ferrajo.

L'Empereur était depuis deux jours à Marciana. Sa Majesté avait pris peu de suite.

Un bâtiment arriva à Porto-Ferrajo après le soleil couché, et, contre l'usage, il fut admis à libre pratique. Ce bâtiment avait à bord une dame polonaise, mère d'un enfant de l'Empereur, et cette dame débarqua aussitôt. La dame polonaise portait dans ses bras un enfant charmant, et cet enfant, costumé comme le roi de Rome, répétait facilement les paroles que déjà l'opinion avait attribuées au roi de Rome. Bientôt, pour la garde impériale comme pour les habitants de l'île d'Elbe, la mère et l'enfant furent l'impératrice Marie-Louise et le roi de Rome. Personne ne doutait de cela, pas même les personnes qui avaient vécu aux Tuileries.

Le nouvel hôte voulut sur-le-champ se rendre auprès de l'Empereur, il partit de suite. Cette dame avait facilement deviné l'erreur dont elle était l'objet; elle ne se prêtait pas directement à la nourrir, elle ne faisait rien pour la détruire. Ainsi, elle ne disait pas qu'elle était l'Impératrice, mais, après avoir dit « le fils de l'Empereur », elle ajoutait « mon fils », et il n'en fallait pas davantage pour faire croire que l'Empereur avait retrouvé sa compagne. La chose était d'autant plus probable que maintes et maintes fois l'on avait annoncé l'arrivée prochaine de Marie-Louise.

La dame polonaise resta trente-six heures avec l'Empereur: pendant ce temps l'Empereur ne voulut recevoir personne, et l'isolement fut absolu. Mais après trente-six heures la dame alla s'embarquer à Longone pour retourner sur le continent, et elle partit par un coup de vent tel que les marins craignaient avec raison qu'il n'y eût danger imminent pour elle. Elle ne voulut écouter aucune représentation : l'Empereur envoya un officier d'ordonnance pour faire retarder le départ de l'intrépide voyageuse; elle était en pleine mer. On fut dans l'anxiété jusqu'à ce que l'on eût appris son arrivée à bon port.

La beauté de la dame polonaise était allée droit au cœur du colonel Campbell : l'envoyé anglais soupirait et faisait assidûment parler ses soupirs. Ce fait n'est pas aussi futile qu'on pourrait d'abord le penser : il eut beaucoup d'influence sur le relâchement de la surveillance britannique. Nous croyons que l'Empereur lui avait donné une place dans sa combinaison.

A peu près à la même époque, plus tard cependant, l'Empereur eut également la visite de M. Fleury de Chaboulon, qui dans le temps avait été attaché au secrétariat impérial et que Sa Majesté revit avec intérêt. On a cru que M. Fleury de Chaboulon avait décidé le départ de l'île d'Elbe : on s'est trompé, beaucoup trompé. Cet ancien employé impérial était parti de Paris au commencement de novembre, il arrivait à Porto-Ferrajo vers la fin de février : c'était près de quatre mois qu'il avait mis en route. Quatre mois, dans un temps de fièvre politique, quand chaque jour les hommes et les choses recevaient de nouvelles impulsions, équivalaient à quatre siècles, et lorsqu'il aborda l'Empereur, M. Fleury de Chaboulon ne pouvait lui apprendre que des vieilleries, il ne savait rien de ce qui se passait alors en France. L'Empereur était bien mieux instruit que lui. M. Fleury de Chaboulon a écrit longuement à cet égard : ce n'est ici ni le temps ni le lieu de commenter un ouvrage que l'Empereur a blâmé. Peut-être que M. Fleury de Chaboulon ne fut pas le maître de dire toute la vérité ; il l'aurait dite plus tard, nous en sommes convaincu. Mais nous devons assurer que lorsque M. Fleury de Chaboulon arriva à Porto-Ferrajo, l'expédition était prête, et que ce n'est pas lui qui fit hâter la mise en mer.

L'Empereur fit partir M. Fleury de Chaboulon pour Naples : un bâtiment riais fut mis à sa disposition.

Le même jour, Sa Majesté envoyait M. J... en France.

M. J... était Corse, mais infiniment moins que ne le sont ordinairement ses compatriotes ; il n'arriva à Paris qu'après l'Empereur, et il était permis de penser que son retard avait été volontaire.

L'heure du départ allait sonner... Et l'Empereur venait d'assigner un terrain inculte à chaque compagnie de la garde pour que la compagnie le cultivât, l'embellît et lui donnât son nom ! Et les grognards rivalisaient de zèle, de goût, allant partout quêter des arbres et des fleurs qu'on se plaisait à leur prodiguer, faisaient des merveilles que Le Nôtre n'aurait pas désavouées ! Et les Elbois qui se pâmaient d'aise en voyant les miracles des soldats agriculteurs ! Et la princesse Pauline qui allait encourager et récompenser les braves ! Les terrains étaient contigus ; leur ensemble devait former un parterre impérial.

Les bâtiments riais destinés à faire partie de l'expédition étaient à Longone où ils chargeaient des munitions et des approvisionnements de guerre, et l'administrateur général des mines avait reçu l'ordre de les faire rentrer à Porto-Ferrajo. Mais au moment où ces bâtiments sortaient du port, la frégate anglaise, sur laquelle était le colonel Campbell, débouchait à l'est du canal de Piombino, ayant le cap sur le mont Argental, et l'Empereur instruit de ce contretemps prescrivait à l'administrateur général des mines de faire retourner les bâtiments riais à Longone, ce qui n'était plus possible sans s'exposer aux soupçons de l'Argus britannique. L'administrateur prit un autre parti : il écrivit au colonel Campbell « pour l'inviter à un grand dîner qu'il « devait donner la semaine suivante ». Une embarcation fut dépêchée pour porter l'invitation confiée à un employé intelligent ; le colonel demanda où allaient les bâtiments qui étaient à la voile. L'administrateur avait prévu cette demande : l'employé répondit que ces bâtiments allaient charger du minerai pour la Romagne. Plus ne fut dit, la frégate anglaise continua sa route, les bâtiments riais suivirent la leur.

La frégate anglaise ne pouvait pas empêcher le départ si elle venait mouiller sur la rade de Porto-Ferrajo (car alors on l'aurait certainement faite prisonnière), mais elle pouvait attendre en pleine mer, et, dans ce cas, malgré que tout le monde fût bien décidé à se sacrifier, l'expédition n'était pas de force à surmonter un pareil obstacle. De toutes les manières possibles, c'eût été une perturbation effroyable, et le sang aurait coulé en abondance.

Le 25 février, l'ordre fut donné de réunir par compagnie les effets de campement, et, cet ordre ayant été mal compris, les effets de campement furent portés à la caserne. Cette disposition ne troubla pas la quiétude des esprits qui comptaient sur un long repos. Les soldats croyaient que l'Empereur voulait seulement les arracher à l'oisiveté, les faire « trotter » dans l'île; on le croyait comme eux. Cependant l'on était désireux de savoir ce qui allait se passer.

Mais qui dira la journée qui va suivre? Quelle plume assez éloquente en reproduira les émotions? Ah! nous, témoin de ce qui s'est passé; nous, honoré de la confiance de l'Empereur, initié dans ses projets; nous, qui sur les lieux avons éprouvé tous les sentiments qu'un si grand événement inspirait, après vingt années, nous osons à peine prendre le crayon pour en esquisser le souvenir! Et nous sommes peut-être le seul qui puisse en parler avec certitude.

C'était un dimanche, le 26 février. Le soleil s'était levé pur; l'horizon était étendu, le ciel était sans nuage; la brise, prématurément printanière, portait dans la cité le parfum suave des plantes odoriférantes dont le sol de l'île d'Elbe abonde : tout annonçait un beau jour. On avait quitté le foyer avant l'heure ordinaire, on se rapprochait plus facilement, on s'affectionnait davantage. C'était ce certain je ne sais quoi qu'il est impossible de définir.

Toutes les personnes qui avaient le droit d'assister au lever de l'Empereur s'y étaient rendues, et il y en avait même de celles que rien n'autorisait à s'y trouver. L'étiquette subissait aussi l'influence du moment.

L'Empereur parut : on aurait cru qu'on le voyait pour la première fois. Sa Majesté avait beaucoup veillé ; ses traits se ressentaient de la fatigue. Son air était grave, mais calme, et sa parole, émue, allait à l'âme. D'abord, l'Empereur, suivant son usage dans ces sortes de cérémonies, commença par des questions oiseuses, et tout à coup, se laissant aller à l'émotion qui le maîtrisait, il annonça son départ. Ce n'était pas la foudre qui venait de tomber ; mais on avait cru l'entendre, et la stupeur était profonde. L'Empereur rentra dans son cabinet ; l'assemblée se sépara ; aussitôt le cri général fut : « L'Empereur s'en va ! » Mais où allait-il, cet Empereur ? C'est ce que Sa Majesté avait laissé couvert d'un voile mystérieux. Et chacun de faire son plan : l'extravagance avait un air de raison, la raison ressemblait à de l'extravagance. Une armée de 673 hommes marchant à la rencontre de toutes les armées de l'Europe ! Toutefois, l'opinion n'était pas inquiète. La garde impériale faisait éclater sa joie. Une foule d'Elbois se décidaient à suivre l'homme du destin.

Porto-Ferrajo offrait alors un coup d'œil dont l'imagination la plus ardente ne pourrait pas même se faire une idée.

L'Empereur nomma un gouverneur général de l'île d'Elbe. L'élu était Porto-Ferrajais, étranger à l'art militaire, et peu au niveau de la tâche qui lui était imposée. Précédemment il n'avait pas pu parvenir à se faire confirmer dans la sous-préfecture de l'île qu'il avait administrée par intérim. Mais c'était le plus influent des Elbois, et il commandait la garde nationale. C'est ce qui avait déterminé la décision de Sa Majesté.

Sa Majesté nomma aussi une junte gouvernementale pour l'île de Corse. Cette junte dut partir en même temps que l'expédition impériale. Les membres qui la composaient étaient tous Corses.

CHAPITRE VIII.

Les adieux commencèrent. Tous les compagnons de l'Empereur allèrent prendre congé de Madame Mère et de la princesse Pauline. Madame Mère était parfaite de noble résignation.

Les plus rudes moustaches ne pouvaient point retenir leurs larmes en entendant les touchantes recommandations que la princesse Pauline leur adressait en faveur de son auguste frère. Il n'y a qu'une sœur bien aimante et bien-aimée qui puisse parler ainsi : nous aurons à citer une foule de paroles remarquables.

Le mouvement était général.

L'embarquement des troupes, des armes, des chevaux, des munitions, des approvisionnements, tout se faisait en même temps avec rapidité, et l'obéissance prévenait le commandement. Mais à mesure que les heures avançaient, Porto-Ferrajo prenait une teinte douloureuse, et c'est facile à concevoir. L'Empereur allait partir, les jeunes gens des meilleures familles s'embarquaient avec lui... Les pères, les mères, les parents, les amis! Il y avait une part pour chacun dans la séparation qui allait s'opérer. Toutes les émotions du cœur et tous les sentiments de l'âme étaient en présence ; on lisait sur toutes les figures, dans tous les yeux; le stoïcisme était impossible, les natures les plus froides se laissaient aller à une sensibilité d'imitation. On ne pleurait pas; on ne riait pas... Ce n'était ni de la peine ni du plaisir, ni de la joie ni de la douleur, ni de la crainte ni de l'espérance ; c'était cette disposition inexplicable de l'esprit qui fait aller au-devant de toutes les impressions, qui donne un empire absolu à chaque impression.

Les rues étaient encombrées. Chaque voyageur partant qui fendait la foule pour se rendre à son poste était moralement brisé par les embrassements, par les adieux, et ces scènes étaient incessantes.

C'est en cet état de choses que l'empereur Napoléon quitta

la demeure impériale pour se rendre à bord du brick *l'Inconstant*.

Il était sept heures du soir : toutes les maisons étaient éclairées; on ne se doutait pas qu'il faisait nuit. L'Empereur monta en calèche découverte; le grand maréchal était à côté de lui. Sa Majesté se dirigea vers le port où le canot impérial des marins de la garde l'attendait. A l'approche de l'Empereur, tout le monde se découvrit, et comme si l'on s'était entendu à cet égard, la population resta un moment silencieuse. Il semblait qu'elle venait d'être frappée de stupéfaction. Mais bientôt une voix fit entendre le mot d' « adieu », et toutes les voix répétèrent : « Adieu »; mais une mère pleura et toutes les mères pleurèrent; et le charme qui avait enchaîné la parole fut rompu, et tout le monde parla à Napoléon. « Sire, mon fils vous accompagne. — Sire, les Elbois sont vos enfants. — Ne nous oubliez pas. — Ici, tout le monde vous aime. — Sire, nous serons toujours prêts à verser notre sang pour vous. — Sire, que le ciel vous accompagne! » Alors l'Empereur était peuple; il comprenait le peuple, et son langage faisait vibrer son cœur. Personne n'était plus touché que lui.

La voiture atteignit lentement à l'embarcadère. Les autorités y étaient réunies depuis longtemps; le maire de Porto-Ferrajo voulut haranguer l'Empereur; les sanglots l'empêchèrent de prononcer un seul mot; alors les sanglots furent universels. Sa Majesté était troublée; cependant elle dit : « Bons Elbois, adieu! je vous confie ma mère et ma sœur... Adieu, mes amis, vous êtes les braves de la Toscane! » Et faisant un effort sur elle-même, elle se jeta presque machinalement dans le canot.

Toutes les embarcations du pays suivirent jusqu'au brick. Le brick appareilla immédiatement; la flottille était déjà sous voile. C'est ainsi que finit le règne impérial de l'île d'Elbe.

Le pinceau historique de M. Baume vient de reproduire d'une manière fort remarquable la scène imposante du départ de l'île d'Elbe, et nous en félicitons bien sincèrement cet artiste.

UN COMPAGNON D'INFORTUNE DE L'EMPEREUR NAPOLÉON.

FIN.

INDEX ALPHABÉTIQUE

Abruzzes, 21.
« Accademia dei Fortunati », 245.
Acona (baie de l'), 246, 279, 288, 308 ; partie de plaisir, 248.
Administration sanitaire, son incurie, 11 ; réformée, 294.
« Adresse raisonnée », 212.
Afrique (pirates d'), 311.
AGRIPPA POSTHUME, 278.
Aix (B.-du-R.), 23, 224.
Ajaccio, 207.
Albano (*Monte*), 63.
ALBERT (Charles), XLI.
ALBERTINI, 354, 355.
« Aleatico », 265.
ALIÉTI, non choisi comme chambellan, quitte l'île, 78.
Alliance (Sainte-), 12, 19, 151, 371.
Ambitions successives de Napoléon, 183, 184.
Amiante, 269.
ANGIOLETTI, secrétaire d'Arrighi, 57.
Anglais ; attitude perfide, 37 ; fauteurs des révoltes de l'Ouest, 61, 87 ; empressés pour voir l'Empereur, 83, 151 ; inconvenants avec Pons, 149 ; ne se fréquentent pas entre eux, 150 ; étonnés de la sensibilité de Napoléon, 206 ; leur originalité, 149, 373. (*Voir* Ivrognerie.)
— (Inconvenance d'un) à Florence, 237.
Anglaise (fête), 234, 235.
Anglais (*fort*), 294, 295.
Angleterre, XXXIX, 130, 236, 371.
Anglo-sicilien (régiment), 322.
ANGOT (Mme), 218.
ANGOULÊME (duc D'), 375.
« A noi la sorte », 245.
Apollon banni du ciel, 246.
APPIANI (les), 50 ; comparés à Napoléon, *ibid.*
Approvisionnement de l'île, 278.

ARCHAMBAULT, 192.
Archivio storico, X.
Argentaro (*Monte*), 139, 169, 254, 380.
Argenterie de Napoléon, 199.
Armes d'honneur, 300.
ARNAUD (Fél.), 325, 328.
ARRIGHI, vicaire général, 34 ; son mandement, XXVI, 55 ; aumônier de Napoléon, 73, 80.
— duc de Padoue, 208.
Artillerie française à Porto-Ferrajo, 300 ; compagnie, 343 ; capitaine d'artillerie amoureux, 171.
Artistes toscans, 180.
Artois, 375.
Assassinats tentés contre Napoléon, 160, 165. (Voir BAULART, juif, magistrat.)
AUGÉ, 326.
AUGEREAU, 19, 20 ; proclamation contre Napoléon, 20, 21 ; son entrevue avec lui à Valence, 20.
AUGUSTE-AMÉLIE DE BAVIÈRE, 241.
Aumônier de l'Empereur, 73.
Austerlitz, 13.
Autriche, 198, 377.
Autrichiens à Lyon, 19 ; dans le Var, 25, 87, 321, 370.
Avignon, 21 ; danger qu'y court Napoléon, 21.

« *Bacchante* » (*La*), 133 ; son départ, 135.
BACCINI, Génois, président du tribunal, 81.
BACCIOCHI (Félix), 86.
BACHEVILLE, 326, 332.
Bague (jeu de la), 251.
Baïa, 353, 354.
BAILLON, employé du palais impérial, 40, 43, 77 ; mot touchant de lui, 135 ; 338.
Bal du 15 août, 231 ; masqué, 243.
BALBIANI, XXIV ; sous-préfet, 82, 130,

153; sa proclamation aux Elbois, 29.
BALBIANI (Mme), ses bévues d'étiquette, 240.
BALINSKI, 327, 332.
Bandol, 5.
Banquet à bord de la frégate anglaise, 236; de la San Cristino, 229.
Barbaresques, XXIV, 311; hommages rendus à Napoléon par eux, 313.
Barberousse (fontaine de), 271.
BARGIGLI, sculpteur de Carrare, 143, 144; vient en France, 144; sauvé par Pons, *ibid*.
BARTOLINI, sculpteur, 143, 144, 180.
BASSANO (duc DE), 18.
Bastia, 11, 354.
Bataillon franc, 72, 340; corse, 340.
Bateau destiné à embarquer Napoléon, oublié, 131.
BAUME, peintre, 385.
BAURY, XXX. (Voir BOURRI.)
BAYARD, 328.
BEAUHARNAIS (Eugène DE), 241.
BELAIR, 326.
Belgrade, 370.
Bellecour (place), 321.
BELLINA, chef d'escadrons polonais, 155.
— (Mme), dame d'honneur de Pauline Bonaparte, 155.
BENIGNI, 327.
BENTINCK (lord), XXIV, 276; mot sur Elisa Bonaparte, 277.
BENVENUTI, 180.
BENVEULOT, commandant d'artillerie, 135.
BERNOTTO de Marciana, 79.
BERRY (duc DE), 375.
BERTHEL, 326.
BERTHIER, 18, 206.
BERTOLOSI, général de brigade corse, 153.
BERTRAND (général), IX, XVI, XXXIII, XXXVI, malade, 13; sa rivalité avec Vincent, 64; son portrait, 74; dureté pour les ouvriers, 76; constructeur du pont sur le Danube, 103; ses exigences, 134; comment il écrit sous la dictée de l'Empereur, 199; son prétendu voyage à Rome, 216; ne va pas au bal, 233; organise mal les subsistances, 116; cité, 21, 28, 36, 39, 45, 50, 87, 100, 106, 111, 115, 116, 147, 148, 170, 209, 218, 222, 260, 262, 267, 333, 334.
BERTRAND (comtesse), son portrait, 214, 215.
— (NAPOLÉON, fils), 215.
— frère, inspecteur des forêts, 216, 217. Son voyage à Rome, 217.
Bibliothèque de Napoléon, 199.
BIELICKI, 327.
BIGESCHI père, 294.
BIGOT, 325, 329.
BINELLI, de Rio, 79.
« *Biographie des hommes du jour* », XXVI.
BLACHIER (Mme), 353, 354.
BLAMONT, 326.
BLANC (Antoine), 326.
BLANC DE LACOMBE, 344, 346.
Blé, 103; approvisionnements, 279.
Bleue (Revue), XXVIII.
BOINOD, XXII, 6; son arrivée, 157.
BORGHÈSE (prince), son déménagement, 140.
BOROCOSKI, 327.
Bouillabaisse, XXXV; 6, 250.
Bouillod (garnison autrichienne à), 25.
BOURBONS, 72, 129, 176, 367, 371, 373, 375.
Bourgogne, 224.
BOURRI, XXX, ingénieur lyonnais, 285; ses projets de travaux avec l'Empereur, 285-288. (V. BAURY.)
BRASCELLI, 325.
BRETEL, 325.
Briare, 18, 320.
Brienne, 183.
Brignoles, 24.
BRULART, ancien chouan, XV, 160, 161, 354, 355, 356; son aide de camp, provocateur, 161.
Brumaire (Dix-huit), 12.
BRUNE (général), 360.
BRUNON (J.), 326.
BRUNSCHWIG, XXXIII.
BUBNA, 130; porte à l'empereur d'Autriche l'adhésion de Napoléon à la paix de Dresde, 130.

Cabinet noir à l'île d'Elbe, 176.
CADET DE GASSICOURT, cité, XXVII, 75.

INDEX ALPHABÉTIQUE.

CADIER, IX, XIII.
CAIRE, XLI.
Calabre, 21.
Calamita (cap), 246, 353.
CAMBACÉRÈS, 366.
CAMBON, XL, 363, 365 ; son opinion sur Napoléon et sur les Bourbons, 365 ; lettre à Gaudin, 366 ; inspire le retour de l'île d'Elbe, 367.
CAMBRONNE, XXVI, XXXIII, XXXVI ; son portrait, 134, 328 ; furieux accueil à un vaisseau napolitain, 168 ; cité, 320, 322, 347.
Campagne de Saxe, 278.
CAMPBELL, IX, XXXIV, XXXV, XXXVII, XXXVIII ; politesse personnelle, 153 ; amoureux de Mme Walewska, 379 ; son offre perfide de services à Pons, 152 ; mécontent de la conquête de la Pianosa, 304 ; fourrier de l'Empereur, 131 ; son portrait, 8, 10, 13, 14, 18, 19, 31, 39 ; sa surveillance, 83 ; cité, 111, 127, 129, 140, 147, 150, 151, 160, 161, 173, 233, 236, 249, 250, 258, 380, 383.
Campo, 308, 336 ; les gens de Campo cultivent la Pianosa, 302 ; 83, 126, 142, 248, 278, 303.
Canino, 141, 376.
Cannes, 206.
Canons laissés en France par Cambronne, 347.
CANOVA, 156.
CAPELLE (baron), 293.
CAPELLETTI, XXIX.
Capoliverais, 30.
Capoliveri, 43, 83, 142, 278.
Capra, 325.
Capraja, 349.
Carcassonne, XII, XXIII, XXVII.
Carnaval, 244.
CAROLINE MURAT, 261, 350, 136.
Caroline (La), vaisseau, 160.
Caroubier, 273.
CARRÉ, 325.
CASANOVA, XXX.
CASTELLI (Édouard), 284.
— (lieutenant), 284.
CAULAINCOURT, 18, 193.
CAZELLA, dénonciateur, 163.
Cent-jours, XXI, 133, 164.
Cerboli, 248.

CERVANTÈS, 244.
Cette, XXVI, XXX, 264.
Chambellan, 73.
CHANAIS, 325.
CHANAT, 326.
Chancelier de la Légion d'honneur, 86.
Chaleur dans l'Elbe, 211.
Champagne rosé, 112.
Chansonnet, 327.
CHARRIER-MOISARD, 131.
Chasse, 246.
Chasseurs Napoléon, 341.
Château d'If, XI, 165.
CHAUMET, 331.
CHAUMONT, 326.
CHAUTARD, XXXII, XXXVIII, 359.
Chebec barbaresque, 302.
CHEMIN (Vve), négociant à Livourne, 178.
CHIGHIZOLA père et fils, Génois, 316-317.
CICERO (Antoine), 325.
CIPRIANI, 350.
Civita-Vecchia, 141, 165, 315, 351, 353, 354, 355, 376 ; mauvais accueil à l'*Inconstant*, 351, 352.
Cocardes blanches à l'Elbe, 33 ; tricolore à Lyon, 321.
COLIN, 192.
Collège projeté à Porto-Ferrajo, 177.
COLOMBANI, chef de bataillon, duelliste, 156.
— (Mme), 156.
COMBE (colonel), IX, XXVIII, XXXIII, 47, 325, 329.
Comité de salut public, 5.
Commérages sur Napoléon à l'Elbe, 250.
Commissaires de la coalition, 23.
« Congrès de Châtillon », XI, XI.
Congrès de Vienne, XL.
Conquête de la Pianosa, 304.
Conseil d'État, 72.
CONSTANTIN, 369.
Constantine, 329.
Consul (Premier), 183.
Contrat pour exploiter la Pianosa, 306.
Convention, 183, 303.
COQUET, 327.
CORDEVIOLE, 327.
CORMENIN, XIII.

INDEX ALPHABÉTIQUE.

Cornet-Peyrusse, xii, xiii, xix.
Cornuel (commandant), 47, 300, 344; courtisan de Pauline, 344, 193; affaire Cornuel-Gilles, 193-194.
Corps de cadets, 73.
Corses. Leurs sentiments pour l'Elbe, 340; plus dignes que les Marcianais, 61.
— (recruteurs), 341; émeute des Corses, 342.
Corse, 161, 354-356, 382; protégée par l'Empereur, 207; 55, 61, 327.
— (Compagnie), demande l'exploitation du minerai, 208.
Cottin (Paul), xx.
Cournault, officier du génie, refuse d'accompagner l'Empereur, 333.
Couronne de fer, 39.
Crollet (J.-L.), 326.
Croix de la Réunion, 39.
Curée, conventionnel, tribun, 186.

Dalesme, xxvi, xxxvi, 8, 14, 15, 27; sa proclamation, 29, 30; 36, 37, 39, 45, 46, 48, 49, 52, 55, 93; sa franchise effraye l'Empereur, 58, 64; mot sur Napoléon, 134; 133, 135, 323, 364.
Dargy (Mme), 221; ses *Mémoires*, *ibid*.
Danube, 369.
Debos, 327.
Decazes, xl.
Dejean, grand trésorier de la Légion d'honneur, 113.
Delaye, 326.
Demons, capitaine, premier huissier de la Chambre des pairs, 344, 346.
Départ de Napoléon (26 février), 381.
Dequeux, 326, 330.
Desaix (général), 198.
Députation des Elbois à Napoléon (4 mai), 10.
Deschamps, 40, 77.
Déserteurs du bataillon corse, 341.
Dictées de Napoléon, 199.
« Dieu de la terre », 312.
Direction des affaires à l'Ile d'Elbe, 197.
Directoire, xii, xiii, 184, 293; mépris de Pons pour le Directoire, 11.

Dolphy, 327.
« Domino » de Pauline Borghèse, 261.
Donizetti, 325.
Donzère, insulte Napoléon au passage, 21.
Dorville, 192.
Doulevant, 334.
Drapeau blanc de l'île d'Elbe, 9.
Dresde, 130.
Drouot, xxi, 'xxiv, xxviii, xxxiii, 1, 8, 9; prend possession de l'île d'Elbe, 31; 32, 39, 49, 54, 58, 60, 65; son portrait, 75; confident de Pons, 87; 88, 89, 91, 93, 101, 105; opinion sur les colères de Napoléon, 111; cité, 110 à 116; son dévouement à Napoléon, 119; 133, 142, 148, 152, 160, 168; aventure d'amour, 171 à 173; 177, 198; secrétaire de Napoléon, 200; 212, 213, 218, 234, 243, 252, 261, 267, 302, 338, 340, 343, 354, 361, 363, 364, 368, 370.
Dryade (La), 121, 132, 135.
Dufrénoy (Mme), rédige les *Mémoires* de Mme Dargy, 222.
Dugommier (général), 5.
Duguenot, 325, 329.
Dupont (général), ministre de la guerre, 32.
Dupui, 178.
Duranteau, 355.
Durel, chenapan d'Orgon, 22.
Duroc, obéissance constante à l'Empereur, 89.
Duroc (Mme), seule autorisée à paraître en noir à la cour, 261.
Durutte (général), 72.

Eberard, 325.
Ebrington (Lord), x.
École de Metz, 333.
Économie de Napoléon, 374.
Égypte (1798), 25; 183, 269.
Elbe, xi, xvii, xxvi, xxxv, xxvii, xxxviii, xli, 2, 3, 25, 27, 55, 86; 125, 163, 168, 244; « petite bicoque », plantations, 289, 292; entrepôt de commerce universel, 292; 206, 316, 340, 376.
— (fêtes à l'île), 227.
— (époques du règne de Napoléon à), 175.

Elbe (retour de l'île d'), inspiré par Cambon, 367.
Elbois (pavillon), 312.
— (bâtiments) en quarantaine, 141.
Elbois, 65, 384.
ÉLISA BACCIOCHI, 78, 85, 86, 87, 136, 165, 190, 292; conversation de Napoléon sur Élisa, 256; « n'a pas besoin d'être corrompue », 277.
Élysée-Bourbon, xxi, 2, 165.
ÉMERY, 40, 325, 329, 347.
Enquête sur le naufrage de l'*Inconstant*, 359.
Erfurth, 301.
Ermitages. Sainte-Catherine, 256; Vierge des Grâces, 342.
EROSTRATE, 159.
ESCRIBE, 326.
Espionnage à Longone, 84.
Essling, 206.
Étiquette impériale, 148, 377.
Étoile (l'), chébec, 350.
Étoile (fort de l'), 3, 36, 37, 296; logement de la garde, 324.
Étoile (arc de l'), 13.
EUGÈNE (colonel), 156.

FACHINELLI, comte, 353.
Farines (affaire des), 94, 97.
Femme de mauvaises mœurs, chassée du bal, 233.
Fénelon. Discussion de Napoléon avec Pons à son sujet, xxxvi, 259.
FERDINAND III, xxvi, 178; « amoureux » de Napoléon, 179.
FERRARI (DE), 325.
FESCH, cardinal, 19.
Fête anglaise du 4 juin, 233.
Fidèles (les), xxxi.
FIERZEISCOSKI, 327.
FILIPPI (Mme), beauté génoise, 223.
FLANDRIN, commandant du génie, 42, 135.
FLEURY DE CHABOULON, x, xxvii, xli, xlii 379.
Florence. Napoléon veut y recruter des artistes, 178, 355.
Flotte elboise, 349, 350, 374.
Foccardo (fort), 84.
FONTAINE, procureur impérial, 43.
Fontainebleau, xxxiv, xl, 127, 165, 334; 347.
— (Adieux de), 18.

FORCIOLI, enseigne, 350.
FORESI, ix, xxx.
Forêt Noire (glands de la), 291.
Fosses (les), partie de la rade, 293.
FOSSOMBRONI, 179, 181.
FOUCHÉ, 185, 262.
FOUQUE (Pierre), 325.
FOUREAU DE BEAUREGARD, 40, 347; le consommé de Napoléon, 76.
FOURÈS (Mme), 187.
Fourriers impériaux, 73.
Français. Viennent nombreux à l'île d'Elbe, 153.
— (renégat), interprète du réis, 313.
— (bonapartiste), mal reçu, 170.
Française (une Aspasie), 195.
France, xxvii, xxxviii, 241.
FRANCHETTI, 141.
François (saint) d'Assise, 271.
FRANCONIN, 326, 330, lieutenant remarquable par sa politesse.
FRÉDÉRIQUE-CATHERINE, reine de Westphalie, 241.
Fréjus, xxxiv, « patrie de Tacite », 25; départ de Napoléon, 25; frégates anglaises à Fréjus, 131, 235.
FRESCO, clarinette de la garde, 325.
FRIANT (général), 319.
FUSZEZEMSKI, 327.

GALANTI, patron de barque, 350.
GALEAZZINI, ancien commissaire général, 78, 126.
Garde impériale, xxviii. Parade et défilé, 169; fait le service de pionniers, 195; accordée par l'art. 17 du traité de Fontainebleau, 319; revue à Briare, 320; son passage à Lyon, 321; s'embarque à Savone, 322; honneurs rendus à son arrivée en Elbe, 323.
Gardes du corps corses, 208.
Gardes-côtes, supprimés, 101.
Garde (lac de), 360.
Gascons, 24.
GATTI, pharmacien, 40; son portrait, 76-77, 174, 347.
GAUDIANO, chef de musique, 240, 325.
GAUDIN, 366.
GAVIN, 325.
Gendarmes envoyés à Capoliveri, 201.

Gênes, XLI, 140, 181; retraite de —, 223; 315, 349, 351, 376.
Génie militaire. Son esprit particulariste dans l'armée, 333.
Génoise (Compagnie) de mines, 208.
GEORGES D'ANGLETERRE, 233.
GERMANOVSKY, 8, 39, 332; occupe militairement Capoliveri, 202.
GIANNONI (Fr.), capitaine, 284.
Gianutti (île), 354.
GILLES, valet de chambre, 192, 193.
Giove (forêt de), 291.
GIROUX (Mme), 222.
GIULI, 325.
GOTTMANN, commandant de Longone, XXXVIII, 135, 267, 338; lutte avec Larabit, 338.
Grande-Pugère (la), auberge, 24.
Gravures achetées à Rome, 216.
Grecs, 369.
Grenoble, XXVIII.
GRENOUILLOT, 326.
GROZARD, 327.
GUALANDI, XXXI, XXXVIII, chambellan indigne, 78; maire de Rio Montagne, 36; sa platitude, 53; obligé, 64, de Pons qu'il calomnie, 92, 105, 115; avanie que lui inflige Tavelle, 166.
Guillotière (faubourg de la), 321.
GUITONSKY, 327.
GUIZOT (Joseph), 224; architecte de ce nom, 224; famille de Bourgogne, 224; Louis, réfugié à l'Elbe, 223-225.
— (François), cité, 224.

HASTING, lieutenant anglais, 32, 39.
Hebdomadaire (Revue), XXVIII.
HENRI IV, 224.
Hollande, 241.
Hongrois, 370.
Hôpitaux. Militaire, 347; civil, 348.
HORTENSE DE BEAUHARNAIS, 241.
HOUSSAYE, X, XXXIX, XL.
HUBER, valet de chambre de l'Empereur, 192.
HUGUENIN (Michel), 326.
HURAULT DE SORBÉE, 326, 331, 350.
Hyères (idées du Directoire sur les îles d'), 293.

ICARD, 327.
Illuminations du Quinze août, 232, 233.
Illyrie, 130.
Impôts, 201.
Inconstant (l'), XVII, XXVI, 131, 133, 163, 311, 338, 348, 353, 376, 377; refuse la visite à un bateau anglais, 352; voyage de Gênes, 350; propriété privée de l'Empereur, *ibid.*; naufrage de l'*Inconstant*, 357.
Italie, XIII.
Ivrognerie des Anglais, 237.
IZARD, XII.

JANSONNETTI, 327.
JEANMAIRE, 326, 330.
JÉRÔME BONAPARTE, 241.
JOSEPH BONAPARTE, 241; opinion de Napoléon sur lui, 59.
JOSÉPHINE, 187, 206.
Jouan (golfe), 164, 346.
JOUBERT (général), 360.
Journal des Débats, 224.
JUBÉ (Ch.), XXVIII.
Juif assassin, XV, 165.
Juillet (Monarchie de), XXII, XXVI.
JULIANY, 327.
Jupiter (temple de), 139.

KINAIR (lady), 130.
KLAM (major), 8, 31, 39.
KLÉBER. Mot sur Napoléon, approuvé par un Anglais, 122.
KOLLER, commissaire autrichien, XXIV, 13, 14, 18, 39, 129, 130; son respect pour l'Empereur, 127; son départ d'Elbe, 131; observations sur la saisie des meubles de Piombino, 140; accusé de parler contre Napoléon, 127, 128.

LABADIE, IX, XXIII.
LABORDE (adjudant-major), 321, 322; — capitaine de la garde, 325, 328.
La Botta, source, 304.
La Calade, 23; auberge de *la Calade*, 23.
La Calcina, 354.
LACÉPÈDE, XI, 113, 122; lettre à Pons, 123, 292.
LACOUR, 326, 347.
LAMBARDI, XXVII.
LAMBERT, 327.
Lambesc, 23.
LAMOURET (capitaine), 325, 329.

INDEX ALPHABÉTIQUE.

LANAURE, 326.
Lancement d'un bâtiment à la mer, 51.
LANOUE, 346, 347.
LAPI (D^r), premier chambellan, XXIV, 77; gouverneur de l'île d'Elbe, 382.
LARABIT, XXVIII, 333; occupe la Pianosa, 336; propositions politiques qu'il apporte à l'Empereur, 335; son affaire avec Roule, 47, 278, 302, 327, 339, 346. V. GOTTMANN, PIANOSA.
LATOUR, 19.
LA TOUR D'AUVERGNE, 328.
Lazareth, 292.
LÉBEL, adjudant général, peu estimable, 154.
— (Mlle), employée chez Pauline Borghèse, 154.
LEFEBVRE, 326.
LEFEBVRE-DESNOUETTES (général), 18.
Légion d'honneur, 39, 85, 110.
LEGRANDY, 327.
Leipzig, XV, 165, 333.
LEMOINE, colonel anglais, 150.
LERAT, 325, 329.
LEROMAIN, 326.
LEROUX (J.-A.), 327.
Lettré (le), 370.
LEVASSEUR, 327.
Lièvres et lapins, 248.
Lima, 155.
LITTA, X.
Livourne, IX, 161, 177, 178; encombrement de ses magasins, 180-181; 223, 234, 236, 254, 294, 298, 315, 348, 350, 353, 376.
Logements des envoyés de Napoléon, 10.
Londres, 151, 249.
Longone, X, 61, 82, 83; place de guerre, 84; voleurs de minerai, 101; marine, 138; cité, 126, 140, 148, 154, 157, 196, 201, 211, 213, 248, 268, 272, 278, 292, 295, 309, 327, 336, 340, 353, 380.
LOTTA, 327.
LOUBERS (capitaine), 326, 330, 352, danseur de Pauline, 242.
Louis XVIII, 130; à Paris, le 3 mai 1814, 25; 373, 374, 375.
LOUIS BONAPARTE, XXXVI, 6; à Florence, 6, 142, 241.

Luc (le), 25.
LUCIEN BONAPARTE, XXXVI, 81, 141; cru républicain, 141; propriétaire de hauts fourneaux, 141; attitude hostile contre Napoléon, 142; 285, 376.
Lucques, 291; gens de Lucques, viennent cultiver l'Aconna, 279.
Lyon, 34, 149.
Lys (chevalier du), 159, 375.

MACDONALD, 123, 334.
Macerana, 348.
MADAME MÈRE, 5; au couvent de Pradines; 19, 89, 187, 190, 205; joie de Napoléon à son arrivée, 205; vie très italienne, 206; lever de Madame, 207; amour des Corses, 207, 209; 211, 214; reçoit la comtesse de Rohan, 218, 231, 233, 238, 376, 383.
MADELIN, XXX.
Madrague, 35, 143, 280.
Magistrat cru assassin, 163.
MAHUL, XIII.
Mai (Trois), anniversaire historique, 26.
Maison de l'Empereur, 73.
Maison démontable, système Bourri, 288.
Maison rustique, 291.
MALLET (commandant), IX, XXVIII, XXXIII, 162, 212, 244, 321, 325, 326, 328.
MALLET (lieutenant), 332.
Malte, 217, 369.
MANGANARO, 138.
Mantoue, 353.
Marais salants, 280.
MARBEAU, conseiller d'État, XIII.
Marbre (carrière de), 143.
MARCHAND (général), 20.
MARCHAND (valet de chambre), XXVIII, 192.
Marcianais, mauvaise population, 30.
Marciana, 43, 61, 126, 139, 142, 196, 211, 212, 278, 378.
Maremmes, 248.
Mariages à l'Elbe, 170; imposés par Napoléon, 170-171.
MARIE-JULIE CLARY, 241.
MARIE-LOUISE. Napoléon prépare son

logement, 68; 134, 137, 190; jugement sévère sur elle, 190; on la croit arrivée, 212; 216, 331, 345, 351, 378.
Marine, 348.
MARIOTTI, IX, XXX.
MARMONT, XII, XXXVI, 128; méprisé par Napoléon, 176; 301, 329, 367.
Marseille, XI, XXXVI.
Marseillaise (la), 240.
MARTIN, 326.
MASSÉNA, XI, XV, XXXVI, XLI, XLIII, 5, 84, 133, 162, 363; à Essling, 364.
MASSON de Cette, XXVI.
MATHIAS, 192.
MATHIEU, 326.
MAZADE, ordonnateur, 158.
Médicis (chapelle des), 180.
MÉLISSENT, lieutenant de la garde, 325, 328.
Mémorial, XXX, XXX.
Milan, 130, 154.
Milanais, embarqués sur l'*Inconstant*, 351.
Mines. Discussions entre Napoléon et Pons, 4; 85 et suiv.; 109; prise de possession par Drouot, 60-61.
Minerai. Envoi à Civita-Vecchia, 141; chargement, 265.
MIRABEAU. Lettre à d'Antraigues (1787), 17.
Miscellanea Napoleonica, XVIII.
Moldaves, 370.
MOMPEZ, 326, 331.
MONCABRIÉ, XXXV, 131; attitude perfide à l'île d'Elbe, 133; 132, 138, 249, 250.
MONCEY, 18.
MONIER, IX.
Monopole demandé pour l'exploitation du minerai, 208.
Montargis, 18.
Montebello (fort), 295.
Monte-Cristo, 304.
Monte-Giove, XXV, XXXI, 288, 253-254.
Montélimar, 20, 21.
Montereau, 333.
Monte Serrato, ermitage, 267, 269-272.
MONTESQUIOU (abbé de), 224.
MORANDI (enseigne), 350.
MORIN, XXVIII.
MORGHEN, 180.

Moulins, 19.
Moulins (palais des), XXXIV, 137.
MOURET (Hilaire), XXX.
Mulini. Voir *Moulins*.
MURAT, 168, 325, 354.

Naples, 87, 137, 165, 168, 353.
Napolitains, 87; vaisseau mal reçu par Cambronne, 167.
NAPOLÉON, *introd.*, I-XLI, 4, 5, 8, 151, 183, 200, 375, 376; voyage de Fontainebleau à Fréjus, 15 à 23; pendu en effigie à Orgon, 22; déguisement en courrier, 23; à Fréjus, 25; à l'île d'Elbe, 3; son arrivée à l'Elbe, 8; proclamation à Dalesme (27 avril), 8; présentation de la délégation, 13; discours à la délégation, 14; logement de l'Empereur à Porto-Ferrajo, 27; à l'hôtel de ville de Porto-Ferrajo, 28; réception officielle à Porto-Ferrajo, 37-38, et à l'hôtel de ville, 42; à Rio-Marina, 46; amnistie, 43; choix du drapeau de l'Elbe, 15; rejette le drapeau tricolore, 33.
Caractère. Ne croit rien impossible, 89; force de concentration d'esprit, 189; mémoire immense, 61; son attitude, se laisse surprendre au premier mouvement, 198; tendance à ordonner toujours, 297; savoir, sensibilité, 288; générosité, 187; familiarité, bonhomie en tête-à-tête, 127, 188; vivacité de ses paroles, comment il se réconcilie, 191; réprime ses mots blessants, 187; ne veut pas se donner en spectacle, 194; se soucie peu des traditions populaires, 53; défiance des hommes, 185; goût des commérages, 249; gourmandise, 112, 52; amour pour Lyon, 149; avarice, 101; esprit religieux, 187; propage la crédulité aux miracles, 272; horreur des vêtements noir et blanc, 261; rose, couleur préférée, 261; sa façon de discuter, 288.
Choix d'un logement, 59; saisie des meubles du prince Borghèse, 140, et du palais de Piombino, 140; cherche une campagne, 138.

… INDEX ALPHABÉTIQUE. 395

Sa toilette et sa physionomie à la première entrevue, 14; lever de l'Empereur, 382; promenades avec une escorte, 196; garde pour aller à Marciana, 211; promenades solitaires sur les remparts, 120; veut aller au mariage d'un marin, 264; promenade à la Madrague, 250; à bord de l'*Undaunted*, 234; journée de Longone qui le satisfait, 273; marche nocturne de Campo à la Pianosa, 303; *partie* à la Pianosa brusquement interrompue, 303; marches de Napoléon, 320; fête de l'Empereur réunie à la San Cristino, 227; jeu de la bague, 251; ses amusements inoffensifs, 249; assiste à la San Cristino en grande pompe, 228; fait une farce au général Bertrand, 250, 251; troublé, 135; tranquillité ordinaire de ses soirées, 190; son désespoir au naufrage de l'*Inconstant*, 358; interdit le duel Larabit-Roule, 339; comment Castelli le met à cheval, 284; orgueil désagréable de ses compagnons, 47; ses compagnons n'imitent pas sa discrétion, 47; sa conduite à l'égard de ses visiteurs, 148, 149.

Émotion à la vue du portrait de son fils, 217; ses projets pour l'éducation de son fils, 177; ses relations avec sa famille, 241; paroles amères sur sa famille, 343; querelles plaisantes au jeu avec sa mère, 207; ses fréquentes visites chez Pauline, 241; connaît les intrigues et l'attitude de Louis et de Lucien Bonaparte, 142; visite de Mme Walewska, 212, 213; son isolement pendant cette visite, 213; sa douleur au départ des Français de l'île, 135.

Mépris de Napoléon pour Marmont, 176; amitié pour Dalesme, 134; très ennuyé par la brusquerie de Cambronne, 168, 169; accueil amical à Larabit, 335; mot élogieux sur Larabit, 278.

Ordre à Pons de faire arrêter Brulart, 162; sa rancune contre Brulart, 161; emploie un magistrat accusé de tentative d'assassinat contre lui, 164; goguenard au sujet de la pseudo-comtesse de Rohan, 219; content de l'estime de Ferdinand III, 181; se réconcilie avec Murat, 376.

Ordre à Pons d'écrire l'histoire de son séjour à l'Elbe, 2; demi-confidences à Pons sur les tentatives d'assassinats, 167; étudié en détail par Pons, 189; plus respecté par Pons à l'Elbe qu'ailleurs, 90. S'enquiert du républicanisme de Pons, 48; se rappelle le pamphlet attribué à Pons, 52; provoque à ce sujet les explications de Pons, 263; hésite à occuper la maison de Pons à Rio, 139, 140, 253; s'invite à aller chez Pons, 45; dîne chez Pons, 260; envoie ses visiteurs déjeuner aux mines, 148; conquiert Pons, 112, par une tasse de café, *ibid.*, et une poignée de main, 113; amabilité pour Mme Pons, 235; promenades, 262, 263, et conversations avec Pons, 50, 120; sur le bâtiment anglais, 235, 236; déjeuner d'huîtres, 188.

Discours de Napoléon. Pourquoi il a été vaincu, 129; conversation politique avec Campbell et Koller, 128; paroles à propos de sa fête, 228; mot à l'arrivée de Pauline, 136; paroles à Cambronne à son arrivée, 322; ses opinions et connaissances sur l'île, 43; sur les mines, 49; mot sur les lis du jardin de Pons, 48; parole fataliste, 59; opinion sur l'Angleterre, 236; sur la curiosité des Anglais, 83; sur les qualités de l'armée française, 61; sur les soldats, 59; sur les armes d'honneur, 300; sur les Provençaux, 24; sur Fénelon, 259; sur Masséna, 365; sur la *Marseillaise*, 240; sur la défense de Noailles en 1649, 184; parle du temps où il était directeur de l'artillerie, 110.

Arrive à l'île d'Elbe avec des idées de stabilité, 137; ses paroles font croire à ses intentions de stabilité, 182; projets pour un avenir lointain dans l'île, 176 ; cherche à savoir le sort de l'Elbe sous son règne impérial, 61 ; connaît bien l'île, 142 ; Napoléon administrateur, 298; administration générale de l'île, 296, 297; administration intérieure, 72 ; multiplicité de ses affaires, 82; audiences à tous les fonctionnaires, 60; enquête sur le commerce et l'industrie, 62; encouragements aux arts, 144 ; enquête sur le clergé elbois, 62, 43 ; plan de travaux à la Pianosa, 305; illusion sur le produit de l'île en blé, 309; veut faire planter des chênes et des acacias, 292; note sur le reboisement, 292; idées sur la réfection du port de Rio, 282, 283; « fait du prospectus », 307; visite militaire de Porto-Ferrajo, 125; visite des forts Saint-Hilaire et Monte-Albano, 63.

Constructions de palais dans tous les cantons de l'île, 138; par économie, renonce à bâtir à Marciana, 139 ; est son propre architecte, 68 ; pas hostile aux ouvriers, 96.

Victime des puissances de l'Europe, 301 ; relations avec le Pape, 140-141 ; haine de l'Angleterre, refuse du drap anglais pour ses troupes, 181 ; Napoléon à Berlin, 12 ; avait accepté l'ultimatum des coalisés après Dresde, 130.

Ses motifs du retour de l'Elbe, 372, 373 ; départ de l'île, 384.

Son monument par Rude, 331.

Nevers, 19.

NINCI, historien, XXVII.

NINCI (BIANCHINA), épouse le pharmacien Gatti, 174.

NOAILLES (MARÉCHAL DE), 84, 30.

Noël. Envoi de pêches de Rio à Pauline, 266.

NOISOT (lieutenant), 326, 331; élève un monument commémoratif (de Rude) à l'Empereur, 331.

Nouvelles rares du continent, 176.

NOVERRAZ, 192.

NUCHNIEWICZ, 327.

« Œuf à la mouillette », 67.

Office solennel, 40, 41.
Officiers d'ordonnance, 73.
Oliviers, 280.
Orgon, XXXIV, 22 ; Bonaparte à Orgon en 1793, 22.
Ortanno, plage, 268.
« Où peut-on être mieux... », 239.
Ouragan, au départ de Mme Walewska, 213.
Ouvriers des mines, 101, 203.

PACCA, 311.
Palais-Royal, 186. V. CURÉE.
PALAVICINI, 351.
Palmajola, XXV, 278; visite de Napoléon, 299.
Pamphlet anticonsulaire de Pons, 263-264.
PAOLI, lieutenant de gendarmerie, indigne, 79.
PARCONINI, clarinette, 325.
Paris (traité de), 278, 372.
Paris, 249, 331, 326.
PARMENTIER, 280.
Pater noster, 178, 181.
PATRIACHI, XXIV. V. VANTINI (E.).
PAULINE BORGHÈSE, XXXV, 25, 106, 125, 187, 190, 204, 214, 218, 238, 266, 330, 344, 376, 383; surnom donné par Canova, 156; son éloge, 136; sœur favorite de Napoléon, 68; dévouement à l'Empereur, 238 ; bon cœur, 243; malade imaginaire, 241-242; gaieté du palais impérial, 239; réconcilie Napoléon et Murat, 376 ; occupe l'appartement de Marie-Louise, 137 ; cercle chez Pauline, 240; costumée en Napolitaine, 243; ne porte pas de diamants, 262.
Pavillon elbois, 50.
Péage-de-Roussillon, 19.
Pêche au feu, 262.
PELARD, valet de chambre de l'Empereur, 192.
PELET (général), 319.
PELLET, IX, XXIX.
PEREZ, officier d'ordonnance, malotru, imbécile, 78 ; envoyé à Mme Walewska, 213.
PERRIER, 325.
— (Jean), 325.
PERRIN (colonel), 354.

INDEX ALPHABÉTIQUE.

Petit (général), 18, 319.
« Petitote » (mot languedocien), 235.
Peyrusse (André), xiv.
Peyrusse (Guillaume), ix, xiii, xiv, xxiv, xxviii, 39, 197, 75 ; injustice du testament de l'Empereur à son égard, 76 ; son rôle dans l'affaire des farines, 95 ; discussions avec Pons, 93 ; 105, 106, 107, 110, 115, 118, 200 ; lettres à Pons, 106, 116.
Pharmacien (pétition bizarre d'un) destitué, 126.
Pianosa, xvii, xxv, 135, 267, 278, 291, 327, 336, 338 ; exploration en deux jours par Napoléon, 302 ; description, 304 ; dotations nationales, 306 ; installe des troupes, 327.
Pie VII, 258.
Piémont, 335.
Pierson, 326.
Piombino, 55, 103, 223, 299.
Piotronsky, 327.
Pirates. Menaces contre l'Elbe, 311.
Pisani, 327, 336, 302.
Pise, 177, 180.
Pitti (palais), 178.
Poggi, juge, 81, 163 ; conseiller impérial, 163.
Poggio, 142.
Police, 72 ; — florentine indiscrète, 179.
Policaski, 327.
Pologne, 332.
Polonais de la garde, 8.
Pomme de terre encouragée, 280.
Pons, *introd.*, i-xli, républicain, 11 ; son toast à la liberté, 230 ; capitaine d'artillerie, 5 ; à Bandol, 5 ; indépendant, 6 ; vote l'acquittement de Moreau, 264 ; prisonnier des Anglais à la Pianosa, 302 ; administration de Pons à Rio, 123 ; origine de la confiance impériale envers lui, 5 ; sa maison à Rio, 275 ; très aimé dans l'Elbe, 105 ; propose un drapeau pour l'île, 31 ; appel à la gloire de Napoléon, 102 ; intrigues pour le destituer, 45 ; précautions contre Napoléon, 87 ; discussions avec lui, 88 ; irrité des menaces de l'Empereur, 264 ; ses appointements, 124 ; refuse d'en accepter la diminution, 91 ; démission, 92 ; appelle Napoléon monsieur, 51 ; fautes d'étiquette, 53, 111 ; deuxième démission, 103 ; retraite à Rio, 119 ; retire sa démission, 105 ; se déclare dévoué à Napoléon, 121 ; va à la poursuite du vaisseau napolitain, 169 ; chargé de missions en Autriche, 377 ; en Toscane, 177 ; voyage en Toscane, 177 ; entrevue avec Ferdinand III, 178-179 ; fait interdire des chansons à Florence, 179 ; opinion sur Élisa Bonaparte, 256 ; refus d'un pot-de-vin, 210 ; opinion sur la compagnie corse et le monopole, 209 ; sa proclamation sur les impôts aux gens de Rio-Montagne, 202 ; cède sa maison à l'Empereur, 276 ; ses réceptions à Rio-Marine, 243 ; invitation à Campbell, 380 ; intervention dans le duel Colombani, 156 ; refus de la surintendance des salines, 145 ; connaît la famille Chighizola à Gênes, 316 ; ses voyages et son exil, 130 ; sa résidence en Suisse, 198 ; lettres à Napoléon, 95, 116-117 ; confidentielle à Peyrusse, 116.
Pons (Mme), 46, 49 ; fête l'Empereur, 229 ; complimentée par Napoléon, 233 ; admise par Napoléon en vêtements noirs, 260, 266, 267.
Pons (Cécile), xiii.
Pons (Herminie), républicaine, xiii, 235, 237.
Pontedera, 82.
Population elboise massée pour recevoir l'Empereur, 28.
Porte de Terre, agrandie par ordre de Napoléon, 194-195, 369.
Portici, 353.
Porticcioli, calanque, 282.
Porto-Ferrajo, xxiii, xxiv, xxv, xxvii, xxxix, xl, 7, 10, 25, 28, 30, 33, 61, 87, 90, 104, 113, 117, 126, 127, 137, 144, 147, 154, 157, 161, 162, 165, 167, 196, 211, 212, 217, 230, 238, 292, 295, 298, 323, 335, 339, 340, 342, 353, 357, 378, 381, 383, 384 ; comparé à la Salente de Fénelon, 59.
Porto-Longone. V. *Longone*.
Port-Vendres, 316.

INDEX ALPHABÉTIQUE.

Pradines (couvent de), 19.
PRADT (DE), grand chancelier de la Légion d'honneur, 114.
Préparatifs de la réception impériale, 28.
Procès-verbal de reconnaissance du pavillon elbois, 32.
PROVENÇAL (caporal), dit le Lettré. Plan de retour de l'Elbe, 369.
Provence, 127, 271, 369.
PUYROUX, 326.
Pyramides, 13.

Quinze Août, 231, 233.
Quirinal, 216.

RADON, 327.
RAFFAEZYNSKY, 327.
RAMOLINI, 354, 355, 357.
RAOUL (commandant), XXXIII, 293, 336; directeur du génie, 345; son portrait, 344, 345; va chercher à Orléans le trésor impérial, 345, 47; proscrit par la Restauration, 346, 368.
RAOUL (général), son hostilité contre Napoléon, 344.
Rapatriement des Français de l'île d'Elbe, 132.
RATHERY, IX, XL.
RAYNOUARD, 24.
REBUFFAT, IX, X, 84, 157, 273.
Réceptions de Napoléon dans les localités de l'île, 143.
— des fonctionnaires français quittant l'île, 135.
Recrutement de l'équipage, 348.
Réis, admirateur de Napoléon, 311.
Religieuse mendiante, 267.
RÉMUSAT (Mme DE), XXI.
RENARD-POLIGNAC. Voir ROHAN MIGNAC.
Restauration impériale prévue par Scitivaux, 114.
Restauration (Seconde), XI.
Rétrospective (*Revue*), XX, XXIII, XXVIII.
Révolution, XVIII.
Rhône, XI.
RICHON, 350, 361.
Rio-Marine, XI, XXIV, XXV, XXXI, XXXIV, 4, 10, 46, 83, 103, 105; ateliers de sculpture, 144; 117,
143, 148, 161, 169, 165, 200; affaire des impositions, 203, 211, 219, 243, 253, 256, 267, 278; port de Rio, 281, 282; 309, 348, 354; comte de Rio, XXXIII.
Rio-Montagne, 47, 49, 97; révolte pour les impositions, 262.
— (maire de), 36. V. GUALANDI.
— (figuier de), 265.
— (pêches de) à Noël, 266.
RIVERAIN, 326.
Rivoli, 13.
Roanne, 19; monument romain, *ibid*.
ROHAN-MIGNAC (comtesse DE), XXX, aventurière, 217-220; assiste au banquet impérial, 219.
Romagnes, 307. 376, 380.
ROME (ROI DE), 67-69; on le croit arrivé, 212, 217, 238, 378.
Rome. Popularité des capitaines elbois, 142; 216, 355.
ROSSETTI (de Milan), fermier des salines, 144.
ROULE, chef d'escadron, XXX, XXXVIII, 79; 339.
ROUSTAN (mameluk), 79.
Routes créées par Napoléon, 126, 138.
ROUVERRO, 350.
RUBIANI, 327.
RUHL, XXX. V. ROULE.
Russie, 369.

Saint-Cannat, 23.
San Cristino, patron de Porto-Ferrajo, 227.
SAINT-DENIS, valet de chambre, XXVIII, 192, 193.
Saint-Dizier, 334.
Saint-Domingue, 36.
SAINT-EDME, XXVI.
Saint-Florent (golfe), 354.
Saint-François, vieille église, devenue théâtre, 244.
Saint-François, caserne, 58, 324.
Sainte-Hélène, « petite île », 3, 151, 193, 297, 371; le retour des cendres, 193, XL.
SAINT-HILAIRE, 142.
— (fort), 63.
Saint-James, 153.
Saint-Malo, 344.

INDEX ALPHABÉTIQUE.

San-Martino ou *Saint-Martin*, 138, 139, 196, 211, 216, 221, 273, 295, 309, 346.
Saint-Maximin, 24.
Saint-Napoléon (église), 181.
Saint-Pierre, 142.
Saint-Raphaël, visité par Bonaparte en 1798, 25.
Saint-Siège, xxxviii.
Saint-Tropez, 131.
Sainte-Beuve, xxxviii.
Salines, 144.
Salvi, enseigne, 133.
Sambre-et-Meuse, 344.
Samson, chirurgien, 188.
Sandreschi, Corse dénonciateur et pirate, 163, 164.
Santarelli, 180.
Santini, 192.
Sarnianti, 327.
Sarri, aspirant, xvii, xxvi, 349, 354, 355.
Sarrut, xx.
Saulieu, 320; Cambronne s'y querelle avec un major autrichien, 320.
Savone, 322.
Scaglia, Fr., 326.
« Schim, schim », salutation turque, 314.
Schouvalof, 18; quitte Napoléon à Fréjus, 25; appréciation sur la campagne de France, 334.
Schultz, capitaine de la garde, 244, 327, 332.
Schultz (N.), 327.
Schwartzemberg, 32.
Scitivaux, 85, 114; quitte Florence, 86; resté bonapartiste, 115.
Scoglietto (*Lo*), 357.
Scott (sir Walter), 156.
Secret des affaires, trahi par l'Empereur à l'île d'Elbe, 196.
Sénat (bassesse du) impérial, 17.
Seno ou Senno, gérant de la madrague, 78, 143, 250.
Seno (Pellegrino), 35.
Seré-Lavaure, 330.
Serment (prestation du), 74.
Serviens, 370.
Seyne (pêche à la), 265.
Siciles (*Deux*-), 377.
Sienne, xxiv.

Sieyès (maison natale de), 25.
Skoirresuski, Polonais de la garde, 327.
Soldats. Leur dispute avec les ouvriers à Cette, 282.
Souffio, 326.
Soult, 164.
Soumaire, 347.
Spezia (*la*), 139, 254.
Squarici, médecin, 347.
Stella (cap), chasse réservée de l'Empereur, 246, 309.
Suchet, xv.
Suisse, résidence de Pons en 1820.

Tabatière de Napoléon, avec le portrait du Roi de Rome, 69, 179.
Taillade (commandant), xxxii, xxxviii, 49, 133, 349; sa lâcheté pour la cocarde, 351; 353; inconvenance avec Mme Blachier, 353; 354, 355, 357-359; peu dévoué à l'Empereur, 357; déblatère contre Napoléon, 361.
Taine, xxxvi.
Talleyrand, 17, 18; refus de payement de la pension, 182; 185.
Talon, 326.
Tassin, 326.
Tavelle (commandant). xxxi, 154-155; surveille le juif assassin, 166.
« *Teatro sociale* », 245.
Te Deum, 40.
Télémaque, étudié par Pons, xvi, xxxvi, 257.
Théâtre, 244.
Thibaut, de la garde, 325, 329.
Thiébaut (Arsenne), *Voyage dans l'île d'Elbe*, xxvii, 42, 43.
Toscane, xviii, xl, 178, 213, 215, 291, 298, 307, 335, 376.
Toulon (siège de), xi, 5, 49, 349.
Toulonnais, émigrés, 360.
Towers, capitaine anglais, xxiv, 233, 235, 236.
« Tracasseries », mot qui blessa Pons, 118.
Traditi, aristocrate, 78; chambellan, 310.
Tribunat, 186.
Trieste, xxx.
Trzebiatowski, 327.
Tuileries, 147, 263.

Turin, 140, 313.
Tyrrhénienne (mer), 139, 254.

Undaunted, xxxiv, 25.

Vacca (André), chirurgien, 180.
Valence, 285.
Valser, négociant, 278.
Vantini, chambellan, xxiv, 77, 91.
— capitaine, 72.
— (*Henriette*), xxiv, xxxiv, 172.
— (Zénon), 78.
Varsovie, 370.
Vassy, 334.
Vauthier, inspecteur adjoint, 158.
Vendremish, 326.
Venise, xxvii.
Verdun (lettre de), 367.
Vernet, courrier, 23.
Versailles, 222.
Victime (costume à la), 261.
Victoires (place des), 220.
Vienne (Napoléon à), 12.
Vienne (Autriche), 127, 370, 371.
Vilchy, 327.
Vincent (colonel), xxvii, xxxii, 10; son portrait, 31; entrevue avec Napoléon, 33; en disgrâce depuis Saint-Domingue, 33; 34, 35; discussion et rivalité avec Bertrand, 58, 134; cicerone de l'Empereur, 58, 67; « persécuté », 134; mot amer sur les généraux de la Restauration, 135, 137, 299.
Vincent, sellier, xxviii, xxxviii, xxxix.
Visigneux, 224.
Visite de Napoléon aux magasins militaires, 66.
Visiteurs de Napoléon, 217; mystérieux (4 mai 1814), 44.
Vistule, 129.
Vivier, 347.
Voicogne, 327.
Volterrajo, forteresse, 52.

Walbourg-Truchsess, ix, 27-28.
Walewska (Mme), xl, 212, 378.
Waterloo, 80, 123, 144, 328.
Westphalie, 241.
Whist impérial, 207.

Yusuf, xxiv.

Zaremba, 327.
Zulenluenoicz, 327.

FIN DE L'INDEX ALPHABÉTIQUE

TABLE DES MATIÈRES

Introduction... IX

PREMIÈRE PARTIE

Souvenirs de la vie de Napoléon a l'ile d'Elbe................... 1

INTRODUCTION

Pons écrit sur le conseil de Napoléon. — L'Empereur est plus facile à étudier à l'île d'Elbe qu'à Paris. — L'indépendance de Pons garantit son impartialité d'historien. — Démêlés de Pons avec Napoléon au sujet des mines de Rio. — Première rencontre de Pons et du général Bonaparte à Toulon. — La première bouillabaisse de Napoléon............... 1

CHAPITRE PREMIER

Le 3 mai 1814. — Arrivée de Napoléon à l'île d'Elbe. — Débarquement des commissaires. — Leur entrevue avec le général baron Dalesme. — Préoccupations religieuses du général Drouot. — Députation envoyée à l'Empereur. — Pons en fait partie. — Manque d'enthousiasme des fonctionnaires français. — Situation morale de Pons, républicain, vis-à-vis de l'Empereur. — La députation à bord de l'*Undaunted*. — Faiblesse du général Bertrand. — Première entrevue avec Napoléon. — Le petit chapeau de marin... 7

CHAPITRE II

Napoléon, de Fontainebleau à Porto-Ferrajo. — Adieux à la vieille garde. — Les maréchaux fidèles. — Passage à Lyon. — « Adieu, la gloire de la France ! » — Entrevue de Napoléon et d'Augereau. — Mot de l'Empereur sur la « Proclamation » d'Augereau. — Dangers que court l'Empereur à Avignon. — Sa pendaison en effigie à Orgon. — L'auberge de La Calade. — Dignité de sa réception à Aix. — Séjour au château du Bouillidou. — Napoléon à Fréjus. — Sieyès et Tacite. — Embarquement sur l'*Undaunted*.. 17

CHAPITRE III

Préparatifs de la réception de l'Empereur à Porto-Ferrajo. — Le pavillon elbois proposé par Pons. — Prise de possession de l'île. — Reconnaissance du pavillon. — Actes officiels. — Audience donnée au colonel Vincent. — Promenade de l'Empereur à Magazzini. — Mésaventure du commandant Usher. — « Vive le roi d'Angleterre ! » — Débarquement solennel de l'Empereur. — Procession et *Te Deum*. — Napoléon à l'Hôtel de ville. — Réception des autorités. — Plaisanteries de l'Empereur à l'archiprêtre de Campo. — Sévérité de ses paroles au maire de Marciana. — Audience secrète à deux personnages mystérieux. — Fête de nuit... 27

CHAPITRE IV

Visite de Napoléon aux mines de Rio. — Premiers froissements entre l'Empereur et Pons. — Les fleurs de lis du parterre. — L'enseigne Taillade. — Le pavillon elbois et celui des Appiani. — Opérations maritimes. — Promenade de l'Empereur avec Pons. — Le madère, friandise impériale. — Conversation de l'Empereur. — Le Monte Volterrajo et ses légendes. — Platitude du maire de Rio-Montagne. — Retour à Porto-Ferrajo. — Faute d'étiquette de Pons. — Il reste à la tête des mines. — Début de ses relations amicales avec Drouot................ 45

CHAPITRE V

Premiers jours du règne de Napoléon. — Mandement d'Arrighi. — Choix d'une résidence impériale. — Réserve de Napoléon à l'égard du général Dalesme. — Conversation sur le roi Joseph. — Réceptions des autorités et des administrations. — Inspection du clergé. — Le colonel Vincent. — Visite des fortifications. — Prise de possession des mines. — Respect de l'Empereur pour le travail. — L'*œuf à la mouillette* du colonel Vincent. — Opinions de l'Empereur sur sa mère, sur la princesse Pauline. — Espoir de la prochaine arrivée de Marie-Louise. — Le portrait du « pauvre petit chou »... 55

CHAPITRE VI

Organisation générale de l'île d'Elbe. — L'armée. — Le bataillon franc. — Le corps de cadets. — Les services privés. — Bertrand et Drouot. — Le trésorier Peyrusse. — Le docteur Foureau de Beauregard. — Le service intérieur. — Les chambellans. — Les officiers d'ordonnance. — Le premier officier Roul. — Le lieutenant de gendarmerie Paoli ; son incapacité, son ingratitude. — Le vicaire général Arrighi. — Le juge Poggi, policier secret. — Visite de Napoléon à Longone. — La curiosité des Anglais ; mot de Napoléon. — Visite contremandée. — M. Rebuffat, bouffon moraliste... 71

CHAPITRE VII

Administration des mines de Rio par Pons de l'Hérault. — Il sauve les revenus de la mine en 1814. — M. de Scitivaux. — La discussion au sujet des revenus des mines de Rio. — La question des farines : essai de distribution de mauvais pain aux mineurs. — Napoléon et les ouvriers. — Pons socialiste. — Entêtement honorable de Pons. — Intervention de Drouot et de Peyrusse. — Remplacement de Pons demandé par Madame Mère. — Les amis de Pons à la cour elboise......... 85

CHAPITRE VIII

Deuxième visite de Napoléon aux mines de Rio. — Scène violente entre Napoléon et Pons. — Promenade en montagne. — Le champagne de l'Empereur. — Armistice. — L'avis de Lacépède. — L'abbé de Pradt, grand chancelier de la Légion d'honneur. — Pons en Toscane. — M. de Scitivaux. — Son opinion sur le retour prochain de l'Empereur en France. — Lettre de Pons à l'Empereur. — Nouvelle conversation. — Pons conquis par l'Empereur................................ 109

CHAPITRE IX

Promenades de Napoléon dans l'île d'Elbe. — Pétitions singulières : un *confrère* de l'Empereur. — Opinion sur le colonel Campbell et le général Koller. — Conversation de Napoléon sur la campagne de France. — Révélation du maréchal Bubna sur la paix de Dresde. — Rôle ambigu du capitaine de Moncabrié. — Retour en France des Français de l'île, du général Dalesme et du colonel Vincent. — Arrivée de la garde. — Arrivée de la princesse Pauline. — Organisation des résidences impériales. — San-Martino. — Saisie des meubles du palais de Piombino et du prince Borghèse. — Expédition de vaisseaux chargés de minerais en Toscane. — Reconnaissance du pavillon elbois par le Saint-Siège. — Hostilité du prince de Canino. — Visite détaillée de l'île d'Elbe par Napoléon. — Exploitation des madragues et salines. — Carrières de marbre. — Établissement d'ateliers de sculpture. — Les sculpteurs Bartolini et Bargigli.. 125

CHAPITRE X

L'étiquette impériale. — Visiteurs de l'île d'Elbe. — Une cavalcade d'Anglais insolents. — Une dame anglaise. — Intrigues du colonel Campbell. — Tentative de corruption sur Pons. — Arrivée d'officiers français, corses et polonais. — Bertolosi, Colombani, Lebel, Bellina, Tavelle. — Le *colonel* Tavelle, gouverneur de Rio. — Le général Boinod. — Aventure amusante du général Boinod avec M. Rebuffat de Longone... 147

CHAPITRE XI

Un provocateur : le chevalier de l'ordre du Lys. — Tentatives d'assassinat, réelles ou supposées, de l'Empereur. — Le général Brulart. — Mésaventure d'un magistrat corse. — Rôle prêté à un officier supérieur. — Un juif de Leipzig. — Attitude du commandant Tavelle. — Les algarades de Cambronne. — Accueil fait à un vaisseau napolitain ; à un officier. — Stabilité du gouvernement elbois. — Mariages d'officiers. — Aventure du général Drouot et de Mlle Vantini. — Mariage du pharmacien Gatti.. 159

DEUXIÈME PARTIE

ANECDOTES DE L'ILE D'ELBE.................................... 175

CHAPITRE PREMIER

NAPOLÉON SOUVERAIN DE L'ILE D'ELBE........................... 175

I. — *La première époque du règne de Napoléon.* — Voyage de Pons en Toscane. — Le grand-duc Ferdinand III. — Fossombroni. — L'église Saint-Napoléon. — Les subsides et Talleyrand.................. 175
II. — *L'Empereur homme public et homme privé.* — Les ambitions successives de Napoléon. — Le tribun Curée et les républicains du Palais-Royal. — Religion de l'Empereur. — Son savoir, sa bonhomie, son goût des commérages............................... 182
III. — *Isolement de l'Empereur. Service intérieur.* — Les soirées. — Le service. — Marchand. — Saint-Denis. — Affaire de Gilles avec le capitaine Cornuel................................... 190
IV. — *La Porte de Terre.* — *Le secret.* — Une Aspasie française. — L'escorte de l'Empereur. — Les secrets de l'Empereur. — La formation des nouvelles à l'ile d'Elbe. — Les dictées de l'Empereur......... 194
V. — Napoléon souverain. — Les impositions. — *Capoliveri et Rio.* 200

CHAPITRE II

LA FAMILLE, L'ENTOURAGE ET LES VISITEURS DE NAPOLÉON.......... 205

I. — *Madame Mère.* — Les Corses. — Arrivée de la mère de l'Empereur. — Son installation. — Le jeu de l'Empereur. — Ambition des Corses. — Favoritisme de Madame. — Monopole demandé pour les Corses. 205
II. — *Marciana.* — *Madame Walewska*........................ 210
III. — *La famille Bertrand :* Mme Bertrand, sa vie retirée. — Séjour à l'Elbe du frère du général Bertrand, son voyage à Rome. — Portraits de Marie-Louise et du roi de Rome apportés à Napoléon........ 214
IV. — *Les Dames.* — La comtesse de Rohan-Mignac. — Mme Dargy. — Mme Giroux. — Mme Filippi. — M. Guizot................. 217

CHAPITRE III

LES FÊTES ET LES DISTRACTIONS IMPÉRIALES. LA PRINCESSE PAULINE.. 227

I. — *Les fêtes.* — Fête patronale de San Cristino. — Banquet de la garde nationale et de la garde impériale. — Bals au palais. — La Saint-Napoléon. — Fête du roi Georges d'Angleterre.................. 227
II. — *Pauline Borghèse. Le carnaval.* — Arrivée de Pauline Borghèse. — Son rôle à l'ile d'Elbe. — Bal au théâtre. — Suite des fêtes données par l'Empereur. — Mots de Napoléon sur la *Marseillaise.* — Maladie imaginaire de la princesse Pauline. — Anecdotes sur elle. — Carnaval-mascarade de la garde................................... 238
III. — *Théâtre.* — Création d'une salle de spectacle. — Association de propriétaires.................................. 244

CHAPITRE IV

Les promenades et excursions de Napoléon.................... 247

I. — *La chasse et la pêche.* — Le cap Stella. — Chasse réservée de l'Empereur. — Amusements de l'Empereur. — Prétendue décadence de l'Empereur. — Les jeux innocents, les commérages. — La pêche au cap Stella. — Une farce de Napoléon au général Bertrand. — Une bouillabaisse... 247
II. — *Deux journées à Rio.* — Promenade au *Monte Giove.* — La pêche. — Chargement des bâtiments. — Horreur de Napoléon pour les vêtements noirs. — L'ermite de Monte Serrato. — Les caroubiers de M. Rebuffat... 252

CHAPITRE V

Les travaux de l'île d'Elbe.. 275

I. — Les palais impériaux. — *La maison de Pons* à Rio. — Réception de lord Bentinck... 275
II. — *Approvisionnements et industries de l'île.* — Visite de l'île par l'Empereur. — La Pianosa. — Palmajola. — L'approvisionnement de l'île. — Propagation de la pomme de terre. — Industries locales...... 278
III. — *Port de Rio.* — Projet de Pons. — Napoléon ingénieur. — Napoléon mis en selle... 281
IV. — *L'ingénieur Bourri.* — Les projets de M. Bourri. — Les hauts fourneaux de Rio... 285
V. — Les plantations. — Les lazarets. — Oliviers et mûriers. — La forêt de Giove. — Un plan de Napoléon pour le reboisement des montagnes de France. — La guerre sanitaire de Livourne et Porto-Ferrajo... 289
VI. — Résumé des travaux. — Défense de l'île.................. 295

CHAPITRE VI

Les conquêtes de Napoléon....................................... 299

I. — *Palmajola.* — L'artillerie de M. de Noailles................ 299
II. — *La Pianosa.* — Plan de colonisation. — Affection de l'Empereur pour les Génois. — L'approvisionnement de l'île. — Riposte de M. Traditi. 302
III. — *Un bâtiment barbaresque.* — Le Dieu de la terre. — Un renégat du Gard... 311

CHAPITRE VII

L'armée de Napoléon... 319

I. — *La garde impériale.* — Sa formation. — Voyage de Fontainebleau à Livourne. — Réception de la garde. — Les officiers de la garde. — Le lieutenant Noisot... 319
II. — *Le lieutenant Larabit.* — Sa querelle avec le commandant Gottmann... 332
III. — *Le bataillon corse.* — Son mauvais esprit. — Les désertions... 339
IV. — *La compagnie d'artillerie.* — Le capitaine Cornuel. — Le capitaine Raoul. — Un brave de Sambre-et-Meuse...................... 343

V. — *L'hôpital.* — Réunion de l'hôpital civil à l'hôpital militaire.... 347
VI. — *Marine militaire.* — L'*Inconstant.* — Le commandant Taillade. — Voyages de l'*Inconstant.* — Chautard. — Sarri.................. 348

CHAPITRE VIII

L'IDÉE DU RETOUR EN FRANCE.. 363

I. — *Les trois lettres.* — Lettre de Masséna. — Lettre de Cambon. — Pourquoi Cambon ne fut pas ministre de l'Empire. — Une lettre anonyme de la direction de la police.................................. 363
II. — *L'opinion publique.* — Une lettre de Verdun. — L'opinion populaire. — Le plan de campagne d'un caporal marseillais................ 367
III. — *Départ de l'île d'Elbe.* — Projet de transport de Napoléon à Sainte-Hélène. — Inexécution du traité de Paris. — Projets ou tentatives d'assassinat. — Formation d'une flottille expéditionnaire. — Provocations. — Circulation de la flotte marchande elboise. — Lucien Bonaparte. — Visite de Mme Walewska. — Fleury de Chaboulon. — Les jardins de la garde. — Le jour du départ. — Le gouverneur général de l'île d'Elbe. — L'embarquement... 371

INDEX ALPHABÉTIQUE.. 387

FIN DE LA TABLE DES MATIÈRES.

PARIS

TYPOGRAPHIE DE E. PLON, NOURRIT ET Cie

Rue Garancière, 8.

A LA MÊME LIBRAIRIE :

Lettres inédites de Napoléon Ier (An VIII-1815), publiées par Léon LECESTRE. Tome Ier : An VIII-1809; Tome II : 1810-1815. 2e édition. Deux vol. in-8°. Prix . . . . 15 fr.

Napoléon intime, par Arthur LÉVY. 11e édition. Un vol. in-8°. 8 fr.

Comte Chaptal. Mes Souvenirs sur Napoléon Ier, précédés d'une autobiographie de l'auteur, publiés par son arrière-petit-fils, le vicomte An. CHAPTAL, secrétaire d'ambassade. Un vol. in-8° accompagné d'un portrait en héliogravure. Prix . . . . 7 fr. 50

Souvenirs militaires du baron de Bourgoing (1791-1815), publiés par le baron Pierre DE BOURGOING. Un vol. in-18 avec un portrait. Prix . . . . 3 fr. 50

Murat lieutenant de l'Empereur en Espagne (1808), d'après sa correspondance inédite et des documents originaux, par le comte MURAT. Un vol. in-8° avec un portrait en héliogravure et deux fac-similés d'autographes. Prix . . . . 7 fr. 50

Mémoires du colonel Combe sur les campagnes de Russie 1812, de Saxe 1813, de France 1814 et 1815. *Nouvelle édition.* In-18. 3 fr. 50

Souvenirs d'un historien de Napoléon. **Mémorial de J. de Norvins**, publié avec un avertissement et des notes, par L. DE LANZAC DE LABORIE.
Tome Ier (1769-1793). In-8° avec un portrait en héliogravure. 7 fr. 50
Tome II (1793-1802). In-8° avec un portrait en héliogravure. 7 fr. 50
Tome III (1802-1810). In-8° avec un portrait en héliogravure. 7 fr. 50

Journal du lieutenant Woodberry. Campagnes de Portugal et d'Espagne — de France — de Belgique et de France (1813-1815). Traduit de l'anglais par Georges HÉLIE. Un vol. in-18, avec fac-similé d'autographe. Prix . . . . 3 fr. 50

Journal du général Fantin des Odoards. Étapes d'un officier de la Grande Armée, 1800-1830. Un vol. in-8°. Prix . . . . 7 fr. 50

Récits de guerre et de foyer. **Le Maréchal Oudinot, duc de Reggio**, d'après les Souvenirs inédits de la maréchale, par Gaston STIEGLER. Préface de M. le marquis COSTA DE BEAUREGARD, de l'Académie française. 7e édit. Un vol. in-8° avec deux portraits. Prix . . . 7 fr. 50

Mémoires du général baron Thiébault, publiés sous les auspices de sa fille Mlle Claire Thiébault, d'après le manuscrit original, par Fernand CALMETTES. (1769-1820.) 8e édition. Cinq vol. in-8° avec portraits. Prix de chaque vol . . . . 7 fr. 50

Mémoires du général baron de Marbot, 43e édition. Trois vol. in-8°. Prix de chaque vol . . . . 7 fr. 50

Journal du maréchal de Castellane, 1804-1862.
Tome Ier : 1804-1823. 3e édition. Un vol. in-8° avec un portrait en héliogravure et un fac-similé. Prix . . . . 7 fr. 50
Tome II : 1823-1831. 3e édit. In-8° avec une héliogravure. 7 fr. 50
Tome III : 1831-1847. 3e éd. In-8° avec un portrait en héliogr. 7 fr. 50
Tome IV : 1847-1853. 3e édit. In-8° avec une héliogravure. 7 fr. 50
Tome V : 1853-1862. 3e édit. In-8° avec un portrait en héliogr. 7 fr. 50

Napoléon et Alexandre Ier. L'alliance russe sous le premier Empire, par Albert VANDAL, de l'Académie française. 4e édition. Trois vol. in-8° avec portraits. Prix de chaque vol . . . . 8 fr.
(*Couronné deux fois par l'Académie française,* **grand prix Gobert**.)

PARIS. TYP. DE E. PLON, NOURRIT ET Cie, 8, RUE GARANCIÈRE. — 2417.

www.ingramcontent.com/pod-product-compliance
Lightning Source LLC
Chambersburg PA
CBHW071059230426
43666CB00009B/1763